一橋大の日本史

20カ年［第6版］

鈴木和裕 編著

教学社

はしがき

「一橋大学の日本史は非常に難しい！」
というのは，受験生のみならず，指導をする教員・予備校講師にとっても共通の認識であると思う。高校教科書の深い理解を求めるような幅広い内容を問う，よく練られた問題が出題され，指導する立場でも生半可な日本史の知識では対応できない。その上，高校教科書に記述されていないような内容が問われることがあったり，小問ごとの字数指定がなかったり……とよくわからないことも多いのである。そのなかで，悪戦苦闘しながら，一橋大受験生の論述指導などを行っていた。

そんなある日，教学社から『一橋大の日本史』の執筆の話をいただいた。受験生の指導などを通じて，一橋大学の問題について自分なりの見解があったとはいうものの，実際に書けるだろうか，という不安もあった。しかし，この機会に一橋大日本史の解答例・解説，攻略法を思い切ってまとめてみようと思い，執筆を引き受けた。必ずしも，自分の考えがすべて正しいとは思っていない。あくまで一橋大学の日本史攻略の一つの考え方だと思っていただければ幸いである。

本書は過去の赤本の解答例・解説を移し替えたものではなく，一橋大日本史の独立した参考書としてまとめた。特に重視した点が3つある。1つ目は，論述問題の解答例をまとめる上で基本となる「論述問題の型」を整理し，その型にしたがって問題を解いていくことである。「型」というのは，表面的なテクニック論ではない。設問の要求を正確にとらえ，解答をまとめる方法論である。2つ目は，大問ごとのテーマだけでなく，小問ごとのテーマを丁寧に分析し，解答例・解説をまとめることである。もちろん，大問全体のまとまりも重要だが，小問ごとに類題を整理することによって，一橋大入試で頻出のテーマを把握し，理解を深めることができる。3つ目は，小問ごとの字数指定がないなかで，大問単位で「400字以内」をどうまとめていくかである。本書の解説では「論述のポイント」として解答の許容範囲を示し，一部の問題では別解を提示した。以上をふまえて，本書を利用し，学習の成果を上げて欲しい。

最後に，よき先輩である塚原哲也先生には執筆にあたって様々なアドバイスをいただいた上，ご自身が運営されているホームページ「つかはらの日本史工房」に掲載されている一橋大学の解答・解説を参考にすることを快く認めていただいた。感謝したい。

この『一橋大の日本史』で学習したすべての受験生の合格を祈って。

鈴木和裕

目 次

★は史料問題，☆は図版・グラフ・表などの資料問題。

第1章 前近代

第2章　近現代

●掲載内容についてのお断り

下記の問題では，著作権の都合上，資料文の一部を省略しています。
52（2008年度 第3問）

（編集部注）本書に掲載されている入試問題の解答・解説は，出題校が公表したものではありません。

一橋大日本史の研究

1 出題の形式

大 問 数：3題（各400字），大問1題あたり小問3～6問
　大問1　→前近代
　大問2・大問3　→近現代
形　　式：論述中心，一部は語句記述
試験時間：120分

一橋大学の日本史では，大問は3題あり，大問ごとに与えられた400字の解答用紙にすべての小問を解答する形式になっています（→「2　解答作成について」で詳述します）。一部，語句記述問題も含まれますが，基本的には**論述問題が中心**です。

試験時間は**120分**ありますが，難しい問題も多く，普段から論述問題を解答するための訓練をしておかないと，時間内にすべての問題を解答することはできません。

なお，2025年度入試から試験科目が「歴史総合，日本史探究」となります。2025年度については，「旧教育課程履修者等に対しては，出題する教科・科目の問題の内容によって配慮を行います」とされており，旧課程に基づいた学習でも対応できると予想されます。しかし，2026年度以降は「歴史総合」の範囲についても学習をしておく必要があるでしょう。

▶「特徴型」と「因果関係型」の問題が多い

出題を「論述問題の型」（後述）で見ると，特徴型と因果関係型が圧倒的に多くなっています。学習の際にも，単に歴史用語や年代を覚えるだけでなく，時代や歴史事象を前後の時期と対比して特徴をつかむことや，歴史事象の原因と結果を意識しておきましょう。

資史料を利用した問題も出題されます。2022年度の第1問（紀行文「秀酒企乃温濤（すすきのいでゆ）」や2016年度の第2問（片山潜「工場法案を評す」），2014年度の第2問（「オッペケペー節」）などのように史料内容を読解して解答を作成する問題，あるいは2010年度の第2問のように表・グラフのデータを読み取って解答する問題，さらに2020年度の第1問のように浮世絵を参考に考える問題もあります。これらの問題は，知識だけでは解答できないので，その場で与えられた資史料を読み取ることが必要になります。

2 解答作成について

▶小問の字数配分は自分で考える！

一橋大学の日本史では，各大問で400字（25×16マス）の解答用紙が与えられ，そこに問題番号も含めてすべての小問の解答をまとめるという形式になっています。下図の例を見てください。小問ごとの字数指定がないため，**字数の配分は解答を作成する受験生が考える**ことになります。その際に注意したいことは，**大問ごとに少なくとも320字＝80％程度の字数を確保する必要がある**ということです。

もちろん，各小問で理想的な字数があり，それは本書の解説で小問ごとに示しています。しかし，一橋大学の場合，小問ごとの字数だけではなく，大問単位の字数を確保することが重要です。そのため，自分が得意な内容が出題されている小問や書きやすい小問で，思い切って字数を増やすことも必要です。本書では一部の問題で別解を用意することで，どこまで解答の内容を膨らませることができるかを示しています。

▶「字数指定がないこと」を活かす！

字数指定がないことで悩むのではなく，逆にそれを利用して**苦手な小問を抑え目に**し，自分が**得意な小問でたくさん書けばいい**のです。過去問を解く過程で，解説や別解なども参考にしながら，自分ならどう書けるかをじっくり考えてみましょう。

●解答用紙の使用例

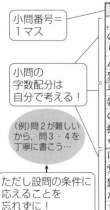

小問番号＝1マス

小問の字数配分は自分で考える！

（例）問2が難しいから，問3・4を丁寧に書こう…

ただし設問の条件に応えることを忘れずに！

1川上音二郎。2明治初期には四民平等の政策がとられ
，武士身分の解体が進められた。そして文明開化の風潮
のなか，洋装が官吏や巡査の制服から次第に民間に広が
り，散髪が認められたことで，ちょんまげに代わってざ
んぎり頭などが流行し，帯刀が禁止され，武士の服装も
変化した。3江戸時代末に結んだ安政の五カ国条約は不
平等条約であった。そのため，1880年代，井上馨外相は
領事裁判権の撤廃を中心とする条約改正をめざした。そ
の際に欧米諸国との交渉を有利に進めるため，外国人を
接待する社交場として鹿鳴館を建設して盛んに利用する
など，極端な欧化政策をとった。4自由民権運動の高揚
に対して政府は運動の抑制をはかった。そのなかで自由
党の壮士による壮士芝居は時事的な劇に政府批判などを
盛り込み，民権思想を宣伝して人々に広める役割を持っ
た。一方，壮士芝居は日清戦争前後から通俗小説の劇化
を加えて人気を博し，新派劇が発展する基礎となった。

大問全体＝400字 80％以上の字数を確保しよう！

3 学習について

▶高校の教科書を中心にインプット

高校で使用している**教科書を中心にインプット**をしましょう。論述問題の解答を作成するためには，原始・古代から現代までの通史の学習が必要です。**論述問題は時代・分野をまたぐ問題もあり，部分的な学習では対応できません**。通史学習の際には歴史事項の「推移・変遷」や「因果関係」を意識しましょう。それには，『日本史の論点』（駿台文庫）が参考になります。

一橋大学は難問が多いことで有名ですが，**多くの設問は教科書の知識で十分に解答できる**上に，2008 年度以降は教科書レベルを超えるような難問は非常に少なくなっています。

▶通史の学習が終わったらアウトプット

通史の学習を終えたら，実際に過去問を使って，論述問題を解いて（＝アウトプット）みましょう。まずは一般的な論述問題の学習方法を考えてみます。

論述の解答作成＝アウトプットの学習
STEP 1　設問の要求を理解する
「主題」をつかみ，「条件」を整理する
STEP 2　内容をまとめる
教科書を参考にしながら，解答例を書く

STEP 1　設問の要求を理解する

論述問題の解答作成で**最も重要なことは設問の要求を理解すること**です。論述問題の型（後述）を意識しながら，問題の「**主題**」をつかみましょう。問題の「**主題**」を理解したら，それを説明するための「**条件**」を整理してみましょう。

STEP 2　内容をまとめる

設問の要求が理解できたら，次は解答に必要な内容を考えてみましょう。過去問を解く際には，**教科書を参考にしながら解答例をまとめてください**。単に歴史用語を覚えることと，論述に必要な知識を定着させることとは違います。**論述問題の答案作成の訓練と同時に，教科書を読み込むことで知識をより深めてください**。それにより，試験の本番でもレベルの高い解答が書けるようになります。

4 論述問題の型

論述問題には「型」があり，インプットする際にも，それを意識しておく必要があります。つまり**論述問題を解くために必要な知識の整理の仕方**があるのです。以下で「論述問題の型」を5つに分けて整理します。インプットでも意識しましょう。

①　対比型

「AとBを**比較**せよ。」…「**対比**」「**比較**」「**相違点**」「**共通点**」など
　──→AとBを同じバランスで説明する
　　基本型　「Aはabである。一方，Bはabである。」

論述問題の基本ともいえる型です。AとBの歴史的事象を比較すればよいのですが，AとBで**対比する項目をそろえて整理する**必要があります。その際に［例1］のように表の形にすると，わかりやすくなります。A，Bについて，どのような項目を対比するか（この場合はa，b）は，設問の要求にしたがって考える必要があります。後は，表を埋めて，整理した内容を文章化するだけです。

	a	b
A	○	×
B	△	□

［例1］

［例1］を文章化：「Aはa＝○，b＝×である。
　　　　　　　　　一方，Bはa＝△，b＝□である。」

②　特徴型

「Aの**特徴**を説明せよ。」…「**特色**」「**性格**」など
　──→Bと比較しながら，Aを説明する
　　基本型　「（Bは□だが，）Aは○である。」

考え方は，対比型と同様です。このなかには事項や用語の「内容」説明も含みます。「Aの特徴」というのは，**他**（上の例文ではB）**と比較することによってはじめてわかります**。その際，基本的には比較したBを答案に書く必要はありません。これが特徴型の考え方です。ただ，設問のなかでは比較するためのBは設定されていない場合が多いので，設問の要求からBを考える必要があります。

③ 推移型

> 「A（時期）からC（時期）までの**推移**を説明せよ。」…「**変遷**」「**変化**」「**展開**」「**過程**」など
> ⟶A—B—Cの時期区分をして，それぞれの時期について説明する
> 基本型 「Aの時期には○，Bの時期には□，Cの時期には△である。」

歴史を理解するための基本は，「変化」を追いかけることです。その「ある時期」から「ある時期」までの「変化」を説明するのが，推移型の問題です。このタイプの問題は，基本的に時期区分をして，それぞれの時期について説明する必要があり，その際，前の時期から次の時期への変化，特に相違点に着目する必要があります。以下の例を見てください。

> ［例2］「8世紀から10世紀の日中関係の推移を説明せよ。」
> **［時期区分］**
> 8世紀　唐へ遣使（遣唐使）……………正式な国交
> 9世紀後半　↓変化　遣唐使の派遣がなくなる　↓変化
> 10世紀　唐の滅亡→宋の成立……………正式な国交なし
> 民間貿易が行われる

上の例は内容を単純化したものですが，8～10世紀への変化がわかるはずです。一つは唐から宋に中国の王朝が変化したこと，もう一つは正式な国交を持たず，民間貿易が行われるようになったことです。ここで重要なのは**時期区分**です。［例2］の場合，「世紀」で区分していますが，その他，「～時代」や「1890年代」，あるいは天皇や首相などの権力者，戦争・争乱など様々な時期区分の方法があります。普段からこれらを意識して通史を学習しておく必要があります。

④ 因果関係型

> 「Aの**原因**（B）について説明せよ。」…「**原因**」「**背景**」「**理由**」など
> 「Aの**結果**（C）について説明せよ。」…「**結果**」「**影響**」など（「**目的**」「**意図**」も含む）
> ⟶事象Aに対して，その原因（B）や結果（C）を説明する
> 基本型「Bにより，Aが起こった。」「Aが起こり，Cとなった。」

よく「歴史の因果関係」といいますが，その因果関係を説明するのが，このタイプの問題です。

まず，「Aの原因＝B」について説明する場合は，**「ある事象＝A」が起こる前の事象**を考え，Aにも触れつつ，Bに比重をおいて説明します。

それに対し，「Aの結果＝C」について説明する場合は，**Aの後の事象**を考え，同じくAにも触れつつ，Cに比重をおいて説明します。

「Aの目的・意図」について説明する場合は，「Aの結果＝C」と同様の考え方をします。つまり，「Aの目的（C）について説明せよ」ならば，「Aにより，Cを目的と

した」が基本型となるので，「**期待された結果**」を説明すると考えればよいのです。

⑤　意義型

「A（事象）の**意義**について説明せよ。」…「**意味**」など
　⟶A（事象）に対して，事象が何を意味するかを説明する
　　基本型　「Aには，○という意義があった。」

「意義」「意味」というのは，④の「結果」や「影響」と類似していますが，ある事象（A）が**大きな歴史の展開のなかで持つ役割や価値**を説明するものです。以下の例を見てください。

［例3］「保元の乱・平治の乱の歴史的意義を説明せよ。」
事象（A）　保元の乱・平治の乱…貴族社会内部（中央政界）の争いに源平の武士が動員
↓
結果　貴族社会内部の争いが武士の実力で解決される
↓
意義　中央政界で武士の地位が向上し，武家政権（平氏政権）への道が開かれる

上の例は内容を簡略化したものです。結果・影響と意義は区別しにくいのですが，上記の例のように図式化してみるとわかるでしょうか。この場合，保元の乱・平治の乱という事象について，「**結果**」は，貴族社会で発生した争いを「武士の力で解決した」という**単純な結果**を示しています。「**意義**」は，貴族社会のなかで「武士の地位が向上し，武家政権への道が開かれる」という，歴史における**役割・価値**を示しています。

これも学習の段階で意識しておくのがよいのですが，通史を学習している段階で意識するのはなかなか難しいと思います。論述問題を解きはじめてから，あらためて教科書の理解を深めながら考えてみましょう。

5 時代ごとの出題分析

●本書の解説における時代分類

<table>
<tr><th colspan="2">分　類</th><th>時期区分</th><th>出　題</th></tr>
<tr><td colspan="2">古代</td><td>～摂関政治</td><td rowspan="3">大問 1
(→「第 1 章　前近代」[1]～[20])</td></tr>
<tr><td colspan="2">中世</td><td>院政～戦国時代</td></tr>
<tr><td colspan="2">近世</td><td>織豊政権～天保の改革</td></tr>
<tr><td rowspan="5">近現代</td><td>幕末・明治</td><td>ペリー来航～明治時代末</td><td rowspan="5">大問 2・大問 3
(→「第 2 章　近現代」[21]～[60])</td></tr>
<tr><td>大正</td><td>大正時代</td></tr>
<tr><td>昭和①</td><td>昭和初期～アジア太平洋戦争</td></tr>
<tr><td>昭和②</td><td>戦後の占領政策～独立</td></tr>
<tr><td>昭和③</td><td>55 年体制成立～高度経済成長期以降</td></tr>
</table>

▶時代・分野・テーマごとに過去問を解いていこう

一橋大学では，大問３題が，第１問は前近代，第２・３問が近現代でほぼ固定されています。そこで，ここからは本書の解説で使用している上の時代分類にしたがって，時代ごとに分析をします。大問ごとのテーマは「目次」を見ればわかるようになっていますが，次ページ以降では小問ごとに出題テーマを分類した分析表を掲載しています。

過去問は年度ごとに解いていくという学習方法もありますが，学習の進度にしたがって，**時代や分野ごとに小問を解きながら知識を整理していくのも効果的です**。しかも，一橋大学では**過去問と同じテーマの問題が何度も出題される**ので，類題をまとめて解くことによって頻出テーマを効果的に整理することができます。

時代ごとの分析表の後には**頻出テーマ**をまとめ，類題を整理しています（すべての問題ではありません）。なお，各頻出テーマの類題は，おおよそ教科書に出てくる順番で並べてありますので，頻出テーマ❶→❷→❸の順に，さらに各頻出テーマのなかの ➡ にしたがった順番で演習を行うと，スムーズに理解して整理できるはずです。この順番を参考にしながら，小問ごとに類題をまとめて解いてみてください。

▶古代・中世の出題

●古　代

年度	大問	小問	分　野	テーマ	問題形式
2011	1	3	外交	7世紀後期の国際情勢	因果関係型
2019	1	1	社会経済	摂関政治期から鎌倉時代の土地領有関係の推移	推移型
2012	1	1	社会経済	律令国家の都城に居住する人々	特徴型
2008	1	1	社会経済	「律令」の土地・人民支配制度とその崩壊・変質の内容	推移型
2021	1	1	政治	律令制下の租税	特徴型
2019	1	2	政治	律令の税目	語句記述
2016	1	1	政治	律令の法典としての内容・特徴	特徴型
2016	1	2	政治	郡司の役割や地位の変化	推移型
2011	1	1	政治	古代～現代の法制に関する用語	語句記述
2011	1	2	政治	盟神探湯とその内容	特徴型
2005	1	1	政治	律令国家における交通制度	因果関係型
2014	1	3	文化	鎮護国家思想と仏教の受容	推移型
2014	1	4	文化	末法思想・浄土教と美術	語句記述
2014	1	5	文化	平安時代の貴族の食事	対比型

●中　世

年度	大問	小問	分　野	テーマ	問題形式
2006	1	1	外交	応永の外寇とその背景	因果関係型
2021	1	2	社会経済	開発領主の地位の変化	推移型
2019	1	1	社会経済	摂関政治期から鎌倉時代の土地領有関係の推移	推移型
2019	1	3	社会経済	室町時代における特産物	語句記述
2012	1	2	社会経済	中世の京都における住民のあり方・構成の変化	推移型
2009	1	5	社会経済	『太平記』に描かれた時代の社会の変容	推移型
2007	1	1	社会経済	惣村の特徴	特徴型
2021	1	3	政治	室町幕府の税制	特徴型
2016	1	3	政治	御成敗式目の立法趣旨・内容・効力を持つ範囲	特徴型
2011	1	1	政治	古代～現代の法制に関する用語	語句記述
2011	1	4	政治	御成敗式目制定の社会経済的・政治的条件	因果関係型
2008	1	2	政治	御成敗式目の特徴	対比型
2008	1	3	政治	喧嘩両成敗と社会の変化	特徴型

2014	1	1	文化	戦国時代における浄土真宗の地方的展開	推移型
2009	1	1	文化	初期の茶の湯において流行した方式	特徴型
2009	1	2	文化	足利義政の時代に創出された新しい茶の湯の方式	特徴型
2009	1	4	文化	『平家物語』の内容と広められた方法	特徴型
2005	1	2	文化	中世の紀行文	因果関係型

古代・中世の頻出テーマ

❶ 古代 律令国家

- **律令国家の形成の背景**
  - 2011年度〔1〕問3
- **律令国家について**
  - 2012年度〔1〕問1
  - 2005年度〔1〕問1
- **律令国家の変質**
  - 2008年度〔1〕問1
  - 2016年度〔1〕問2

❷ 中世 武家社会の変化

- **御成敗式目について**
  - 2008年度〔1〕問2
  - 2011年度〔1〕問4
  - 2016年度〔1〕問3
- **武家社会の転換**
  - 2012年度〔1〕問2
  - 2009年度〔1〕問5
- **戦国時代**
  - 2008年度〔1〕問3
  - 2014年度〔1〕問1

❸ 中世 民衆社会の変化

- **惣村について**
  - 2009年度〔1〕問5
  - 2007年度〔1〕問1

古代は出題が少ないですが，律令国家の形成から，律令国家の支配体制とその変質（❶）に関しての整理が必要です。中世は近世につながる内容が重要です。鎌倉時代，室町時代，戦国時代の武家社会の変化（❷），惣村の形成を中心に，近世につながる民衆の成長（❸）について整理しておきましょう。

▶近世の出題

年度	大問	小問	分　野	テーマ	問題形式
2017	1	4	外交	正徳の政治期から寛政の改革期までの幕府の対外政策	推移型
2006	1	3	外交	15 世紀～18 世紀の日朝関係・交流	推移型
2004	1	4	外交	18 世紀末以降の江戸湾岸の警備の強化	特徴型
2023	1	4	社会経済	掛屋と札差	特徴型
2022	1	2	社会経済	菅江真澄と同時代の元号	語句記述
2022	1	5	社会経済	紀行文に描かれている鉱山被害の背景とその歴史的経緯	因果関係型
2020	1	3	社会経済	近世の商人について	語句記述
2020	1	5	社会経済	近世における庶民の旅	因果関係型
2018	1	1	社会経済	百姓の抵抗形態の変化	推移型
2018	1	2	社会経済	国訴とその内容・特徴	特徴型
2018	1	3	社会経済	村方騒動の争点	特徴型
2015	1	1	社会経済	江戸時代の都市部の災害とそれが頻発した理由	因果関係型
2015	1	3	社会経済	幕末期の百姓一揆	対比型
2013	1	1	社会経済	人掃令とその内容	特徴型
2013	1	2	社会経済	町人身分の要件	特徴型
2013	1	3	社会経済	百姓と農民の不一致点	対比型
2012	1	3	社会経済	博多・堺が発展した理由と近世にかけての変化	推移型
2012	1	4	社会経済	江戸が巨大都市として発展した理由	因果関係型
2012	1	5	社会経済	大名城下町の成立・発展	因果関係型
2010	1	1	社会経済	近世初頭の農村への商品・貨幣経済の浸透	特徴型
2010	1	2	社会経済	近世の商品作物（四木）	語句記述
2010	1	3	社会経済	商品・貨幣経済の進展の領主財政への影響	因果関係型
2010	1	4	社会経済	商品・貨幣経済に対応する田沼時代・天保の改革の政策	特徴型
2009	1	6	社会経済	西川如見のいう「今の時世」	特徴型
2007	1	2	社会経済	太閤検地による惣村の変化	推移型
2007	1	3	社会経済	近世の村における年貢収納の仕組み	特徴型
2005	1	3	社会経済	幕藩制国家における五街道の交通の運営方式	特徴型
2005	1	4	社会経済	幕藩制国家において海上・河川舟運の役割が大きかった理由	因果関係型
2004	1	1	社会経済	金肥の使用	特徴型
2023	1	3	政治	幕府の刑事司法で用いられていた法	特徴型
2023	1	5	政治	長州藩の藩政改革	特徴型
2021	1	4	政治	分地制限令	因果関係型
2020	1	1	政治	『民間省要』について	特徴型
2020	1	2	政治	近世の百姓・町人の負担	特徴型
2019	1	4	政治	江戸時代後期の藩政改革	特徴型

2016	1	4	政治	江戸幕府の司法政策の特徴	特徴型
2015	1	2	政治	天明の飢饉後に松平定信が実施した飢饉・凶作対策	特徴型
2014	1	2	政治	寺檀制度と寺請制度	因果関係型
2011	1	1	政治	古代～現代の法制に関する用語	語句記述
2008	1	4	政治	禁中並公家諸法度制定の目的と天皇・公家の役割	特徴型
2006	1	2	政治	方広寺と関連する政治的な出来事	特徴型
2004	1	2	政治	松平定信の農村対策と農政家	特徴型
2023	1	1	文化	『経済話』の著者	語句記述
2023	1	2	文化	経世論と朱子学，荻生徂徠の学問との関係	特徴型
2022	1	1	文化	菅江真澄と同時代に活躍した人物	語句記述
2022	1	3	文化	佐竹義和が設立した藩校	語句記述
2022	1	4	文化	秋田藩で独特の画風が生まれた経緯	因果関係型
2020	1	4	文化	近世の巡礼の特質	対比型
2017	1	1	文化	新井白石に尋問された人物とその著作	語句記述
2017	1	2	文化	蘭学勃興期の人物と業績	特徴型
2017	1	3	文化	司馬江漢とその業績	特徴型
2009	1	3	文化	豊臣秀吉が開いた茶会・それに参加した茶人	語句記述
2004	1	3	文化	百姓たちが小林一茶・平田篤胤を支援した背景	因果関係型

近世の頻出テーマ

❶ 百姓・村

村・百姓

2007 年度〔1〕問 2
2013 年度〔1〕問 1・問 3
2018 年度〔1〕問 1
2007 年度〔1〕問 3
2009 年度〔1〕問 6

民衆の抵抗

2018 年度〔1〕問 3
2015 年度〔1〕問 3

❷ 商品経済の発達

武士と商品経済

2010 年度〔1〕問 2
2012 年度〔1〕問 4・問 5

流通の発達

2005 年度〔1〕問 3・問 4
2023 年度〔1〕問 4

❸ 幕府や藩の政治

幕府の司法政策

2023 年度〔1〕問 3
2016 年度〔1〕問 4

幕政・藩政の改革

2010 年度〔1〕問 4
2004 年度〔1〕問 2
2015 年度〔1〕問 2
2022 年度〔1〕問 5
2019 年度〔1〕問 4

❹ 江戸時代の学問

洋学の発達

2017 年度〔1〕問 1・問 2・問 3
2022 年度〔1〕問 4

その他

2023 年度〔1〕問 2
2004 年度〔1〕問 3

近世は社会経済についての出題が中心になります。身分制と幕藩領主の村の支配，農業の発達から商品経済の浸透，百姓一揆などの民衆の抵抗といった，百姓・村に関連する問題（❶）が頻出です。商品経済の発達（❷）については，幕藩領主の財政との関連や交通との関連が問われています。幕府や藩の政治についての出題（❸）では，❶・❷との関係から，三大改革期の経済政策に注意が必要です。さらに近年は文化史の出題が増えています。特に江戸時代の学問（❹）は頻出テーマになっています。

▶幕末・明治の出題

年度	大問	小問	分　野	テーマ	問題形式
2022	2	4	外交	大山捨松と 1880 年代の条約改正	因果関係型
2018	3	1	外交	北京議定書の締結の経緯	因果関係型
2014	2	3	外交	井上外交と欧化主義への批判	因果関係型
2011	2	1	外交	井上外交の内容と失敗の理由	因果関係型
2021	2	2	社会経済	横山源之助の『日本之下層社会』	語句記述
2018	2	1	社会経済	国立銀行の設立が活発になった背景	因果関係型
2018	2	2	社会経済	日本が金本位制を採用した理由	因果関係型
2018	2	3	社会経済	第二次世界大戦以前に設立された特殊銀行	語句記述
2016	2	1	社会経済	農商務省の調査報告書について	特徴型
2016	2	2	社会経済	工場法の問題点	特徴型
2016	2	3	社会経済	工場法への産業界の反発を政府が受け入れた理由	因果関係型
2016	3	2	社会経済	明治十四年の政変後の経済政策	特徴型
2015	2	1	社会経済	日清戦争後の海運業の奨励政策	特徴型
2012	2	1	社会経済	1885 年以降における棉花生産の減少	因果関係型
2009	2	2	社会経済	寄生地主制の形成	推移型
2007	2	1	社会経済	紡績業が産業構造と貿易構造にもたらした意義	意義型
2007	2	2	社会経済	企業勃興と資金を投下した社会階層	特徴型
2007	2	3	社会経済	1890 年恐慌の原因	因果関係型
2004	2	1	社会経済	製糸業・綿糸紡績業の技術変革	特徴型
2004	2	2	社会経済	製糸業・綿糸紡績業の安定した市場条件	特徴型
2004	2	3	社会経済	官営八幡製鉄所と設立された地域の関連	因果関係型
2004	2	4	社会経済	日本鉄道会社の資金調達	特徴型
2023	2	2	政治	明治初期に新聞紙条例が制定された背景	因果関係型
2023	2	3	政治	日露戦争における新聞各紙の立場	特徴型
2022	2	1	政治	「大山公爵」の氏名	語句記述
2021	3	1	政治	近現代の女性に関連する歴史用語	語句記述
2021	2	1	政治	江戸幕府崩壊後の東京の人口	因果関係型
2020	2	2	政治	一世一元の制について	特徴型

2020	2	3	政治	近代天皇の政治的位置づけの変化	推移型
2020	2	4	政治	天皇の存在に対する人々の意識	因果関係型
2020	3	1	政治	貴族院と衆議院	対比型
2020	3	2	政治	明治憲法下の議会の権限	特徴型
2019	3	1	政治	近代から現代における国民の政治参加や衆議院の権限	推移型
2011	1	1	政治	古代～現代の法制に関する用語	語句記述
2011	1	5	政治	近代の法思想と今日の法への影響	因果関係型
2017	2	4	政治	参政権の動向と女性運動	推移型
2016	3	1	政治	近代の政党政治に関連する用語	語句記述
2014	2	4	政治	「壮士芝居」登場の政治的な背景と意味	意義型
2013	2	1	政治	日露戦争における戦費の調達	特徴型
2013	2	2	政治	幸徳秋水と堺利彦	語句記述
2012	3	1	政治	大日本帝国憲法における天皇の権限と内容	特徴型
2011	2	2	政治	諸法典の編纂と民法典論争	因果関係型
2009	2	3	政治	寄生地主制と町村会・帝国議会	特徴型
2009	3	1	政治	統帥権の独立について	特徴型
2006	2	1	政治	明治憲法制定の政党内閣発展における意義	意義型
2006	2	2	政治	明治憲法が政党政治発展の障害になった理由	因果関係型
2006	2	3	政治	内閣総理大臣の権限強化	特徴型
2023	2	1	文化	啓蒙主義を普及した団体	語句記述
2022	2	3	文化	津田梅子による帰国後の事業	特徴型
2022	3	3	文化	西田幾多郎の著作名	語句記述
2020	2	1	文化	『不如帰』の作者	語句記述
2017	2	2	文化	初等教育を最初に打ち出した法令	語句記述
2014	2	1	文化	川上音二郎	語句記述
2014	2	2	文化	身分制の改革と文明開化	特徴型
2014	3	4	文化	近代の大学の歴史	推移型
2011	2	3	文化	明治中期の文学史における変化	推移型
2011	2	4	文化	徳富蘇峰による政府批判	特徴型
2010	3	1	文化	内村鑑三不敬事件	特徴型

幕末・明治の頻出テーマ

❶ 産業革命の進展

繊維産業
- 2007年度〔2〕問1
- 2004年度〔2〕問1・問2
- 2012年度〔2〕問1

資本家の成長
- 2009年度〔2〕問2
- 2018年度〔2〕問1
- 2004年度〔2〕問4
- 2007年度〔2〕問2・問3

❷ 明治憲法体制

天皇大権
- 2012年度〔3〕問1
- 2009年度〔3〕問1

政党内閣の発展
- 2006年度〔2〕問1・問2
- 2019年度〔3〕問1（大正～昭和②含む）

軍隊について
- 2009年度〔3〕問1

❸ 条約改正

井上外交
- 2022年度〔2〕問4
- 2014年度〔2〕問3
- 2011年度〔2〕問1

幕末・明治では，社会経済と政治の出題が多いことがよくわかります。社会経済では，産業革命期についての設問（❶）が圧倒的に多くなっています。政治では，明治憲法体制についての設問（❷）が頻出です。大日本帝国憲法（明治憲法）の規定は理解しておきたいところです。また，条約改正に関する問題（❸）では，井上外交からの出題が続いています。

▶大正の出題

年度	大問	小問	分　野	テーマ	問題形式
2022	2	2	外交	「スペイン風邪」流行の背景	因果関係型
2015	3	1	外交	戦争放棄に関する戦前の多国間条約の成立の背景・内容	因果関係型
2013	2	3	外交	第一次世界大戦に対する加藤高明外相の見解	語句記述
2013	2	4	外交	日本の第一次世界大戦への参戦とその結末	推移型
2011	3	1	外交	第一次世界大戦後の「戦争の違法化」を象徴する組織・国際条約	特徴型
2011	3	2	外交	第一次世界大戦後の国際協調体制と日本政府の対応	特徴型
2011	3	3	外交	第一次世界大戦後の朝鮮における民族独立運動とその対応	特徴型
2005	2	2	外交	第一次世界大戦下における中国への権益要求・資本輸出	特徴型
2021	3	2	社会経済	「新しい女」について	特徴型
2021	2	3	社会経済	1920～30年代の東京府の人口増加	因果関係型
2019	2	1	社会経済	1920～30年代に教育と文化面での変化を担った社会階層	特徴型
2017	2	1	社会経済	女性運動を推進した組織と関係者	語句記述
2017	2	3	社会経済	家庭婦人と職業婦人	特徴型
2015	2	2	社会経済	第一次世界大戦の日本の貿易に対する影響	因果関係型

2012	2	2	社会経済	1915～1920 年の生糸・綿糸の生産量の動向	因果関係型
2009	2	4	社会経済	1920 年代の小作農民の運動	特徴型
2008	2	1	社会経済	第一次世界大戦が日本経済を成長させた理由	因果関係型
2008	2	2	社会経済	都市中産階級の増加	特徴型
2005	2	1	社会経済	大戦景気で国内生産を拡大した産業部門	因果関係型
2005	2	3	社会経済	「成金」とその後の動向	因果関係型
2005	2	4	社会経済	大正後期に結成された全国的な社会運動組織	因果関係型
2021	3	1	政治	近現代の女性に関連する歴史用語	語句記述
2019	3	1	政治	近代から現代における国民の政治参加や衆議院の権限	推移型
2017	2	4	政治	参政権の動向と女性運動	推移型
2016	3	3	政治	治安維持法を成立させた目的	因果関係型
2014	3	1	政治	天皇機関説と憲法論争	特徴型
2019	2	2	文化	『赤い鳥』が受け入れられた理由	因果関係型
2019	2	3	文化	総合雑誌	特徴型
2019	2	4	文化	『中央公論』に対抗した総合雑誌	語句記述
2014	3	4	文化	近代の大学の歴史	推移型
2008	2	3	文化	原内閣の高等教育機関の拡充	特徴型
2008	2	4	文化	1920 年代における衣食住の生活文化	特徴型

大正の頻出テーマ

❶ 大正時代の経済

大戦景気
- 2015 年度〔2〕問 2
- 2012 年度〔2〕問 2
- 2008 年度〔2〕問 1
- 2005 年度〔2〕問 1

❷ 大正時代の社会

都市の発達
- 2021 年度〔2〕問 3（昭和①含む）
- 2008 年度〔2〕問 2・問 4

労働・農民運動
- 2005 年度〔2〕問 4
- 2009 年度〔2〕問 4

女性解放
- 2017 年度〔2〕問 3
- 2021 年度〔3〕問 2

❸ 大正時代の外交

第一次世界大戦中
- 2013 年度〔2〕問 3
- 2005 年度〔2〕問 2

大戦後の国際協調
- 2013 年度〔2〕問 4
- 2011 年度〔3〕問 2→問 1
- 2015 年度〔3〕問 1（昭和①含む）
- 2018 年度〔3〕問 3（昭和①含む）

大正時代は短いのですが，出題は意外に多いです。社会経済では，大戦景気（❶）が頻出です。大戦景気に関連して，都市の発達や社会運動など社会の変化（❷）にも着目して整理しておきましょう。一方で，外交では，第一次世界大戦後の国際協調（❸）について，大戦前後の対外関係の変化を念頭に置きながら整理しておきたいところです。

▶昭和①（昭和初期～アジア太平洋戦争）の出題

年度	大問	小問	分　野	テーマ	問題形式
2023	3	2	外交	太平洋戦争における終戦工作	特徴型
2018	3	3	外交	国際紛争の処理を目的とした多国間条約	意義型
2015	3	1	外交	戦争放棄に関する戦前の多国間条約の成立の背景・内容	因果関係型
2013	3	2	外交	太平洋戦争開戦の契機	因果関係型
2006	3	4	外交	アジア太平洋戦争の性格と内容	特徴型
2021	2	3	社会経済	1920～30 年代の東京府の人口増加	因果関係型
2021	2	4	社会経済	1940～55 年までの間における東京の人口変化	因果関係型
2018	2	4	社会経済	1920 年代後半以降に普通銀行が減少した理由	因果関係型
2015	2	4	社会経済	太平洋戦争末期の船舶不足の影響	因果関係型
2013	3	1	社会経済	重要産業統制法が制定された経済的背景	因果関係型
2012	2	3	社会経済	1930～35 年に綿糸の生産が伸びた理由	因果関係型
2012	2	4	社会経済	1930～35 年に繭の生産量が落ち込んでいる理由	因果関係型
2010	2	1	社会経済	1930～35 年，大都市への人口集中を導いた国家的な政策	特徴型
2010	2	2	社会経済	1935～40 年，大都市への人口集中を導いた国家的な政策	特徴型
2006	3	1	社会経済	戦時体制下の勤労動員	因果関係型
2006	3	2	社会経済	アジア太平洋戦争下における国民の動員	語句記述
2006	3	3	社会経済	日本の戦時体制の特質	特徴型
2023	2	4	政治	日中戦争下における政府とマスメディアの関係	特徴型
2023	3	1	政治	沖縄戦での男子学徒動員	語句記述
2022	3	1	政治	大内兵衛が検挙された事件	特徴型
2022	3	2	政治	津田左右吉が起訴された理由	因果関係型
2022	3	4	政治	二・二六事件と統制派・皇道派の関係	推移型
2020	3	3	政治	戦時統制法と議会	推移型
2020	3	4	政治	大政翼賛会の役割	特徴型
2020	3	5	政治	翼賛選挙について	特徴型
2018	3	2	政治	日中戦争下の大本営	特徴型
2018	3	4	政治	国家総動員法	特徴型
2017	2	4	政治	参政権の動向と女性運動	推移型
2016	3	1	政治	近代の政党政治に関連する用語	語句記述
2015	2	3	政治	近衛内閣が制定した法律	語句記述
2014	3	2	政治	岡田啓介	語句記述
2014	3	3	政治	滝川事件とその内容	特徴型
2010	2	3	政治	1940～45 年，地方への人口移動が起きた理由	因果関係型
2010	3	2	政治	戦時体制の下で思想統制を担った教育施策	特徴型

2010	3	3	政治	朝鮮・台湾での皇民化政策	特徴型
2009	3	2	政治	統帥権干犯問題	因果関係型
2005	3	3	政治	日中戦争以降の議会政治の空洞化	意義型
2019	2	5	文化	マルクス主義者のなかで繰り広げられた論争	特徴型
2014	3	4	文化	近代の大学の歴史	推移型

昭和①の頻出テーマ

❶ 昭和戦前期の社会・経済の動向

金融恐慌・井上財政期
2018年度〔2〕問4
2013年度〔3〕問1

高橋財政期
2012年度〔2〕問3・問4
2010年度〔2〕問1

戦時統制経済
2006年度〔3〕問1・問2
2010年度〔2〕問2
2023年度〔2〕問4

❷ 戦時下の政治

議会政治の形骸化
2009年度〔3〕問2
2005年度〔3〕問3
2018年度〔3〕問4
2020年度〔3〕問4・問5

❸ 十五年戦争期

2013年度〔3〕問2
2015年度〔2〕問4
2023年度〔3〕問2

❹ 教　育

2008年度〔2〕問3　（大正含む）
2014年度〔3〕問4
（幕末・明治 大正含む）
2019年度〔2〕問2　（大正含む）
2010年度〔3〕問2→問4
（昭和②含む）

昭和期の政党政治の時代からアジア太平洋戦争までの時期では，社会経済において，金融恐慌から井上財政・高橋財政，戦時統制経済まで経済政策（❶）が広く問われています。政治では，政党内閣の時代からその崩壊，議会政治の形骸化までの推移（❷）が問われており，明治憲法体制の理解が求められています。外交では，満州事変・日中戦争・アジア太平洋戦争までの推移（❸）を，他国との関係の変化を念頭に置いて整理しておく必要があります。さらに明治期から昭和期までの教育に関係する出題（❹）は注意が必要です。

▶昭和②・③の出題

●昭和②（戦後の占領政策～独立）

年度	大問	小問	分　野	テーマ	問題形式
2023	3	3	外交	サンフランシスコ平和条約締結をめぐる批判	因果関係型
2007	3	1	外交	戦後の日中間における賠償問題の処理	特徴型
2005	3	1	外交	Ａ級戦犯に対する戦争責任の追及	特徴型
2005	3	2	外交	Ｂ・Ｃ級戦犯に対する戦争責任の追及	特徴型
2021	2	4	社会経済	1940～55 年までの間における東京の人口変化	因果関係型
2017	3	1	社会経済	経済白書	語句記述
2017	3	2	社会経済	1950 年代初頭の日本経済の回復	因果関係型
2017	3	3	社会経済	太平洋戦争後の日本政府の経済復興策	特徴型
2017	3	4	社会経済	幣原内閣のインフレーションへの対処	特徴型
2009	2	1	社会経済	第二次農地改革での措置と結果	因果関係型
2007	3	3	社会経済	日本軍国主義の解体を目的とした経済政策	因果関係型
2021	3	3	政治	労働組合結成を奨励した理由	因果関係型
2019	3	1	政治	近代から現代における国民の政治参加や衆議院の権限	推移型
2019	3	2	政治	「人権指令」について	特徴型
2019	3	3	政治	天皇の人間宣言について	因果関係型
2011	1	1	政治	古代～現代の法制に関する用語	語句記述
2017	2	4	政治	参政権の動向と女性運動	推移型
2015	3	2	政治	天皇の人間宣言	特徴型
2015	3	3	政治	皇室典範の規定	対比型
2013	3	3	政治	天皇を戦犯容疑者に指定しなかった理由	因果関係型
2012	3	2	政治	GHQ が憲法草案を直接起草した理由	因果関係型
2012	3	3	政治	GHQ 憲法草案に影響を与えた日本側の試み	因果関係型
2012	3	4	政治	日本国憲法制定を受けて改正された法律	特徴型
2009	3	3	政治	GHQ による直接的な非軍事化政策	特徴型
2005	3	4	政治	公職追放と講和条約発効前後の変化	推移型
2010	3	4	文化	教育の民主化に基づく改革	特徴型

●昭和③（55 年体制成立～高度経済成長期以降）

年度	大問	小問	分 野	テーマ	問題形式
2023	3	4	外交	嘉手納基地における事故	語句記述
2008	3	1	外交	日中共同声明とその背景となる国際情勢の変化	因果関係型
2008	3	2	外交	日中共同声明と台湾との外交関係の変更	推移型
2007	3	2	外交	日本と朝鮮の間の国交正常化問題	推移型
2004	3	1	外交	日米共同声明における合意内容とその結果	因果関係型
2004	3	2	外交	沖縄返還を促進することになった事情	因果関係型
2004	3	3	外交	沖縄返還における二つの争点	特徴型
2010	2	4	社会経済	1950～70 年，農村人口の減少にみられる日本農業の変化	推移型
2008	3	3	社会経済	田中内閣の経済政策	特徴型
2008	3	4	社会経済	「列島改造」政策の影響	因果関係型
2023	3	1	政治	非核三原則	語句記述
2023	3	5	政治	革新自治体が成立した背景	因果関係型
2021	3	1	政治	近現代の女性に関連する歴史用語	語句記述
2021	3	4	政治	男女雇用機会均等法と制定の背景	因果関係型
2016	3	4	政治	日本社会党が一定議席の確保を重視した理由	因果関係型
2016	3	5	政治	細川護熙内閣の政治改革	特徴型
2015	3	4	政治	日本国憲法をめぐる政治的動向	推移型
2013	3	4	政治	1960 年の安保闘争の高揚	因果関係型
2004	3	4	政治	非核三原則	特徴型
2017	3	5	文化	高度経済成長期の高等学校・大学の変化	推移型

昭和②・③の頻出テーマ

❶ 民主化政策

戦争責任の追及
- 2013年度〔3〕問3
- 2005年度〔3〕問1・問2

日本国憲法と諸法典の改正
- 2012年度〔3〕問2・問4

経済改革
- 2009年度〔2〕問1
- 2021年度〔3〕問3

占領政策の転換
- 2005年度〔3〕問4

❷ アジア太平洋戦争後の外交

中国・朝鮮との関係
- 2007年度〔3〕問1・問2
- 2008年度〔3〕問1・問2

日米関係
- 2013年度〔3〕問4
- 2004年度〔3〕問1・問2

❸ 高度経済成長以降の経済
- 2010年度〔2〕問4
- 2008年度〔3〕問3・問4

❹ 55年体制下の政治
- 2015年度〔3〕問4
- 2016年度〔3〕問4
- 2013年度〔3〕問4
- 2023年度〔3〕問5

アジア太平洋戦争後は，占領下の民主化政策（❶）について，日本国憲法の制定や農地改革・財閥解体が問われています。外交では，講和をはさんで日米関係，日中・日朝関係について，朝鮮戦争・ベトナム戦争との関連をふまえて（❷）問われています。高度経済成長以降を除いて，経済については，近年，意外に問われていません（❸）。また，近年は55年体制の成立とそのもとでの政治（❹）が頻出です。

第1章　前近代

（注）解答は，解答用紙の所定の位置に横書きで書きなさい。他のところに書いても無効になることがあります。また，字数などの指示がある場合は，その指示に従って書きなさい。なお，字数制限がある場合，算用数字及びアルファベットに限り，１マスに２文字入れることができます。それ以外の句読点や問題番号には１マスを使用すること。ただし，例えば「問１」ならば「１」とのみ書いても構いません。なお，問題番号は問題ごとに指定された解答字数に含めます。

（例）

「問１」の場合 ⟶

					5		
1	・	・	・	・	・		

1

(2023年度 第1問)

次の文章を読んで，下記の問いに答えなさい。(問1から問5まですべてで400字以内)

江戸時代の儒学者・経世家である [(a)] は著作『経済話』において以下のように述べている(原文の表記を改めている)。内容をふまえて解答しなさい。

今，上の法に背く者(b)，刑罰に合はず，上にては，民が孝・悌・忠・信になりたらば法に背くまい，とかく民の孝・悌・忠・信になる様にと思ふこと也。孝・悌・忠・信になる様にと思ふと，不孝・不悌・不忠・不信をさせぬとは大に違(ちがう)なり。法なしに法に背かぬ様になるは，智者のことなり。士大夫のことなり。士大夫と云(いう)者は，それが為にこそ上より知行を下されて(c)，金がほしいと思ふに及ばず，一心一向に金を得ることに打掛りて居るに及ばず，智を練るにうち掛りて居ることなり。下の愚人は手足を働かせて後に漸(ようやく)衣食を得る故に，六ヶ敷(むつかしき)ことに打掛りては居られぬ也。

問1 [(a)] に入る人名を記しなさい。

問2 経世論を朱子学および荻生徂徠の学問とそれぞれ関係づけて説明しなさい。

問3 下線部(b)に関して，当時幕府の刑事司法で用いられていた法の名称を記し，説明しなさい。

問4 下線部(c)に関して，掛屋と札差について説明しなさい。

問5 [(a)] の著作にも影響を受けながら長州藩の藩政改革を行った人物の名前を記し，改革の内容を説明しなさい。

解説 江戸時代における経世論 〈史料〉

江戸時代の経世論から公事方御定書，掛屋と札差など文化・政治・経済と広い分野を問う。問 1 は語句記述である。問 2 は 100 字以上，問 3 は 50 字程度，問 4 は 100 字以上，問 5 は 50 字以上が目標の字数であるが，いずれかの設問で多くの字数を割いて合計で 400 字に近づくようにしたい。

問 1 近世 文化

『経済話』の著者

語句記述問題

空欄ⓐに入る人名。

『経済話』を著したのは**海保青陵**であるが，著作から解答をするのは非常に難しい。問 5 の長州藩の藩政改革に影響を与えた人物ということをヒントとして，『稽古談』を著し，藩専売制などの重商主義政策を説いた人物として海保青陵が想起できるか。

解答例　1 海保青陵。（6 字）

問 2 近世 文化

経世論と朱子学，荻生徂徠の学問との関係

設問の要求

〔主題〕経世論を朱子学および荻生徂徠の学問とそれぞれ関係づけて説明。

論述の構成

朱子学および荻生徂徠の学問それぞれを経世論と関係づけたいので，まず，経世論について説明し，そのうえで，経世論と朱子学，経世論と徂徠の学問を関係づけて考えてみる。

▶経世論とは？

経世論とは現実の社会問題を対象として，世を治め，民を苦しみから救う経世済民を説く政治経済論である。これが本格的に展開する契機となったのは，17 世紀後半から 18 世紀前半の元禄～享保期以降の社会情勢である。このころには全国的に商品経済が発展し，商人が台頭する一方，幕府や諸藩の財政難や農民の階層分化が社会問題となり始めた。このような状況に対し，為政者の立場からその原因を解明し，具体的な対策を提示するものとして経世論は発達した。その基礎を用意したのが陽明学を学んだ熊沢蕃山や古文辞学を説いた荻生徂徠であった。

▶経世論と朱子学，徂徠の学問の関係

幕藩体制が確立し，平和的な秩序が形成されると，法や道徳によってそれを維持しようとする文治政治に転換した。そのなかで，武士には為政者としての教養が求められ，**朱子学**が武家社会で広がった。朱子学においては，為政者が道徳的に立派であれば，同心円的に天下国家も治まるという考えがあり，為政者の政治的な道徳が重視された。そのため，現実の社会問題に対して根本的な対応は期待できなかった。

それに対し，**荻生徂徠**は朱子学による註釈を否定し，孔子・孟子の原典に立ち返るという**古学派**で，中国古代の言語を学ぶことで原典が理解できるという**古文辞学**を唱えた。徂徠は政治と道徳は一線を画すべきであると考え，朱子学の考え方を批判した。また，古代の聖人（為政者）が説く「道」とは国家の政治制度のことであり，為政者個人の道徳ではないと考えた。為政者が現実的，具体的に作る政治制度が重視されたのである。荻生徂徠は徳川吉宗に政治意見書である**『政談』**を提出し，武士を商品経済から切り離す武士土着論を説き，根本的に制度を立て直す具体的なプランを提示し，現実的解決をはかろうとした。こうした徂徠の立場は，弟子の**太宰春台**が**『経済録』**を著すなど，その後の経世論への道を開いた。

論述のポイント

□経世論は社会問題に対し，その対策を説く政治経済論であることを説明する。そのうえで，朱子学は為政者の政治道徳を重視し，徂徠の学問は朱子学を批判して具体的な策を説く経世論に道を開いたことを説明すればよい。

解答例 2経世論とは様々な社会問題に対し，世を治め，民を救う経世済民を説く政治経済論である。朱子学において社会の安定は，為政者個人の政治的道徳の問題であった。一方，徂徠は政治と道徳とを区別すべきだと考えて朱子学を批判するとともに，為政者が作る政治制度を重視し，具体的な統治策を説く経世論に道を開いた。（146字）

問3 近世 政治

幕府の刑事司法で用いられていた法

設問の要求

〔主題〕当時幕府の刑事司法で用いられていた法の名称を記し，説明する

論述の構成

当時幕府の刑事司法で用いられていた法は，公事方御定書である。それについて説明すればよい。問1の海保青陵がわからないと，正確に「当時」は限定できないが，問5の長州藩の藩政改革が天保期だと推測できれば，それ以前の時期ということから，ある程度は限定できるだろう。

▶公事方御定書について

公事方御定書は，裁判や行政の基準を定めた法典で，8 代将軍徳川吉宗の命で編纂された。元文年間に編纂が開始され，寛保年間の 1742 年に完成した。上下 2 巻で構成され，上巻は法令集，下巻は判例や取決めなどからなる。寺社・町・勘定の三奉行と京都所司代・大坂城代のほかは閲覧が禁止された秘密法典であった。

論述のポイント

□公事方御定書について，徳川吉宗の命で編纂されたこと，裁判基準となったことが簡潔に説明できていればよい。

解答例　3 公事方御定書。徳川吉宗の命で編纂され，合理的な裁判や刑罰の基準を定めた。(37 字)

問 4　近世　社会経済

掛屋と札差

設問の要求

〔主題〕掛屋と札差について説明

論述の構成

最低限，掛屋と札差について，それぞれの用語説明ができればよい。ただ，掛屋・札差が活動する背景となる幕藩体制における幕府や諸藩の財政に触れつつ説明したほうがよりよい答案となる。

▶幕藩体制下における幕府・諸藩の財政

幕府や諸藩など武家社会においては，百姓が村の総石高（村高）に応じて納める年貢・諸役が財源であった。年貢は主に米で納入される。しかし，貨幣経済が進展するなか，幕府や諸藩では貨幣収入を必要としたため，年貢米は大坂や江戸などの大都市で換金された。そのなかで，活動していた商人が掛屋と札差である。

▶掛屋について

諸藩の財政と関連させて説明する。諸藩では年貢米を換金するため，大坂や江戸など大都市に**蔵屋敷**を設置し，年貢米や専売品を送った。これら諸藩が扱う公的な商品を**蔵物**という。蔵物は諸藩と取引をする**蔵元**が管理して売却した。その代金を管理し，必要に応じて諸藩に送金するのが**掛屋**である。財政の苦しい藩は掛屋から借金をする場合もあった。

▶札差について

札差は江戸の浅草に店を構え，蔵米取の旗本・御家人の扶持米を売却し，代金を管理した。知行取の旗本は諸藩と同様に領地を持っており年貢収入があったので，蔵屋敷を持っていた。しかし，蔵米取の場合，俸禄として米を受け取るだけなので，札差が俸禄米の換金にあたった。財政的に苦しい旗本・御家人は札差から借金をしていた。

論述のポイント

□最低限，掛屋と札差，それぞれの用語説明ができればよい。ただし，字数に余裕があれば，幕藩体制下の領主財政にも触れながら説明するとなおよい。

解答例　**4幕藩体制のもと，幕府や藩では年貢米を換金して財源を確保した。そのなかで掛屋は，大坂などで諸藩の蔵屋敷に出入りし，各藩が領内の年貢米や特産物である蔵物を売却した代金などの出納にあたった商人である。札差は，江戸の浅草に店を構え，蔵米取の旗本・御家人から委託を受けて，俸禄米の受取りや売却をして手数料を得た商人である。(157字)**

問5　近世　政治

長州藩の藩政改革

設問の要求

〔主題〕長州藩の藩政改革を行った人物の名前を記し，改革の内容を説明

論述の構成

設問文の「 a の著作にも影響を受けながら」がヒントの一つになっており，海保青陵がわかることで時期を限定するのが正しい考え方ではあるが，「長州藩の藩政改革」といえば，天保期のものに限定されるだろう。その時の中心となった村田清風の名前を記し，長州藩の改革について知っている限りのことをまとめればよい。

▶長州藩における改革

江戸時代後期になると，財政的に苦しくなり改革が必要な藩が多くなる。そのなかで人材登用や財政再建など天保期の改革に成功し，幕末に雄藩として活躍した藩の一つが長州藩である。長州藩では，**村田清風**が登用され，藩の借金を整理するとともに，紙や蠟の**専売制**を改革した。さらに下関などに置かれた**越荷方**で，入港した北前船などの廻船の積荷を保管する倉庫業や，積荷の委託販売あるいは，積荷を担保とした金融業などを行い，莫大な利益をもたらし，財政再建に成功した。

論述のポイント

□長州藩で登用された村田清風の名前を挙げ，借金整理，専売制改革，越荷方について説明できればよい。

解答例 5 村田清風。藩の借金を整理し，紙・蠟の専売制を改革するとともに，下関に越荷方を置くなど藩の財政再建を進めた。(54 字)

答案例

1海保青陵。2経世論とは様々な社会問題に対し，世を治め，民を救う経世済民を説く政治経済論である。朱子学において社会の安定は，為政者個人の政治的道徳の問題であった。一方，徂徠は政治と道徳とを区別すべきだと考えて朱子学を批判するとともに，為政者が作る政治制度を重視し，具体的な統治策を説く経世論に道を開いた。3公事方御定書。徳川吉宗の命で編纂され，合理的な裁判や刑罰の基準を定めた。4幕藩体制のもと，幕府や藩では年貢米を換金して財源を確保した。そのなかで掛屋は，大坂などで諸藩の蔵屋敷に出入りし，各藩が領内の年貢米や特産物である蔵物を売却した代金などの出納にあたった商人である。札差は，江戸の浅草に店を構え，蔵米取の旗本・御家人から委託を受けて，俸禄米の受取りや売却をして手数料を得た商人である。5村田清風。藩の借金を整理し，紙・蠟の専売制を改革するとともに，下関に越荷方を置くなど藩の財政再建を進めた。

(400 字以内)

2

(2022年度 第1問)

次の文章を読んで，下記の問いに答えなさい。(問1から問5まですべてで400字以内)

江戸時代の文人菅江真澄(a)は，その紀行文「楚頭賀濱風(そとがはまかぜ)」にて [(b)] の大飢饉で陰惨をきわめた東北地方の様子をつづり，その後，享和年間には同じ地方の秋田の銅山周辺の紀行で，次のように記した。

「わきてここのこがね山は，［中略］，かなほりの工となる身は，烟てふ病して齢みじかく，［中略］，誰れも女は若くして男にをくれ，身の老ぬるまでは，七たり，八たりの夫をもたるが多しと，声のみて話りけるに，なみだおちたり」

(「秀酒企乃温濤(すすきのいでゆ)」の抜粋)

幕府による [(c)] の改革をはさんで，秋田の藩主佐竹義和(d)は，農・林・鉱業(e)を育成し，製糸や織物を奨励した名君として有名である。しかし，その殖産の過程において藩がこの煙毒という，労働環境の悪化に起因した鉱夫の健康障害に直面していたことも，真澄の記述から同時にみえてくる。

問1　下線部(a)の人物とほぼ同じ時代に活躍した越後国魚沼郡塩沢出身の有名な文人は誰か，また，その人物の代表的な作品をひとつ，それぞれ書きなさい。

問2　(b)，(c)に入る最も適切な元号を書きなさい。

問3　下線部(d)が設立した藩校の名前を書きなさい。

問4　下線部(e)の示す最も適切な鉱山名を書きなさい。また，この藩では鉱山開発を契機に，独特の画風もうまれることになった。その経緯について，以下の用語をすべて使い，簡潔に説明しなさい。

用語：『解体新書』，平賀源内，小田野直武

問 5 上の紀行文「秀酒企乃温濤」(抜粋)に描かれている鉱山被害の背景について，その歴史的経緯を，16 世紀以降の日本の鉱物資源の開発と利用に関連させながら簡潔に説明しなさい。

解説 菅江真澄と江戸時代の社会経済 〈史料〉

第1問の頻出テーマである近世の文化，社会経済に関する出題である。問1～問3は語句記述問題なので字数は考えなくてよいが，問4は150字程度，問5は200字程度でまとめたい。

問1 近世 文化

菅江真澄と同時代に活躍した人物

語句記述問題

菅江真澄とほぼ同じ時代に活躍した越後国魚沼郡塩沢出身の文人とその人物の代表的な作品をそれぞれ書く。

菅江真澄は江戸時代後期の化政文化で出てくる人物である。化政時代に活躍した地方の文化人として**鈴木牧之**を想起し，その著書**『北越雪譜』**をあわせて解答すればよい。鈴木牧之は越後の人で，山東京伝や曲亭馬琴ら江戸文人と交わり，雪国の風俗を紹介する『北越雪譜』を刊行した。

解答例　1 鈴木牧之。北越雪譜。(10字)

問2 近世 社会経済

菅江真澄と同時代の元号

語句記述問題

空欄(b)，(c)に入る最も適切な元号を書く。

(b)よりも(c)のほうがわかりやすいと思われる。「 (c) の改革をはさんで，秋田の藩主佐竹義和は…」とあり，**佐竹義和**は，熊本藩の**細川重賢**や米沢藩の**上杉治憲**とともに，寛政期を中心に藩政改革を行った名君として有名である。そのことから，(c)に入るのは「寛政」であることが推測できる。菅江真澄は同時期の人物なので，「 (b) の大飢饉」の(b)は「天明」であることがわかるだろう。

解答例　2 (b)天明。(c)寛政。(9字)

問3　近世 文化

佐竹義和が設立した藩校

語句記述問題

佐竹義和が設立した藩校の名前を書く。

秋田藩の**佐竹義和**が設立した藩校の**明徳館**を書けばよい。各藩では藩士や庶民の教育のため，藩校（藩学）を設立した。18世紀末に設立された明徳館もその一つである。多くの藩校では朱子学を主とする儒学の教育が行われたが，蘭学や国学を取り入れるところもあった。

以下の藩校は代表例として覚えておきたい。

設立地	藩校名	設立者	設立年
萩	明倫館	毛利吉元	1719年
熊本	時習館	細川重賢	1755年
鹿児島	造士館	島津重豪	1773年
米沢	興譲館	上杉治憲	1776年
秋田	明徳館	佐竹義和	1789年
水戸	弘道館	徳川斉昭	1841年

解答例　3明徳館。（5字）

問4　近世 文化

秋田藩で独特の画風が生まれた経緯

設問の要求

〔主題〕下線部(e)の示す最も適切な鉱山名。
　　　　この藩（秋田藩）で鉱山開発を契機に独特の画風が生まれることになった経緯。
〔条件〕『解体新書』，平賀源内，小田野直武の指定語句を使用する。

論述の構成

まず，下線部(e)の示す鉱山として，秋田藩で経営された阿仁銅山を想起する。

次に秋田藩で鉱山開発を契機に生まれた独特の画風について，指定語句から平賀源内を手掛かりに，小田野直武との関係，そして『解体新書』との関係を想起したい。

▶平賀源内と小田野直武

平賀源内は長崎で知識を得て物理学の研究を進め，江戸で摩擦起電器（エレキテル）の実験をし，戯曲や滑稽本を書き，さらには西洋の画法を学び，油絵を描いた。このように博学多才であった源内は，1773年，秋田藩に鉱山の技術指導のために招かれ，その際に藩士の**小田野直武**を門人として，西洋画の技法を教えるなど和洋折衷の独特の絵画である秋田蘭画に影響を与えた。

▶小田野直武と『解体新書』

『解体新書』は，西洋医学の解剖図録である『ターヘル=アナトミア』を杉田玄白・前野良沢らが訳述したものである。原書はドイツの医学者クルムスが著した医学書で，『ターヘル=アナトミア』はそのオランダ語訳である。『解体新書』の扉絵・解剖図は小田野直武が描いたものである。直武は秋田で源内に学んだ後，藩主の命で江戸に出向して源内について西洋画を研究し，そのときに『解体新書』の扉絵・解剖図を担当した。

論述のポイント

□平賀源内が西洋画を学んでいたこと，そして源内が秋田藩に招かれて小田野直武に西洋画を教えたことを説明したい。

□そのうえで，小田野直武が『解体新書』の扉絵・解剖図を書いたことに言及する。

解答例　4 阿仁銅山。平賀源内は西洋画の技法を習得するなど絵画にも通じていた。鉱山の技術指導をするため，秋田藩に招かれた際には，藩士の小田野直武に西洋画の技法を伝え，和洋折衷の秋田蘭画に影響を与えた。その後，直武は江戸に行き，源内のもとで西洋画を研究し，杉田玄白・前野良沢らが西洋医学の解剖書を訳述した『解体新書』で扉絵・解剖図を担当した。（165 字）

問 5　　近世　社会経済

紀行文に描かれている鉱山被害の背景とその歴史的経緯

設問の要求

〔主題〕紀行文「秀酒企乃温濤」に描かれている鉱山被害の背景について，その歴史的経緯。

〔条件〕16 世紀以降の日本の鉱物資源の開発と利用に関連させる。

論述の構成

まず，史料「秀酒企乃温濤」の抜粋を読んでみよう。教科書などには記述がないので，健康被害について受験生は史料から推測し，精錬技術として教科書で得られる知識である灰吹法を想起したい。そのうえで，健康被害の背景となる歴史的経緯として 16 世紀以降の日本の鉱山開発と利用について考えたい。

▶健康被害と灰吹法

史料「秀酒企乃温濤」の抜粋には，「かなほりの工となる身は，烟てふ病して齢みじかく」とあり，鉱山の作業員（=「かなほりの工」）は，煙毒（=「烟てふ病」）で長生きできなかった（=「齢みじかく」）ことがわかる。ここから，鉱山発掘の際に健康被害があったことがうかがえる。

これらの健康被害には，16世紀に朝鮮から日本に輸入された**灰吹法**という精錬技術が関係している。灰吹法とは，粉砕した銀鉱石を鉛とともに溶解して，鉛との合金を作り，その後，鉛を灰に吸収させて除去し，貴金属である銀を取り出すものである。その作業により作業員は鉛中毒を発症して長生きできなかったようである。

▶鉱山被害と16世紀以降の日本の鉱山開発と利用

16世紀には，**石見銀山**の開発が進み，神屋（谷）寿禎により朝鮮から精錬技術として灰吹法が輸入されたことで，生産額は急速に増加した。産出された銀は，生糸をはじめとして中国の産物と交換された。15世紀半ば以降，中国における貨幣体系は銭=銅銭中心から銀への移行が進み，大量の銀需要が発生していたため，日本で産出された銀は中国へと流れていった。石見銀山で培われた技術は，但馬の生野，佐渡，出羽の院内などに伝わり，17世紀前半まで日本は世界的な銀産地であった。

17世紀半ばになると，金や銀の生産量は急激に減少した。要因としては，地表付近の鉱脈を掘りつくしたうえ，湧水のために採鉱が進まなくなったことが大きい。掘り進めるためには，労働力を増加させる必要があったうえ，多くの費用がかかったことで生産量の減少を招いた。これに対し，17世紀後半に生産量を伸ばしたのが銅である。銅増産の背景には，江戸幕府による金銀の輸出制限があった。1685年には，銀の流出を抑えるため，年間貿易額を銀換算でオランダ船は3000貫，清船は6000貫に制限した。1715年には，**海舶互市新例**を出し，オランダ船は2隻銀高3000貫，清船は30隻銀高6000貫に制限した。このころには，輸入品と交換するのは銀だけではなく，一部は銅を代替手段としていたので，銅の産出量が増加した。

18世紀後半には，老中の田沼意次が長崎貿易の活性化をはかり，銀を輸入するため，銅や蝦夷地の海産物である俵物の輸出を奨励している。

以上から，鉱物資源の開発と利用については，17世紀後半以降の銅の増産，貿易制限による銅の輸出までをまとめればよい。

論述のポイント

□まず，16世紀には石見銀山の開発が進み，灰吹法が伝来したこと，産出された銀が中国の産物と交換されたこと，そして灰吹法により作業員が鉛中毒を発症して健康被害を受けたことを説明する。そのうえで，17世紀半ばの金銀産出量の減少と，17世紀後半の銅の増産があり，幕府の貿易制限により金銀に代わって銅が輸出されたことを説明したい。

解答例　**5** 16世紀前半には，石見銀山が開発され，朝鮮から精錬技術として灰吹法が伝えられたことで，爆発的に銀が増産された。産出された銀の多くは，中国からの生糸などの輸入に際しての支払いに充てられた。灰吹法は鉛合金から金や銀を得る方法であったため，作業員は鉛中毒を発症して長生きできなかった。17世紀後半には，金銀の生産量は急減し，金銀は輸出制限された。その一方で銅が生産を伸ばし，金や銀に代わって輸入品への支払い手段となっていった。（209字）

答案例

1 鈴木牧之。北越雪譜。**2** (b)天明。(c)寛政。**3** 明徳館。
4 阿仁銅山。平賀源内は西洋画の技法を習得するなど絵
画にも通じていた。鉱山の技術指導をするため，秋田藩
に招かれた際には，藩士の小田野直武に西洋画の技法を
伝え，和洋折衷の秋田蘭画に影響を与えた。その後，直
武は江戸に行き，源内のもとで西洋画を研究し，杉田玄
白・前野良沢らが西洋医学の解剖書を訳述した『解体新
書』で扉絵・解剖図を担当した。**5** 16世紀前半には，石
見銀山が開発され，朝鮮から精錬技術として灰吹法が伝
えられたことで，爆発的に銀が増産された。産出された
銀の多くは，中国からの生糸などの輸入に際しての支払
いに充てられた。灰吹法は鉛合金から金や銀を得る方法
であったため，作業員は鉛中毒を発症して長生きできな
かった。17世紀後半には，金銀の生産量は急減し，金銀
は輸出制限された。その一方で銅が生産を伸ばし，金や
銀に代わって輸入品への支払い手段となっていった。

（400字以内）

3 (2021年度 第1問)

次の文章を読んで，下記の問いに答えなさい。(問1から問4まですべてで400字以内)

前近代において土地制度は税制と密接な関係を有していた。

律令制下では，班田収授によって口分田が班給され，農民の生活が保障される一方，重税が課され，中央政府の財源とされた(a)。班田制の崩壊後，有力農民が経営する名が徴税単位となり，不輸の権を認可された官省符荘や国免荘が形成された。以後，開発領主による権門勢家への所領寄進と荘園形成(立荘)(b)が進行する中で，院政期には諸領主が荘園・公領から年貢などを徴収する荘園公領制が成立した。

鎌倉幕府は関東御領と関東知行国を保有し，御家人を荘園・公領の年貢徴収などを担う地頭に任命した。室町幕府では，御料所からの年貢よりも，(c)貨幣経済の浸透や京都の支配を前提にした税目が重要な財源となった。

石高制が確立された幕藩体制下では年貢が財政の基盤であり，武士には知行地に代えて蔵米を支給する俸禄制度が行われた。土地台帳たる検地帳が村ごとに作成され，名請人の本百姓が田畑を所持する根拠ともされた。1673年の [(d)] など田畑には様々な規制がなされた。

問1 下線部(a)について，租税のうち中央政府へ納められた税目を記し，その内容と徴収から納入までの過程を説明しなさい。

問2 下線部(b)について，荘園公領制の成立の前提として，公領における開発領主の地位の変化を説明しなさい。

問3 下線部(c)について，税目の名称を記し，その内容を説明しなさい。

問4 [(d)] の法令の名称を記し，その内容と立法の目的を説明しなさい。

解説 古代から近世における土地制度と税制

本学では頻出の古代から近世の社会経済を中心とする問題である。問1は100字程度，問2は120～140字程度，問3は幅を取るが50～100字程度，問4は50～70字程度で説明すればよい。設問の要求に厳密に答えようとすると，字数が足りなくなるかもしれないので，書きやすいところで多めに書いておきたい。

問1 古代 政治

律令制下の租税

設問の要求

〔主題〕律令制下における租税のうち，中央政府に納められた税目を記すことと，その内容と徴収から納入までの過程。

論述の構成

律令制下における主要な税目は租・調・庸・雑徭があり，そのうち①中央政府に納められた税目としては，調・庸があげられる。租と雑徭は国衙に納めた租税である。①調・庸について，②内容と③徴収から納入までの過程を説明すればよい。

▶律令制下の税制について

まず，①中央政府に納入された**調・庸**の②内容を説明する。**調**は規定量の地方特産物を納めるもの，**庸**は京での歳役（労働）の代わりに麻布を納めるものであった。いずれも負担するのは男性で，毎年作成される計帳に基づいて課された。

次に③について考えてみよう。律令制下における地方の支配は，中央から地方に派遣される**国司**が指揮して，地方豪族が任じられる郡司が実務を行うことで成り立っていた。**戸籍・計帳**の作成や徴税の実務は郡司が行っていた。徴収された調・庸は，正丁から動員される**運脚**によって京に運ばれた。

論述のポイント

□中央政府に納められた税目として調・庸をあげ，その内容として調は地方の特産物を一定量，庸は歳役に代えて一定量の布を納めること，それらは計帳に基づいて主に男性に課されることを説明する。

□納入までの過程として，国司の指揮下で郡司が徴収し，運脚によって京に運ばれることが説明できていればよい。

解答例 1調・庸。調は地方の特産物，庸は都での労役の代わりに一定量の布を中央政府に納める税であった。計帳に登録された成人男性を中心に賦課され，国司の指揮下で郡司が徴税し，運脚を徴発して都に輸送した。(95字)

問2

中世 社会経済

開発領主の地位の変化

設問の要求

〔主題〕公領における開発領主の地位の変化。
〔条件〕荘園公領制の成立を前提とすること。

論述の構成

まず，開発領主とされた人々について説明し，そのうえで，公領＝国衙領の形成を念頭に，開発領主の地位を説明すればよい。荘園公領制の成立を前提とすることが条件とされているので，荘園について触れてもよいだろう。

▶開発領主と荘園公領制

10世紀には，律令制による地方支配が動揺し，国司の最上席者である受領が一国支配を担った。そのもとで，10世紀後半には有力農民である田堵や土着した国司の子孫のなかに，一定の領域を開発する者が現れ，やがて**開発領主**と呼ばれるようになった。律令制が動揺するなか，受領は支配下にある公領を**郡・郷・保**などの新たな単位に再編成した。そして，開発領主らを**郡司・郷司・保司**に任命して，公領の徴税を請け負わせた。一方で，天皇家や摂関家などの権門勢家による荘園設立が進むと，開発領主のなかには**荘官**として現地を支配する者もいた。

論述のポイント

□田堵や国司の子孫が開発領主とされる階層であることを説明したうえで，受領が郡・郷・保を設置して公領を再編成し，開発領主が郡司・郷司・保司として公領の支配を請け負ったことが最低限，説明できればよい。
□さらに開発領主のなかに荘官となる者がいたことを説明してもよい。

解答例 2田堵や国司の子孫などのうち，一定の領域を開発する者が現れ，開発領主と呼ばれるようになった。受領は公領を郡・郷・保などに再編成し，開発領主を郡司・郷司・保司に任命して徴税を請け負わせた。上皇や摂関家などによる立荘が進むと，開発領主のなかには，荘官として現地の支配を行う者もいた。(139字)

別解　2田堵や国司の子孫などのうち，一定の領域を開発する者が現れ，開発領主と呼ばれるようになった。受領は公領を郡・郷・保などに再編成し，開発領主を郡司・郷司・保司に任命して徴税を請け負わせた。(93字)

問3　中世　政治

室町幕府の税制

設問の要求

〔主題〕下線部(c)について，税目の名称を記し，その内容を説明。

論述の構成

「貨幣経済の浸透や京都の支配を前提にした税目」とあることから，室町幕府が貨幣で徴収した税について説明すればよい。これらの条件にあてはまる税目は土倉役・酒屋役であるが，「貨幣経済の浸透」を念頭におけば，銭で納入された段銭・棟別銭や関銭・津料もあてはまると考えられるので，これらを含めて書いてもよいだろう。

▶室町幕府の税制

室町幕府の財政は，直轄領である**御料所**からの収入だけでなく，様々な種類の税で成り立っていた。朝廷から京都の市政権を吸収し，京都で金融業を営む土倉や酒屋に営業税である**土倉役・酒屋役**を課した。さらに交通の要所に設けた関所や港の通行税である**関銭・津料**を課した。また臨時税として守護を通じて田畑や屋敷地の面積に応じて**段銭・棟別銭**を課すこともあった。

論述のポイント

□最低限，土倉役・酒屋役について説明できていればよい。
□さらに，関銭・津料や段銭・棟別銭も説明してもよいだろう。

解答例　3京都を中心に金融業を営む土倉・酒屋から徴収した営業税である土倉役・酒屋役。交通の要所に設けた関所や港の通行税である関銭・津料，田畑や屋敷地の面積に応じて課した段銭・棟別銭などを税として徴収した。(98字)

別解　3京都を中心に金融業を営む土倉・酒屋から徴収した営業税である土倉役・酒屋役。(38字)

問4 近世 政治

分地制限令

設問の要求

〔主題〕空欄(d)の法令の名称，その内容と立法の目的。

論述の構成

まず，(d)の法令の名称は分地制限令である。リード文から得られるヒントは「1673年」という西暦だけなので，やや難しいかもしれない。分地制限令を解答したうえで，その内容と立法の目的を整理すればよい。

▶分地制限令の内容と立法の目的

分地制限令は，百姓が田畑を相続する際の分割相続を制限した法令である。1673年以降，何回か発令されたが，1673年令では，所持する田畑の石高が，名主は20石以上，その他の百姓は10石以上の場合，分割相続が許可された。

立法の目的は，年貢負担者である本百姓の没落を防ぐためである。本百姓の多くは，家族労働を基礎とした小規模な農業経営を行っており，農家を維持するために発令された。

論述のポイント

□法令の名称として，分地制限令を解答する。そのうえで，内容として田畑の分割相続を制限したこと，立法の目的として本百姓の没落を防ごうとしたことが説明できていればよい。

解答例 4 分地制限令。百姓が田畑を相続する際の分割相続を制限した。それにより年貢を負担する本百姓の没落を防ぎ，零細な農業経営の安定をはかった。(67字)

答案例

1調・庸。調は地方の特産物，庸は都での労役の代わりに一定量の布を中央政府に納める税であった。計帳に登録された成人男性を中心に賦課され，国司の指揮下で郡司が徴税し，運脚を徴発して都に輸送した。2田堵や国司の子孫などのうち，一定の領域を開発する者が現れ，開発領主と呼ばれるようになった。受領は公領を郡・郷・保などに再編成し，開発領主を郡司・郷司・保司に任命して徴税を請け負わせた。上皇や摂関家などによる立荘が進むと，開発領主のなかには，荘官として現地の支配を行う者もいた。3京都を中心に金融業を営む土倉・酒屋から徴収した営業税である土倉役・酒屋役。交通の要所に設けた関所や港の通行税である関銭・津料，田畑や屋敷地の面積に応じて課した段銭・棟別銭などを税として徴収した。4分地制限令。百姓が田畑を相続する際の分割相続を制限した。それにより年貢を負担する本百姓の没落を防ぎ，零細な農業経営の安定をはかった。

（400字以内）

4 （2020年度　第1問）

次の史料１～３を読んで，下記の問いに答えなさい。史料は書き下しの上，一部改変したり省略したりしたところがある。（問１から問５まですべてで400字以内）

史料１

四民共に行旅の事は，故なくしてはする事なき物なり。(a)士は君命に随て旅行し，農商工はそれぞれ(b)家職の為，或は後世菩提に信を起して国々を(c)巡礼修行する有り。余情の人有りて，(d)慰み遊山の為に旅行する，世に稀なり。さなくしては唯だ我が屋に居て起臥の心の侭（まま）なる楽みにしくはなし。とにかくに旅行はつらき物なれば，かはゆき子に旅をさすべしと言ふ諺，尤（もっと）も可なり。

史料２

史料3

問1 史料1は，『民間省要』の一節である。『民間省要』とはどのような書物か。史料2あるいは史料3に描かれていることと関連させながら，説明しなさい。

問2 下線部(a)に関わって，『民間省要』の作者らに課せられた負担について，史料2あるいは史料3に描かれていることと関連させながら，説明しなさい。

問3 下線部(b)に関連して，行商と出店のかたちで活動した商人を一つあげなさい。

問4 下線部(c)の旅は中世でも行われた。中世の巡礼を具体的に挙げるとともに，それとくらべて，近世の巡礼の特質はどこにあるのか，説明しなさい。

問5 下線部(d)について，『民間省要』が書かれた時代では稀であるとしているが，後に盛んになる。盛んになった時期はいつかを指摘するとともに，その背景について史料2，史料3と関連させながら説明しなさい。

解説　江戸時代における宿駅と人々の移動〈史料・図版〉

近世の社会・経済のうち，江戸時代の陸上交通をテーマとした出題であるが，中世の内容も含まれる。問 1 は 50〜60 字程度，問 2 は 70〜90 字程度，問 4 は 100 字程度，問 5 は 140〜160 字程度でまとめればよい。問 3・問 4 がやや難問であると思われるので字数を減らしてもよい。他の設問で十分に字数はカバーできる。

問 1　近世　政治

『民間省要』について

設問の要求

〔主題〕『民間省要』とはどのような書物か。
〔条件〕史料 2 や史料 3 に描かれていることと関連させる。

論述の構成

『民間省要』の著者は田中丘隅である。そして条件にあげられている史料 2・3 は歌川広重が描いた浮世絵『東海道五十三次』である。まず，著者の田中丘隅について知っていることをまとめる。そのうえで，史料 2・3 について考えてみよう。

▶田中丘隅と『民間省要』の内容

『民間省要』は，川崎宿の名主であった**田中丘隅**が 8 代将軍の徳川吉宗に提出した意見書で，民政上の問題点について指摘したものである。

次に史料を考えてみよう。史料 2・3 は**歌川広重**の『**東海道五十三次**』のうち，宿駅の風景である。特に史料 2 の画中の文字から川崎宿の風景だとわかる。それを念頭に，まず，田中丘隅が川崎宿の名主であったこと，そして，宿駅などに関する問題点を指摘したことなどをつけ加えればよい。

論述のポイント

□田中丘隅が徳川吉宗に提出した意見書であること，宿駅に関することなど民政上の問題点を指摘したことが説明できればよい。

解答例　1 川崎宿の名主である田中丘隅が徳川吉宗に提出した意見書で，租税や宿駅に関することなど民政上の問題点を指摘した。(55 字)

問2 近世 政治

近世の百姓・町人の負担

設問の要求

〔主題〕『民間省要』の作者らに課せられた負担。
〔条件〕史料2や史料3に描かれていることと関連させる。

論述の構成

問1の段階で作者が川崎宿の名主田中丘隅であることがわかっていれば解答しやすいが，仮にわからなくても，史料2・3に描かれている内容から解答は推測することはできる。史料2・3の絵は『東海道五十三次』なので，宿駅の風景である。そのうち史料3では荷物を運ぶ人足と馬の様子がうかがえることから，荷物の継ぎ送りをする問屋場の風景だとわかる。以上から，宿駅における町人や百姓らの負担を説明すればよい。

▶宿駅における百姓・町人の負担

五街道などの陸上交通においては，幕府や大名・旗本などの御用通行が最優先とされた。そのために使用される人足・馬は，宿駅の町人や近隣の村々の百姓が負担する**伝馬役**によって徴発された。それらの人足や馬は宿駅に置かれた**問屋場**に一定数常駐させられ，宿役人の差配で公用の書状や荷物の継ぎ送りにあたった。それを利用したのが幕府公用の通信手段である**継飛脚**である。なお，宿駅で用意した人馬だけでまかないきれない場合には，**助郷役**として不足分が近隣の村々に課された。

論述のポイント

□宿駅には一定数の人足や馬が常駐していたこと，その人足や馬は宿駅の町人や近隣の百姓が伝馬役として負担していたことが，最低限，説明できていればよい。
□さらに問屋場では荷物の継ぎ送りが宿役人の役目であったことも書ければよい。

解答例 2宿駅の問屋場では一定数の人足と馬が常駐していた。人足や馬は宿駅の町人・百姓や近隣の村々が伝馬役として負担しており，宿役人がその差配や荷物の継ぎ送りなどにあたった。(82字)

問3 近世 社会経済

近世の商人について

「行商と出店のかたちで活動した商人」という問いから，その代表例として近江商人を解答すればよい。

近江は北陸・東海・近畿の接点に位置し，交通の便がよかったため，中世以来，商人は輸送・販売などの商圏を拡大し，近世には全国にわたり，行商を行った。資産ができると要地を選んで出店し，店舗商業に移るものもいた。

解答例　3近江商人。（6字）

問4　近世 文化

近世の巡礼の特質

設問の要求

〔主題〕近世の巡礼の特質。
〔条件〕中世の巡礼を具体的にあげ，それとくらべる。

論述の構成

巡礼とは聖地・霊場を参拝してまわることをいう。中世の巡礼については教科書の記述が不十分なので難問であるが，上皇による熊野詣などが想起できればよい。近世の巡礼については教科書の化政文化の項目に記述されているので，それを中心に考えてみよう。

▶中世から近世の巡礼

古代には，平安時代，入唐僧が天台山などに巡礼した記録がある。最澄の弟子である円仁が唐にわたった記録である『入唐求法巡礼行記』が有名である。中世後期には有名寺社のあるところに巡礼の旅人でにぎわう門前町が成立した。

中世の巡礼で具体例をあげれば，浄土信仰に基づいた上皇による**熊野詣**や，四国の弘法大師信仰による八十八カ所の巡礼があげられる。門前町の形成などからわかるように，中世には信仰心から皇族・公家や武士，庶民まで様々な人々が巡礼を行うようになる。しかし，基本的には信仰心をもとに行っていたことが主な特質である。特に四国では交通の状況が悪く，一般人が容易にできるとはいえなかった。

それに対して，近世には交通の整備などもあり，比較的簡単に巡礼を行うようになった。江戸時代後期には，信仰を背景としつつも，**西国三十三カ所，四国八十八カ所**などの巡礼が，庶民における娯楽の要素を強めたのが特質である。

論述のポイント

- □中世の巡礼は，熊野詣などを具体例に，主に信仰に基づく参詣であったことが説明できればよい。
- □近世の巡礼は，中世と比較しつつ，庶民の娯楽の要素が強まったことを説明できればよい。

解答例 4中世の巡礼は，上皇が熊野詣を行ったり，四国八十八カ所など僧侶や修験者が修行として行ったりするなど，様々な人々が信仰に基づいて行った。近世になると，信仰を背景にしつつも，娯楽の要素を含む巡礼が広く行われるようになった。(109字)

問5

近世 社会経済

近世における庶民の旅

設問の要求

〔主題〕「慰み遊山の為に旅行」が盛んになった時期を指摘し，その背景について説明。
〔条件〕史料2，史料3と関連させる。

論述の構成

まず，下線部(d)の「慰み遊山の為に旅行」は，物見遊山，つまり娯楽の旅のことを示している。いわゆる現代でいう観光旅行のような娯楽の旅が盛んになった時期とその背景について，経済的な側面と文化的な側面から説明すればよい。

▶庶民の旅が盛んになった経済的背景

江戸時代後期（化政文化の時期）になると，湯治や物見遊山など庶民が広く旅をするようになった。

その経済的な背景として，江戸時代中期以降，江戸をはじめとする大坂・京都の三都が繁栄し，中央市場と地方の生産地を結ぶ商人らの移動が活発化し，そのなかで交通が発達したことがあげられる。さらに，経済発達のなかで庶民が成長し，町人や百姓が経済的に豊かになったこともあげられるだろう。以上から交通が発達したことにより，庶民が移動しやすくなったこと，そして，経済的に旅をする余裕ができたことがわかる。

▶庶民の旅が盛んになった文化的背景

次に史料2・3から文化的な背景が考えられる。**歌川広重**の『**東海道五十三次**』で，浮世絵の風景画である。さらに化政文化の作品として**葛飾北斎**の『**富嶽三十六景**』がある。これら浮世絵の風景画は各地に名所が生まれ，庶民の旅が広がったことを示している。また，『**名所図会**』などの旅行案内書が出版されるようになった。これらの絵画は美しい風景や興味深いものを見たいと思う人々の関心を高める役割を果たした。

論述のポイント

□経済的背景として，三都を中心に中央市場と地方の流通が盛んになり，交通が発達したこと，経済発達を背景に庶民が経済的に豊かになったことを説明すればよい。

□文化的背景として，浮世絵の風景画などが発達して旅への関心が高まったことが説明できればよい。

解答例

5 娯楽としての旅は，江戸時代の後期以降に盛んになった。三都の繁栄により，全国流通網が発展して商人の活動が盛んになるなど交通網の整備が進む一方で，経済の発達により，庶民の生活も豊かになった。そのなかで各地に名所が生まれ，錦絵の風景画や名所図会で紹介されることにより，人々の旅に対する関心が高まった。（148字）

答案例

1 川崎宿の名主である田中丘隅が徳川吉宗に提出した意見書で，租税や宿駅に関することなど民政上の問題点を指摘した。2 宿駅の問屋場では一定数の人足と馬が常駐していた。人足や馬は宿駅の町人・百姓や近隣の村々が伝馬役として負担しており，宿役人がその差配や荷物の継ぎ送りなどにあたった。3 近江商人。4 中世の巡礼は，上皇が熊野詣を行ったり，四国八十八カ所など僧侶や修験者が修行として行ったりするなど，様々な人々が信仰に基づいて行った。近世になると，信仰を背景にしつつも，娯楽の要素を含む巡礼が広く行われるようになった。5 娯楽としての旅は，江戸時代の後期以降に盛んになった。三都の繁栄により，全国流通網が発展して商人の活動が盛んになるなど交通網の整備が進む一方で，経済の発達により，庶民の生活も豊かになった。そのなかで各地に名所が生まれ，錦絵の風景画や名所図会で紹介されることにより，人々の旅に対する関心が高まった。

（400字以内）

5 (2019年度　第1問)

次の文章を読んで，下記の問いに答えなさい。(問1から問4まですべてで400字以内)

前近代日本の産業の歴史を俯瞰してみよう。前近代日本の最も重要な産業は農業であり，鎌倉時代に作成された土地台帳である［(a)］をみると，院政期から鎌倉時代までの土地制度の移りかわりと土地経済の支配の様子が伝わってくる。その後，制度の変更を伴いながら，農業は前近代日本の基幹産業の役割を果たしていった。

一方で，農業以外の日本の産業の発展を考えると，律令税制の［(b)］や中世の年貢としても課されたその土地の特産物の生産が重要になる。地域によっては，(c)中世の頃に特産物となったものが，江戸時代になると農家の副業などにより特産品として定着し，19世紀に幕府が主導した［(d)］では，各藩の専売制の対象となった物産もあった。その多くは明治の統計で特有物産として把握された。

問1　(a)に最も適切な語句を記入しなさい。また，(a)の作成目的を含め，下記の『小右記』の記述をふまえ，鎌倉時代までの土地領有関係の変遷について説明しなさい。

万寿2（1025）年7月11日の条の一部

天下□地悉為一家領，公領無立錐地歟，可悲之世也

*□は欠損・不明を示す。

問2　(b)に最も適切な語句を記入しなさい。

問3　下線部(c)に関して，下記の［(ア)］〜［(ウ)］に最も適切な語句を記入しなさい。

室町時代になると，各地の主要な特産品として，加賀・丹後での［(ア)］，越前・土佐での［(イ)］，備前・美濃での［(ウ)］，などが知られていた。

問4　(d)に最も適切な語句を記入しなさい。また，(d)に関して，とくに佐賀（肥前）藩と萩（長州）藩の事情について，それぞれの中心人物をあげながら，説明しなさい。

解説 前近代の産業の歴史

古代末期から中世前期と，本学では定番である近世の社会・経済の出題である。問1は250〜300字程度，問2・問3は語句記述問題，問4は50〜100字程度でまとめればよい。問1は設問の要求がとらえにくく，解答の作成に苦労するが，ここで多くの字数を使う大胆な字数配分が必要である。

問1 古代〜中世 社会経済

摂関政治期から鎌倉時代の土地領有関係の推移

設問の要求

〔主題〕ⓐに適切な語句を入れる。
鎌倉時代までの土地領有関係の変遷。
〔条件〕『小右記』の記述をふまえ，ⓐの作成目的を含める。

論述の構成

まず，ⓐには，大田文が入る。大田文は鎌倉時代を中心に，各国の荘園・公領単位に田地の面積や領有関係を記載した土地台帳である。作成の目的は，荘園公領制のもと，荘園・公領に関係なく，一律に一国平均役などの臨時税を課すためである。

次に，土地領有関係の変遷について考えてみよう。「鎌倉時代までの」とあるので，どの時期まで書けばよいかはわかる。いつの時期のことから書き始めるかは，「『小右記』の記述をふまえ」から摂関政治期と考えればよい。『小右記』は，藤原道長と同時期に活躍した藤原実資の日記である。また，史料に「万寿2（1025）年」とあることから11世紀前半の摂関政治全盛期が想起できる。以上を念頭に，①摂関政治期，②院政期，③鎌倉時代の3つの時期に区分して，それぞれの時期の土地領有関係について説明すればよい。

▶①摂関政治期の土地領有関係

引用されている『**小右記**』の記述では，「天下□地悉為一家領，公領無立錐地歟」（天下の地，悉く一の家の領となり，公領は立錐の地も無きか）とある。「一家」とは摂政・関白が輩出する摂関家のことで，実資の言い方だと，いかにも摂関家領の荘園が大量にあると読めるのだが，現実はそうではないので注意が必要である。

摂関政治期には，各国の責任者である**受領**に任じられた中下級貴族層が中心となり，公卿など上級貴族の権威を借りながら，在地の有力者である**開発領主**層と結んで荘園（私領）を拡大していた。そのことについて実資が批判的に書いているのが，引用された記事と考えればよい。この時期には，受領が荒廃地の再開発を保護し，開発地については租税免除などの特権を与えていた。そのため，租税免除（**不輸の権**）を受けた荘園（私領）が拡大していた。なかには，受領に対抗して特権を確保するため，上級貴族の保護を受ける場合もあった。領有の主体は中下級貴族と考えればよい。

論述のポイント
□摂関政治期については，中下級貴族（受領層）による荘園（私領）の形成が説明できればよい。

▶②院政期の土地領有関係――荘園公領制の形成

11世紀後半になると，律令制で定められた封戸などの収入が不安定になり，天皇家や摂関家・大寺社は荘園の拡大をはかるようになる。**後三条天皇**は**延久の荘園整理令**（1069年）を出して，基準に合わない荘園を整理した。一方で，荘園が増加した実態をふまえ，内裏の造営費用などにあてるため，荘園・公領を問わず，一律に**一国平均役**を賦課する政策を進めた。これらを賦課するため，国ごとに作成されたのが**大田文**である。

そのなかで，上皇（天皇家）や摂関家などの上級貴族や大寺社は，支配下の中下級貴族を通じて，積極的に荘園設立（立荘）を進めた。その結果，田地だけでなく，一つのまとまった領域を持つ領域型の荘園が形成され，貴族や寺社が荘園領主である本家・領家として荘園を領有し，在地の有力者である開発領主層が荘官として現地を管理した。一方で，国衙の支配下に郡司・郷司・保司が管理する国衙領（公領）も維持され，全国の土地が荘園と国衙領で構成される荘園公領制が形成された。

論述のポイント
□院政期には荘園公領制が形成されたことを前提に，上皇や摂関家，大寺社の荘園が設立されたこと，そして貴族や寺社が荘園領主として領有権を持っていたことが説明できればよい。
□荘園公領制の形成を背景に，一国平均役を課すために大田文が作成されたことを，作成の目的として説明すればよい。

▶③鎌倉時代の土地領有関係

鎌倉時代には，荘園公領制のもと，鎌倉幕府の御家人が荘園・公領の**地頭**に任じられた。鎌倉幕府の御家人は東国に所領を持つ武士団が中心であったが，**承久の乱**（1221年）後，東国の御家人が西国に所領を持つようになり，現地の支配をめぐって荘園領主との紛争が拡大した。そのなかで，鎌倉幕府の仲介もあり，地頭に荘園の管理を任せる**地頭請**や，荘園領主と地頭で土地を折半して支配する**下地中分**などの解決策がとられた。その結果，次第に地頭が荘園領主を抑えて，荘園・公領の支配権を強め，領主化していった。

論述のポイント

□鎌倉時代には，鎌倉幕府により地頭が任命されたこと，承久の乱以降，地頭の荘園侵略により地頭の領主化が進んだことが説明できればよい。

解答例　1大田文。摂関政治期には，中下級貴族が地方で開発領主と結び，上級貴族の権威も借りながら荘園を形成した。院政期には，天皇家や摂関家などが主導し，中下級貴族を媒介して寄進を募って荘園を設立した。そして貴族や寺社が本家・領家となり，開発領主が荘官として現地の管理にあたった。一方で国衙の支配下にある公領も残った。こうしたなか，朝廷は一国平均役などを課すため，国衙に大田文の作成を命じ，荘園・公領を把握した。鎌倉幕府が形成されると，御家人が荘園・公領の地頭に任じられ，承久の乱後には，現地の支配をめぐって地頭と荘園・公領の領主との紛争が拡大した。その解決策として地頭請や下地中分が行われ，しだいに現地の支配権が地頭に移った。（308字）

問2　古代　政治

律令の税目

リード文より，「律令税制」において課されたもので，「土地の特産物の生産が重要」とあることからわかる。

解答例　2調。（3字）

問3　中世　社会経済

室町時代における特産物

中世における各地の特産物が問われている。(ア)は加賀・丹後で絹織物。(イ)は越前・土佐で和紙。越前の鳥の子紙は有名である。(ウ)は備前・美濃で陶器。別解として刀剣も可である。

解答例　3(ア)絹織物。(イ)和紙。(ウ)陶器。（14字）

問4 近世 政治

江戸時代後期の藩政改革

設問の要求

〔主題〕(d)に適切な語句を入れる。
　　　　(d)に関して，佐賀（肥前）藩と萩（長州）藩の事情。
〔条件〕それぞれの中心人物をあげる。

論述の構成

まず，(d)を教科書の内容などから考えるとわかりにくい。リード文に「19世紀に幕府が主導した」とあり，「各藩の専売制の対象となった物産もあった」とあるので，専売制で扱われた各地の特産物が想起できることから，幕府が主導したのは，特産物の生産を奨励する政策である国産奨励や殖産興業と推測できる。また，天保の改革という解答も可能である。

次に(d)に関して，佐賀藩や萩藩の事情の説明が求められているので，(d)を国産奨励や殖産興業とした場合，国産奨励や専売制などに言及すればよい。(d)を天保の改革とした場合，広く藩政改革について言及できる。

▶佐賀（肥前）藩の藩政改革

佐賀（肥前）藩では，19世紀前半，藩主の**鍋島直正**自らが中心となって藩政改革を進めた。佐賀藩では，**均田制**を実施し，町人地主所有地の一部を藩に返還させるなど，本百姓体制の再建をはかった。一方，佐賀の特産物である陶磁器として**有田焼**の生産を奨励し，専売制を強化して財政再建を進め，財政余剰を生み出した。そのうえで反射炉を備えた**大砲製造所**を設けて洋式軍事工場の導入をはかった。

論述のポイント

□佐賀藩については，国産奨励に絞った場合，有田焼の専売制を強化したことが説明できればよい。
□天保の改革で藩政改革全般について説明する場合は，均田制，大砲製造所についても言及する。

▶萩（長州）藩の藩政改革

萩（長州）藩では，19世紀前半，下級武士の**村田清風**が登用されて改革を進めた。萩の特産物としては**紙**や**蠟**が有名である。しかし，専売制に反対する一揆が起こり，専売制を緩和する改革を進めている。さらに**越荷方**をおいて，下関に入港する北前船などの廻船を相手に上方に運ばれる商品を購入し，委託販売するなどして収益を上げ，財政再建を進めた。

論述のポイント

□萩藩については，国産奨励に絞る場合，紙や蠟の専売制改革について説明すればよい。
□天保の改革で藩政改革全般について説明する場合は，越荷方についても言及したい。

解答例　4国産奨励。佐賀藩では藩主鍋島直正が中心となり，藩政改革を進めるなか，有田焼の専売制を強化した。萩藩では村田清風が登用され，紙・蠟の専売制を改革した。（75字）

別解　4天保の改革。佐賀藩では藩主鍋島直正が中心となり，均田制を実施して本百姓体制の再建をはかるとともに，有田焼の専売制を強化して藩財政に余剰をつくり，反射炉を備えた大砲製造所を設けた。萩藩では村田清風が登用され，紙・蠟の専売制を改革するとともに，越荷方を置いて下関に入港する廻船の積荷の委託販売などで収益を上げ，財政再建に成功した。（164字）

答案例

1大田文。摂関政治期には，中下級貴族が地方で開発領
主と結び，上級貴族の権威も借りながら荘園を形成した
。院政期には，天皇家や摂関家などが主導し，中下級貴
族を媒介して寄進を募って荘園を設立した。そして貴族
や寺社が本家・領家となり，開発領主が荘官として現地
の管理にあたった。一方で国衙の支配下にある公領も残
った。こうしたなか，朝廷は一国平均役などを課すため
，国衙に大田文の作成を命じ，荘園・公領を把握した。
鎌倉幕府が形成されると，御家人が荘園・公領の地頭に
任じられ，承久の乱後には，現地の支配をめぐって地頭
と荘園・公領の領主との紛争が拡大した。その解決策と
して地頭請や下地中分が行われ，しだいに現地の支配権
が地頭に移った。2調。3㋐絹織物。㋑和紙。㋒陶器。
4国産奨励。佐賀藩では藩主鍋島直正が中心となり，藩
政改革を進めるなか，有田焼の専売制を強化した。萩藩
では村田清風が登用され，紙・蠟の専売制を改革した。

（400字以内）

6

（2018年度 第1問）

次の文章を読んで，下記の問いに答えなさい。（問1から問3まですべてで400字以内）

18世紀以降の百姓たち，とりわけ戸主やその跡継ぎの男子は，自分が所属する家と村に対して非常に強い帰属意識を抱いていた。百姓家の所有する耕地は，ときの戸主の個人財産ではなく，先祖から受け継いだ家の財産（家産）であり，戸主や家族が勝手に処分することはできず，しっかり維持して子孫に伝えるべきものとされた。また，村の入会地や農業用水路の共同利用や，百姓家同士の相互扶助などさまざまな面で，村人同士の結びつきは強かった。

そうした家と村を守るため，百姓たちはときには領主に対しても自己主張した。自己主張の形態にはさまざまあり，17世紀には百姓が個々に他村へ逃亡するといった消極的抵抗や村々の代表による訴願が多くみられたが，17世紀末以降になると，村々の百姓たちが団結して，大勢で領主に要求実現を強く迫る［(a)］の形態が増加した。

［(a)］は処罰の対象とされたが，他方で合法的な訴願もさかんになされ，19世紀には畿内で広域の村々の連合による訴願運動である［(b)］が起こった。

また，村の内部でも，(c)年貢や諸負担の賦課方法などをめぐって，村役人・豪農と一般村民との間で村方騒動が発生した。

問1 ［(a)］に入る語句は何か。また，他村への逃亡や代表による訴願から［(a)］へと百姓の抵抗形態が変化した背景には，百姓側にどのような変化があったのか，説明しなさい。

問2 ［(b)］の名称を記し，その内容・特徴について説明しなさい。

問3 下線部(c)に関して，年貢をめぐる要求が，領主に対してだけではなく，村役人にも向けられたのはなぜか，説明しなさい。また，年貢や諸負担の賦課方法以外の村方騒動の主要な争点を2つあげて説明しなさい。

解説 近世の民衆運動

近世の民衆の動きに関する問題である。問 1 は 130〜150 字程度，問 2 は 100〜120 字程度，問 3 は 130〜150 字程度でまとめればよい。全体的に難問である。

問1 近世 社会経済

百姓の抵抗形態の変化

設問の要求

〔主題〕ⓐに入る語句。
百姓の抵抗形態が変化した背景にある，百姓側の変化。

論述の構成

ⓐに入る語句は強訴である。リード文のヒントは，「村々の百姓たちが団結して，大勢で領主に要求実現を強く迫る」とあり，これは強訴の特徴である。

百姓側の領主への抵抗形態が大勢で要求実現に動く強訴に変わった背景は何か，百姓側の事情から考えてみよう。ポイントは 2 点である。一つは個々の百姓ではなく，団結して強訴に及ぶようになったこと，もう一つは村の代表だけではなく，広く百姓が参加していることであろう。そこで着目できるのは 17 世紀における村のあり方の変化である。名主などの有力百姓を中心とする村落から小百姓が成長して村の構成員としての地位が上がったことを念頭にまとめればよい。

▶ 17 世紀における村のあり方の変化

幕藩体制が安定する 17 世紀には**新田開発**が急速に進み，江戸時代初めには約 160 万町歩であった全国の耕地は 17 世紀末頃には 2 倍近くに拡大した。そして，有力百姓に隷属していた小百姓や，本家から分家した百姓が独立した耕地を所持するようになり，自立化が進んだ。それらの小百姓は田畑の所持や耕作権を確立し，一組の夫婦を中心とする小規模な家族経営を行うようになり，家を形成した。それにより名主など有力百姓が中心となる村落から，比較的均質な階層の百姓で構成される村落へと変化した。小百姓は村の正式の構成員となり，村政にも参加し，発言力を高めた。18 世紀になると，村役人のなかに百姓を代表する**百姓代**が置かれるようになる。

百姓の経営の安定により逃亡などの消極的な抵抗は減少し，百姓の階層が均質化して村政に参加することにより，村人が団結して領主に抵抗するようになったのである。

論述のポイント

□新田開発の進展により，小百姓が自立して家を形成したこと，それを背景に有力百姓だけでなく，小百姓も村政に参加するようになったことが説明できればよい。

解答例　1強訴。17世紀には新田開発が急速に進んだことで耕地が拡大し，有力百姓に隷属していた小百姓や，本家から分家した百姓の自立化が進み，田畑の所持や耕作権を確立させて家が形成された。それにより，小百姓を中心として比較的均質な階層で構成された村落が成立し，小百姓が村政に参加するようになった。（141字）

問2　近世　社会経済

国訴とその内容・特徴

設問の要求

〔主題〕(b)の名称とその内容・特徴。

論述の構成

(b)の名称は国訴である。リード文の「19世紀には畿内で広域の村々の連合による訴願運動である」からわかる。

次に国訴の特徴について考えてみよう。それをふまえて答案を構成すればよい。国訴の特徴は，一つはリード文にもあるが，処罰の対象となる違法な活動である強訴などに対し，合法的な訴願闘争であること，そしてもう一つは強訴などのように領主の支配領域を単位とした運動ではなく，領主の支配領域を超えて結束した自治組織によって行われたことがあげられる。これらを意識して内容を整理しよう。

▶国訴の背景と内容・特徴

19世紀には，近畿地方の農村部では，綿や菜種を原料とする手工業が発達しており，豪農や在郷商人らによる**問屋制家内工業**も盛んに行われていた。特に大坂周辺では綿織物の生産が発達しており，商品生産と流通が活発化するとともに，株仲間に属さない在郷商人などが成長してそれまでの流通構造を変化させて，地域市場の発達を促していた。

こうしたなかで，商品生産を担う村々が連合して，株仲間のような大坂の特権商人による綿や菜種の流通統制を排除し，自由な流通を求めて起こした合法的な訴願闘争が国訴である。

この村々の連合は郡単位に村々が結束した**郡中議定**という組織によって成り立っていた。摂津・河内の両国では，村役人層である豪農・在郷商人を中心に郡単位に寄合が行われ，村の枠を超えた日常的なつながりを持ち，領主の支配領域を超えて多くの村々が結集した。これにより国訴を実行することができた。

論述のポイント

□国訴が，特権商人の流通独占に反発した村々が連合して起こした合法的な訴願闘争であること，連合した村々が領主の違いを超えて結束していたことをまとめればよい。なお郡中議定という用語は必ずしも必要ではない。

解答例　2国訴。商品の生産を担う村々が連合して大坂の特権商人による流通独占や綿や菜種の流通規制に反対し，自由な流通を求めて起こした合法的な訴願闘争である。領主の支配地域を超えて村々が結集した広域な自治組織である郡中議定を基盤として幕府に訴えた。（118字）

問3　近世　社会経済

村方騒動の争点

設問の要求

〔主題〕①年貢をめぐる要求が領主に対してだけではなく，村役人にも向けられた理由。
②年貢や諸負担の賦課方法以外の村方騒動の主要な争点2つ。

論述の構成

①と②についてそれぞれ説明すればよい。まず，①は江戸時代における村の支配の基本となる村請制を想起すればよい。②は村方騒動が頻発する18世紀後半以降の百姓の階層分化により，どのような問題が発生するかを考えればよい。

▶村請制による支配下の村落

江戸時代，幕藩領主は村単位で百姓を支配しており，名主・組頭などの村役人を通じて法令などを伝達し，年貢・諸役も村単位で徴収した。この支配システムを**村請制**という。村請制のもとでは，村の代表となる村役人が村内での年貢・諸役の割当てを行った。この過程で問題があった場合，村役人は村人から反発を受けることになり，**村方騒動**の原因となる。特に18世紀になると，**寺子屋**が普及して識字率が高まったことで，村役人の不正が発覚しやすくなった。

▶村方騒動の争点

18世紀になると，地方にも商品経済が浸透し，百姓の階層分化が進み，田畑を手放して小作人化する貧農層があらわれる一方，田畑を集積して地主化した**豪農**層が成長した。そのなかで村役人となった豪農層と貧農層が対立して村方騒動が起こった。村方騒動の争点となったのは，村のなかで村役人の不正が発覚すると，村の構成員により，民主的な村政を求める動きが起こったことと，豪農層が土地を集積して地主化したことで，土地を貸している小作人が小作料の引き下げなどを要求したことである。

論述のポイント

□村方騒動の要因として，村請制のもとで，村役人が年貢・諸役の割当てをしていたこと，争点として，村役人の不正に対する反発と小作料の引き下げ要求などが説明できればよい。

解答例 3村請制のもと，村役人は村内で年貢・諸役を割当てる中心であったため，その過程に疑問があった場合には村人たちに糾弾された。村方騒動では，村役人の不正が発覚すると，それを追及して民主的な村の運営を要求した。また，村役人でもある豪農に対して小作人となった百姓が小作料の引き下げを要求した。（141字）

答案例

1強訴。17世紀には新田開発が急速に進んだことで耕地が拡大し，有力百姓に隷属していた小百姓や，本家から分家した百姓の自立化が進み，田畑の所持や耕作権を確立させて家が形成された。それにより，小百姓を中心として比較的均質な階層で構成された村落が成立し，小百姓が村政に参加するようになった。2国訴。商品の生産を担う村々が連合して大坂の特権商人による流通独占や綿や菜種の流通規制に反対し，自由な流通を求めて起こした合法的な訴願闘争である。領主の支配地域を超えて村々が結集した広域な自治組織である郡中議定を基盤として幕府に訴えた。3村請制のもと，村役人は村内で年貢・諸役を割当てる中心であったため，その過程に疑問があった場合には村人たちに糾弾された。村方騒動では，村役人の不正が発覚すると，それを追及して民主的な村の運営を要求した。また，村役人でもある豪農に対して小作人となった百姓が小作料の引き下げを要求した。

（400字以内）

7

(2017 年度　第1問)

次の史料は随筆『春波楼筆記』の一節である。これを読んで下記の問いに答えなさい。史料は書き下しの上，一部改変したり省略したりしたところがある。(問1から問4まですべてで400字以内)

采覧異言は［(a)］先生の著はす所の者にして，利瑪竇(りまとう)及び明人の説を掲ぐ，万国の事を誌(しる)せり。今亦，(b)吾が党の者，蘭学を好み，尤も医術委し。小子は天文地理を好み，わが日本に始めて地転の説を開く。

予二十五年以前より，日本の山水富士をはじめ，名山勝景を写真にして，阿蘭陀の法を以て，蝋画に画き，諸国の寺院仏閣の額に掛け，諸侯貴客へ数々認め遣しければ，世に之を奇観とす。

白河侯博学敏才にはあれど，地理の事においてはいまだ究めざる事あるに近し。蝦夷地において交易の場を開く時は，彼の地自ら開くべし。今にあたりて魯西亜と交易を為さざるを思ふはなんぞ愚ならずや。

問1　2014年に東京都文京区の「キリシタン屋敷跡」から発掘された人骨が，DNA鑑定等によって，上の史料の［(a)］に尋問された人物である可能性が高いとして話題になっている。この人物の名前と，尋問にもとづいて［(a)］が著した書物の名前を挙げなさい。

問2　下線部(b)に関わる代表的事例（人物名2人，その業績）を挙げなさい。

問3　上の史料の作者名を挙げるとともに，その人物の業績を2点説明しなさい。

問4　史料中の［(a)］から「白河侯」までに至る時期の幕府の対外政策（貿易を含めて）について，その政策を主導した3人の人物に焦点をあわせ説明しなさい。

解説 近世の蘭学・対外関係 〈史料〉

江戸時代の蘭学を中心とする文化と，江戸時代中期から後期の幕府の対外政策を問う。問1は語句記述問題，問2は50字程度，問3は50字程度，問4は250〜300字程度でまとめればよい。問3は難問である。問4に大きく字数を割けばよい。

問1 近世 文化

新井白石に尋問された人物とその著作

語句記述問題

空欄(a)に尋問された人物の名前と，尋問にもとづいて(a)が著した書物の名前。

正解は**シドッチ**と**西洋紀聞**である。

空欄(a)は**新井白石**である。史料の冒頭の「采覧異言は［ (a) ］先生の著はす所の者にして…」からわかる。新井白石に尋問されたのは，イタリア人の宣教師シドッチである。シドッチは1708年，キリスト教布教のために屋久島に潜入して捕らえられた。その尋問にもとづいて新井白石が著したのは『西洋紀聞』である。

解答例 1シドッチ。西洋紀聞。（11字）

問2 近世 文化

蘭学勃興期の人物と業績

設問の要求

〔主題〕下線部(b)に関わる代表的事例（人物名2人，その業績）。

論述の構成

下線部(b)には「吾が党の者，蘭学を好み，尤も医術委し」とあり，「吾が党」「蘭学」「医術」とあるので，この史料の著者である司馬江漢と同時代に，蘭学，特に医術の分野で活躍した杉田玄白と前野良沢の2人を想起し，その業績を説明すればよい。

▶杉田玄白・前野良沢の業績

杉田玄白と**前野良沢**は，ドイツ人クルムスが著した解剖図録のオランダ語訳『ターヘル=アナトミア』を日本語に翻訳した『**解体新書**』の著述に関わった。その後，杉田玄白はこの時の苦心談を回顧録である『**蘭学事始**』で詳述している。両者と関係した人物に**大槻玄沢**がおり，蘭学の入門書である『**蘭学階梯**』を著し，江戸に**芝蘭堂**を開いて多くの門人を育てた。

論述のポイント

□杉田玄白・前野良沢の2人を想起して，その業績をまとめればよい。大槻玄沢も別解と考えてよい。

解答例　2前野良沢。杉田玄白。西洋医学の解剖書である『ターヘル=アナトミア』を翻訳した『解体新書』の著述に関わった。（54字）

問3　近世　文化

司馬江漢とその業績

設問の要求

〔主題〕史料の作者名を挙げるとともに，その人物の業績を2点説明。

論述の構成

随筆『春波楼筆記』の作者は司馬江漢である。史料中には「予二十五年以前より，日本の山水富士をはじめ，名山勝景を写真にして，阿蘭陀の法を以て，蝋画に画き…」と，絵を描いていたことがわかる。また，「白河侯博学敏才にはあれど…」という記述から「白河侯」＝老中松平定信による寛政の改革のころの人物だとわかる。これらをヒントに司馬江漢を想起して解答をまとめたい。

▶司馬江漢とその業績

司馬江漢の業績の一つとして，平賀源内や小田野直武らの影響を受けて，西洋の**銅版画**を始めたことが挙げられる。代表作として**『不忍池図』**がある。もう一つの業績は，多くの著作を残し，天文学や地理学などの自然科学を日本に紹介したことが挙げられる。

論述のポイント

□司馬江漢とわかれば，日本で銅版画を創始した人物であることは書けるだろう。さらに史料中の「小子は天文地理を好み，わが日本に始めて地転の説を開く」をヒントに答案をまとめればよい。

解答例　3司馬江漢。平賀源内に師事して銅版画を始める一方，天文学や地理学など西洋の自然科学を紹介した。（47字）

問4 近世 外交

正徳の政治期から寛政の改革期までの幕府の対外政策

設問の要求

〔主題〕史料中の空欄ⓐから「白河侯」までに至る時期の幕府の貿易を含む対外政策。
〔条件〕政策を主導した3人の人物に焦点をあわせて。

論述の構成

空欄ⓐは新井白石，「白河侯」は白河藩主の老中松平定信である。この間に老中田沼意次の外交政策が想起できる。つまり，新井白石，田沼意次，松平定信の3人の時期の対外政策について説明すればよい。

▶新井白石の対外政策——18世紀前半，正徳の政治期

新井白石は，朝鮮通信使が6代将軍徳川家宣の将軍就任の慶賀を目的に来日した際，これまでの使節の待遇が丁重すぎたとして簡素にし，朝鮮から日本宛の国書に「日本国大君殿下」と記されていたのを「日本国王」と改めさせ，将軍の地位を明確にした。一方，金銀の鉱山の産出量が減少するなか，長崎貿易における金銀の海外流出をおさえるため，1715年，**海舶互市新例**を発して貿易額を制限した。

論述のポイント

□18世紀前半，新井白石が政治の中心であった時期について，朝鮮使節の待遇の簡素化，将軍宛国書に「日本国王」と記載させたこと，海舶互市新例を出して長崎貿易を制限したことが書けていればよい。

▶田沼意次の対外政策——18世紀後半，田沼時代

10代将軍徳川家治のもと，老中の**田沼意次**は，長崎貿易において貿易拡大政策へ転換した。南鐐二朱銀など貨幣鋳造のため，金銀の輸入をはかり，銅や蝦夷地の海産物である**俵物**の輸出を奨励した。また，仙台藩の医師**工藤平助**の**『赤蝦夷風説考』**による意見を取り入れ，**最上徳内**を蝦夷地に派遣して，その開発やロシア人との交易の可能性を調査させた。

論述のポイント

□18世紀後半の田沼時代について，長崎貿易を拡大し，金銀を輸入するため，銅・俵物の輸出を奨励したこと，ロシアとの貿易の可能性などを探るため，最上徳内を蝦夷地に派遣したことが書けていればよい。

▶松平定信の対外政策——18世紀末，寛政の改革期

老中**松平定信**は，11代将軍徳川家斉のもと，**寛政の改革**を進めた。定信は，1792

年，ロシアの使節**ラクスマン**が漂流民大黒屋光太夫らを届けるとともに通商を求めると，鎖国体制を維持するため，それを拒否した。加えて幕府は江戸湾と蝦夷地の海防の強化を諸藩に命じた。

論述のポイント

□18世紀末の老中松平定信による寛政の改革期について，来航したロシア使節ラクスマンの通商要求を拒否したこと，江戸湾や蝦夷地の対外防備の強化を諸藩に命じたことが書けていればよい。

解答例　**4** 18世紀前半，新井白石は朝鮮使節の待遇を簡素化し，将軍宛国書の記載を「日本国王」に改めさせた。また，長崎貿易における金銀の海外流出を防ぐため，海舶互市新例を出して貿易額を制限した。18世紀後半，老中田沼意次は長崎貿易において貿易奨励政策への転換をはかり，銅や俵物の輸出を奨励し，貨幣鋳造のため，金銀の輸入をはかった。その一方でロシアとの貿易や蝦夷地開発の可能性を調査するため，最上徳内を蝦夷地に派遣した。18世紀末，老中松平定信はロシア接近への対応に迫られた。根室に来航したラクスマンの通商要求を拒否して鎖国政策を維持するとともに，諸藩に対して江戸湾と蝦夷地の海防強化を命じた。（287字）

答案例

1シドッチ。西洋紀聞。2前野良沢。杉田玄白。西洋医
学の解剖書である『ターヘル＝アナトミア』を翻訳した
『解体新書』の著述に関わった。3司馬江漢。平賀源内
に師事して銅版画を始める一方，天文学や地理学など西
洋の自然科学を紹介した。4 18世紀前半，新井白石は朝
鮮使節の待遇を簡素化し，将軍宛国書の記載を「日本国
王」に改めさせた。また，長崎貿易における金銀の海外
流出を防ぐため，海舶互市新例を出して貿易額を制限し
た。18世紀後半，老中田沼意次は長崎貿易において貿易
奨励政策への転換をはかり，銅や俵物の輸出を奨励し，
貨幣鋳造のため，金銀の輸入をはかった。その一方でロ
シアとの貿易や蝦夷地開発の可能性を調査するため，最
上徳内を蝦夷地に派遣した。18世紀末，老中松平定信は
ロシア接近への対応に迫られた。根室に来航したラクス
マンの通商要求を拒否して鎖国政策を維持するとともに
，諸藩に対して江戸湾と蝦夷地の海防強化を命じた。

（400 字以内）

8 (2016年度 第1問)

次の文章を読んで，下記の問いに答えなさい。（問1から問4まですべてで400字以内）

日本の法の歴史に，(a)中国の律令は大きな影響を与えた。

7世紀後半から8世紀初頭にかけて，律令に基づく国家の支配体制が構築される。しかし，その体制は日本社会の現実に即したものではなかった。9世紀以降，明法家も参加して格式の編纂がなされ，10世紀には(b)各地方の実情に応じた支配を行う体制へ移行した。

治承・寿永の内乱を経て，鎌倉幕府の成立による新たな支配体制のもと，(c)御成敗式目が制定される。幕藩体制のもとでは，幕府は1742年に［(d)］を制定し，熊本藩をはじめ，明の律を参照して藩法を定める藩もあった。

明治初年には新律綱領や改定律例が制定され，その後，近代法典の編纂が行われていく。

問1 下線部(a)に関して，律令の法典としての内容や特徴について説明しなさい。

問2 下線部(b)に関して，体制の変化に伴う，地方支配における郡司の役割や地位の変化について説明しなさい。

問3 下線部(c)に関して，御成敗式目の立法趣旨や内容，効力をもつ範囲について説明しなさい。

問4 空欄(d)に関して，適切な語句を記した上で，1719年に出された法令とあわせて，江戸幕府の司法政策の特徴について説明しなさい。

解説 古代～近世の法典編纂

古代から近世にかけての法典編纂に関連する問題である。問 1 は 60 字程度，問 2 は 120 字程度，問 3 は 100 字程度，問 4 は 120 字程度で考えてみよう。各設問ともやや難問であったと思われるが，特に問 4 は江戸幕府の司法政策という聞きなれない出題で難しい。問 2 あたりに比較的字数を割いて，全体としては 8 割程度の字数を確保したい。

問 1 古代 政治

律令の法典としての内容・特徴

設問の要求

〔主題〕下線部(a)の「中国の律令」に関して，律令の法典としての内容や特徴。

論述の構成

下線部(a)に「中国の律令」とあるので，日本の律令に限定せず，律令の特徴を一般化するような意識で説明すればよい。

▶律令の内容・特徴――日本の律令を念頭に

中国の律令の特徴として，歴史的な経験から生み出された統治技術をまとめた体系的な法典であり，皇帝という専制君主による法であったことがあげられる。唐では律令は皇帝が替わるたびに作り直されるのが原則であった。

ちなみに，日本の律令は 7 世紀後半から 8 世紀初頭にかけて，唐の律令を導入することによって編纂された。律は唐律をほぼ写したものであるが，令については日本の実情に合うように大幅に改変されている。ここからわかるように，日本の律令は，唐の律令を継受した側面と日本固有の慣習法の影響を強く受けた側面とをあわせ持っていた。

律令の内容として，**律**は今日の刑罰法にあたり，**令**は国家の統治組織・官吏の服務規定や人民の租税・労役などを定めたものである。唐の民衆統治の規定として有名なのは，**均田制**や**租調庸制**である。

論述のポイント

□特徴として，皇帝による統治技術をまとめた法であること，内容として，律は刑罰規定，令はその他の行政法をまとめたものであることが書けていればよい。「中国の律令」の知識がなければ，日本の律令が唐の律令を参考にしていることを踏まえ，日本の律令の特徴・内容を説明すればよい。

解答例 1律令は，皇帝という専制君主の法で，歴史的に形成された法典であった。律は刑罰，令は行政組織や民衆統治について定めた。（58字）

問2 古代 政治

郡司の役割や地位の変化

設問の要求

〔主題〕体制の変化に伴う，地方支配における郡司の役割や地位の変化。

論述の構成

「体制の変化」については，下線部(b)に「各地方の実情に応じた支配を行う体制」とあり，下線部(b)の直前に「10世紀には」とあるので，平安時代中期の地方支配の転換について考えればよい。その変化を念頭において，律令制下と平安時代中期における郡司の役割や地位について，それぞれ説明すればよい。

▶律令制下における郡司の役割・地位

律令制下の**郡司**はもとの**国造**などの在地の豪族が任命された。その地位は世襲的に継承され，終身官であった。地方支配においては，中央から派遣される**国司**の指揮下におかれていたものの，戸籍作成や徴税などの実務は，**郡家**を拠点とする郡司が担っていた。郡司は地域に対して伝統的な支配力を持ち，それに依存することで律令制の人民支配は可能となっていた。

論述のポイント

□律令制下の郡司について，地位が世襲的に継承されていたこと，役割として国司の指揮下で地方の実務を担っていたことが説明できればよい。

▶平安時代中期における郡司の役割・地位――地方支配の転換

平安時代中期になると，一国支配の権限は現地に赴任する国司の最上席者（多くは守）である**受領**に集中するようになり，律令の規定にとらわれず地方の現実に即した施策をとるようになった。また，大規模な土地経営を行い勢力を持つ有力農民も台頭した。そのなかで郡司は地域に対する支配力を弱め，郡司の持っていた伝統的な地位は失われていったため，郡家は10世紀に消滅していった。徴税などの権限が受領に集中したことで，郡司は受領のもとに駆使される存在となった。

論述のポイント

□平安時代中期の郡司について，国司の長官である受領に権限が集中したことを前提に，地域における支配力を失って地位を低下させたこと，受領に駆使される存在になったことが説明できればよい。

解答例

2律令制下における郡司は地方豪族が世襲的に任じられ，国司の指揮下で伝統的な支配力により地方の実務を担っていた。平安中期には国司の長官である受領に権限が集中し，郡司は地域における支配力を失って地位を低下させ，受領のもとで駆使される存在となった。(121字)

問3　中世　政治

御成敗式目の立法趣旨・内容・効力を持つ範囲

設問の要求

〔主題〕御成敗式目の立法趣旨や内容，効力を持つ範囲。

論述の構成

御成敗式目について，①立法趣旨，②内容，③効力を持つ範囲のそれぞれについて説明すればよい。

▶①御成敗式目の立法趣旨

鎌倉時代にも，法典として律令格式は存在していたが，武家社会においては空文化していた。武士は武家社会の慣習や道徳を重んじて日常生活を営み，紛争を処理する規範としていた。しかし，**道理**と呼ばれた慣習や道徳は地域によって異なり，あるいは相互に矛盾して整合性を持たなかった。そのため，武士の土地支配が進展して所領問題が全国各地で頻発するようになると，幕府は明確な判断の基準を定める必要性に迫られた。そこで，源頼朝以来の先例や道理のなかから最も適当と判断したものを選択し，**御成敗式目**として法文化した。

論述のポイント

□立法趣旨として，武家社会の慣習である道理を取捨選択して法文化すること，政務や裁判の基準を明確化することが説明できればよい。

▶②御成敗式目の内容

御成敗式目の内容には，行政，民事・刑事訴訟など政務や裁判の基準が盛り込まれている。具体例としては，守護や地頭の任務・権限，女性が養子に所領を相続できるという女人養子の事，親から子へ譲った所領でも不孝の行為を理由に譲与の取り消しができる悔返し権，所領を支配しない期間が20年にわたると支配回復の請求権が否定される知行年紀法などである。

論述のポイント

□内容として，守護や地頭の任務・権限，女人養子，悔返し権，知行年紀法などのうち，いくつかを具体例としてあげればよい。

▶③御成敗式目が効力を持つ範囲

御成敗式目が適用されるのは幕府の勢力範囲であった。朝廷の支配下では公家法，荘園領主の支配下では本所法が依然として効力を持ち，幕府は朝廷や荘園の規範を否定しなかった。しかし，幕府の勢力が拡張するとともに，式目の適用範囲は全国的な規模へと広がっていった。

論述のポイント

□効力を持つ範囲として，幕府の勢力範囲であること，やがて全国に広がったことが説明できればよい。

解答例　3武家社会の慣習である道理を取捨選択して法文化し，裁判の基準などを明確にした。守護や地頭の権限，知行年紀法などが規定され，当初は幕府の勢力範囲において適用されたが，やがてその影響は全国的に広がった。（99字）

問4　近世　政治

江戸幕府の司法政策の特徴

設問の要求

〔主題〕空欄(d)に適切な語句を記す。
　　　　江戸幕府の司法政策の特徴。
〔条件〕1719年に出された法令とあわせて。

論述の構成

空欄(d)は公事方御定書，「1719年に出された法令」は相対済し令である。この2つの法令をあげて，江戸幕府の司法政策の特徴について説明すればよい。その際に「司法制度」の説明との違いを考えたい。

▶江戸幕府の司法制度

江戸幕府の司法制度では，行政と司法が未分離で，**寺社奉行・勘定奉行・町奉行**の**三奉行**が地域ごとに訴訟を分担し，重要な裁判は老中・三奉行などから構成される**評定所**で担当した。

▶江戸幕府の司法政策の特徴

江戸幕府は，刑事事件については一律に公権による裁断をくだすことを基本としていたのに対し，民事問題については内済（当事者間での和解）を原則として公権による裁断を避ける方針をとっていた。これが司法政策の特徴である。

相対済し令が出され，**公事方御定書**が編纂されたのは，**徳川吉宗**のもとで行われた**享保の改革**の時である。享保の改革では，司法制度の整備と法典の編纂により，法に基づく合理的な司法判断を進めようとした。当時は都市と商業の発達により，商取引や金銭貸借などの金銭に関する訴訟（金公事）が増加し，他の訴訟を遅滞させたため，幕府は訴訟を受理せず，当事者間で解決させる相対済し令を出した。しかし，反発を受けて10年後に廃止され，江戸幕府は内済による処理を奨励した。一方で公事方御定書は，これまでの裁判の判例を集めて，裁判や刑罰の基準としたものである。これらは裁判の迅速化・公正化をはかったものである。

論述のポイント

□司法政策の特徴は，民事問題における和解，刑事事件では幕府の裁断を原則としていたことであるが，解答としては難しい。そこで，最低限，相対済し令と公事方御定書をあげて，それぞれの趣旨・内容が説明できていればよいだろう。

解答例

4公事方御定書。江戸幕府は民事問題での幕府による裁断を避けて和解を原則とし，刑事事件では幕府による裁断を重視していた。そのなかで金銭に関係する訴訟に対し，相対済し令を出して当事者間で解決させる一方，公事方御定書を制定して裁判や刑罰の基準とした。（122字）

別解

4公事方御定書。江戸幕府は司法制度の整備と法典の編纂を進め，法に基づく合理的な司法判断を進めようとした。そのため，金銭に関係する訴訟に対し，相対済し令を出して当事者間で解決させる一方，公事方御定書を制定して裁判や刑罰の基準とした。（115字）

答案例

1律令は，皇帝という専制君主の法で，歴史的に形成された法典であった。律は刑罰，令は行政組織や民衆統治について定めた。2律令制下における郡司は地方豪族が世襲的に任じられ，国司の指揮下で伝統的な支配力により地方の実務を担っていた。平安中期には国司の長官である受領に権限が集中し，郡司は地域における支配力を失って地位を低下させ，受領のもとで駆使される存在となった。3武家社会の慣習である道理を取捨選択して法文化し，裁判の基準などを明確にした。守護や地頭の権限，知行年紀法などが規定され，当初は幕府の勢力範囲において適用されたが，やがてその影響は全国的に広がった。4公事方御定書。江戸幕府は民事問題での幕府による裁断を避けて和解を原則とし，刑事事件では幕府による裁断を重視していた。そのなかで金銭に関係する訴訟に対し，相対済し令を出して当事者間で解決させる一方，公事方御定書を制定して裁判や刑罰の基準とした。

（400字以内）

9

（2015 年度　第 1 問）

次の文章を読んで，下記の問いに答えなさい。(問 1 から問 3 まですべてで 400 字以内)

近年の日本では災害が多発し，防災対策の整備が急務となっているが，近世においても多様な災害が繰り返し人々を襲った。1657 年には，(a)江戸で大きな災害が起こり，10 万人を超えるともいわれる死者を出した。

都市部・農村部を問わずに甚大な被害をもたらしたのが，飢饉である。近世には享保・天明・天保の飢饉など，多くの死者を出した飢饉が何度も発生した。そのなかで，為政者や民衆は，それぞれの立場から(b)飢饉・凶作への対策を模索するようになった。

飢饉・凶作時には，各地で百姓一揆が頻発した。19 世紀半ば以降，とりわけ幕末・維新期には，政治・社会の動揺や変化を背景として，(c)それまでの百姓一揆とは性格の異なる一揆が広くみられるようになった。

問 1　下線部(a)の災害を何というか。また，この災害以降も，同種の災害が都市部を中心に頻発したが，この種の災害がとりわけ都市部において頻発した理由を説明しなさい。

問 2　下線部(b)に関連して，天明の飢饉後に松平定信が実施した飢饉・凶作対策のうち，江戸向けと農村向けのものをそれぞれあげて，その内容を説明しなさい。

問 3　下線部(c)の，それまでの百姓一揆とは性格の異なる一揆を何というか。また，それがそれまでの百姓一揆と異なる点は何か，説明しなさい。

解説 江戸時代の災害・飢饉と百姓一揆

江戸時代の災害・飢饉と百姓一揆に関する問題である。問1は100字程度，問2は200字程度，問3は100字程度で考えてみよう。ただし，問1と問3は受験生にとっては難しいかもしれない。その場合は，問2の松平定信の政策をできるだけ多く記述したい。最終的には全問合わせて8割強の字数が確保できていればよい。

問1 近世 社会経済

江戸時代の都市部の災害とそれが頻発した理由

設問の要求

〔主題〕下線部(a)の災害の名称。
同種の災害が都市部を中心に頻発した理由。

論述の構成

まず，災害の名称は，下線部(a)に「江戸で大きな災害」とあり，下線部の前に「1657年」とあるので，4代将軍徳川家綱の時代に起こった明暦の大火である。設問文にある「同種の災害」が大規模な火災であるとわかる。江戸をはじめとする都市部で大規模な火災が頻発した理由を，当時の都市部の特徴と江戸幕府の都市政策の両面から考えればよい。

▶都市部で大規模な火災が頻発した理由(1)——都市部の特徴

近世になると，**城下町**・港町・門前町・宿場町など多数の都市が形成された。特に江戸をはじめ幕藩領主の城下町は，兵農分離が進んだことで農村を離れた武士や，地子免除などの特権を得た商工業者たちが定住する人口密集地帯であった。城下町では武家地・寺社地・町人地など身分ごとに居住地域が決められており，大部分は武家地・寺社地で，町人地は面積が狭く，道路の両側に屋敷が立ち並んで向かい合う形をとっていた。また，表通りから路地を入ると裏長屋が立ち並んでいた。このように江戸をはじめとする都市部は人口密集地帯であり，狭い路地を挟んで木造の住宅が立ち並んでいたため，火災が起こると被害が拡大しやすい状況にあったといえる。

論述のポイント

□都市部の特徴を考えて，人口が密集していたこと，木造の住宅が立ち並んでいたことが説明できればよい。

▶都市部で大規模な火災が頻発した理由(2)——江戸幕府の都市政策

江戸では明暦の大火以降も繰り返し大火に見舞われた。そのため，享保の改革では広小路・火除地などの防火のための空間を設け，定火消を中心としてきた消火制度を強化するために町方独自の**町火消**を組織させた。これらのことから，明暦の大火以降も江戸では防火対策が不十分であったことがわかる。

論述のポイント

□享保の改革期の幕府の都市政策から，それまでの防火対策が不十分であったことが指摘できればよい。

解答例 1明暦の大火。江戸をはじめとする都市部には武士や商工業者などが定住して人口が密集し，狭い路地を挟んで木造の住宅が立ち並んでいた。そのうえ，広小路や火除地などの防火対策も不十分であった。（92字）

問2 近世 政治

天明の飢饉後に松平定信が実施した飢饉・凶作対策

設問の要求

〔主題〕天明の飢饉後に松平定信が実施した飢饉・凶作対策の内容。
〔条件〕江戸向けと農村向けのものをそれぞれあげる。

論述の構成

天明の飢饉により江戸や農村で起こった問題を踏まえながら，それらに対して松平定信が実施した対策を江戸向け，農村向け，それぞれ考えればよい。

▶天明の飢饉

天明の飢饉は1782年の冷害から始まり，翌年の浅間山の大噴火を経て数年に及ぶ飢饉となった。東北地方を中心に多くの餓死者が出て農村では人口が著しく減少するなど，村々は荒廃し，危機的な状況となり，全国的に百姓一揆が起こった。一方，都市部では貧民層が中心となって米商人などを襲撃する打ちこわしが発生した。特に1787年には，江戸・大坂など全国30カ所余りの主要都市で打ちこわしがあいついで起こった（**天明の打ちこわし**）。こうした打ちこわしが激化した原因には，周辺の村々から没落した百姓が流入したために貧民層が増加していたこともあった。

▶天明の飢饉に対する江戸向けの対策

天明の飢饉を背景として，江戸でも大規模な打ちこわしが起こった。打ちこわしは飢饉や災害により生活が困難となった貧民層が中心となって起こしたため，松平定信はその対策として**七分積金**を命じ，貧民層を救済する体制を整えた。町々に町費節約分のうち7割を積み立てさせ，新たに設けた江戸町会所でこれを運用させて，米・金を蓄え，飢饉・災害時に困窮した貧民を救済する資金とした。さらに治安対策として江戸の人民を把握するために人別改め（戸口調査）を強化し，石川島に**人足寄場**を設置して無宿人を強制収容した。

論述のポイント

□天明の飢饉により江戸で大規模な打ちこわしが発生したことを踏まえ，基本的には打ちこわしの主体となった貧民層への対策として，その救済をはかった七分積金について説明すればよい。人足寄場の設置や旧里帰農令を解答に含めてもよい。

▶天明の飢饉に対する農村向けの対策

飢饉で荒廃した農村を復興させるため，松平定信は人口減少への対応策をとった。人口減少が著しかった陸奥や北関東などで百姓の他国への出稼ぎを制限し，荒れた耕地を復旧させるために全国で公金の貸付を行った。また，飢饉に備えて各地に**社倉・義倉**を設置させて米穀を蓄えさせた（**囲米**）。さらに，都市へ流入した貧民層に資金を与えて農村に帰ることを奨励した（**旧里帰農令**）。

論述のポイント

□飢饉により農村が荒廃し人口が減少したことを踏まえて，出稼ぎの制限，旧里帰農令による農村復興策を説明し，一方で餓死者が出たことなどを踏まえて，囲米による飢饉時の米穀確保を説明すればよい。なお，旧里帰農令は都市対策として説明することも可能である。

解答例　2江戸では貧民層が参加する打ちこわしが頻発した。そのため，町々に町費の節約を命じて節約分の7割を積み立てさせ，これを運用した資金を飢饉や災害時の貧民救済費用に充てさせた。一方，農村では飢饉からの復興のため，農村人口の回復などを目指し，農村から江戸へ流入した貧民に対して資金を与えて農村に帰ることを奨励する旧里帰農令を出すとともに，他国への出稼ぎを制限した。また，飢饉に備えて囲米を命じて米穀を蓄えさせた。（202字）

別解 2江戸では貧民層が参加する打ちこわしが頻発した。そのため，町々に町費の節約を命じて節約分の７割を積み立てさせ，この運用資金を飢饉や災害時の貧民救済の費用に充てさせた。治安対策としては人足寄場を設置して無宿人を収容した。また，農村から江戸へ流入した貧民に対して資金を与えて農村に帰ることを奨励する旧里帰農令を出した。一方，農村では飢饉からの復興のため，農村の人口を確保する必要があり，他国への出稼ぎを制限した。また，飢饉に備えて囲米を命じて米穀を蓄えさせた。（228字）

問 3　近世 社会経済

幕末期の百姓一揆

設問の要求

〔主題〕下線部(c)の「それまでの百姓一揆とは性格の異なる一揆」の名称。
　　　　それまでの百姓一揆と異なる点。

論述の構成

下線部(c)の「それまでの百姓一揆とは性格の異なる一揆」は，下線部の前に記述されている「19 世紀半ば以降，とりわけ幕末・維新期」という時期から，世直し一揆であることがわかる。次に，それまでの百姓一揆と異なる点については，それまでの百姓一揆＝惣百姓一揆と考えて世直し一揆と比較し，一揆の目的や対象などを考えてみよう。

▶惣百姓一揆と世直し一揆

江戸時代，幕府や諸藩では財政悪化を是正するため，年貢増徴や専売制を実施したことに加え，たびたび飢饉が起こって百姓の生活が苦しくなり，**百姓一揆**が頻発した。

17 世紀後半には村役人が村民を代表して領主に直訴する**代表越訴型一揆**が一般化した。17 世紀末には広く農民が参加して集団の力で領主に強訴する**惣百姓一揆**が主流となり，なかには藩全域に及ぶ全藩一揆も発生した。いずれも年貢増徴や専売制などに反対して，村民が領主に反発したものである。

それに対し，19 世紀には，社会変革を唱える**世直し一揆**が起こった。貧農層が一揆の主体となり，領主と結んだ村役人や商人に対する打ちこわしをともない，質地返還などを要求した。

論述のポイント

□惣百姓一揆について，目的は年貢増徴や専売制などへの反対，対象は領主である。世直し一揆について，目的は社会変革など，対象は村役人や商人などである。それらをまとめればよい。

解答例　3世直し一揆。惣百姓一揆は，村民全員が参加し，年貢増徴の停止や専売制の廃止などを領主に対して要求した。それに対して，世直し一揆は，貧農層が中心となり，村役人や豪農・豪商などへの打ちこわしを行い，社会変革を唱えた。（106字）

答案例

1明暦の大火。江戸をはじめとする都市部には武士や商工業者などが定住して人口が密集し，狭い路地を挟んで木造の住宅が立ち並んでいた。そのうえ，広小路や火除地などの防火対策も不十分であった。2江戸では貧民層が参加する打ちこわしが頻発した。そのため，町々に町費の節約を命じて節約分の7割を積み立てさせ，これを運用した資金を飢饉や災害時の貧民救済費用に充てさせた。一方，農村では飢饉からの復興のため，農村人口の回復などを目指し，農村から江戸へ流入した貧民に対して資金を与えて農村に帰ることを奨励する旧里帰農令を出すとともに，他国への出稼ぎを制限した。また，飢饉に備えて囲米を命じて米穀を蓄えさせた。3世直し一揆。惣百姓一揆は，村民全員が参加し，年貢増徴の停止や専売制の廃止などを領主に対して要求した。それに対して，世直し一揆は，貧農層が中心となり，村役人や豪農・豪商などへの打ちこわしを行い，社会変革を唱えた。

（400字以内）

10 （2014 年度 第1問）

次の文章を読んで，下記の問いに答えなさい。（問1から問5まですべてで 400 字以内）

応仁の乱に始まる争乱の時代のなかで，仏教は，武士・農民・商工業者などの信仰を得て，惣村や都市に広まっていった。さらに 17 世紀になると(a)すべての人がどこかの仏教寺院に属すことになり，先祖の供養を行いたいという人々の欲求に応えた。こうして，仏教は多くの人々の心の救済を説くものとなったのであるが，最初からそうであったわけではない。

たとえば，7 世紀後半から 8 世紀半ばにかけて，仏教は，災害・飢饉・疫病などの社会不安を背景に，(b)国家の安泰を願って導入されていった。

10，11 世紀になると，やはり災害・飢饉・疫病などの社会不安と［(c)］を背景にして，(d)現世の不安から逃れ来世で救われたいという教えが大流行した。しかし，それは都の貴族を主たる対象としたものであり，一般の人々の心の救済を説くものではなかった。

問1　応仁の乱に始まる争乱の時代のなかで，浄土真宗が地方的展開をするが，その過程を説明しなさい。その際，布教の中心的な担い手（人名），布教の方法・組織をあげなさい。

問2　下線部(a)を何というか。また，これは，幕府による政策として強制されたという側面も持っているが，幕府の政策と，その背景を説明しなさい。

問3　下線部(b)のような思想をなんというか。また 7 世紀後半から 8 世紀にかけて仏教が受容されていく過程を説明しなさい。

問4　空欄(c)に入る適切な語句をあげなさい。下線部(d)の教えをなんというか。これを唱えた代表的論者とその著作をあげなさい。また，この教えは，建築や美術にも大きな影響を与えたが，代表的な建築・美術作品を一つあげなさい。

問5　10，11 世紀の貴族の食事は，庶民のそれとは異なるものとなったと言われているが，どう異なるのかについて，簡単に説明しなさい。

解説 古代～近世の仏教の広がり

古代から近世の仏教に関する問題である。問5はやや難と思えるかもしれないが，全体としては，高校教科書のレベルで解答できる標準的な問題である。しかし，学習の段階で文化史を軽視すると難問となる。問1は110～120字程度，問2は60～70字程度，問3は150～160字程度，問4は語句記述問題，問5は30～40字程度でまとめられる。

問1 中世 文化

戦国時代における浄土真宗の地方的展開

設問の要求

〔主題〕応仁の乱に始まる争乱の時代，浄土真宗の地方的展開の過程。
〔条件〕布教の中心的な担い手（人名），布教の方法・組織をあげる。

論述の構成

設問の要求が「過程」（＝推移・変遷）なので，時期区分として応仁の乱のころ，15世紀後半から16世紀を意識し，条件にある浄土真宗の布教と，主題である浄土真宗の地方的展開に分けて説明すればよい。

▶応仁の乱のころからの浄土真宗の広がり

応仁の乱のころ，**浄土真宗**（**一向宗**ともいう）は，本願寺の**蓮如**が布教活動を進めた。蓮如は浄土真宗の教えを**御文**という平易な文章の形で説き，**講**を組織して惣村に広めていった。村落の道場では講によって結ばれた信者（門徒）の寄合がもたれ，信仰が深められた。その他，各地を移動して生活する商人や交通・手工業者にも広められていった。

論述のポイント

□時期を応仁の乱のころとして，「布教の中心的な担い手（人名）」＝蓮如，「布教の方法」＝御文，「布教の組織」＝講について説明すればよい。

▶浄土真宗の地方的展開

蓮如の布教により，本願寺の勢力は近畿・東海・北陸地方に広まり，地域ごとに結束を強めていった。その結果，門徒の集団は各地で**一向一揆**を起こし，各地域で支配を強めつつあった大名権力（守護・戦国大名）と衝突した。1488年に起こった**加賀の一向一揆**はその代表的なものであった。これは加賀の門徒が国人と手を結び，守護の**富樫政親**を倒したもので，加賀は実質的に一向一揆が支配する国となった。

16世紀後半，本願寺の**顕如**（光佐）は諸国の門徒に**織田信長**と戦うことを呼びかけ（1570 年），石山本願寺を頂点として全国各地で対抗した（**石山戦争**）。しかし，伊勢長島の一向一揆が信長に滅ぼされ（1574 年），翌年には越前の一向一揆が平定され（1575 年），最終的には信長に屈服し（1580 年），一向一揆は終息した。

論述のポイント

□「応仁の乱に始まる争乱の時代」=「戦国時代」と考えた場合，本願寺の勢力が近畿・東海・北陸地方に広まったこと，各地で一向一揆が起こり，戦国大名と対立したことが書けていればよい。

□この具体的な例として，加賀の一向一揆の説明を加え，さらには，石山戦争で織田信長と対立して屈服するまでの過程を記述してもよい。

解答例　1応仁の乱のころ，本願寺の蓮如は平易な文章で書いた御文により教義を説き，講を組織して布教活動に努め，各地に道場を開くなど近畿・東海・北陸地方に勢力を拡大した。15世紀後半以降，加賀国をはじめ，大名権力と対立し，各地で一向一揆が起こった。（117字）

別解　1応仁の乱のころ，本願寺の蓮如は平易な文章で書いた御文により教義を説き，講を組織して布教活動に努め，各地に道場を開くなど近畿・東海・北陸地方に勢力を拡大した。15世紀後半には，一向宗の門徒が加賀の守護富樫政親を滅ぼして加賀国を支配した。その後も各地で大名権力と対立し，16世紀後半には，石山本願寺を拠点として織田信長に対抗し，全国各地で抗争したが最終的には信長に屈服し，一向一揆は終息した。（193字）

問2　近世　政治

寺檀制度と寺請制度

設問の要求

〔主題〕「すべての人がどこかの仏教寺院に属す」ことを強制した幕府の政策とその背景。

論述の構成

17 世紀に「すべての人がどこかの仏教寺院に属す」というのは寺檀制度のことである。寺請制度と勘違いするかもしれないが，寺請制度は，結果として寺檀制度を強制することになった幕府の政策である。つまり，この設問では寺請制度の内容とその背景について説明すればよい。

▶寺請制度の背景とその内容

江戸幕府は，当初，キリスト教を黙認していたが，幕領に**禁教令**を出し（1612年），翌年は全国に拡大して，信者に改宗を強制した。これはキリスト教の布教がスペイン・ポルトガルの侵略を招く恐れがあると感じ，信徒の信仰による結束を警戒したからである。

キリスト教徒を中心とする**島原の乱**（1637～38年，島原・天草一揆）が起こると，幕府はキリスト教徒を根絶するため，**絵踏**を強化し，寺院が檀家であることを証明する**寺請制度**を設けて**宗門改め**を実施し，仏教への転宗を強制するなど，キリスト教徒を厳しく取り締まった。この寺請制度のもと，戸籍的機能を持つ，檀那寺が記載された宗旨人別帳が作成された。また，幕府は，法華経を重視して幕府権力よりも宗教が優越するという信仰を持っていた**日蓮宗不受不施派**（ふじゅふせ）の信仰も禁止し，キリスト教同様に弾圧した。

論述のポイント

□政策＝寺請制度の背景として，最低限，キリスト教の禁止が書けていればよいが，日蓮宗不受不施派の信仰を禁じたことも含めたい。さらには，島原の乱（島原・天草一揆）も寺請制度が本格化する契機となるので，背景の中に含めて説明してもよい。

▶寺請制度と寺檀制度の関係

17世紀半ば以降には幕府が禁止するキリスト教や日蓮宗不受不施派を信仰させないため，宗門改めと**寺請制度**が定着していく。宗門改めは檀那寺が行うこととされ，寺院が檀家であることを証明したため，人々が特定の寺院の信徒（＝檀家）であることが重要であった。その場合，檀家となった特定の寺院が檀那寺である。つまり，幕府の政策による寺請制度の確立で，寺檀制度が強制されることになったのである。

寺檀制度とは，民衆のみならず，武士や神職なども檀那寺の檀家（特定の寺院の信徒）になる制度である。檀家は年中行事や自己の家族の葬送などで信者としての義務（特に経済的義務）を果たさねばならなかった。檀那寺に無断で宗派を変わることはできなかった。

論述のポイント

□政策として，最低限，寺請制度が説明できていればよい。その際に内容として，檀那寺が檀家であることを証明する制度であることが記述されていればよい。

解答例　2寺檀制度。幕府はキリスト教や日蓮宗不受不施派を信仰させないため，宗門改めを実施し，檀那寺が檀家であることを証明する寺請制度を設けた。（67字）

別解　2寺檀制度。幕府は禁教令を出し，当初，黙認していたキリスト教の禁止政策に転換した。キリスト教徒を中心として起こった島原の乱後には，キリスト教に加え，日蓮宗不受不施派を信仰させないため，宗門改めを実施し，檀那寺が檀家であることを証明する寺請制度を設け，宗旨人別帳が作成された。（137字）

問3　古代　文化

鎮護国家思想と仏教の受容

設問の要求

〔主題〕「国家の安泰を願」う思想を何というか。
7世紀後半から8世紀にかけて仏教が受容されていく過程。

論述の構成

まず，「国家の安泰を願」う思想は鎮護国家の思想のことで，こちらは問題ないだろう。次に「7世紀後半から8世紀にかけて仏教が受容されていく過程」である。「過程」（＝推移・変遷）が問われているので，まず，時期区分を考えてみよう。この場合，仏教なので時期区分として，文化区分を思い出せばよい。7世紀後半は天武・持統天皇の時代を中心とする律令国家の形成期の白鳳文化，8世紀は律令国家の完成した奈良時代，天平文化である。それぞれの時期の仏教の広がりについて説明すればよい。その際に中央のみならず，地方への広がりについても目配りしたい。

▶7世紀前半までの仏教（飛鳥文化まで）――前提

6世紀中ごろに**百済**より伝来した仏教は，蘇我氏が物部氏を滅ぼして政治の実権を握った結果，7世紀前半の推古天皇の時代には重視されるようになった。蘇我氏の**飛鳥寺**をはじめ，皇族・豪族により**氏寺**が建立され，寺院は古墳に代わって豪族の権威を示す象徴となった。この時期の仏教は，豪族が氏族の繁栄を願って個別に信仰しており，呪術の側面が強かった。

▶7世紀後半，天武・持統朝の仏教（白鳳文化）

7世紀後半には，**天武天皇**により**薬師寺**や**大官大寺**などの官立大寺院が建立され始めるなど，仏教興隆が国家的に推進されるようになり，金光明経・仁王経のような護国の経典が重視され，仏教は国家の安泰を願うものとなった（鎮護国家）。それにともない，地方でも，在地の豪族を中心に寺院の建立が盛んになり，仏教の受容が進んだ。

論述のポイント

□中央では天皇を中心に寺院の建立が進むなど仏教興隆が国家的に推進されるようになったこと，地方では豪族による寺院建立が盛んになり，仏教受容が進んだことを解答に含めたい。

▶8世紀，鎮護国家の思想（天平文化）

8世紀，聖武天皇の時代には，長屋王の変（729年），藤原広嗣の乱（740年）などあいつぐ政争や疫病（天然痘）の流行などがあり，社会不安が広がった。そのため，仏教により国家の安泰を願う**鎮護国家の思想**が強まり，法会や祈禱が盛んに行われた。さらに**国分寺建立の詔**（741年）が出されて各国に国分寺・国分尼寺が建立され，**大仏造立の詔**（743年）が出されて中央では大仏が造立された。

また律令の制定にともない，僧侶の規範である僧尼令が制定され，僧侶の教学研究から**南都六宗**（法相宗・華厳宗・三論宗・成実宗・倶舎宗・律宗）が形成された。さらに唐の**鑑真**が来日し，僧侶が**戒律**を受ける受戒制度も整備された。一方で，僧尼令では禁止されていたものの，**行基**のように民間布教を進める僧侶もおり，民衆へもより一層，仏教が浸透した。それにより，在来の神々の信仰と仏教の信仰が融合し，各地で**神宮寺**が建立され，**神前読経**が行われるなど**神仏習合**の風習も起こった。

論述のポイント

□中央で鎮護国家の思想が強まって行われた政策，行基の民間布教，神仏習合を解答には含めておきたい。

□なお，中央での仏教の動向として，南都六宗の形成，僧尼の統制について触れてもよい。

解答例　3鎮護国家。7世紀後半の天武・持統朝には官寺が建立されるなど国家的な仏教保護が進み，地方豪族も寺院を建立した。8世紀には鎮護国家の法会などが盛んに行われ，聖武天皇は全国に国分寺・国分尼寺を建立し，中央では大仏を造立した。一方で行基などの民間布教や地方寺院により民衆に広がるとともに，各地で神仏習合の風習が起こった。（157字）

問4 古代 文化

末法思想・浄土教と美術

語句記述問題

①空欄(c)に入る適切な語句。
②下線部(d)の教えと，③唱えた代表的論者とその著作。
④下線部(d)の教えが影響を与えた建築・美術作品を一つあげる。

①空欄(c)は**末法思想**である。「10，11世紀になると，やはり災害・飢饉・疫病などの社会不安」と，「現世の不安から逃れ来世で救われたいという教え」の背景というところからわかる。末法思想は，釈迦の死後，正法・像法の世を経て末法の世が来ると説く終末思想である。10，11世紀ごろの地方政治の乱れなどから社会不安が拡大するなかで，1052（永承7）年に末法に入って世の中が乱れるとされ，戦乱を防ぐためには仏教を保護し，信仰することが必要だとされた。そのため，密教が重視され，神仏習合が進むなど貴族社会を中心に仏教が広がった。

②は**浄土教**である。①の末法思想の広がりから，②「現世の不安から逃れ来世で救われたいという教え」である浄土教が流行した。念仏を唱えて阿弥陀仏にすがり，極楽往生を求めるものであった。

③は**源信**と『**往生要集**』である。浄土教の教えを『往生要集』で著したのは，延暦寺の源信である。その他，京都市中で念仏の教えを説いた空也がいるが，著作とのセットなので源信を解答すればよい。

④は**平等院鳳凰堂**である。②の浄土教の建築・美術が問われている。浄土教の影響を受けた阿弥陀堂建築で最も有名なのは平等院鳳凰堂であろう。美術としては，平等院鳳凰堂に安置されている，**定朝**が制作した**阿弥陀如来像**が有名である。その他，阿弥陀仏が死者を極楽から迎えに来る様子を描いた『**高野山聖衆来迎図**』がある。以上の中から一つ解答すればよい。

解答例　4 末法思想。浄土教。源信。往生要集。平等院鳳凰堂。（25字）

問5 古代 文化

平安時代の貴族の食事

設問の要求

〔主題〕10，11世紀の貴族の食事は庶民とどう異なるのか，簡単に説明。

リード文には「10，11世紀になると，…都の貴族を主たる対象としたものであり，一般の人々の心の救済を説くものではなかった」とある。問4で浄土教が解答できていれば，10，11世紀には仏教が貴族層を中心に広まったものであることがわかる。仏教における殺生禁断の考え方が想起できれば，貴族と庶民の食事の違いについて考えることができる。一般的に，猪や鹿の肉は食事として好まれていたが，仏教の浸透とともに，貴族の間には獣肉を忌み嫌う習慣が広がっていった。

論述のポイント

□庶民との違いとして，貴族が獣肉を食さなくなったことを説明すればよい。

解答例 5仏教の浸透により貴族が獣肉を忌む習慣が広がり，食事では避けられた。（34字）

答案例

1応仁の乱のころ，本願寺の蓮如は平易な文章で書いた
御文により教義を説き，講を組織して布教活動に努め，
各地に道場を開くなど近畿・東海・北陸地方に勢力を拡
大した。15世紀後半以降，加賀国をはじめ，大名権力と
対立し，各地で一向一揆が起こった。2寺檀制度。幕府
はキリスト教や日蓮宗不受不施派を信仰させないため，
宗門改めを実施し，檀那寺が檀家であることを証明する
寺請制度を設けた。3鎮護国家。7世紀後半の天武・持
統朝には官寺が建立されるなど国家的な仏教保護が進み
，地方豪族も寺院を建立した。8世紀には鎮護国家の法
会などが盛んに行われ，聖武天皇は全国に国分寺・国分
尼寺を建立し，中央では大仏を造立した。一方で行基な
どの民間布教や地方寺院により民衆に広がるとともに，
各地で神仏習合の風習が起こった。4末法思想。浄土教
。源信。往生要集。平等院鳳凰堂。5仏教の浸透により
貴族が獣肉を忌む習慣が広がり，食事では避けられた。

（400字以内）

11

(2013年度　第1問)

次の文章を読んで下記の問いに答えなさい。(問1から問3まですべてで400字以内)

近世は，身分制を骨格として成り立っている社会である。近世の身分制は，中世から近世に移行する過程で，徐々に形成されていった。豊臣秀吉は，1591（天正19）年に出した［　　　］などによって，諸身分の確定を進めた。

近世においては，政治と軍事を担う武士，村に住む百姓，(1)都市に住む町人などが中心的な身分となった。近世の人々は，人一般としてではなく，特定の身分に属する者として，社会的に存在していたのである。

このうち，(2)百姓は農民と重なる部分が多いが，近世の百姓と農民は完全に同義ではなかった。

問1　［　　　］に入る語を記し，その内容を説明しなさい。

問2　下線部(1)に関して，町人は，どのような要件を満たせば町人身分として認められたか。町人身分の決定要件を2つあげて説明しなさい。

問3　下線部(2)に関して，百姓と農民の重ならない点（不一致点）を2つあげて，百姓と農民の関係について説明しなさい。

解説 近世の身分

近世の身分制に関する問題である。問1は字数80字程度，問2は100字程度，問3は200字程度で考えてみたい。しかし，設問の内容から考えると，400字を満たすのは難しい。特に問3の設問で200字書くのは受験生には困難だと思われる。問1・問2も内容を膨らませるのは難しいだろう。的確な内容が書けていれば，すべての設問を合わせて8割程度の字数が埋まれば十分だろう。

問1 近世 社会経済

人掃令とその内容

設問の要求

〔主題〕空欄に入る語を記し，その内容を説明。

論述の構成

まず，空欄は1591（天正19）年に出された人掃令である。リード文の「諸身分の確定を進めた」もヒントになっている。または身分統制令でもよい。

▶人掃令の内容

1591年の**人掃令**では，武家奉公人が町人・百姓になることや，百姓が商人・職人になること，主人に許可を得ないで出奔した侍らを抱えることが禁じられた。翌年には，武家奉公人，町人・百姓の職業別にそれぞれの戸数・人数を調査・確定する全国的な戸口調査が行われた。この法令では，百姓が武家奉公人になることが禁止されておらず，武家奉公人と百姓の確保をはかり，朝鮮出兵などの兵士を確保しつつ身分の固定をはかったものと考えられる。

論述のポイント

□この設問では1591（天正19）年の法令の説明のみでよい。

解答例 1人掃令。この法令では武家奉公人が町人や百姓になること，および百姓が商人・職人になることなどを禁じ，朝鮮出兵の軍事動員に必要な武家奉公人と百姓の確保をはかった。（80字）

問2 近世 社会経済

町人身分の要件

設問の要求

〔主題〕町人身分として認められた決定要件を2つあげて説明。

近世に入ると，城下町をはじめ，港町・宿場町・鉱山町など各地に多くの都市がつくられた。その中心は城下町であった。そこには，商工業者が居住し，営業を行う場や，町という自治を行う共同体が多数存在した。町は町人の代表である名主・月行事などを中心に町法に基づいて運営された。

そのなかで，町人身分と認められる決定要件を2つあげると，町に居住している住民であることを前提に，一つは，屋敷地を持つ家持（・地主）であること，もう一つは，上下水道の整備，城郭や堀の清掃，防火・防災などを，町人足役などの夫役や貨幣で負担し，都市機能を維持するための役割を担うことである。その他，宅地を借りて家屋を建てる地借や，借家・店借も含めて町人とする場合もあるが，町の運営に参加できず，正式な町人とは認められていなかった。

解答例 2町の正規の構成員である町人身分として認められたのは，町内に町屋敷を持つ家持の住民であり，かつ町人足役などを負担して，上下水道の整備や防火・防災などの都市機能を維持する役割を果たしている者であった。（99字）

問3 近世 社会経済

百姓と農民の不一致点

設問の要求

〔主題〕百姓と農民の重ならない点（不一致点）を2つあげて，百姓と農民の関係について説明。

論述の構成

現在の社会では，一般に「百姓」と「農民」を同義でとらえており，盲点を突いた出題ともいえる。しかし，歴史的にみた場合，「百姓」は，農業を生業とする人々である「農民」と同義ではない。この問題でいう百姓と農民の重ならない点（不一致点）は，「生業」（すべての百姓が農業生産に従事している農民ではない）と「身分」（すべての農民が百姓身分ではない）という2つの側面から考えてみればよい。

▶すべての「百姓」は農業生産に従事する「農民」か

一般に農業生産に従事する人々を「農民」というが，それを「百姓」と同義だと考えている人は多いだろう。しかし，「百姓」は時代によって意味が異なる。はじめは皇族以外の一般の姓を持つ人々の総称であり，百姓を農民の別称と考えるのは近代以降である。古代・中世においては，さまざまな生業に従事する一般人の意味で百姓という語句が使用され，やがて農民＝百姓という考え方が広まった。

しかし，近世において，「百姓」の多くは農業生産に従事する「農民」であったが，必ずしも百姓と農民は同義ではなかった。「百姓」の中には，農業だけでなく，漁業や林業，商工業などを生業とする人々もおり，なかには複数の業種を兼業する者もいた。つまり百姓の従事する生業は農業だけではなかったことから，「すべての百姓が農民である」とは言えないのである。

論述のポイント

□百姓と農民の不一致点の一つとして，すべての百姓が農業生産に従事する農民であったわけではなく，漁業・林業・商工業などさまざまな生業に従事している人々がいたことについて説明できればよい。

▶すべての「農民」は「百姓」身分に属するのか

近世において，「百姓」の多くは農業生産に従事する「農民」であった。しかし，農業生産に従事しているからといって，即「百姓」だったわけではない。「百姓」とは土地を所持して自立した経営を営み，領主と村に対して年貢・諸役などの負担を果たし，村と領主の双方から百姓と認められた者に与えられる身分の呼称であった。つまり，「百姓」とは，「農民」のような特定の生業に従事している人々の呼称ではなく，村や領主が村の正規の構成員と認めた者が「百姓」であった。ちなみに百姓身分の中にも，身分上の格差があり，たとえば本家と分家，土地を所持する本百姓と所持しない水呑などの格差が存在していた。さらに名子・被官など特定の家に従属している人々は正規の百姓身分とは認められなかった。

論述のポイント

□農業生産に従事しているすべての「農民」が「百姓」というわけではなく，年貢・諸役を負担し，村や領主から公認された者に与えられる身分呼称が「百姓」であることが説明できていればよい。字数は短めでもよいので，的確な内容が書ければよい。

解答例

3 近世には，百姓の多くが農業を行っていたが，農業生産に従事する人々を意味する農民だけが百姓というわけではなく，百姓の中には漁業・林業・商工業など多様な生業に携わっている人々が含まれており，専業の場合と兼業の場合があった。一方，農業生産に従事する農民であれば，すなわち百姓というわけではなく，百姓とは自立した経営を営み，領主と村に対して年貢や諸役などの負担を果たすことで，領主と村の双方から一人前と認められた者に与えられる身分的な呼称であった。（221字）

別解

3 農業生産に従事する農民だけが百姓というわけでなく，百姓の中には漁業・林業など多様な生業に従事する人々が含まれていた。一方，すべての農業生産に従事する農民が百姓というわけではなく，年貢・諸役を負担して領主と村の双方から公認された人々の身分的な呼称が百姓である。（130字）

答案例

1人掃令。この法令では武家奉公人が町人や百姓になる
こと，および百姓が商人・職人になることなどを禁じ，
朝鮮出兵の軍事動員に必要な武家奉公人と百姓の確保を
はかった。2町の正規の構成員である町人身分として認
められたのは，町内に町屋敷を持つ家持の住民であり，
かつ町人足役などを負担して，上下水道の整備や防火・
防災などの都市機能を維持する役割を果たしている者で
あった。3近世には，百姓の多くが農業を行っていたが
，農業生産に従事する人々を意味する農民だけが百姓と
いうわけではなく，百姓の中には漁業・林業・商工業な
ど多様な生業に携わっている人々が含まれており，専業
の場合と兼業の場合があった。一方，農業生産に従事す
る農民であれば，すなわち百姓というわけではなく，百
姓とは自立した経営を営み，領主と村に対して年貢や諸
役などの負担を果たすことで，領主と村の双方から一人
前と認められた者に与えられる身分的な呼称であった。

（400字以内）

12

（2012年度 第1問）

次の文章を読んで下記の問いに答えなさい。（問1から問5まですべてで400字以内）

都市のあり方は，その時代の政治・経済の仕組みと密接に関わっており，日本史においても，さまざまな都市が盛衰を繰り返している。(1)律令国家の形成とともに中国に倣って都城が建設されたが，最後に建設された(2)平安京は中世になっても日本の中心都市としての地位を守り続け，人口は数十万人を数えたとされる。一方，地方でも(3)11世紀後半頃から博多が，さらに14世紀後半頃から堺が発展をとげ，最盛期には人口は数万人に達したとされる。近世になると，京都とともに江戸・大坂が三都と呼ばれ，中でも(4)江戸は人口百万という当時の世界最大の都市となった。(5)地方では大名城下町が発展し，前田氏の城下町金沢は人口が十万人に達したとされている。

問1 下線部(1)に関し，都城にはどのような人々が居住し，その生活を経済的に支えていたのは何であったかを説明しなさい。

問2 下線部(2)に関し，中世の京都において，住民のあり方や構成がどのように変化していったかを説明しなさい。

問3 下線部(3)に関し，博多と堺が発展した理由と，それぞれが近世にかけてどのように変化したかについて述べなさい。

問4 下線部(4)に関し，江戸がこのような巨大都市となった理由を述べなさい。

問5 下線部(5)に関し，近世に大名城下町が成立・発展した理由を述べなさい。

解説 古代〜近世の都市のあり方

古代・中世の都，中世の港湾都市，近世の城下町など古代から近世の都市のあり方に関する問題である。高校教科書のレベルで解答できるが，各時代の社会を丁寧に理解しておく必要がある。問 1 は 50〜60 字程度，問 2 は 100 字程度，問 3 は 100 字程度，問 4 も 100 字程度，問 5 は 50〜60 字程度でまとめられる。

問 1 古代 社会経済

律令国家の都城に居住する人々

設問の要求

〔主題〕律令国家の都城に居住していた人々。
その生活を経済的に支えていたもの。

論述の構成

この問題は〔主題〕が 2 つあると考えればよい。律令国家において，都城はどのような役割を果たしていたのかを考えれば，居住していた人々が説明できる。

▶律令国家における都城の形成

大宝律令の施行によって中央の政治が整えられると，それにふさわしい都が必要となり，710 年，元明天皇は藤原京から**平城京**に遷都し，唐の長安にならって都城を営んだ。

平城京は中央を南北に走る朱雀大路で左京・右京に分かれ，東西・南北に規則正しく通る道路で区画された（**条坊制**）。中央北部には平城宮（宮城・大内裏）があり，その中には天皇が居住する内裏や，儀礼を行う大極殿，政務の場である朝堂院があり，二官・八省などの官庁が置かれていた。さらに薬師寺・大安寺（もと大官大寺）・元興寺（もと飛鳥寺）など主な寺院が移された。

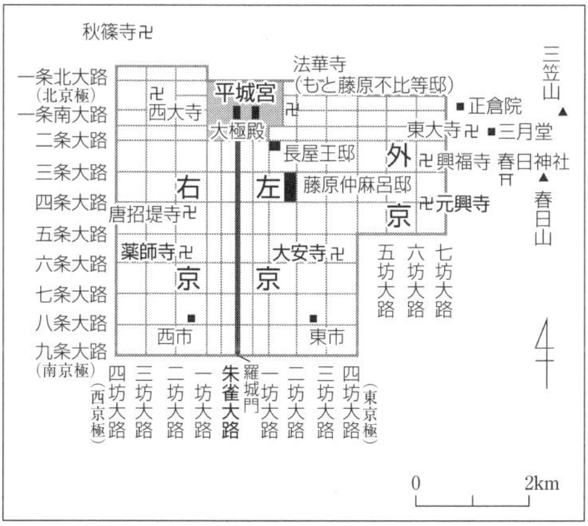

●平城京図

▶都城に居住していた人々

上記の平城京に関する内容をふまえれば，居住していた人々がうかがえる。官僚制の形成と都城の整備は不可分で，官僚制の充実により，政務を行う貴族・官人が平城宮の近辺に集住するようになった。つまり，都城は官人たちが政務をとる場であり，同時に居住する場でもあった。さらに皇族も居住していたうえに，京の部分には一般の人々（京戸）の宅地もあり，官立の大寺院も移転したので僧侶も住んでいた。

▶都城の居住者の生活を支えていたもの

都城に居住していた人々が主に貴族・官人であると考えれば，貴族・官人たちの生活を支えていたものは何か。官人たちには，禄（給与）として布や糸などが支給されており，都に設けられている官営の東西の市で必要なものと交換していた。官人たちの禄となる布や糸は，**戸籍・計帳**に登録された公民が負担する**調・庸**などが財源となっていた。単に禄を得ていたことだけでなく，それを支える基礎であった公民制についても意識したい。

論述のポイント

□居住している人々としては貴族・官人を中心に，皇族・僧侶・庶民（京戸）などが書けるだろう。しかし，都城居住者の生活を経済的に支えていたものが問われており，庶民（京戸）については，高校教科書の内容では説明できない。それを考慮すれば，記述は貴族・官人に絞り，公民の負担を基礎に布などが支給されていたことが書けていればよい。

解答例　1都城には，貴族・官人や僧侶などが居住し，公民の負担する調庸を財源に貴族・官人には布などが現物で支給された。（54字）

問2　中世　社会経済

中世の京都における住民のあり方・構成の変化

設問の要求

〔主題〕中世の京都における住民のあり方や構成の変化。

論述の構成

中世の京都における住民の「変化」が問われているので，古代との対比と考えなければならない。古代律令国家の都城の住民（問1）を念頭に置きながら，中世の京都における住民のあり方・構成を説明すればよい。

▶中世の京都の住民の変化

古代律令国家のもとで，平城京・長岡京・平安京は政治都市の性格が強く，主に貴族や官人・僧侶・京戸などが居住していた。京都の市政権についても，京職，のちには**検非違使**が握っており，公家政権が支配していた。

中世になり，京都の住民のあり方・構成について２つの点が変化する。

まず一つは，武家政権の成立により，地方武士が居住するようになったことである。平安時代末期には，平氏政権が成立し，続く鎌倉幕府でも，西国・朝廷を監視する六波羅探題が置かれ，地方の有力武士は京都にも居所を持っていた。室町時代には幕府の所在地となったため，原則守護は在京して，家臣とともに居住し，京都の市政権も侍所が握った。

もう一つは，荘園公領制のもと，経済の中心地として発達し，商工業者が増加したことである。平安時代末期から京都には，天皇家・大寺社に奉仕する**供御人**や**神人**などの商工業者がいたが，あくまで天皇家・大寺社の支配下に経済活動を展開していた。しかし，応仁の乱後には，富裕な商工業者である**町衆**を中心に自治的組織である町が生まれた。町はそれぞれ町法を定め，住民の生活や営業活動を守った。つまり，商工業者は単に支配されるだけでなく，自治組織を形成するようになった。ちなみに応仁の乱で焼かれた京都は，町衆によって復興され，中断していた**祇園祭**も町を母体とした町衆の祭りとして再興された。

論述のポイント

□中世京都の住民の変化として，住民の構成については，公家（貴族・官人）に加え，地方武士や商工業者が増加したことが書けていればよい。住民のあり方については，室町時代には公家政権に代わり，武家政権が京都の支配者になったこと，応仁の乱後には，富裕な商工業者である町衆が町を単位に自治を行うようになったことを説明すればよい。

解答例

2 中世には，公家以外にも新たな支配者層となった武士や，天皇家・大寺社などに属して経済活動を行う商工業者が増加した。室町時代には，富裕な商工業者である町衆が成長し，町を単位に自治を行った。（93字）

別解

2 武家政権の成立で地方武士が増加し，室町時代には将軍や守護など多くの武士が居住し，幕府が京都の市政権を握った。一方，商品経済の発達により，大寺社・天皇家などに属して経済活動を行う商工業者が増加した。応仁の乱後には富裕な商工業者である町衆が成長し，町を単位に自治を行うようになった。（140字）

問3 近世 社会経済

博多・堺が発展した理由と近世にかけての変化

設問の要求

〔主題〕博多と堺が発展した理由。それぞれの近世にかけての変化。

論述の構成

博多・堺といえば，日明勘合貿易で発展し，江戸時代の鎖国体制の形成により衰退した，と一般化できそうな気がする。しかし，下線部(3)には，「11 世紀後半頃から博多が，さらに 14 世紀後半頃から堺が発展をとげ」とあり，設問では「それぞれが近世にかけてどのように変化したか」と問われているので，それぞれの発展と変化には違いがあると考えて説明しなければいけない。

▶博多と堺が発展した理由

古代以来，北九州には**大宰府**があり，中国・朝鮮など外国に対する窓口となっていた。11 世紀後半には，宋の商船が盛んに来航し，大宰府の統制のもとで，唐物の取引など民間貿易が盛んに行われていた。**博多**は，その外港としての役割を持っていた。室町時代になっても，日明勘合貿易，日朝貿易，日琉貿易など対外貿易の拠点として発展していた。

堺は瀬戸内海交通の要衝にあり，南北朝の動乱期には，山名・細川・大内氏など有力な守護の争奪戦が繰り広げられ，最終的には細川氏の拠点となった。応仁の乱後は日明勘合貿易の拠点，戦国時代には南蛮貿易の拠点となり，対外貿易で繁栄した。

論述のポイント

□博多と堺が発展した理由は，いずれも交易の拠点となったことであるが，博多は中国をはじめとする対外貿易，堺は瀬戸内海交通の要衝として発展したというそれぞれの違いに留意したい。勘合貿易の拠点であった点は共通点として説明できる。堺については南蛮貿易に触れてもよいだろう。

▶それぞれの近世にかけての変化

博多・堺ともに，江戸幕府の鎖国体制が形成されるなかで，貿易拠点としては衰退していった。博多は，豊臣秀吉の直轄領となり，その後，江戸幕府の貿易統制で長崎に貿易拠点が移った。堺は，織田信長の直轄領となり，江戸時代には大坂に経済都市としての地位を奪われた。

論述のポイント

□近世にかけての変化として，鎖国体制の形成過程における衰退が説明できていればよい。こちらは博多・堺の共通点として説明できる。

解答例　3博多は中国などとの対外貿易の，堺は瀬戸内海航路の拠点であり，室町時代にはともに日明勘合貿易で繁栄した。しかし，江戸時代になると，鎖国体制が形成されるなかで博多・堺はともに貿易都市としては衰退した。（99字）

問4　近世　社会経済

江戸が巨大都市として発展した理由

設問の要求

〔主題〕江戸が人口百万の巨大都市となった理由。

論述の構成

下線部(4)には「江戸は人口百万という当時の世界最大の都市となった」とあるので，人口の増加を中心に都市としての江戸の特徴を説明すればよい。その際，江戸が幕府の所在地で武士が集住したことだけでなく，消費都市として発展した点にも着目して，武家以外の住人にも着目する必要がある。

▶幕府の所在地としての江戸

まず，「将軍のお膝元」である江戸には，幕府の諸施設があり，将軍に直属する直参である旗本・御家人の屋敷や，参勤交代で江戸に来る大名の屋敷（藩邸）があった。そして，それらを支える家臣や武家奉公人を含め，多数の武家とその家族が居住していた。

論述のポイント

□江戸には大名・旗本・御家人の屋敷があり，その家臣・武家奉公人など，武士が集住していることが書けていればよい。

▶消費都市としての江戸

多くの武士人口を抱えた江戸には，その需要を満たすため，さまざまな種類の商人・職人や日用（日雇い）が集まっていた。それらの人々は経営や生産を行う場としての町人地に居住しており，町という共同体を単位に生活を営んでいた。江戸の町数は17世紀半ばまでは300ほどであったが，1745年には1678に達し，その後は横ばいとなった。江戸は商工業が発達した日本最大の消費都市でもあった。

論述のポイント

□武士以外の人々にも着目し，最低限，武士の需要を支える商工業者の居住が指摘できていればよい。

解答例　4 江戸は幕府の所在地であり，参勤する大名や旗本・御家人の屋敷が集中し，その家臣や武家奉公人も含め，多くの武士が居住した。その需要を満たすため，さまざまな種類の商人や職人も町人地に居住していた。（96字）

問5　近世　社会経済

大名城下町の成立・発展

設問の要求

〔主題〕近世に大名城下町が成立・発展した理由。

論述の構成

各地の大名城下町の機能に着目し，政治の中心である点と，経済の中心である点のそれぞれから成立・発展した理由が説明できればよい。

▶政治・経済の中心としての大名城下町

幕藩体制が確立すると，城は戦争のための防衛施設から大名の政庁の役割が強くなった。さらに兵農分離により，農村から離れた武士が城下町に集住するようになったため，各藩の政治の中心としての役割を持った。さらに武士の消費を支えた商工業者が地子免除などの特権を受けて定着し，城下町は各藩の経済の中心としての役割も持った。以上が成立・発展していった理由である。

大名城下町は，大名の屋敷が含まれる城郭を中心に，武家地・町人地・寺社地など身分ごとに居住する地域が区分されていた。このうち，城郭と武家地が面積の大半を占め，政治・軍事の諸施設や家臣団の屋敷が置かれた。

論述のポイント

□大名城下町は，大名の政策によって，武士が集住し，各藩の政治の中心地として成立・発展したこと，さらに商工業者も定着したことで経済の中心地として成立・発展したことが説明できていればよい。

解答例　5 大名が兵農分離政策を進めて武士を集住させ，免税特権などを得た商工業者も定着したため，藩の政治・経済の中心となった。（58字）

答案例

1都城には，貴族・官人や僧侶などが居住し，公民の負担する調庸を財源に貴族・官人には布などが現物で支給された。2中世には，公家以外にも新たな支配者層となった武士や，天皇家・大寺社などに属して経済活動を行う商工業者が増加した。室町時代には，富裕な商工業者である町衆が成長し，町を単位に自治を行った。3博多は中国などとの対外貿易の，堺は瀬戸内海航路の拠点であり，室町時代にはともに日明勘合貿易で繁栄した。しかし，江戸時代になると，鎖国体制が形成されるなかで博多・堺はともに貿易都市としては衰退した。4江戸は幕府の所在地であり，参勤する大名や旗本・御家人の屋敷が集中し，その家臣や武家奉公人も含め，多くの武士が居住した。その需要を満たすため，さまざまな種類の商人や職人も町人地に居住していた。5大名が兵農分離政策を進めて武士を集住させ，免税特権などを得た商工業者も定着したため，藩の政治・経済の中心となった。

（400字以内）

13

（2011年度　第1問）

次の文章を読んで下記の問いに答えなさい。（問1から問5まですべてで400字以内）

古代から現代までのわが国の制定法には，大づかみに，人々が自分たちの社会を共同して管理することを理念とする法（自己統治型法）と，支配者が被支配者に対して命令することを理念とする法（命令型法）との，二類型が存在した。

律令（飛鳥浄御原令・大宝律令・養老律令など）は命令型法の典型である。すなわち，それは，被支配者一般に対する天皇の命令にほかならなかった。(1)それまで人々を規律していた原始時代以来の法は，主として，伝統的呪術的な性質の不文法であり，そこでの天皇（大王）の役割は，基本的に，裁判における単なる判定者にとどまっていたが，(2)七世紀後期の国際情勢によって，わが国は，専制君主（皇帝）を頂点に戴く発達した官僚制国家を確立していた中国から合理的な制定法の体系（唐の律令）を導入し，命令と服従の関係を確立することを通じて，強力な王権と国家を建設する必要にせまられたのであった。しかし，中国生まれの制定法とわが国の伝統法とのギャップは甚だしく，律令体制はなし崩し的に変容して，九世紀以降，律令条文の補足や改正を目的とする［　①　］という名称の法が制定されていった。とはいえ，これとても，命令型の法であることにかわりはなかった。

(3)中世の制定法は，自己統治型が基調をなしていた。鎌倉幕府の御成敗式目は，その典型である。これが自己統治型の法であることは，法の末尾に記された［　②　］によって知られる。これは，執権・連署・評定衆などの鎌倉幕府有力者たちが自分たちの制定した法を遵守することを神仏に誓うために作成した文書にほかならない。中世後期に盛んに作成された国人たちの一揆契約状はもとより，戦国大名相良氏（肥後国）や六角氏（近江国）の分国法も，家臣団による起草という事実が示すように，家臣たる国人領主たちの自己統治の法というべきものであった。自己統治型の法の制定の動きは，やがて庶民にも広まり，数多くの惣掟（村法）が生まれた。

近世幕藩体制時代に入って，武家の法は，一転して命令型となった。江戸幕府が諸大名を統制するために制定した［　③　］がその典型である。各大名が制定した家法（藩法）も，大名が家臣団を統制するための命令型法に変容した。その一方で，近世の庶民たちは，村法などの自己統治型の法を作り続けていったが，(4)近代初頭の自由民権運動の中から生まれた，民選議院を中心に国家権力を編成しようとする数多くの私擬憲法は，その発展形態と位置づけることができる。しかし，わが国の近代国家は自由民権運動を押し潰し，民権とは正反対の［　④　］を中心に据えた，欽定憲法としての大日本帝国憲法を最高法規とする法体制を構築することになった。

アジア・太平洋戦争の敗北により大日本帝国憲法体制は瓦解し，かわって，日本国憲法が制定された。日本国憲法は，大日本帝国憲法の改正という形式で制定されたが，［ ⑤ ］を高らかに宣言した内容に着目するならば，自己統治を理念とする法にほかならない。この意味において，日本国憲法は，自由民権運動の私擬憲法，さらには，中世の諸法にまで遡りうるこの国の伝統に深く根ざしている，ということができる。

問1 ①から⑤の空欄に入れるべき適切な語句は何か（解答語句の前に番号を付すこと）。

問2 下線部⑴に記された原始時代の法状態を端的に示す呪術的性質の裁判の名称につき，漢字とヨミの両方を記し，その概要を述べなさい。

問3 下線部⑵に関し，わが国を律令国家の建設に導いた「七世紀後期の国際情勢」について，軍事を中心に説明しなさい。

問4 下線部⑶に関し，御成敗式目が自己統治型の制定法となりえた社会経済的，政治的条件について，説明しなさい。

問5 下線部⑷の「私擬憲法」は，わが国の自己統治型の法の伝統をひく一方で，西欧の法思想の影響を受けていた。その一つは，問題文に記されている民選議院論であるが，その他にも今ひとつ，きわめて重要な法思想が存在した。その名称を記し，その思想内容と，それが今日の法に与えている影響について，説明しなさい。

解説 古代～現代の法制

古代から現代の法制に関連する問題で，問3～問5は歴史的理解も求められている。リード文の理解も必要で，語句記述問題には難問もみられる。問1は語句記述問題で20字強，問2は40字程度，問3は90字程度，問4は150字程度，問5は80～90字程度で解答できる。

問1 古代～昭和② 政治

古代～現代の法制に関する用語

①正解は**格**である。リード文で「九世紀以降，律令条文の補足や改正を目的とする」とあるので，格のみが解答である。施行細則である**式**を解答してはいけない。

②正解は**起請文**である。起請文とは，契約した内容を神仏に誓い，違反した場合に神仏の罰を受けるということを記した文書のことをいう。惣村や国人などが一揆を結ぶときなどに作成されることが多い。空欄②の後に「…法を遵守することを神仏に誓うために作成した文書…」とあるので，そこから解答が導ける。

③正解は**武家諸法度**である。武家諸法度は，江戸幕府が大名統制法として制定したもので，1615年の大坂の役後，将軍徳川秀忠の名で発布され，3代家光以降，将軍の代替わりごとに発令された。

④正解は**天皇大権**である。天皇大権は，議会が関与できない権限で，内閣の輔弼で行使される。なお，解答としては，天皇大権以外に君主権や国権も可能であろう。

⑤正解は**主権在民（国民主権）**である。リード文の「日本国憲法は…［⑤］を高らかに宣言した内容に着目するならば，自己統治を理念とする法…」からわかる。

解答例　1 ①格②起請文③武家諸法度④天皇大権⑤主権在民。（24字）

問2 古代 政治

盟神探湯とその内容

設問の要求

〔主題〕原始時代の法状態を端的に示す呪術的性質の裁判の名称について，漢字とヨミの両方を記し，その概要を述べる。

論述の構成

「呪術的性質の裁判」から盟神探湯（クカタチ）はわかるだろう。概要として，熱湯に手をつけてやけどの有無で判断する神判であることが書けていればよい。

解答例　2盟神探湯。クカタチ。裁判に際して熱湯に手を入れさせ，火傷の有無で真偽を判断する神判を行う。（46字）

問3　古代 外交

7世紀後期の国際情勢

設問の要求

〔主題〕律令国家の建設に導いた「七世紀後期の国際情勢」。
〔条件〕軍事を中心に。

論述の構成

「七世紀後期の国際情勢」として重要なのは白村江の戦い（663年）だろう。国内で律令国家の建設が進む動機の一つとなったのは，白村江の戦い後の対外的危機感の高揚である。それを念頭に，白村江の戦いを中心とした倭国をめぐる国際情勢について説明すればよい。白村江の戦いを中心とすることで，「軍事を中心に」という条件も満たしている。

▶ 7世紀後半の国際情勢と国内の動向

国際情勢	国内の動向
660年　**百済**の滅亡	
663年　**白村江の戦い**	
	664年　**水城**の築造・**防人**の設置 ※西日本に朝鮮式山城の築造
	667年　**近江大津宮**遷都 中大兄皇子即位（天智天皇）
668年　**高句麗**の滅亡 ※この後，唐と新羅の戦争	
	670年　**庚午年籍**作成
	672年　**壬申の乱**…大海人皇子勝利
	673年　飛鳥浄御原宮で大海人皇子即位（天武天皇）
676年　**新羅**の朝鮮半島統一	
	684年　**八色の姓**制定
	689年　**飛鳥浄御原令**制定
	694年　**藤原京**遷都

7世紀中ごろ，友好国であった百済が唐・新羅に滅ぼされる（660年）と，朝廷は百済の要請を受けたこともあり，百済復興のために出兵した。当時の日本にとって百済は朝鮮半島との関係を維持し，先進文物を入手するためにも重要であった。しかし，朝鮮半島の白村江で唐・新羅の連合軍に敗北し，百済復興には失敗した（663年，**白村江の戦い**）。帰国後，中大兄皇子は，敗戦を受けて，**水城**や**朝鮮式山城**を設置するなど国防体制の強化を進めた。さらに**近江大津宮**へ遷都（667年）して即位（天智天

皇）し，初の全国的な戸籍である**庚午年籍**を作成（670年）するなど国内体制の整備を進めていった。戸籍の作成による人民の把握は，後に確立する徴兵制につながるもので，軍事体制の構築を念頭に置いたものであった。一方，朝鮮半島では，高句麗が唐・新羅によって滅亡（668年）し，新羅は唐の勢力を朝鮮半島から退けて，朝鮮半島を統一するにいたった（676年）。このように東アジア情勢が緊迫するなかで，国内では，**壬申の乱**（672年）で勝利した天武天皇，続く持統天皇の時代にかけて律令国家の建設が進んでいった。

論述のポイント

□設問の要求は，「七世紀後期の国際情勢」について「軍事を中心に」説明することなので，最低限，百済の滅亡から白村江で唐・新羅に敗北するまでの説明ができていればよい。全体の字数のバランスを考えて，白村江の戦い後の朝鮮半島情勢を説明してもよい。

解答例

3唐と新羅に滅ぼされた百済の救援要請を受け，百済復興をめざして朝鮮半島に出兵したが，白村江で唐・新羅の連合軍に敗北した。その後，朝鮮半島では高句麗が滅亡し，新羅が唐を排除して統一した。（92字）

別解

3唐と新羅に滅ぼされた百済の救援要請を受け，百済復興をめざして朝鮮半島に出兵して白村江で戦ったが，唐・新羅の連合軍に敗北したため，対外的な緊張感が高まった。その後も唐と新羅による高句麗滅亡，新羅の朝鮮半島統一，唐と新羅の対立と東アジアでは混乱が続き，これらの情勢に対応するため，倭国では国防強化を中心に律令国家の建設が進められた。（165字）

問4　中世　政治

御成敗式目制定の社会経済的・政治的条件

設問の要求

〔主題〕御成敗式目が自己統治型の制定法となりえた社会経済的・政治的条件。

論述の構成

リード文に，「自己統治型法」とは「人々が自分たちの社会を共同して管理することを理念とする法」と定義されている。御成敗式目は，「命令型法」ではなく，有力御家人が中心となり，武家社会の慣習（道理）や頼朝以来の先例をまとめた成文法で，「自己統治型法」といえるだろう。答案の作成にあたっては，御成敗式目が制定された社会経済的な条件と政治的な条件と考えてそれぞれ説明すればよい。

▶御成敗式目制定の社会経済的条件

鎌倉時代は，荘園公領制のもと，荘園領主や荘官・地頭などが各地の所領を自立的に支配する体制であった。そのなかで，当初，東国を中心に地頭が設置されたが，承久の乱以降は畿内・西国にも多くの地頭が任命されるようになった。それにより特に畿内・西国では地頭と荘園領主の間で現地の支配権をめぐる紛争が多くなった。そこで鎌倉幕府は紛争を公平に裁く基準を明らかにするため，武家社会の慣習（**道理**）や頼朝以来の**先例**をもとに**御成敗式目**を制定した。式目は，幕府の勢力範囲を対象とする武家法で，御家人同士や御家人と荘園領主との間の紛争を裁くものであった。

論述のポイント

□承久の乱以降，御家人を畿内・西国の地頭に任じたこと，荘園領主との紛争が多くなったことを説明すればよい。

▶御成敗式目制定の政治的条件

鎌倉幕府を創設した源頼朝は将軍親裁であったが，その死後は北条氏が台頭して，御家人を中心とする体制に移行していった。3代執権**北条泰時**の時代には，有力御家人から**評定衆**が選ばれ，執権や評定衆による評定会議が幕府の最高決定機関となり，合議体制がとられた。そのため，裁判や政務の共通認識が必要となり**御成敗式目**が制定された。式目は主に御家人のために制定された**武家法**で，**公家法**や**本所法**のような他の法を否定するものではなく，合議によって制定された，武家社会を律するための自己統治型の法であった。

論述のポイント

□最低限，幕府の運営が評定衆による合議で行われていたことが書ければよい。

解答例

4社会経済的条件では，当初，地頭は東国を中心に任じられたが，承久の乱以降，畿内・西国にも多くの地頭が任命され，東国出身の武士が各地に新たな所領を持つようになり，現地の支配権をめぐる紛争が拡大した。政治的条件では，幕府の政務や裁判は執権北条氏を中心に，評定衆に任じられた有力御家人の合議により運営されていた。（153字）

問5　幕末・明治　政治

近代の法思想と今日の法への影響

設問の要求

〔主題〕「私擬憲法」が影響を受けた西欧の法思想のうち，民撰議院論以外の法思想の名称とその思想内容，それが今日の法に与えている影響。

論述の構成

「私擬憲法」は民権派により作成された憲法私案の総称である。私擬憲法は，自由民権運動の思想的背景ともなったフランスやイギリスなどの影響を受けたものが多かった。設問文にある「民選議院論」がイギリス流の議会主義に代表されると考えれば，フランス流の思想を想起し，その内容と今日の法に与えた影響を説明すればよい。

▶「民選議院論」以外の法思想とその内容

私擬憲法は国会期成同盟結成後，盛んに制定された。自由民権運動の思想的背景となったのは，当初，フランスの影響を受けた**天賦人権思想**であり，**植木枝盛**の「**東洋大日本国国憲按**」はその影響を受けている。矢野文雄らの参加していた団体である交詢社の「**私擬憲法案**」はイギリス流の議会主義の立場をとる。その他，東京近郊の農村青年グループによる「**五日市憲法草案**」などがある。こうした私擬憲法の多くは立憲君主制の立場をとっていた。

その中で，「民選議院論」はイギリス流の議会主義に代表されると考えれば，それ以外の思想の代表は，フランス流の**天賦人権思想**ということになる。その思想は，万人は生まれながらにして人間としての権利（自然権）が備わっているという考えである。

論述のポイント

□天賦人権思想という名称と，その内容が簡潔に説明できればよい。

▶今日の法に与えている影響

天賦人権思想が今日の法に与えている影響として，日本国憲法で規定されている**基本的人権の尊重**が想起できる。日本国憲法では，基本的人権が保障されており，侵すことのできない永久の権利（第11条）とされている。

論述のポイント

□今日の法への影響として，日本国憲法における基本的人権の尊重が指摘できればよい。

解答例 5天賦人権思想。万人は生まれながらに人間としての権利が備わっているという考え方で，これは日本国憲法にも受け継がれ，永久不可侵の権利として基本的人権の尊重が掲げられている。（85字）

答案例

1①格②起請文③武家諸法度④天皇大権⑤主権在民。2
盟神探湯。クカタチ。裁判に際して熱湯に手を入れさせ
，火傷の有無で真偽を判断する神判を行う。3唐と新羅
に滅ぼされた百済の救援要請を受け，百済復興をめざし
て朝鮮半島に出兵したが，白村江で唐・新羅の連合軍に
敗北した。その後，朝鮮半島では高句麗が滅亡し，新羅
が唐を排除して統一した。4社会経済的条件では，当初
，地頭は東国を中心に任じられたが，承久の乱以降，畿
内・西国にも多くの地頭が任命され，東国出身の武士が
各地に新たな所領を持つようになり，現地の支配権をめ
ぐる紛争が拡大した。政治的条件では，幕府の政務や裁
判は執権北条氏を中心に，評定衆に任じられた有力御家
人の合議により運営されていた。5天賦人権思想。万人
は生まれながらに人間としての権利が備わっているとい
う考え方で，これは日本国憲法にも受け継がれ，永久不
可侵の権利として基本的人権の尊重が掲げられている。

（400字以内）

14

(2010年度 第1問)

次の文章を読んで下記の問いに答えなさい。(問1から問4まですべてで400字以内)

近世は，当初から一定の商品・貨幣経済の展開を前提として出発した。(1)近世初頭の農村においても，自給経済を基調としながらも，ある程度の商品・貨幣経済の浸透がみられた。

18世紀以降になると，全国の農村で広く(2)四木三草をはじめとする商品作物の栽培や農村工業・商業の発展がみられ，多様な生業がさかんに営まれた。(3)こうした商品・貨幣経済の進展は領主の財政にも深刻な影響を与えた。社会全体が大きく変わっていったのである。

幕府もこのような変化を座視していたわけではなく，10代将軍家治のもとで幕政の実権を握った［ ア ］や，12代将軍家慶のもとで改革政治を断行した［ イ ］は，それぞれ違ったかたちで，(4)商品・貨幣経済の進展に対応する政策を打ち出した。

問1　下線部(1)について，近世初頭の農村においてどのようなかたちで商品・貨幣経済が浸透していたのか，具体的に説明しなさい。

問2　下線部(2)の「四木」とは何か。

問3　下線部(3)について，こうした商品・貨幣経済の進展が領主財政に対していかなる影響を与えたか，またそのような影響が生じたのはなぜか，説明しなさい。

問4　［ ア ］，［ イ ］に入る人名は誰か。また，下線部(4)について，［ ア ］，［ イ ］が実施した政策をそれぞれ一つあげ，その内容を説明しなさい。

解説 近世における商品・貨幣経済の進展

近世の農村や都市における商品・貨幣経済の浸透と，それに対する幕藩領主への影響や，対応策について説明させる問題である。問2を除いて，問1で120〜130字程度，問3で140〜150字程度，問4で110〜120字程度で書ける。問1が書きにくい場合は，問4で字数が補えればよいだろう。

問1 近世 社会経済

近世初頭の農村への商品・貨幣経済の浸透

設問の要求

〔主題〕近世初頭の農村における商品・貨幣経済の浸透のかたちについて具体的に説明。

論述の構成

「近世初頭」とは，どのぐらいの時期を指すのか。教科書の区分によれば，近世は織豊政権からである。そこから判断すれば織豊政権〜江戸時代初期（16世紀末〜17世紀）ぐらいでよいだろう。この時期の商品・貨幣経済の浸透を2つの要素から考えてみたい。一つは中世からの連続性，もう一つは近世初頭になって進んだ現象である。この2つをそれぞれ説明すればよいだろう。

▶中世からの連続性

鎌倉時代後期以降，農村では商品作物の栽培が始まり，農村での加工業も行われていた。また，京都のような中央市場だけでなく，交通の要所などを中心に地域市場も発達した。その背景には年貢の**代銭納**（**銭納**）の一般化があり，都市部だけでなく，農村でも貨幣経済が浸透していた。中世以来，農村の生活を支えていたのは自給自足的な農業生産だけではなかった。近世になり，**石高制**が確立してからも，年貢は現物（米）だけでなく貨幣で納入する場合もあった。

論述のポイント

□中世以来，商品作物の栽培や年貢の代銭納により，商品・貨幣経済が農村でも進展していたことに触れる程度でよい。

▶近世初頭になって進んだ現象

戦国時代から織豊政権・江戸幕府の成立と進む過程で**兵農分離**が進んだ。その結果，17世紀には，城下町の建設が進み，武士や商工業者が城下町に集住するようになった。それにより，都市部での商品需要が増大し，その需要を満たすために農村ではより一層商品作物の栽培が進み，商品・貨幣経済が浸透していった。

論述のポイント

□近世に入り，兵農分離の進展を背景とする武士の城下集住，それにともなう商品需要の拡大により商品作物栽培が進展したこと，年貢は米だけでなく貨幣でも納められていたことの2点が説明できればよい。

□最低限の答案としては，〔別解〕のように近世初頭の商品作物栽培の進展とその背景が書けていればよいだろう。

解答例　1中世以来，商品作物の栽培が行われており，年貢の代銭納により貨幣も使用されていた。近世初頭には兵農分離が進み，各地で城下町が建設されたことで都市部での商品需要が高まり，商品作物の栽培も一層盛んとなった。一方，石高制のもとでも年貢を貨幣で納める場合もあった。（128字）

別解　1近世初頭には兵農分離が進み，各地で城下町が建設されたことで都市部での商品需要が高まり，商品作物の栽培も，より一層盛んとなった。（64字）

問2　近世　社会経済

近世の商品作物（四木）

語句記述問題

「四木」とは何か。

近世，各地で盛んに栽培された商品作物の四木三草の知識が問われている。四木は桑・茶・楮・漆で，三草は藍・麻・紅花である。

解答例　2桑・茶・楮・漆。（9字）

問3　近世　社会経済

商品・貨幣経済の進展の領主財政への影響

設問の要求

〔主題〕商品・貨幣経済の進展が領主財政に与えた影響。
その影響が生じた理由。

論述の構成

設問文にある「こうした商品・貨幣経済の進展」とは，下線部(3)の前の記述「18世紀以降になると，全国の農村で…商品作物の栽培や農村工業・商業の発展がみられ，多様な生業がさかんに営まれた」を指している。そこで，時期としては18世紀以降を意識しつつ，農村での商品・貨幣経済の進展が領主財政に与えた影響を考えればよい。
まず，領主財政のあり方と農村の商品・貨幣経済の進展による経済の動向を整理し，農村の商品・貨幣経済の進展が領主財政に与えた影響と，その影響が生じた理由を考える。

▶領主財政のあり方

幕藩領主は，原則米を中心とする現物により年貢を徴収する。そして，その年貢米を中心とする**蔵物**を大坂や江戸などに廻送し，**蔵屋敷**で換金して現金収入を得て，参勤交代などの経費にあてていた。これが主な財源となり，財政を支えていた。

論述のポイント
□領主財政の基礎として，米納を原則とする年貢を徴収し，換金して現金収入を得ていたことを説明したい。

▶商品・貨幣経済の進展による経済の動向

農村では新田開発が進み，農業技術が発達したことで農業生産力が拡大し，米も増産された。それにより，農村の年貢納入後の余剰米や，領主が換金するために廻送した年貢米などが商品として大坂や江戸に集まったことで，米価は低落傾向にあった。一方，農村では米以外の商品作物栽培や手工業生産が活発化した。そうした生産物は，武士や商工業者の集住により大量の商品需要が生まれた城下町など，都市部の需要を満たすものであった。都市部での消費の拡大により米価を除く諸物価は上昇した。

論述のポイント
□農村における商品・貨幣経済の進展により，米価の低落する傾向があったこと，都市部での消費拡大により物価が上昇したことは説明しておきたい。

▶商品・貨幣経済の進展による領主財政への影響とその理由

18世紀以降，商品・貨幣経済の進展による「諸色高米価安」，すなわち，物価の上昇と米価安が起こり，領主財政に影響を与えた。

幕藩領主は主に年貢米を換金して財政を支えている。そのため，「米価安」の状況は，収入の増加が見込めないことを意味し，幕藩領主の年貢米換金による現金収入は減少した。一方で，幕藩領主は都市部で消費生活を送っている。そのため，「諸色高」の状況は支出の増加を意味していた。幕藩領主は現金収入の減少と出費の増大により財政難に陥ったのである。

論述のポイント
□商品・貨幣経済の進展が領主財政に与えた影響として，領主財政のあり方，物価動向をふまえ，「米価安」による収入減少，「諸色高」による出費の増大による財政難が説明できていればよい。

解答例　3 商品・貨幣経済の進展により都市部では武士などの消費生活が活発化し，物価が上昇した。一方，幕藩領主が年貢米を換金して現金収入を得ていたこともあり，米価は諸物価に比べて低落傾向にあった。そのため，年貢米換金による現金収入が減少した上，消費の拡大や物価上昇にともなう支出が増加して領主財政は悪化した。
（148字）

問 4　近世　社会経済

商品・貨幣経済に対応する田沼時代・天保の改革の政策

設問の要求

〔主題〕 ア ・ イ に入る人名は誰か。下線部(4)について， ア ・ イ が実施した政策をそれぞれ一つあげ，その内容を説明。

〔条件〕 下線部(4)「商品・貨幣経済の進展に対応する政策」。

論述の構成

ア は「10 代将軍家治のもとで幕政の実権を握った」から老中田沼意次， イ は「12 代将軍家慶のもとで改革政治を断行した」から天保の改革を進めた老中水野忠邦とわかる。

次に田沼意次，水野忠邦が実施した政策をそれぞれ一つあげて説明すればよいのだが，下線部(4)「商品・貨幣経済の進展に対応する政策」についての説明が求められているので注意が必要である。農村対策や対外政策などを書いてはいけない。

▶田沼意次の「商品・貨幣経済の進展に対応する政策」

田沼意次は，幕府の財政を支えるための年貢増徴策を限界とみて，商業資本を利用した財政再建をめざした。つまり，商品・貨幣経済の進展を幕府の新たな財源として組み込もうとしたのである。そのための政策として代表的なものは，株仲間の積極的な公認である。広く商工業者に特権を与えて，営業税である運上・冥加の増徴をはかった。

論述のポイント

□株仲間の奨励による運上・冥加の増徴について説明すればよい。他に専売制の実施や，貨幣の統一をはかった計数銀貨である南鐐二朱銀の鋳造なども考えられるが，水野忠邦の政策の説明と関連させるため，株仲間の奨励について説明するのがよい。

▶水野忠邦の「商品・貨幣経済の進展に対応する政策」

水野忠邦は，物価高騰の原因を株仲間の流通独占とみて，江戸の株仲間外の商人や江戸周辺の在郷商人らの自由競争による物価引下げを期待し，株仲間の解散を命じた。しかし，物価騰貴の原因は，地域市場の発達により，生産地から上方への商品流通が減少したことから生じたもので，西廻り航路から大坂，大坂から江戸という流通経路が崩れ，株仲間の流通に対する統制が低下したために江戸に商品が集まらなくなったことであった。そのため，株仲間の解散はかえって江戸への商品輸送量を乏しくすることになり，物価を下げるどころか，むしろ上昇させてしまった。

論述のポイント

□水野忠邦が行った株仲間の解散について説明すればよい。内容としては，最低限，株仲間の解散によって物価引下げを狙ったことが書けていればよい。

解答例　4ア田沼意次。イ水野忠邦。田沼意次は商業資本を重視した財政政策をとり，商工業者による株仲間結成を奨励し，営業税である運上・冥加の増徴をはかった。水野忠邦は物価引下げのため，物価上昇の一因と考えられた株仲間の解散を命じたが失敗した。（115字）

答案例

1中世以来，商品作物の栽培が行われており，年貢の代
銭納により貨幣も使用されていた。近世初頭には兵農分
離が進み，各地で城下町が建設されたことで都市部での
商品需要が高まり，商品作物の栽培も一層盛んとなった
。一方，石高制のもとでも年貢を貨幣で納める場合もあ
った。2桑・茶・楮・漆。3商品・貨幣経済の進展によ
り都市部では武士などの消費生活が活発化し，物価が上
昇した。一方，幕藩領主が年貢米を換金して現金収入を
得ていたこともあり，米価は諸物価に比べて低落傾向に
あった。そのため，年貢米換金による現金収入が減少し
た上，消費の拡大や物価上昇にともなう支出が増加して
領主財政は悪化した。4ア田沼意次。イ水野忠邦。田沼
意次は商業資本を重視した財政政策をとり，商工業者に
よる株仲間結成を奨励し，営業税である運上・冥加の増
徴をはかった。水野忠邦は物価引下げのため，物価上昇
の一因と考えられた株仲間の解散を命じたが失敗した。

（400字以内）

15

（2009年度 第1問）

次の史料は，西川如見が庶民に向けて書いて出版した教訓書の一節である（史料は一部省略・改変したところがある）。これを読んで，下記の問いに答えなさい。（問1から問6まですべてで400字以内）

茶湯は鎌倉北条の末に興り，高時の比武家に翫ぶもの多くて，千劔破の城，寄手共百服茶湯を致して遊びけるよし太平記に見えたり。そののち足利将軍義政公に至りて盛に成，世の風流を好む人専ら是を翫ぶ事になり，夫より色々の茶人共出て世にもて広め，太閤秀吉公の御時に至りて士庶人共に此道を尊て，是にうとき人を以て世の野人とす。其根本は禅家隠遁者の体をうつして質素閑静を学びたる物也。（『町人嚢』）

百姓といへども，今の時世にしたがひ，をのをの分限に応じ，手を習ひ学問といふ事を，人に尋聞て，こころを正し，忠孝の志をおこすべし。

或村長の百姓問ふ。農事閑暇の時々は，平家物語，太平記の類，其外軍記等，読み見る事よからんや。予いはく。都て歴代の記録軍記は，古今世の盛衰治乱を書記して，後の代の人の戒めとなさしめ，国を治め家をととのへ，身をたもち心を正して，上下安静ならしめんと也。一向に慰の為とおもひては読むべからず。（『百姓嚢』）

問1 初期の茶の湯において流行した方式を一つあげ説明しなさい。

問2 将軍義政の頃に世に出て，新しい茶の湯の方式を創出した人物の名前をあげるとともに，それがどのようなものか，説明しなさい。

問3 秀吉が「士庶人」の身分の別なく参加させて開いた茶会を何というか。またそれに参加した代表的茶人の名を一人答えなさい。

問4 『平家物語』はどのような物語であるか説明するとともに，これがどのようなかたちで広められていったのか，答えなさい。

問5 『太平記』に描かれた時代は，大きく社会が変容した時代でもあったが，どのように変容したのか，説明しなさい。

問6 西川如見のいう「今の時世」とはどのような時世か，説明しなさい。

解説 中世～近世の庶民文化と社会の変容 〈史料〉

西川如見の著作の一部を史料として引用しながら，中世～近世の庶民文化や社会の変化について考えさせる出題である。問1は20～30字程度，問2は50字程度，問3は語句問題，問4は60～70字程度，問5は170～180字程度，問6は70字程度で書ける。問5に大きく字数配分できるようしたい。

問1 中世 文化

初期の茶の湯において流行した方式

設問の要求

〔主題〕初期の茶の湯において流行した方式とその説明。

初期の茶の湯において流行した方式は**闘茶**である。闘茶は，何種類かの茶を飲み，その産地を味別する競技のことをいう。最盛期には3，4種の茶を使い，賭博性の高いものとなっていった。

解答例　1闘茶。茶の味を飲み分けて賭け物を争う勝負事のこと。（26字）

問2 中世 文化

足利義政の時代に創出された新しい茶の湯の方式

設問の要求

〔主題〕将軍義政の時代に新しい茶の湯の方式を創出した人物と，その内容。

義政は室町幕府の8代将軍なので，東山文化のころが想定できる。そうすれば，**侘茶**を創始した**村田珠光**が思い浮かぶだろう。次に珠光が創始した侘茶とは何かを説明すればよい。

論述のポイント

□少なくとも，侘茶という用語と，禅の精神を取り入れたという内容は入れておきたい。

解答例　2村田珠光。従来から流行していた茶の湯と禅の精神の統一を主張し，茶室で心の静けさを求める侘茶を創出した。（52字）

問3 近世 文化

豊臣秀吉が開いた茶会・それに参加した茶人

語句記述問題

秀吉が「士庶人」の身分の別なく参加させて開いた茶会と，それに参加した茶人。

正解は**北野大茶湯**と**千利休**。

北野大茶湯は，**豊臣秀吉**が1587年，京都北野神社で開催した大茶会で，茶の湯を好む者は貴賤を問わず全国から集まるように命じた。次に参加した茶人であるが，北野大茶湯は解答できなかったとしても，この時期の茶人で**千利休**ぐらいは知っているであろう。ちなみに北野大茶湯では，秀吉，千利休以外に津田宗及・今井宗久などの茶席が設けられていた。

解答例 3 北野大茶湯。千利休。（11字）

問4 中世 文化

『平家物語』の内容と広められた方法

設問の要求

〔主題〕『平家物語』の内容と，これが広められた方法。

『平家物語』のポイントは，平家一門の興隆から衰亡までが描かれていることと，琵琶法師の語りによって庶民にまで広められたことである。その2点は最低でも解答しておきたい。

解答例 4 平家一門の興亡を主題として描いた軍記物語である。琵琶法師によって平曲として語られたことにより文字を読めない人々にも広く親しまれた。（66字）

問5 中世 社会経済

『太平記』に描かれた時代の社会の変容

設問の要求

〔主題〕『太平記』に描かれた時代の社会の変容。

論述の構成

解答するためには，『太平記』の描いた時代についての知識が必要である。『太平記』は，後醍醐天皇の討幕計画からはじまり，2代将軍足利義詮の死で終わる南北朝の動乱期をほぼ網羅した軍記物である。つまり，問題の意図は，鎌倉時代末期から南北朝の動乱にかけての社会の変容について説明することである。

鎌倉末期から南北朝期は，鎌倉幕府の滅亡・南北朝の動乱により荘園公領制の秩序が大きく変化した時代で，それが社会の変容だと考えればよい。まず，この時代が南北朝の動乱であり，それが全国的な動乱であったことを背景とともに説明し，次に，この動乱のなかで，公家・寺社の荘園公領支配が後退し，守護・国人・惣村による新たな地域秩序が形成されたことを説明すればよい。

▶南北朝の動乱の全国化と公家・寺社の後退

南北朝の動乱が長引いて全国化した背景には，すでに鎌倉時代の後期から始まっていた**惣領制の解体**があった。このころ，武家社会では本家と分家が独立し，それぞれの家では嫡子が所領を相続して，庶子が嫡子に従属する**単独相続**が一般化していた。そのため，武士団の内部では分裂と対立をくり返し，北朝と南朝に分かれて敵・味方として戦い，動乱を拡大させた。

武士団の抗争により，動乱が全国化するなかで，武士による荘園・公領の侵略が進み，荘園領主である公家や寺社の勢力は後退した。

論述のポイント

□社会の変容の要因として，全国的な南北朝の動乱が起こったこと，動乱が全国化した背景として，惣領制が解体して武士団の抗争が起こったことが書けていればよい。

□その影響として，公家・寺社の荘園支配の後退にも触れたい。これが新たな地域秩序の形成，つまり社会の変容につながる。

▶守護・国人による地域支配の進展

動乱のなかで地方武士の勢力が拡大すると，これらの武士を各国ごとに統率する**守護**が，軍事上，大きな役割を担うようになった。幕府は地方武士を押さえるため，守護に対し，**大犯三カ条**に加えて**刈田狼藉の検断権**や**使節遵行権**を与えるなど権限を拡大した。さらに公家・寺社の荘園支配が後退するなか，幕府は**半済令**を出し，軍費調達を理由に守護に一国内の荘園・公領の年貢の半分を徴発することを認めた。守護はこれらの権限を利用して国内の荘園や公領の秩序を回復し，国内の武士たちを統制下に繰り入れ，自立的な地域支配を進めた。

一方で当時，地頭などの領主で**国人**と呼ばれる武士は，自主的に相互間の紛争を解決したり，百姓を支配したりするため，**国人一揆**を結ぶこともあった。国人たちは，一致団結して自立的な地域権力をつくりあげることで秩序を維持し，しばしば守護の支配に対抗した。

論述のポイント

□ここでは守護による領国支配の進展と国人による地域秩序の形成が説明できていればよい。字数次第では，守護の権限や荘園・公領支配に具体的に触れてもよいだろう。

▶惣村の形成

鎌倉時代後期，畿内やその周辺では，支配単位である荘園や郷（公領）の内部にいくつかの村が自然発生的に生まれ，南北朝の動乱のなかで各地に広がっていった。百姓たちが自主的につくりだした村を**惣村**という。惣村の形成が進んだ背景の一つは，南北朝の動乱のなかで，自衛手段として百姓が結束したことである。

論述のポイント

□ここでは，畿内を中心に惣村が形成されたことについて触れておくだけでよい。惣村の構成員や運営にまで言及する必要はない。

解答例　5 鎌倉後期から惣領制の解体が進んでおり，南北朝の分裂を契機に各地の武士団の内部では分裂と対立が引き起こされ，動乱が全国化した。その結果，武士の荘園・公領侵略が進み，公家や寺社の勢力は後退した。そのなかで幕府により権限を強化された守護が領国支配を進め，地方武士が国人一揆を結ぶなど新たな地域権力が形成された。畿内周辺では百姓が結束し，惣村が形成された。（175字）

問6　近世　社会経済

西川如見のいう「今の時世」

設問の要求

〔主題〕西川如見のいう「今の時世」について説明。

論述の構成

これは史料の読解問題である。「今の時世」とは，史料中にある「百姓といへども，今の時世にしたがひ…」から引用されている。ここで注意したいのは，西川如見の考えが問われているということである。つまり史料の内容をどう考えるかということがポイントとなる。

▶西川如見のいう「今の時世」

『百姓囊』の引用部分で**西川如見**は，「百姓といへども，今の時世にしたがひ，をのをの分限に応じ，手を習ひ学問といふ事を，人に尋聞て，こころを正し，忠孝の志をおこすべし」という教訓を与えている。この部分がポイントである。「分限」とは身分を意味しており，「忠孝」とは儒教に基づく考え方で，主君に対する忠誠，父祖に対する孝行を意味する。これらのキーワードから儒学に基づいた文治主義の考え方がうかがえる。

西川如見が活躍した17世紀末（元禄期）から18世紀前半（享保期）には，幕藩体制の安定のもと，儒教に裏付けられた文治主義の考え方が重視された。社会における人々の役割（職分）を説き，上下の身分秩序を重んじ，「**忠孝・礼儀**」を尊び，人々にはそれぞれの身分に見合った行動が求められた。特に**朱子学**は大義名分論を基礎に封建社会を維持するための教学として幕府や藩に重んじられていた。

そうしたなかで，西川如見は，「百姓といへども」，「をのをの分限に応じ」，「忠孝の志をおこすべし」という教訓を与えている。つまり，武士だけでなく，百姓のような庶民にも，分限（身分）に応じた行動が求められ，忠孝のような儒教的道徳が必要とされているのが「今の時世」だといっているのである。

論述のポイント

□史料の内容を理解し，百姓にも儒教道徳が求められた時代であったことが説明できればよい。「今の時世」の説明として，「農書の普及による識字率の向上した時代」や「商品経済の発達した時代」といった解答は史料の意図からは外れる。

解答例　6幕藩体制の安定を背景に人々には身分に応じた行動が求められ，忠孝などの儒教的道徳が支配層である武士のみならず，百姓など庶民にも必要とされた。（70字）

答案例

1闘茶。茶の味を飲み分けて賭け物を争う勝負事のこと。2村田珠光。従来から流行していた茶の湯と禅の精神の統一を主張し，茶室で心の静けさを求める侘茶を創出した。3北野大茶湯。千利休。4平家一門の興亡を主題として描いた軍記物語である。琵琶法師によって平曲として語られたことにより文字を読めない人々にも広く親しまれた。5鎌倉後期から惣領制の解体が進んでおり，南北朝の分裂を契機に各地の武士団の内部では分裂と対立が引き起こされ，動乱が全国化した。その結果，武士の荘園・公領侵略が進み，公家や寺社の勢力は後退した。そのなかで幕府により権限を強化された守護が領国支配を進め，地方武士が国人一揆を結ぶなど新たな地域権力が形成された。畿内周辺では百姓が結束し，惣村が形成された。6幕藩体制の安定を背景に人々には身分に応じた行動が求められ，忠孝などの儒教的道徳が支配層である武士のみならず，百姓など庶民にも必要とされた。

（400字以内）

16

(2008年度 第1問)

次の文章を読んで下記の問いに答えなさい。(問1から問4まですべてで400字以内)

国家の仕組みの上で，法制度が重要なことはいうまでもない。日本においては，7～8世紀に制定された「律令」を通じて，本格的な法治体制がとられることとなった。しかし，(1)「律令」には社会の実情と合致していない面もあり，その原則は徐々に崩壊し，10世紀には大きく変質した。12世紀に成立した武家政権である鎌倉幕府も，(2)基本法典として「御成敗式目」を制定したが，その性格は「律令」とは大きく異なっていた。応仁の乱以降地方分権化が進むと，地域政権である戦国大名は，それぞれ(3)「分国法」を制定して支配の規範とした。その後新たな統一国家を完成させた徳川家康は，大坂の陣後直ちに(4)「禁中并公家諸法度」・「武家諸法度」など身分ごとに基本法を制定した。

問1 下線部(1)に関し，「律令」によって規定された土地・人民支配制度の特徴と，その崩壊の方向および変質の内容を具体的に説明しなさい。

問2 下線部(2)に関し，「御成敗式目」の特徴を，「律令」と対比させて説明しなさい。

問3 下線部(3)に関し，「分国法」に取り入れられている，社会の変化に対応した新しい紛争処理方式の内容を説明しなさい。

問4 下線部(4)に関し，「禁中并公家諸法度」を制定した目的，および，この法度で対象となった身分集団に与えられている役割について説明しなさい。

解説 古代〜近世の法と支配体制

古代から近世の代表的な法と支配体制との関わりやその変化を考えさせる問題である。法の単純な内容だけでなく，その法が成立した背景や目的などの理解が求められている。問1は150〜160字程度，問2は70〜80字程度，問3は60〜70字程度，問4は100〜110字程度で書ける。

問1 古代 社会経済

「律令」の土地・人民支配制度とその崩壊・変質の内容

設問の要求

〔主題〕①「律令」によって規定された土地・人民支配制度の特徴と，②その崩壊の方向，および③変質の内容を具体的に説明。

論述の構成

①は特徴が求められているので，③と対比して，その相違を意識して説明すればよい。②は①の制度が機能しなくなった原因を考えよう。

▶①「律令」によって規定された土地・人民支配制度の特徴――公地公民制

「律令」の土地・人民支配の特徴は**公地公民制**で，土地と人民を朝廷が直接支配するのが特徴である。律令国家は，戸主を代表とする**戸**に所属する形で民衆を**戸籍**・**計帳**に登録し，戸を単位として**口分田**を班給することで，民衆の最低限の生活を保障し，租税を課した。租税は，主に成年男子に課される調・庸などの**人頭税**が中心であった。

論述のポイント

□「律令」による人民支配制度の特徴として，戸籍・計帳で人民を把握し，口分田を班給したこと，主に成年男子に人頭税が賦課されたことが説明できればよい。

▶②「律令」の土地・人民支配制度の崩壊の方向

「律令」に規定された人民支配制度の運用は，どの場所にどれだけの人が居住しているかを正確に把握することが前提となっていた。しかし，実際には戸籍に登録されている本貫地（本籍地）から**浮浪**・**逃亡**したり，戸籍に年齢・性別を偽って記載する**偽籍**などが行われた。そのため，戸籍に基づいた班田収授の実施も困難になり，9世紀になると班田が行われない地域が増えていった。一方で私出挙を通じて下層農民や浮浪人を支配下に置き，未墾地や荒廃した耕地を開墾して大規模な農業経営を展開し，富を蓄積する富豪層（有力農民）も台頭した。こうした富豪層は院宮王臣家（皇族や貴族）と結びついて，国司や郡司の徴税を拒んだ。

論述のポイント

□崩壊の方向として，浮浪・逃亡や偽籍により，戸籍・計帳による人民の把握ができなくなったこと，それにより班田の実施が困難となったことが書けていればよい。

▶③変質の内容――平安中期の転換

10世紀の初めには律令体制は行きづまった。**醍醐天皇**の延喜年間には，律令制の復興を目指す政策が行われ，**延喜の荘園整理令**（902年）が出され，違法な土地集積を禁じたり，班田を命じたりしたが，戸籍・計帳が実態を伝えるものではなく，班田収授の実施も困難となっていた。そのため，従来の租税制度で国家の財政を維持することはできなくなっていた。

戸籍によって民衆を把握することが困難になると，田地を基準として**土地税**を賦課するようになった。**受領**（国司の最上級者，ふつうは守）は有力農民である**田堵**に田地の耕作を請負わせ，租・調・庸・雑徭に代えて官物・臨時雑役を課すようになった。課税の対象となる土地は**名**という単位に編成された（名の請負人を「**負名**」という）。

こうして戸籍に記載された成年男子を中心に課税する体制は崩れ，土地を基礎に受領が負名から徴税する体制となった。

論述のポイント

□変質の内容として，田地を名に編成し，有力農民である田堵に請け負わせたこと，名を対象とする土地税を賦課するようになったことが説明できていればよい。

解答例 1律令制度では戸籍や計帳で人民を把握して口分田を班給し，成年男子を対象として人頭税を賦課した。しかし，浮浪・逃亡や偽籍などが横行し，戸籍・計帳と現実の乖離が大きくなったことで班田の実施は困難となった。そのため，10世紀には有力農民である田堵に請け負わせた田地である名を課税単位として土地税を賦課するようになった。（155字）

問2 中世 政治

御成敗式目の特徴

設問の要求

〔主題〕「御成敗式目」の特徴。
〔条件〕「律令」と対比させて。

論述の構成
「御成敗式目」と「律令」，それぞれについて知るところをあげ，対比できる点を考えてみればよい。

▶「御成敗式目」と「律令」の比較

「**御成敗式目**」は初の武家による成文法で，**頼朝以来の先例**や武家社会の慣習である**道理**に基づき，御家人同士や御家人と荘園領主との間の紛争を公平に裁く裁判の基準として制定され，当初は幕府の勢力範囲で適用された。

それに対して，「**律令**」は唐の律令を参考にして，日本の実情に合わせた形で制定された。律は刑罰規定に当たり，令は行政組織・官吏の勤務規定や人民の租税・労役などの規定で，国家を統治するための基本法として制定されたものである。

論述のポイント
□対比できる内容は，法のよりどころと法の性格である。「御成敗式目」が先例・道理に基づく裁判基準であること，それに対し，「律令」は唐の律令に基づく国家統治の基本法であることを説明すればよい。

解答例　2 律令は唐の法典に基づいて制定された国家統治の基本法である。それに対して式目は頼朝以来の先例や武家社会の慣習である道理に基づいて制定された裁判の基準である。（78字）

問3　中世　政治

喧嘩両成敗と社会の変化

設問の要求
〔主題〕「分国法」に取り入れられている，社会の変化に対応した新しい紛争処理方式の内容。

論述の構成
「分国法」に取り入れられた「新しい紛争処理方式」は喧嘩両成敗法である。この内容について説明すればよい。

▶喧嘩両成敗法の内容

戦国大名が地域権力として統治の中心に据えたのは「**分国法**」であった。その核心は**喧嘩両成敗法**にあった。

中世社会では国家権力の力が弱く，地方の紛争はほとんど自力救済によって解決がはかられていたといってよい。しかし，戦国時代には，百姓の耕地や入会地をめぐる境界紛争が武士の所領紛争に発展するなど地域紛争の深刻化という社会状況があり，自力救済にまかせていたのでは秩序が維持できないという考え方も出てきた。こうした状況から地域の公権力として紛争を裁定する戦国大名の登場が社会に求められていた。

そうした社会の変化のなか，大名の支配権を何よりも上位に位置付け，家臣相互の紛争を実力行使（私闘）により解決することを禁止し，すべての紛争を大名による裁判に委ねさせる**喧嘩両成敗法**が紛争処理方式として取り入れられた。

論述のポイント

□「社会の変化」については特に記述する必要はなく，紛争処理方式の内容，つまり喧嘩両成敗法の内容を説明すればよい。その内容として，紛争の際，私闘による解決を禁止したこと，紛争の解決を大名の裁判に委ねさせたことがあればよい。

解答例　3 喧嘩両成敗法は家臣同士の紛争を私闘で解決することを禁じ，戦国大名の裁判に委ねさせることで領国の安定をはかるものであった。（61字）

問4　近世 政治

禁中並公家諸法度制定の目的と天皇・公家の役割

設問の要求

〔主題〕「禁中並公家諸法度」制定の目的と，この法度で対象となった身分集団に与えられている役割。

論述の構成

「禁中並公家諸法度」を制定した目的は基本事項である。この法度で対象となった身分集団とは天皇を中心とする朝廷である。江戸時代における朝廷の役割を説明すればよい。

▶「禁中並公家諸法度」を制定した目的

江戸幕府は，朝廷の天皇や公家が独自に政治的な活動をして権力をふるい，他大名に利用されたりしないように，天皇や公家の生活・行動を規制した。そのため，1615年に**禁中並公家諸法度**を制定して，朝廷運営の基準を示した。

幕府は**京都所司代**に朝廷を監視させ，摂家に朝廷の主導権を握らせ，公家２名から選ばれた**武家伝奏**を通じて操作した。こうした朝廷統制の基本的な枠組みが確立するのは**紫衣事件**以降である。

論述のポイント

□禁中並公家諸法度の目的として，朝廷が自ら権力をふるい，他大名に利用されないようにしたことが説明できていればよい。朝廷支配全般について書く必要はない。

▶江戸時代における朝廷の役割

朝廷は，幕府の承諾のもとで将軍宣下や日光例幣使の派遣などの儀礼を滞りなく行った。それらの行為によって幕府を正当化し，権威付ける存在として全国支配の確立と安定に役立てられた。また，大名に対する官位叙任は幕府が掌握しており，天皇の持つ官位叙任権を幕府の大名支配に利用していた。

論述のポイント

□朝廷の役割として，幕府の権威付けなど，全国支配を助ける役割があったことが説明できていればよい。

解答例 4江戸幕府は朝廷支配の基準を示し，朝廷が自ら権力をふるい，他大名に利用されることがないように天皇や公家の生活や行動を規制した。そのなかで朝廷は伝統的な儀礼を行い，幕府を権威付け，全国支配を正当化する役割があった。（106字）

答案例

1律令制度では戸籍や計帳で人民を把握して口分田を班
給し，成年男子を対象として人頭税を賦課した。しかし
，浮浪・逃亡や偽籍などが横行し，戸籍・計帳と現実の
乖離が大きくなったことで班田の実施は困難となった。
そのため，10世紀には有力農民である田堵に請け負わせ
た田地である名を課税単位として土地税を賦課するよう
になった。2律令は唐の法典に基づいて制定された国家
統治の基本法である。それに対して式目は頼朝以来の先
例や武家社会の慣習である道理に基づいて制定された裁
判の基準である。3喧嘩両成敗法は家臣同士の紛争を私
闘で解決することを禁じ，戦国大名の裁判に委ねさせる
ことで領国の安定をはかるものであった。4江戸幕府は
朝廷支配の基準を示し，朝廷が自ら権力をふるい，他大
名に利用されることがないように天皇や公家の生活や行
動を規制した。そのなかで朝廷は伝統的な儀礼を行い，
幕府を権威付け，全国支配を正当化する役割があった。

（400字以内）

17

(2007年度 第1問)

次の文章を読んで下記の問いに答えなさい。(問1から問3まですべてで400字以内)

弥生時代以降近代以前の日本においては，農・林・水産業などの第一次産業が基幹産業としての位置を占めていた。しかし，それらに従事する人々がつくる社会のあり方は，その間ずっと不変だったわけではない。

中世後期になると，農業生産力の発展に支えられて，(1)農民たちは惣村という自治的な村をつくり出すようになった。

こうした状況をふまえて，豊臣秀吉は(2)太閤検地によって土地の面積・石高などを把握し，村を基礎単位とした支配・行政を実施した。その結果，村は，全国的に，近世を通じて，百姓の生活・生産の単位であるとともに，(3)領主の年貢収納をはじめとする支配・行政の単位として機能し続けることとなった。

問1 下線部(1)に関して，惣村がそれまでの農業集落と異なる点を3点あげて説明しなさい。

問2 下線部(2)に関して，惣村が太閤検地によって変容した点を2点あげて説明しなさい。

問3 下線部(3)に関して，近世の村における年貢収納の仕組みを何というか。その名称と内容について述べたうえで，それと中世の惣村における年貢収納の仕組みとの関係について説明しなさい。

解説 室町時代～江戸時代の村落の変化

室町時代の惣村の形成から江戸時代にかけての村落の変化について考えさせる問題である。問 1・問 2 が高校教科書ではつかみにくく，難問である。問 1 は 200 字以上，問 2 は 110～120 字程度，問 3 は 80～90 字程度の字数でまとめればよい。

問 1 中世 社会経済

惣村の特徴

設問の要求

〔主題〕惣村がそれまでの農業集落と異なる点を 3 点あげて説明。

論述の構成

鎌倉時代の農業集落との相違点をふまえて，室町時代の惣村の特徴について考えさせる問題である。鎌倉時代の村落については，高校教科書でも記述が少なく，比較しにくいと思われるが，①構成員，②地域支配の権限，③荘園・公領支配との関連の 3 点について，「それまでの農業集落」と「惣村」を対比する形で説明すればよい。

▶「それまでの農業集落」――鎌倉時代の村落

平安時代末期以降，多くの荘園で主要な耕地が百姓名に編成され，耕作者のなかから**名主**がとりたてられ，**名田**を請負ったが，在地の支配権は持たなかった。名主は自分の家族のほかに下人を使うなどして耕作し，荘園領主に対して年貢・公事を負担した。一方，名主のほかに**小百姓**もいた。小百姓は自分の名田を持たず，作人として零細な土地を耕作する農民であった。小百姓は名主が主導する村落の中では発言権を持たなかった。さらに主人に隷属する下人・所従もおり，彼らは非自由民で譲与や売買の対象となることもあった。

論述のポイント

□鎌倉時代の村落について，構成員は，小百姓が発言権を持たなかったことから名主のみ（①），名主は荘園で編成された名田の請負いをしているにすぎないので，在地支配の権限は持たず（②），荘園の枠内にある農業集落（村落）であった（③）ことが説明できればよい。

▶惣村の特徴――室町時代の村落

鎌倉時代の末期から，一部の名主だけのまとまりにすぎなかった荘園の集まりに，新たに成長した小百姓が参加するようになり，百姓全体がまとまった行動をとるようになっていった。南北朝の内乱以降，この動きはさらに進み，広い階層の百姓たちが宮座を中心に結束して**惣村**（**惣**）と呼ばれる自治的な村落を構成した。

百姓たちは惣村の指導者として**乙名・年寄・沙汰人**などを選び，**寄合**により村を運営した。また，**地下掟**（**惣掟**）をつくり，自ら警察権を行使する**自検断**（**地下検断**）を行った。領主に対しては，惣村が年貢・公事などの納入を請負う**地下請**（**惣請・百姓請**）を行うこともした。さらに共有地である惣有地を持つなど経済基盤も整っていた。このように惣村は自立的な地域支配の担い手であった。

特に近畿地方の荘園が入り組む地域では，用水維持などのために荘園・公領などの領主の違いを超えて，惣村が連合することもあった。

論述のポイント

□鎌倉時代の村落との違いを念頭に，惣村の特徴として，構成員は名主のみならず，小百姓など広い階層を含んでいたこと（①），地下掟や自検断を例に自主的に地域支配をしていたこと（②），荘園・公領の枠を超えて連合する場合もあったこと（③）の3点が説明できていればよい。

解答例　1それまでの農業集落は，荘園・公領の枠内で成立していた。名田を請負う名主が村落の生活を主導したが，地域支配の権限は持たなかった。しかし，惣村は名主だけでなく，新たに成長してきた小百姓ら広い階層の百姓が宮座を中心に結束して村の運営に参加し，村人による寄合を通じて地下掟をつくり，自ら警察権を行使する自検断を行うなど自立的に地域の支配を担っていた。そして，用水の維持などのため，荘園・公領の枠を超えて結びつくこともあった。
（209字）

問2　近世　社会経済

太閤検地による惣村の変化

設問の要求

〔主題〕惣村が太閤検地によって変容した点を2点あげて説明。

論述の構成

太閤検地では，①石高を定め，②村ごとに検地帳を作成して，③耕作者を年貢負担者である名請人として登録した。そのうち，惣村の変容に関係するのは②と③である。②によって村の範囲が確定されたこと，③によって村落の構成員が変化したことの2点を解答として整理すればよい。

▶太閤検地と村落の変化

太閤検地では，すべての土地の面積・等級を米の量である**石高**で記載する方式をとり，これまで貫高制であった地域も**石高制**に改められた。

検地では，調査の結果を記載した**検地帳**が村ごとに作成された。その際に，惣村は**村切り**によって分割され，村の境界が画定された。室町時代を通じて各地で村の形成が進んでいたが，村の領域は必ずしも明確ではなかった。豊臣政権は，検地を行うことで村の土地と境界，村全体の石高である村高を確定した。それにより，村は支配の末端組織として把握されるようになった。

検地帳には，実際に耕作している者が百姓として登録された（**一地一作人**）。その結果，彼らは名請人として年貢・諸役の納入に責任を持つかわりに，田畑や屋敷地の所持が認められた。これにより，領主と百姓の中間で得分（作合）を得ていた地侍・名主層の権利が否定され，零細であった小百姓の自立が進んだことで，村の構成員が均質化された。

論述のポイント

□惣村の変容として，太閤検地によって，不明確であった村の領域が確定されたこと，作合が否定されたことで村の構成員が均質化したことの 2 点が説明できればよい。

解答例　2 太閤検地では，惣村が村切りで分割され，村を単位に検地帳が作成されるなど村の境界が画定された。さらに検地帳の作成により，実際に耕作している者が百姓として登録され，名主層の作合が否定されたことで村の構成員が比較的均質化した。（111字）

問 3　近世　社会経済

近世の村における年貢収納の仕組み

設問の要求

〔主題〕近世の村における年貢収納の仕組みの名称と内容。
中世の惣村における年貢収納の仕組みとの関係。

論述の構成

近世の年貢収納の仕組みについて，名称は村請制である。村請制の内容を説明し，中世の年貢収納の仕組みである地下請と関連付ければよい。

▶近世の年貢収納の仕組み――村請制

検地により，村の総石高である**村高**が決定された。年貢・諸役は幕藩領主が村高に応じて，村単位に割り当て，村役人を中心に百姓の連帯責任により村でまとめて納入した。これを**村請制**という。領主は村全体の納入額などを示すだけで，個別の割り当てや徴収はすべて村に任せていた。年貢の徴収だけでなく，法令の伝達や村の行政全般も村の自治に依存することで成り立っていた。こうした自治的な村の運営方式は中世の惣村で生み出されたもので，村請制は年貢を惣村で請負う**地下請**（**惣請・百姓請**）を受け継いだものであった。

解答例　3村請制。年貢や諸役は幕藩領主が村に割り当て，村役人を中心にして村の責任でまとめて納入した。これは惣村が領主に対して年貢を請負う地下請を受け継いだものであった。（80字）

答案例

1それまでの農業集落は，荘園・公領の枠内で成立していた。名田を請負う名主が村落の生活を主導したが，地域支配の権限は持たなかった。しかし，惣村は名主だけでなく，新たに成長してきた小百姓ら広い階層の百姓が宮座を中心に結束して村の運営に参加し，村人による寄合を通じて地下掟をつくり，自ら警察権を行使する自検断を行うなど自立的に地域の支配を担っていた。そして，用水の維持などのため，荘園・公領の枠を超えて結びつくこともあった。2太閤検地では，惣村が村切りで分割され，村を単位に検地帳が作成されるなど村の境界が画定された。さらに検地帳の作成により，実際に耕作している者が百姓として登録され，名主層の作合が否定されたことで村の構成員が比較的均質化した。3村請制。年貢や諸役は幕藩領主が村に割り当て，村役人を中心にして村の責任でまとめて納入した。これは惣村が領主に対して年貢を請負う地下請を受け継いだものであった。

（400字以内）

18 (2006年度 第1問)

次の史料を読んで，下記の問いに答えなさい。史料は書き下しの上，一部改変したり省略したところがある。(問1から問3まですべてで400字以内)

A 永楽庚子春，予，命を受けて日本に使す。東溟に泛びて馬島に到り，兵余の地を見，残兇の俗に諭す。一岐（壱岐）に危ぶみ，九州に説び，志河（志賀）を発して東し，赤間関に入り，唐島を歴て肥厚（備後）を過ぎ，倭王の所に至る。往還万余里，惟に風濤の険，海賊の暴のみならず，乃ち国家馬島に行兵するの翌年の春なれば，島倭，朝鮮の兵船の再来を以謂い，中より浮動して守禦を罷めず。予の帰くを見て皆喜心ありて，即ち守禦を罷むるなり。 (宋希璟『老松堂日本行録』)

B 大仏ニ立ち寄られ候様ニとの事も，一つハ日本ニ珍らしき大仏これ有りと申す事を御しらせ成られ，一つハ耳塚を御見せ成られ，日本之武威をあらはさるべくとの事と相い聞こへ候へども，何れも飄逸なる御所見ニ候。(中略) 耳塚とても豊臣家無名之師を起こし，両国無数之人民を殺害せられたる事に候へバ，其の暴悪をかさねて申すべき出来ニ候ひて (中略) 華燿之資には成り申さず。却って我が国之不学無識をあらはし候のミニて御座候。

誠信之交と申す事，人々申す事ニ候へとも多くハ字義を分明ニ仕らざる事これ有り候。誠信と申し候ハ実意と申す事ニて，互ニ欺かず争はず真実を以て交り候を誠信とは申し候。 (雨森芳洲『交隣提醒』)

問1 史料Aの日本への使節は，下線部の事件の翌年に派遣されているが，この事件の名称と事件が起きた背景を答えなさい。

問2 史料Bの大仏がある寺の名称を答えなさい。また，この寺及び大仏は，当代の政治あるいは政治的事件と密接に関わりあったのであるが，そのうち2つを指摘しなさい。

問3 15世紀から18世紀までの，上の史料に取り上げられている国と日本との関係・交流の推移について，次の年に起きた出来事に重点をおいて説明しなさい。
〔1510年 1592年 1609年〕

解説 室町時代〜江戸時代の日朝関係 〈史料〉

宋希璟・雨森芳洲の史料を素材として，中世から近世の主に日朝関係に関する問題である。問1は50字前後，問2は100字前後，問3は250字程度で書ける。問1・問2は，内容的に多くの字数を割くのは難しいと思われるので，問3で中世〜近世の日朝関係をしっかり説明したい。

問1 中世 外交

応永の外寇とその背景

設問の要求

〔主題〕史料Aの下線部の事件の名称と，事件が起きた背景。

論述の構成

史料Aの出典が宋希璟の『老松堂日本行録』であることから，宋希璟が日本に来た朝鮮の使節だと知っていれば，応永の外寇はわかる。知らないとしても，史料Aを読めば，「朝鮮の兵船の再来を以謂い」などの表現から類推できるだろう。後は応永の外寇の背景を説明すればよい。

▶応永の外寇とその背景

朝鮮半島では，1392年，倭寇鎮圧に功績のあった武将**李成桂**が**高麗**を倒して**朝鮮**を建国した。朝鮮は通交と倭寇の禁圧を求め，**足利義満**もこれに応じたので，両国の間に国交が開かれた。朝鮮側は倭寇対策として多様な通交者を受け入れ，当初から幕府だけでなく，守護・国人・商人など多様な民間貿易が行われていた。そのため，**対馬の宗氏**を通じて貿易統制を行っていた。

しかし，倭寇の禁止や日朝貿易に積極的であった対馬の島主宗貞茂が死去し，倭寇の活動が再び活発化したため，1419年，朝鮮軍が倭寇の拠点であった対馬を襲撃した。これが**応永の外寇**である。それにより，貿易は一時中断したが，16世紀まで活発に行われた。応永の外寇の翌年，交渉のために来日したのが宋希璟である。

論述のポイント

□応永の外寇の背景として，最低限，倭寇の活動が盛んであったことが書けていればよい。宗貞茂の死去については教科書によっては記述がないので，宗氏が代替わりしたことで十分だろう。

解答例 1 応永の外寇。対馬島主の宗氏が代替わりし，倭寇の活動が活発になったため，朝鮮が倭寇の拠点であった対馬を襲撃した。（56字）

問2 近世 政治

方広寺と関連する政治的な出来事

設問の要求

〔主題〕史料Bの大仏がある寺の名称。
この寺および大仏が関連する当代の政治あるいは政治的事件を2つ指摘。

論述の構成

史料Bの大仏がある寺の名称は方広寺である。史料中の「耳塚」「豊臣家無名之師を起こし…」から推測できればよい。これに関わる政治および政治的事件としては，豊臣秀吉政権下の刀狩，徳川家康政権下の大坂の役が想起できればよい。

▶刀狩と方広寺

荘園制下の百姓は刀などの武器を持つものが多く，土一揆や一向一揆ではこれらの武器が威力を発揮した。そこで豊臣秀吉は，百姓から武器を没収して，一揆を防止し，百姓を農業に専念させるため，1588年，**刀狩令**を出した。その際，「右取をかるべき刀，脇指，ついえにさせらるべき儀にあらず候の間，今度大仏御建立の釘，かすかひに仰せ付けらるべし」と，没収した刀などを方広寺の「大仏」造立の際に利用することを口実として実施した。

論述のポイント

□刀狩を指摘し，方広寺大仏建立を口実に実施したことが説明できればよい。

▶大坂の役と方広寺

関ヶ原の戦い後，徳川家康は全大名に対する指揮権の正当性を得るために征夷大将軍の宣下を受ける（1603年）など，全国の支配者であることを誇示した。しかし，依然として豊臣秀頼が大坂城におり，摂津・河内・和泉60万石の一大名になったとはいえ，豊臣体制の象徴として幕府はこれを放置することができなかった。そのため，秀忠に将軍を譲った後も大御所として実権を握り続けていた家康は，豊臣氏が建立した方広寺の鐘銘の文言にクレームを付け，それを口実に1614～15年，大坂の役（大坂冬の陣・夏の陣）を起こし，豊臣方に戦をしかけ，攻め滅ぼした。

論述のポイント

□大坂の役を指摘し，方広寺の鐘銘を口実に戦をしかけたことが説明できていればよい。

解答例 2方広寺。豊臣秀吉は刀狩の際，没収した刀などを方広寺の大仏造立に利用するという口実を用いて実施した。徳川家康は豊臣氏が建立した方広寺の鐘銘を口実に大坂の役で豊臣方に戦いをしかけ，攻め滅ぼした。（96字）

問3 近世 外交

15世紀～18世紀の日朝関係・交流

設問の要求

〔主題〕15世紀から18世紀までの，史料に取り上げられている国と日本との関係・交流の推移。

〔条件〕次の年に起きた出来事に重点をおいて（1510年　1592年　1609年）。

論述の構成

15世紀から18世紀の日朝関係の推移について説明する問題で，1510年・1592年・1609年の出来事を重点的に説明することが求められる。それぞれ，三浦の乱＝1510年，文禄の役（朝鮮侵略）＝1592年，己酉約条＝1609年である。それがわかれば，「推移」を説明する問題なので15世紀から18世紀を時期区分し，それぞれの時期の日朝関係・交流について説明すればよい。時期区分としては，15世紀～16世紀初頭＝室町時代，16世紀末＝豊臣政権，17世紀～18世紀＝江戸幕府ということが意識できていればよい。

▶室町時代の日朝関係・交流（15世紀～16世紀初頭）

15世紀には，**明**を中心とする東アジアの国際秩序を前提に日本国王（将軍）と朝鮮国王の対等な関係の国交があった。そのなかで行われた日朝貿易において，朝鮮側は室町幕府だけでなく，守護・国人・商人など多様な通交者を受け入れていた。そのため，朝鮮は対馬の宗氏を通して，通交の管理体制を整え，渡航する船について，朝鮮で交付する**図書**という印章を捺した文書と，宗氏が発給する**文引**という渡航許可証の所持を義務付けた。朝鮮では貿易のため富山浦・乃而浦・塩浦の3港（**三浦**）が開かれ，日本人の使節の接待と貿易のための**倭館**が設置された。

しかし，三浦に住む日本人への特権がしだいに縮小され，貿易統制が強化されたため，三浦に居留する日本人の暴動が起こった。これが1510年の**三浦の乱**である。以降，通交は縮小され，対馬の宗氏が他者の名義を用いて，ほぼ独占的に通交した。

論述のポイント

□まず，15世紀には，日本と朝鮮との間で正式な国交があったこと，対馬の宗氏の統制下に多様な通交者による民間貿易が行われていたことが説明できていればよい。

□そして，1510年に起こった事件として三浦の乱を説明し，これ以降，貿易が縮小したことを説明すればよい。

▶豊臣政権下の日朝関係・交流（16世紀末）

明の衰退により国際秩序が変化するなか，全国を統一した豊臣秀吉は，1587年，対馬の宗氏を通して，朝鮮に入貢と明へ出兵するための先導役を求めた。朝鮮がこれを拒否すると，1592年，大軍を朝鮮に派遣した（**文禄の役**）。その後，朝鮮に援軍を派遣してきた明と講和交渉を行うが決裂し，1597年，再び兵を送った（**慶長の役**）が，秀吉の死により撤退した。この侵略により，朝鮮との国交は断絶した。

論述のポイント

□16世紀末，豊臣政権下で朝鮮侵略が行われ，朝鮮との国交が断絶したことが説明できていればよい。

□1592年の出来事は文禄の役であるが，朝鮮侵略がその原因とともに説明できていればよい。

▶江戸時代の日朝関係・交流（17世紀～18世紀）

対馬藩主の宗氏の努力により，徳川家康は朝鮮との国交を回復した。1609年，宗氏は朝鮮との間に**己酉約条**を結び，貿易の方法や釜山への倭館設置など江戸時代の日朝関係の基本を定めた。宗氏は朝鮮外交において，江戸幕府から特権的な地位を認められた。朝鮮からは，将軍の代替わりの慶賀を中心に，18世紀に至るまで**朝鮮通信使**が来日した。18世紀初頭，**新井白石**により，朝鮮使節の待遇簡素化，将軍宛の国書に「日本国大君殿下」と記されていたのを「日本国王」に改めさせるという変更があったが，8代将軍徳川吉宗が元に戻した。その後，通信使は10代将軍家治の将軍就任時まで来日して江戸で国書を交換した（1811年の通信使は対馬まで）。

論述のポイント

□17世紀以降，江戸幕府のもとで，朝鮮との国交が回復し，朝鮮通信使が来日したこと，対馬の宗氏が，朝鮮と1609年，己酉約条を締結し，外交・貿易において独占的な地位を築いたことが説明できていればよい。

□設問文では18世紀までとなっているので，新井白石による朝鮮使節・国書の問題を記述してもよい。字数との兼ね合い次第である。ただ，10代将軍家治の時まで通信使が江戸に来ていたというのは細かい内容なので，記述できないだろう。

解答例　3 15世紀，室町幕府と朝鮮の間に国交があり，日朝貿易は対馬の宗氏の統制下，多様な通交者により行われた。1510年，朝鮮側の貿易統制に反発した三浦に居住する日本人の暴動が起こり，貿易はしだいに縮小していった。16世紀末，豊臣秀吉が宗氏を介して朝鮮に対し，入貢と明出兵への協力を求めたが拒否され，1592年から2度にわたる朝鮮侵略を行い国交は途絶えた。17世紀初頭，徳川家康が朝鮮と国交を回復し，18世紀まで朝鮮通信使が江戸で国書を交換した。一方，宗氏は朝鮮との間に1609年，己酉約条を結び，釜山の倭館で貿易を行った。（248字）

別解 3 15世紀以降，室町幕府と朝鮮との国交のもと，対馬の宗氏の統制下に貿易が行われていた。しかし，1510年の三浦の乱を契機に貿易は縮小していった。1592年から豊臣政権が朝鮮侵略を行い朝鮮との関係は悪化したが，17世紀に入り，徳川家康が朝鮮との国交を回復し，18世紀まで朝鮮通信使が来日した。その一方で宗氏は1609年に己酉約条を結び，交易を行った。（165字）

答案例

1応永の外寇。対馬島主の宗氏が代替わりし，倭寇の活
動が活発になったため，朝鮮が倭寇の拠点であった対馬
を襲撃した。2方広寺。豊臣秀吉は刀狩の際，没収した
刀などを方広寺の大仏造立に利用するという口実を用い
て実施した。徳川家康は豊臣氏が建立した方広寺の鐘銘
を口実に大坂の役で豊臣方に戦いをしかけ，攻め滅ぼし
た。3 15世紀，室町幕府と朝鮮の間に国交があり，日朝
貿易は対馬の宗氏の統制下，多様な通交者により行われ
た。1510年，朝鮮側の貿易統制に反発した三浦に居住す
る日本人の暴動が起こり，貿易はしだいに縮小していっ
た。16世紀末，豊臣秀吉が宗氏を介して朝鮮に対し，入
貢と明出兵への協力を求めたが拒否され，1592年から2
度にわたる朝鮮侵略を行い国交は途絶えた。17世紀初頭
，徳川家康が朝鮮と国交を回復し，18世紀まで朝鮮通信
使が江戸で国書を交換した。一方，宗氏は朝鮮との間に
1609年，己酉約条を結び，釜山の倭館で貿易を行った。

（400字以内）

19

(2005 年度　第1問)

つぎの文章を読んで，下記の問いに答えよ。(問1から問4まですべてで 400 字以内)

道は，人・物・情報が行き交う場として，歴史上，重要な役割を果たしてきた。そのあり方は，社会の仕組みと深い関わりを持っていた。古代律令国家は，支配地域を畿内と七道に行政区分し，a)都との交通のために官道を整備した。中世になると，国家による統一的支配は弱まったが，畿内と東国などの間の交通は盛んであり，b)旅行者による紀行文も多く残されている。近世には，c)幕藩制国家により五街道などが整備されたが，d)物資の輸送は海上・河川など舟運の果たす役割が大きかった。

問1　下線部 a)の官道は，どのような目的で利用されたか。律令国家の支配制度と関係させて説明せよ。

問2　下線部 b)の紀行文を一つあげ，作者名と旅行の目的を述べよ。

問3　下線部 c)の街道における交通の運営方式を説明せよ。

問4　下線部 d)のような事情が生まれた政治的・経済的理由を説明せよ。

解説 古代〜近世の交通の発達

古代から近世の交通の発達に関する問題で，古代の駅制，江戸時代の陸上交通や水上交通について問われている。問1は70〜80字程度，問2は30字前後，問3は130〜140字程度，問4は150〜160字程度で書ける。

問1 古代 政治

律令国家における交通制度

設問の要求

〔主題〕下線部ａ)の官道が利用された目的。
〔条件〕律令国家の支配制度と関係させて。

論述の構成

古代律令国家において整備された駅制について説明すればよい。下線部ａ)に「都との交通のために官道を整備した」とあるので，畿内・七道の行政区分のもとで，都との交通のために整備された官道が何に利用されたかを考えればよい。その際に「律令国家の支配制度と関係させて」という条件が付いているので，地方支配制度を想起し，国司制度と関連させて説明すればよい。

▶国司制度と駅制

律令国家の地方組織としては，全国が**畿内・七道**に行政区分され，**国・郡・里**（のち郷）が置かれた。そのうち，国には，中央から貴族・官人が**国司**として派遣され，中央政府の指揮のもと，役所である**国府（国衙）**を拠点に国内を統治した。国府（国衙）には，政務・儀礼を行う役所群，国司の居館などが設けられ，一国内の政治・経済の中心地であった。

中央と地方を結ぶ交通制度として，都（平城京）と諸国の国衙を結ぶために整備されたのが東海道などの**七道**で，約16kmごとに**駅家**を設ける**駅制**がしかれていた。この制度は国司が地方統治を進めるため，文書の伝達や官人の移動に利用された。

論述のポイント

□各国の統治のため，中央の官人が国司として派遣されていたこと，そして，駅制が設けられ，官人が公用で利用したことが説明できればよい。

解答例 1律令制下，中央から派遣された貴族・官人が国司として国内を統治していたため，平城京と諸国の国府を結ぶ官道を整備して駅家を設け，官人が公用の連絡で利用した。（77字）

問2 中世 文化

中世の紀行文

設問の要求

〔主題〕下線部b)の紀行文を一つあげ，作者名と旅行の目的を述べる。

語句記述・説明問題と考えてよい。下線部b)「旅行者による紀行文」の代表例として阿仏尼の『十六夜日記』があげられる。この紀行文を書いたとき，阿仏尼は，実子為相と継子為氏の所領播磨国細川荘の争論解決に京から鎌倉に赴くところであった。紀行文としては同じ鎌倉時代の『海道記』や『東関紀行』などもあるが，作者名や旅行の目的を解答するのは難しいだろう。

解答例　2 十六夜日記。阿仏尼。所領問題を解決するために京から鎌倉へ下った。（33字）

問3 近世 社会経済

幕藩制国家における五街道の交通の運営方式

設問の要求

〔主題〕下線部c)の街道における交通の運営方式。

論述の構成

下線部c)では「幕藩制国家により五街道などが整備された」としているが，高校教科書の記述も考慮して，幕府が直轄領としている五街道に絞って説明できればよいだろう。設問文にある「運営方式」というのは説明しにくい。そこで，基本的には五街道を管理した役人をあげつつ，江戸幕府が交通の便宜をはかって行ったことを中心に説明すればよい。

▶江戸幕府による陸上交通の整備

江戸幕府は江戸・大坂・京都を中心に，各地の城下町をつなぐ全国的な陸上交通網を整備した。そのうち，東海道・中山道・甲州道中・日光道中・奥州道中の**五街道**は，江戸を起点とする幹線道路として幕府の直轄下に置かれ，17世紀半ばから，大目付と勘定奉行が兼任する道中奉行によって管理された。また，脇街道も全国的に整備された。これらの街道には**宿駅（宿場町）**が置かれ，一里塚や渡船場，関所などの施設が整えられていた。宿駅には大名らが利用する**本陣・脇本陣**，一般の旅行者のための**旅籠屋**，安宿の木賃宿などの宿泊施設があった。

陸上交通においては，幕府や大名・旗本などの御用通行が最優先とされた（参勤交代も公用の交通に含まれる）。そこで使用される人足と馬は，宿駅の町人・百姓や近隣の村々の百姓が**伝馬役**として負担した。宿駅には**問屋場**が置かれ，公用の書状，荷物の継ぎ送り（**継飛脚**）に当たった。

街道の要所には反乱防止や江戸防衛を目的とした**関所**が置かれ，「**入鉄砲に出女**」を厳しく取り締まった。主な関所は東海道の箱根・新居，中山道の碓氷・木曽福島，甲州道中の小仏，日光・奥州道中の栗橋などにあった。

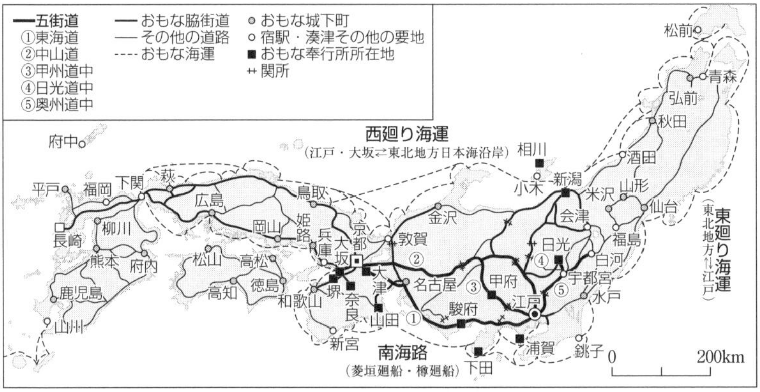

●**江戸時代の交通**（山川出版社『詳説日本史B』を参考に作成した）

論述のポイント

□五街道の交通の運営方式として，幕府の直轄領で道中奉行が管理（運営の主体）し，幕府や大名の公用が優先されたこと，宿駅や一里塚など旅行者の便宜がはかられたこと，人馬を常駐して公用の輸送機関（問屋場）が置かれていたこと，治安維持のための関所が置かれていたことが説明できればよい。

解答例　3 五街道は幕府直轄で道中奉行の管理下に置かれ，幕府・大名などの公用の利用が優先された。宿駅や一里塚などを整備して旅行者の便宜をはかり，宿駅には公用の旅行や貨物の輸送にあたる人馬の常置が義務付けられていた。街道の要所には治安維持を目的とした関所が設けられ，通行人の監視にあたった。（139字）

問4 近世 社会経済

幕藩制国家において海上・河川舟運の役割が大きかった理由

設問の要求

〔主題〕下線部ｄ)のような事情が生まれた政治的・経済的理由。

論述の構成

下線部ｄ）「物資の輸送は海上・河川など舟運の果たす役割が大きかった」という事情が生まれた政治的・経済的理由の説明が求められている。基本的に船による水上交通が人馬による陸上交通より優れている点は，大量の物資を安価に輸送できることである。つまり，大量の物資を輸送するために海上・河川交通の役割が大きくなったと考えて，大量の物資が移動するようになった政治的・経済的理由を説明すればよい。

▶海上・河川交通の整備

大量の物資を安価に運ぶためには，海や川などの水運が適していたため，水上交通が整備された。17世紀初め，京都の豪商**角倉了以**は富士川などを整備し，高瀬川を開削して水路を開いた。17世紀後半には，江戸の商人**河村瑞賢**が幕府の命で出羽酒田を起点として江戸に至る**東廻り航路・西廻り航路**を整備し，江戸・大坂を中心とする全国規模の海上交通網が形成された。大坂・江戸間では17世紀前半に**菱垣廻船**が大坂から江戸へ商品の輸送を始め，18世紀前半には**樽廻船**が新たに運航を始めた。

論述のポイント

□海上・河川などの舟運が果たす役割が大きくなった前提として，大量の物資の輸送には，陸上交通よりも水上交通が適していたことが説明できればよい。

▶幕藩領主による物資の輸送――政治的理由

幕府・諸藩など幕藩領主層は，百姓から徴収した年貢米などを換金して，貨幣収入を得ることで，藩の財政を支え，参勤交代などの費用を捻出していた。幕藩領主は年貢米をはじめとする大量の物資を**蔵物**として，大坂や江戸に設置した**蔵屋敷**に廻送し，**蔵元・掛屋**と呼ばれる商人を通じて販売し，貨幣を獲得した。幕藩領主は蔵物を西廻り航路・東廻り航路を主に利用して大坂や江戸などへ輸送した。

論述のポイント

□政治的理由として，幕藩領主が藩財政を支える貨幣収入を得るため，大坂や江戸に蔵物を廻送していたことが説明できればよい。

▶商品生産の発達――経済的理由

17 世紀末には全国市場が確立し，江戸・大坂・京都の三都や城下町などの都市が発達した。それにより武士をはじめ都市住民の消費需要が拡大したため，各地では商品生産が活発化した。村々では百姓たちが綿・油菜・桑などの商品作物を栽培し，それらは各地から江戸や大坂を中心に商品（**納屋物**）として輸送され，活発に取引された。

論述のポイント

□経済的理由として，都市の発達による商品需要と，それを満たす村々の商品作物栽培の活発化，それらが納屋物として大量に輸送されたことが説明できればよい。

解答例　**4** 船による水上の輸送手段は一度に大量の物資を輸送でき，陸上の人馬に比べて優れていた。幕藩領主は年貢米などの蔵物を換金して財源としていたため，大坂や江戸の中央市場に大量の蔵物を輸送する必要があった。一方，都市部の需要を背景に地方では商品作物栽培が盛んとなり，大量の商品が納屋物として中央市場に輸送された。（151字）

答案例

1律令制下，中央から派遣された貴族・官人が国司とし
て国内を統治していたため，平城京と諸国の国府を結ぶ
官道を整備して駅家を設け，官人が公用の連絡で利用し
た。2十六夜日記。阿仏尼。所領問題を解決するために
京から鎌倉へ下った。3五街道は幕府直轄で道中奉行の
管理下に置かれ，幕府・大名などの公用の利用が優先さ
れた。宿駅や一里塚などを整備して旅行者の便宜をはか
り，宿駅には公用の旅行や貨物の輸送にあたる人馬の常
置が義務付けられていた。街道の要所には治安維持を目
的とした関所が設けられ，通行人の監視にあたった。4
船による水上の輸送手段は一度に大量の物資を輸送でき
，陸上の人馬に比べて優れていた。幕藩領主は年貢米な
どの蔵物を換金して財源としていたため，大坂や江戸の
中央市場に大量の蔵物を輸送する必要があった。一方，
都市部の需要を背景に地方では商品作物栽培が盛んとな
り，大量の商品が納屋物として中央市場に輸送された。

（400 字以内）

20

(2004年度 第1問)

次の文章を読んで，下記の問いに答えよ。(問1から問4まですべてで400字以内)

日本各地の歴史はそれぞれに個性的だが，一方では他地域との交流や幕府の政策に影響を受ける側面ももっていた。近世の房総地方（現在の千葉県）の場合をみてみよう。

房総半島東岸の九十九里浜では，地引網で捕ったイワシを乾燥させた［ a ］がさかんに生産されたが，それは $_b$ 他地域における生産力の発展に寄与した。

房総地方の農業生産力は全国的にみてけっして高いわけではなかったので，18世紀後半以降，北部を中心に荒廃する農村が多くみられた。関東などの農村荒廃に対処するため，$_c$ 松平定信は農村復興策を改革政治の一つの柱とした。また，19世紀に入ると，牢人［ d ］が房総北部などで独自の仕法を行って農村の再建を目指したが，幕府に嫌疑をかけられて自殺した。

人々が農村荒廃とたたかう一方で，新しい文化や思想が農村に普及していった。房総地方は江戸に近かったこともあって，18世紀後半以降，江戸の知識人・文化人が頻繁に訪れ，地域の人々と交流を深めた。俳人小林一茶や［ e ］を唱えた平田篤胤は房総村々の百姓たちの間に多くの共鳴者・後援者を獲得した。

また，18世紀末以降，欧米諸国との接触の頻度が増すにつれて，幕府は海から江戸が攻撃されることを防ぐために，$_f$ 房総など江戸湾岸の警備を強化した。

このように地域の歴史は独自性をもつと同時に，そこに全国的な動向の反映を読み取ることもできるのである。

問1　空欄aに当てはまる語句を記せ。また，下線部bの内容を具体例をあげて説明せよ。

問2　下線部cで松平定信が実施した農村対策を二つあげて，その内容を説明せよ。また，空欄dに当てはまる語句を記せ。

問3　空欄eに当てはまる語句を記せ。また，百姓たちが小林一茶や平田篤胤を支持・後援した社会的・経済的・文化的背景について述べよ。

問4　下線部fにある房総などの江戸湾岸の警備強化について，その内容を具体的に説明せよ。

解説 江戸時代の農村・江戸湾防備

江戸時代の農村について社会経済・政治・文化などさまざまな側面から説明させる問題と，18 世紀末以降の江戸湾防備についての問題である。問 1 は 30～40 字程度，問 2 は 80～90 字程度，問 3 は 200 字以上，問 4 は 70～80 字程度で書けばよいだろう。〔解答例〕では問 3 に大きく字数を割いているが，文化史の学習が甘い受験生には厳しいだろう。また，問 4 は無理矢理に引き伸ばさなくてもよいだろう。

問 1　近世　社会経済

金肥の使用

設問の要求

〔主題〕空欄 a に当てはまる語句。
　　　　下線部 b の内容を具体例をあげて説明。

論述の構成

空欄 a は，「地引網で捕ったイワシを乾燥させた」というヒントから干鰯であることがわかる。下線部 b を含む文に「それは他地域における生産力の発展に寄与した」とあり，「それ」は干鰯のことを指すので，干鰯が他地域における生産に寄与した具体例を説明すればよい。

▶干鰯の使用

漁業では，主要な食料としてだけでなく，肥料（魚肥）に用いるための魚介類を獲得することをめざしていた。網漁を中心とする漁法の改良と沿岸部の漁場の開発が進み，中世以来の網漁の技術は摂津・和泉・紀伊などの上方漁民によって関東・三陸・四国・九州などに広められた。上総の九十九里浜の**地引網**による**鰯漁**，松前の鰊漁などが代表例である。これらの鰯や鰊は**干鰯**や**〆粕**などに加工され，綿作などの商品作物生産に欠かせない購入肥料（**金肥**）として上方をはじめ各地に出荷され，綿や煙草などの商品作物の生産地で利用されるようになった。その他，金肥には菜種の油を絞った油粕などもあった。

干鰯や油粕などの金肥は畿内近国でいち早く普及し，木綿や菜種など商品作物の栽培から稲作へと使用が拡大し，肥料の中心を占めるようになっていった。やがて金肥の使用は全国的に広まっていった。

論述のポイント

□空欄 a の解答は干鰯のみである。干鰯が金肥として商品作物栽培に使用されたこと，「他地域の生産」の代表例として，畿内近国の木綿や菜種の栽培をあげればよい。

解答例　1干鰯。畿内近国の木綿や菜種などの商品作物栽培に金肥として使用された。（35字）

問2　近世 政治

松平定信の農村対策と農政家

設問の要求

〔主題〕松平定信が実施した農村対策を二つあげ，その内容を説明。
空欄ｄに当てはまる語句。

論述の構成

まず，空欄ｄは「房総北部などで独自の仕法を行って農村の再建を目指した」とあるので，大原幽学である。次に松平定信の農村政策は，寛政の改革で実施した政策を想起すればよいのだが，下線部ｃの前に「関東などの農村荒廃に対処するため」とあるので，天明の飢饉からの農村復興を意識して書けばよい。

▶天明の飢饉と松平定信の農村復興策

天明の飢饉は，1782年の冷害から始まり，翌年の浅間山の噴火を経て数年に及ぶ大飢饉となり，東北地方を中心に多数の餓死者を出した。このため，全国で数多くの百姓一揆が起こり，江戸・大坂をはじめ各地の都市部では打ちこわしが発生した。当時，関東では農民の階層分化や大飢饉によって，多くの農民が耕作を放棄し江戸に流入しており，農村の荒廃や江戸の打ちこわし激化にもつながっていた。

そのなかで老中に就任した**松平定信**は，飢饉で危機におちいった農村を再興し，幕府の財政基盤を復興しようとした。

まず，荒廃した村々を復興させるために，人口の減少が著しい陸奥や北関東などで百姓の他国への出稼ぎを制限し，農村から江戸に流入した者の帰農を奨励した（**旧里帰農令**）。さらに荒れた耕地を復旧させようと，全国で公金の貸付を行った。一方で飢饉に備えて，各地に社倉・義倉を立てさせて米穀を蓄えさせた（**囲米**）。

論述のポイント

□〔解答例〕では，出稼ぎの制限と囲米について説明した。旧里帰農令は都市対策の側面があるので避けたが，解答として記述しても問題ない。

解答例　2飢饉で荒廃した農村を復興するため，人口減少の著しい地域で百姓の他国への出稼ぎを制限し，飢饉に備えて各地に社倉・義倉を設けさせ，米穀を蓄えさせた。大原幽学。（78字）

問3 近世 文化

百姓たちが小林一茶・平田篤胤を支援した背景

設問の要求

〔主題〕空欄eに当てはまる語句。
百姓たちが小林一茶や平田篤胤を支持・後援した社会的・経済的・文化的背景。

論述の構成

空欄eは「[e]を唱えた平田篤胤」とあるので，その思想である復古神道を解答すればよい。次に小林一茶と平田篤胤が支持・後援された背景が求められているが，これらは必ずしも共通する部分だけではないので，小林一茶・平田篤胤についてそれぞれ考えればよい。そのなかで，商品経済の発達というプラス面と，百姓の階層分化進展による村の秩序の動揺というマイナス面の2つの側面から考えてみよう。

▶商品経済の発達と村への文化の広がり

17世紀末には全国市場が確立し，江戸・大坂・京都の三都や城下町などの都市が発達すると，都市の住民を中心に武士以外でも消費需要が多様化し，これに応じて各地では商品生産が活発化した。農村でも，都市部での需要に対応して商品作物の栽培が盛んとなり，商品経済が浸透し，百姓の生活水準は向上した。商品経済の進展にともない，百姓にも読み・書き・そろばんが必要となり，寺子屋での教育が普及して識字率が上昇した。それにより，百姓たちは**小林一茶**の俳句などの文芸をはじめ，学問や芸術などの文化活動を行う主体として成長した。また，農村での文化活動は孤立したものではなく，都市の文化人が農村を訪れ，交流するなかで行われていた。

論述のポイント

□まず，小林一茶の俳句を念頭に，商品経済の浸透により百姓の生活水準が向上したこと，それにともない寺子屋が普及して識字率が上昇したこと，都市との交流が盛んであったことを説明し，百姓が文化の担い手になったことが説明できればよい。

▶村の秩序の動揺による危機感と文化

18世紀後半以降，商品経済の進展により，百姓の階層分化が進み，村の共同体の秩序は動揺した。有力な百姓に成長した**豪農層**は，村々の商品生産や流通・金融の中心となり，地域社会を運営する担い手でもあった。一方，田畑を失った百姓は小作人となったり，江戸や近隣の都市部へ流出したりした。村のあり方は大きく変わり，村役人を兼ねる豪農と小作人など貧農層の間での**村方騒動**も頻発した。さらにロシアやイギリスなどの列強の接近により，対外的な危機意識も高まった。こうしたなかで，**復古神道**を唱えた国学者**平田篤胤**の思想は，武士のみならず豪農層にも広く浸透し，幕末期には内外の危機的な状況下に，現実の政治を動かす思想として受容された。

論述のポイント

□平田篤胤の思想が広がったことを念頭に，商品経済の浸透は一方で階層分化を進め，村の秩序が動揺したこと，そのなかで，村の指導者である豪農層に現実の政治を動かす思想が求められていたことを説明すればよい。

解答例　3復古神道。農村での商品生産の活発化と農村と都市の流通の発達は，百姓の生活水準を向上させるとともに，寺子屋などの教育を普及させて百姓の識字率を上昇させた。それにより百姓は学問・芸術を担う主体として成長し，都市の文化人との交流を通じて文化を農村で受容した。一方で商品経済の浸透を背景とした百姓の階層分化による村の共同体秩序の動揺や，列強の接近による対外的危機感の高揚により，現実の政治を動かす思想・学問が豪農層に求められ，受容された。（216字）

問4　近世　外交

18世紀末以降の江戸湾岸の警備の強化

設問の要求

〔主題〕房総などの江戸湾岸の警備強化の内容について具体的に説明。

論述の構成

高校教科書の記述から考えるとやや難であろうか。下線部fの段落の初めが，「18世紀末以降，欧米諸国との接触の頻度が増すにつれて…」となっているので，19世紀半ばのペリー来航以降までを視野に入れて説明すればよい。

▶18世紀末以降の幕府による江戸湾防備

1792年，ラクスマンが根室に来航し，大黒屋光太夫らを日本に送還するとともに，通商を求めてきた。その際にラクスマンが交渉の場で江戸に行くことを強く要望したことが契機となり，江戸湾の防備が検討され，幕府は諸藩に江戸湾防備の強化を命じた。また，老中の松平定信みずから相模・伊豆を検分するなど，新たな海岸防備策が模索され始めた。さらに1808年のフェートン号事件を受けて，幕府は1810年，寛政の改革以来の懸案であった江戸湾の防備に着手し，白河・会津両藩にそれを命じた。その後，幕府は異国船打払令（1825年）を出し，アメリカ船を打払うというモリソン号事件（1837年）が起こった。この時，白河・会津両藩による江戸湾の防備体制は廃止されていたが，再び江戸湾防備の検討を始めた幕府は，伊豆韮山の代官江川英竜らに調査と立案を命じた。ペリー来航後の安政の改革では，国防を充実させるため，江川英竜に命じて江戸湾に台場を築いた。

論述のポイント

□高校教科書の内容をふまえると，18世紀末に諸藩に江戸湾の海防強化を命じたこと，フェートン号事件で白河・会津両藩に江戸湾防備を命じたこと，ペリー来航後，江戸湾の品川沖に台場を築いたことがあげられる。

解答例　4 18世紀末には，諸大名に江戸湾防備の強化を指示し，19世紀初頭には白河・会津両藩に江戸湾防備を命じた。ペリー来航後には，品川沖に台場を築かせた。（71字）

答案例

1干鰯。畿内近国の木綿や菜種などの商品作物栽培に金肥として使用された。2飢饉で荒廃した農村を復興するため，人口減少の著しい地域で百姓の他国への出稼ぎを制限し，飢饉に備えて各地に社倉・義倉を設けさせ，米穀を蓄えさせた。大原幽学。3復古神道。農村での商品生産の活発化と農村と都市の流通の発達は，百姓の生活水準を向上させるとともに，寺子屋などの教育を普及させて百姓の識字率を上昇させた。それにより百姓は学問・芸術を担う主体として成長し，都市の文化人との交流を通じて文化を農村で受容した。一方で商品経済の浸透を背景とした百姓の階層分化による村の共同体秩序の動揺や，列強の接近による対外的危機感の高揚により，現実の政治を動かす思想・学問が豪農層に求められ，受容された。4 18世紀末には，諸大名に江戸湾防備の強化を指示し，19世紀初頭には白河・会津両藩に江戸湾防備を命じた。ペリー来航後には，品川沖に台場を築かせた。

（400字以内）

第２章　近現代

（注）　解答は，解答用紙の所定の位置に横書きで書きなさい。他のところに書いても無効になることがあります。また，字数などの指示がある場合は，その指示に従って書きなさい。なお，字数制限がある場合，算用数字及びアルファベットに限り，１マスに２文字入れることができます。それ以外の句読点や問題番号には１マスを使用すること。ただし，例えば「問１」ならば「１」とのみ書いても構いません。なお，問題番号は問題ごとに指定された解答字数に含めます。

（例）

「問１」の場合 ⟶

				5			
1	・	・	・	・	・		

21

(2023年度 第2問)

次の文章を読んで，下記の問いに答えなさい。（問1から問4まですべてで400字以内）

日本において新聞は，幕末開港以降の外国新聞の翻訳からはじまった。明治はじめには活版印刷技術の発展などによって，都市部を中心に日刊新聞が創刊された。明治期の新聞は，政治評論を中心として西洋近代思想や啓蒙思想を広める役割をもった大新聞と，瓦版の伝統を受け継ぎ娯楽記事を中心とした小新聞に分化していた。また，政府との間で対立し，新聞紙条例で厳しく取り締まられながらも，農村部など全国各地で新聞が創刊され拡大した。加えて，政府の国内外の政策について，激しく意見がかわされ，特に対外戦争に関して，賛成・反対の立場で論戦を行うなど，紙面をにぎわした。

第一次世界大戦以降，発行部数で100万部を超える新聞が登場するとともに，総合雑誌や週刊誌が新たに創刊された。ラジオの登場もあわせてマスメディアが発展したのである。満州事変期には，中国各地での日本軍の戦闘行為に関する記事が新聞に連日掲載されるようになった。人々の戦意高揚，戦争熱をあおる行為に新聞などのマスメディアが加担することとなった。

問1 森有礼を中心に洋学者らによってつくられ，雑誌を発行するとともに啓蒙主義の普及に大きな役割を果たした団体の名前を述べなさい。

問2 明治初期に新聞紙条例が制定された背景について，当時の政治状況をふまえて述べなさい。

問3 日露戦争において，当時の新聞がどのような立場で政府を擁護，批判したのか，代表的な新聞をとりあげながら述べなさい。

問4 日中戦争の全面化以降，政府は新聞，雑誌などマスメディアとどのような関係を持ったのか，戦時体制とのかかわりから述べなさい。

解説　近代における新聞と政府の関係

明治初期，日露戦争期，日中戦争期における政府とマスメディアの関係について問う。問1は語句記述問題である。問2は200字以上使ってもよい。問3は120〜150字程度，問4は難問であり，50字も書ければよいか。書けるところで大胆な字数配分をしたい。

問1　幕末・明治　文化

啓蒙主義を普及した団体

語句記述問題

森有礼らを中心につくられ，啓蒙主義の普及に大きな役割を果たした団体。

明六社は，1873年にアメリカから帰国した**森有礼**が社長となり設立された思想団体で，**『明六雑誌』**を刊行して啓蒙活動を行った。社員には**福沢諭吉**・**中村正直**・西周・津田真道・加藤弘之らがおり，福沢以外は明治政府に出仕していた。

解答例　1明六社。（5字）

問2　幕末・明治　政治

明治初期に新聞紙条例が制定された背景

設問の要求

〔主題〕明治初期に新聞紙条例が制定された背景。
〔条件〕当時の政治状況をふまえる。

論述の構成

新聞紙条例が制定された背景として，自由民権運動は想起できるだろう。当時の政治状況としては自由民権運動の始まりと士族民権の展開を説明すればよい。条件になっているので，背景としてこの部分をしっかりまとめることになる。政府の対応も政治状況の一つとして丁寧にまとめよう。

▶自由民権運動の始まり

1873年に**明治六年の政変**が起こり，**征韓論**を唱えた**西郷隆盛**，**板垣退助**，江藤新平，後藤象二郎らの参議は政府を下野した。政府は内務卿に就任した**大久保利通**を中心とする体制となった。これに対し，板垣退助らは愛国公党を結成し，1874年，**民撰議院設立の建白書**を太政官の左院に提出し，官僚の独裁を批判して国会開設を求めた。この建白書はイギリス人のブラックが経営する新聞**『日新真事誌』**に掲載されたことで世論に影響を与え，**自由民権運動**が始まるきっかけとなった。当初，運動の中心は政府に不満を持つ士族であった。この後，板垣は土佐に帰り，片岡健吉らとともに政社である**立志社**を結成した。このような政社は全国各地に結成され，1875年には政社の代表が大阪に集まり，全国組織である**愛国社**が結成され，民権運動が盛り上がった。

▶**政府の対応**

自由民権運動の盛り上がりに対し，政府を指導していた大久保利通は徐々に立憲制に移行していく方針を定めて妥協した。大久保は，1875年，下野していた木戸孝允，板垣退助と会談（**大阪会議**）し，木戸の提案を受け入れ，**漸次立憲政体樹立の詔**を出した。一方で民権運動家たちは新聞や雑誌で政府を攻撃した。そのため，政府は1875年，**新聞紙条例**や讒謗律を制定して言論を規制した。

論述のポイント

□自由民権運動の開始から士族民権の展開について，民撰議院設立の建白書の提出，立志社の結成，愛国社の結成について説明したうえで，民権運動家による新聞や雑誌での政府批判が盛んであったことを説明したい。それが新聞紙条例制定の背景となる。

解答例　2明治六年の政変で大久保政権が成立し，官僚独裁に反発する動きから民撰議院設立の建白書が政府に提出され，『日新真事誌』に掲載されると，自由民権運動が始まった。各地では立志社などの政社が結成され，政社の代表が大阪に集まって愛国社が結成された。政府は大阪会議を開き，漸次立憲政体樹立の詔を出すなど妥協したものの，民権運動家が新聞や雑誌で盛んに政府攻撃を行ったため，政府は新聞紙条例を制定して言論を規制した。(200字)

問3　　幕末・明治　政治

日露戦争における新聞各紙の立場

設問の要求

〔主題〕日露戦争において，当時の新聞がどのような立場で政府を擁護，批判したのか。
〔条件〕代表的な新聞を取り上げる。

論述の構成

日露戦争における世論として，政府を擁護する主戦論と政府を批判する非戦論についてそれぞれまとめる。そのなかで当時の代表的な新聞を挙げればよい。答案には，政府の動きも簡潔に書いておいてもよい。

▶日露戦争にいたる政府の動き

1900年に起こった**北清事変**後，ロシアが満州を占領したことで，日本の韓国における権益が脅かされた。そのため，政府は満州問題と韓国問題の同時解決をめざし，ロシアとの外交交渉を進めたが難航した。そのため，**第1次桂太郎内閣**はイギリスとの同盟によりロシアに対抗する方針をとり，1902年，**日英同盟協約**を締結した。一方，ロシアが満州に駐兵を続けたため，開戦準備を進めた。

▶主戦論と非戦論

国内では，対露同志会や戸水寛人ら東大七博士が世論を煽ったこともあり，ロシアとの開戦を求める主戦論へと傾いていった。そのなかで，当初は戦争に反対していた黒岩涙香の『**万朝報**』や，日清戦争を機に国家主義に転向した**徳富蘇峰**の『**国民新聞**』は主戦論を盛り上げ，政府の動きを擁護した。一方，キリスト教徒の**内村鑑三**や社会主義者は戦争に反対する非戦論・反戦論を唱えた。『万朝報』が主戦論に転換したため，退社した社会主義者の**幸徳秋水**や**堺利彦**は，1903年，**平民社**を設立して週刊『**平民新聞**』を創刊して非戦論を唱え，政府を批判した。

論述のポイント

□政府がロシアとの開戦準備を進めるなか，『万朝報』や『国民新聞』は主戦論を主張して政府を擁護したこと，一方，『平民新聞』は非戦論の立場で政府を批判したことを説明すればよい。

解答例　3 政府は日英同盟を締結して開戦準備を進めた。そのなかで黒岩涙香の『万朝報』や徳富蘇峰の『国民新聞』は対露開戦を支持する強硬論である主戦論を盛り上げ，政府を擁護した。一方，『万朝報』を辞めた社会主義者の幸徳秋水・堺利彦は平民社を結成し，『平民新聞』上で戦争に反対する非戦論を唱え，政府を批判した。(147字)

問4　昭和①　政治

日中戦争下における政府とマスメディアの関係

設問の要求

〔主題〕日中戦争の全面化以降，政府が新聞，雑誌などマスメディアと持った関係。
〔条件〕戦時体制とのかかわりから述べる。

論述の構成

政府が国民を戦争に協力させる戦時体制を強化していくなかで，マスメディアを戦争遂行に利用したことを説明する。難問のため，もし答案が思い浮かばない場合は，戦時体制についてまとめてもいいだろう。

▶日中戦争勃発以降の戦時体制

日中戦争が勃発すると，政府は戦時体制を形成した。**第1次近衛文麿内閣**は，「挙国一致」「尽忠報国」「堅忍持久」をかかげ，節約・貯蓄など国民の戦争協力をうながすため，1937年，**国民精神総動員運動**を展開した。さらに1938年には**国家総動員法**を制定して，議会の承認なく，勅令で戦争遂行に必要な物資や労働力を動員することができるようになり，政府は国民生活を全面的統制下においた。

▶政府とマスメディアの関係

1940年12月，**内閣情報局**が設置された。この機関はマスメディアを統制して利用し，世論誘導に影響力を持った。前身は1937年に成立した内閣情報部で，国民精神総動員運動などの宣伝実施を受け持っていた。

内閣情報局の業務は，国策の宣伝，情報収集のほか，内務省・外務省・逓信省で実施されてきた新聞・雑誌・出版・放送・映画・演劇・レコードなどの検閲と取り締まりと，これらマスメディアおよび各種の思想・文化団体の指導など広範にわたり，ファシズム体制下の戦争遂行に大きな役割を果たした。

論述のポイント

□内閣情報局が設立され，マスメディアを戦争遂行のために利用したことが説明できればよい。

解答例　4マスメディアの総合的な統制をめざして内閣情報局を設置し，戦争遂行のために利用する方針をとった。（48字）

答案例

1明六社。2明治六年の政変で大久保政権が成立し，官僚独裁に反発する動きから民撰議院設立の建白書が政府に提出され，『日新真事誌』に掲載されると，自由民権運動が始まった。各地では立志社などの政社が結成され，政社の代表が大阪に集まって愛国社が結成された。政府は大阪会議を開き，漸次立憲政体樹立の詔を出すなど妥協したものの，民権運動家が新聞や雑誌で盛んに政府攻撃を行ったため，政府は新聞紙条例を制定して言論を規制した。3政府は日英同盟を締結して開戦準備を進めた。そのなかで黒岩涙香の『万朝報』や徳富蘇峰の『国民新聞』は対露開戦を支持する強硬論である主戦論を盛り上げ，政府を擁護した。一方，『万朝報』を辞めた社会主義者の幸徳秋水・堺利彦は平民社を結成し，『平民新聞』上で戦争に反対する非戦論を唱え，政府を批判した。4マスメディアの総合的な統制をめざして内閣情報局を設置し，戦争遂行のために利用する方針をとった。

（400字以内）

22

（2023年度　第3問）

次の文章を読んで下記の問いに答えなさい。（問1から問5まですべてで400字以内）

太平洋戦争の末期の1945年3月26日，アメリカ軍は沖縄戦を開始し，4月1日に沖縄本島へ上陸した。これに対して日本軍は，本土決戦の準備(a)のための時間をかせぐため，持久戦に持ち込んだ。男子中学生も兵士として動員され，［　①　］と呼ばれる部隊が編成された。民間人を巻き込む激しい戦闘の結果，6月末までに現地の日本軍は壊滅し，アメリカ軍に占領された。

9月2日に日本が正式に降伏した後も，沖縄は本土とは別にアメリカ軍の直接統治の下に置かれ，さらに1952年4月28日にサンフランシスコ平和条約(b)が発効し，日本が独立を回復した後も，沖縄はアメリカの統治下に残された。国際的な冷戦を背景として，アメリカは沖縄で恒久的な基地建設を進めた。「銃剣とブルドーザー」と呼ばれる強制的な土地接収に反発し，1956年には住民による「島ぐるみ闘争」が起きた。

こうしたなか，1960年4月28日に沖縄県祖国復帰協議会が結成された。1965年にアメリカがベトナム戦争への軍事介入を本格化させると，その下で大きな負担を強いられた沖縄では祖国復帰と基地撤去(c)を求める運動が高まった。一方，佐藤栄作内閣(d)は，ベトナム戦争でアメリカに協力しつつ，「核抜き・本土なみ」の沖縄返還を目指した。そして，1971年6月17日に沖縄返還協定が調印され，翌年5月15日に沖縄の日本復帰が実現した。

沖縄返還の過程で核兵器を「持たず，つくらず，持ちこませず」という［　②　］が国の方針となったが，撤去された核兵器について，有事の際の再持ち込みを認める約束が密かに結ばれた。また，沖縄には広大なアメリカ軍基地が残され，事故，公害，犯罪といった多くの問題が起きている。沖縄の基地負担をめぐる問題は，日本全体で向き合わなければならない重要な課題として，現在もなお残されている。

問1　①と②の空欄に入れるべき適切な語句を書きなさい。

問 2 下線部(a)に関して，戦況の悪化を受け，本土決戦の準備と並んで日本政府が進めた外交交渉について説明しなさい。

問 3 下線部(b)に関して，サンフランシスコ平和条約の締結をめぐり，日本国内でなされた批判について説明しなさい。

問 4 下線部(c)に関して，1968年に核爆弾を搭載可能な戦略爆撃機 B 52 がベトナムに出撃するために離陸した後に墜落し，爆発・炎上する事故が発生した。この事故が起きたアメリカ空軍基地の名称を書きなさい。

問 5 下線部(d)に関して，佐藤栄作内閣の時期，大都市圏で革新自治体が数多く成立した経済的・社会的背景について説明しなさい。

解説 太平洋戦争における終戦工作と戦後の諸問題

太平洋戦争における終戦工作，講和論争，高度経済成長期の革新自治体などについて問う。問1と問4は語句記述問題である。問2は100字前後，問3は100字以上，問5は100字以上でまとめたい。論述問題は全体的に字数を確保しにくい問題なので，書きやすい問題に大胆に字数を割きたい。

問1 昭和①／昭和③ 政治

沖縄戦での男子学徒動員，非核三原則

語句記述問題

①沖縄戦において兵士として動員された男子中学生による部隊。
②「持たず，つくらず，持ちこませず」という国の方針。

①の沖縄戦において兵士として動員された男子中学生による部隊は，**鉄血勤皇隊**である。ちなみに，女子学生で編成された従軍看護隊は**ひめゆり隊**である。②の「持たず，つくらず，持ちこませず」は**非核三原則**である。沖縄返還の過程で，**佐藤栄作**内閣のとき，1971年に衆議院で決議され，日本政府の基本原則となった。

解答例 1 ①鉄血勤皇隊。②非核三原則。(15字)

問2 昭和① 外交

太平洋戦争における終戦工作

設問の要求

〔主題〕戦況の悪化を受け，本土決戦の準備と並んで日本政府が進めた外交交渉。

論述の構成

鈴木貫太郎内閣が進めたソ連を通じての終戦工作について説明すればよい。

▶鈴木貫太郎内閣の終戦工作

戦局が悪化するなか，1945年4月に**沖縄戦**が始まった。この直後，小磯国昭内閣は戦局の悪化を理由に辞職し，昭和天皇の信頼が厚かった**鈴木貫太郎**が組閣し，終戦へ向けての動きが進められることとなった。1945年5月にはドイツが無条件降伏して日本は完全に孤立した。

そのなかで，鈴木内閣はソ連の仲介による終戦を狙った。ソ連とは1941年に**日ソ中立条約**を締結しており，当時，交戦状態にはなかった。そのため，ソ連にアメリカ・イギリスとの和平交渉の仲介を依頼しようとした。しかし，1945年2月には，アメリカ・イギリス・ソ連の間で**ヤルタ会談**が行われており，ソ連への南樺太の返還や千島列島の譲渡に加え，ドイツ降伏後のソ連の対日参戦を約す秘密協定（ヤルタ協定）が結ばれていた。さらに7月には，アメリカ・イギリス・ソ連の間でポツダム会談が開かれ，日本の無条件降伏の勧告と戦後処理方針からなる**ポツダム宣言**が米・英・中の名で発表された。日本の抵抗が続く8月にはアメリカが広島・長崎に原子爆弾を投下し，その間にソ連が中立条約を無視して日本に宣戦布告した。こうして最終的にソ連を通じた日本政府の終戦工作は失敗に終わった。

論述のポイント

□鈴木貫太郎が組閣したこと，そのうえで，中立条約を結んでいたソ連を通じて終戦工作を進めたこと，ソ連がヤルタ協定を結んでいたこともあり，交渉が不調に終わったことを説明したい。

解答例 2鈴木貫太郎内閣は中立条約があって交戦していなかったソ連に，アメリカ・イギリスとの和平交渉の仲介役を依頼しようとした。しかし，ヤルタ会談でソ連の対日参戦などが密約されており，ソ連が日本の要求に応じなかったため，外交交渉は上手くいかなかった。（120字）

問3 昭和② 外交

サンフランシスコ平和条約締結をめぐる批判

設問の要求

〔主題〕サンフランシスコ平和条約の締結をめぐり，日本国内でなされた批判。

論述の構成

講和の事情をふまえて，サンフランシスコ平和条約をめぐる単独講和と全面講和の論争について説明したい。その際に単独講和をした事情と，それに対する批判をそれぞれ説明する。

▶講和の事情と講和条約の締結

アメリカとソ連を中心とする**冷戦**が激化するなか，東アジアでは朝鮮の南北問題から，1950年，**朝鮮戦争**が勃発した。それに対し，アメリカは占領を終わらせて日本を西側陣営に早期に編入する動きを強めた。アメリカのダレス外交顧問はソ連など東側を除外する単独講和と，講和後の米軍駐留の継続を条件に対日講和の準備を進めた。そのなかで吉田茂首相は，西側諸国のみとの講和によって独立を回復し，米軍に基地を提供するかわりに安全保障をアメリカに依存する方針をとった。1951年9月，吉田内閣は**サンフランシスコ平和条約**に調印した。同日夜には**日米安全保障条約**に調印し，米軍の駐留を認めた。講和会議には，中華人民共和国と中華民国は招待せず，インド・ビルマなどは条約への不満から参加しなかった。ソ連などは会議に出席したものの，条約には調印しなかった。このようにすべての交戦国との講和は実現せず，**単独講和**となった。

▶講和に対する批判

単独講和が進められるなか，ソ連・中国を含むすべての交戦国との**全面講和**論もあった。主張したのは，南原繁・大内兵衛らの知識人あるいは，日本社会党・日本共産党である。日本社会党は，講和条約の批准をめぐって対立し，単独講和を容認する右派と全面講和を主張する左派に分裂した。

論述のポイント

□サンフランシスコ平和条約にソ連などが調印せず，西側のみとの単独講和となったことを説明したうえで，日本社会党の左派や日本共産党が全面講和を唱えて批判したことを説明したい。

解答例　3朝鮮戦争が勃発すると，日本を西側陣営に組み込むというアメリカの意向を背景にサンフランシスコ平和条約が締結され，ソ連などを除外した単独講和となった。それに対して日本社会党左派や日本共産党の革新勢力はソ連・中国を含む全交戦国との全面講和を要求した。(123字)

問4　昭和③　外交

嘉手納基地における事故

語句記述問題

1968年，B52がベトナムに出撃する際に墜落する事故が起こった基地。

事故が起こった**嘉手納基地**は沖縄本島中部にある，アメリカの太平洋空軍の中枢基地である。ベトナム戦争や湾岸戦争でも重要な役割を果たした。

解答例　4嘉手納基地。(7字)

問5 昭和③ 政治

革新自治体が成立した背景

設問の要求

〔主題〕佐藤栄作内閣の時期，大都市圏で革新自治体が数多く成立した経済的・社会的背景。

論述の構成

経済的な背景として高度経済成長を想起し，その間に起こった歪み，つまり問題点を考え，特に大都市に関連するものを中心に列挙すればよい。それが革新自治体の生まれた背景の説明になる。

▶高度経済成長によって起こった問題と革新自治体

高度経済成長の結果，国民の所得は増大し，生活水準が上昇したが，それに伴う矛盾も顕在化した。東京・大阪など大都市への人口移動が進み，十分な都市計画や開発を全体として調整する法律が作られないまま開発が進んだため，住宅地は都市から郊外にかけて無秩序に広がり，過密が深刻な問題となった。その結果，通勤ラッシュ・交通渋滞や騒音・大気汚染あるいは，住宅や病院の不足などが生じた。こうした状況に対し，大都市の住民は反発し，自民党から離反し，大都市に**革新自治体**を成立させた。

1967年に経済学者の**美濃部亮吉**（美濃部達吉の長男）が東京都知事に当選し，1970年代初めには，東京都・大阪府・京都府の知事をはじめ，大都市の市長が革新首長で占められた。これら革新自治体では，公害条例を制定する一方，老人医療の無料化など福祉政策を進めた。

論述のポイント

□高度経済成長における大都市への人口集中とそれにともなう問題を列挙したうえ，大都市住民が経済成長を優先する自民党から離反したことを説明すればよい。

解答例

5 高度経済成長が進展するなか，大都市への人口移動が進み，十分な計画や法整備のないまま都市開発が進められ，通勤ラッシュ・交通渋滞，騒音や大気汚染，住宅や病院の不足などの問題が発生した。これに対し経済成長を優先する政府のもとで対策は進まず，大都市の住民が自民党から離反した。（135字）

答案例

1①鉄血勤皇隊。②非核三原則。2鈴木貫太郎内閣は中立条約があって交戦していなかったソ連に，アメリカ・イギリスとの和平交渉の仲介役を依頼しようとした。しかし，ヤルタ会談でソ連の対日参戦などが密約されており，ソ連が日本の要求に応じなかったため，外交交渉は上手くいかなかった。3朝鮮戦争が勃発すると，日本を西側陣営に組み込むというアメリカの意向を背景にサンフランシスコ平和条約が締結され，ソ連などを除外した単独講和となった。それに対して日本社会党左派や日本共産党の革新勢力はソ連・中国を含む全交戦国との全面講和を要求した。4嘉手納基地。5高度経済成長が進展するなか，大都市への人口移動が進み，十分な計画や法整備のないまま都市開発が進められ，通勤ラッシュ・交通渋滞，騒音や大気汚染，住宅や病院の不足などの問題が発生した。これに対し経済成長を優先する政府のもとで対策は進まず，大都市の住民が自民党から離反した。

（400字以内）

23 (2022年度 第2問)

次の史料は，大山捨松の死去を報じる『東京朝日新聞』1919年2月19・20日の記事である(一部を省略のうえ，表記を改めている)。これを読んで下記の問いに答えなさい。(問1から問4まですべてで400字以内)

(a)大山公爵未亡人捨松刀自は本月六日軽微なる感冒に罹り咽喉部に微痛を感じたるにより，千駄ヶ谷穏田の本邸にて静養に努めたるが〔中略〕十六日に至りて肺炎に変症し，爾来刻々険悪となりて昨十八日〔中略〕午後二時半よりは応答も不明となり，同四時二十分令嗣柏氏同武子夫人其の他近親に守られつつ遂に逝去せり。享年六十。

(「大山捨松刀自 (b)流行感冒にて逝去」)

刀自は〔中略〕(c)明治四年〔中略〕黒田清隆が政策上婦人養成の必要を感じて，婦人留学生といふ一新例を開いたとき，刀自は瓜生海軍大将夫人しげ子刀自，津田梅子女史等と共に選ばれて渡米し，紐育州ボツケプレー女学校に入つて女子教育上の諸科を修め，明治十五年に帰朝して大いに婦人界先覚者の名を肆(ほしいまま)にした〔後略〕

(「婦人界の先覚者 明治初年選ばれて 津田女史等と共に渡米」)

大山さんはお若い時代に米国の教育を受けられた為めでもありませうか，大変温順な，そして大変美しい御性格の方であつた。我国婦人に特有な陰険とか蔭日向の心は微塵も御座いません。常に無邪気な御快活な方でした。ですから又旧式の御婦人方とも巧に調和がお出来になり，いつでも(d)西洋の御婦人方と日本の御婦人方との仲に立つて其の仲介の労をとつて居られました。

(「快活で温順な婦人 熱心な読書家 山脇房子女史談」)

＊刀自…女性に用いる敬称 ＊紐育…ニューヨーク

問1 下線部(a)に関して，捨松の夫である「大山公爵」の氏名を書きなさい。

問 2 下線部(b)に関して，捨松が罹患したこの「流行感冒」は，「スペイン風邪」などと呼ばれたインフルエンザで，1918 年から世界規模で流行した。この流行の背景には，当時のどのような世界情勢が関わっていたと考えられるか，簡潔に説明しなさい。

問 3 下線部(c)に関して，捨松が同行した使節の名称を書きなさい。また，留学生のひとりだった津田梅子が，帰国後に力を注いだ事業について，説明しなさい。

問 4 下線部(d)に関して，捨松らによる仲介は，1880 年代，どのような歴史的背景のもとで，どのような目的をもっておこなわれたか，説明しなさい。

解説 大山捨松とその時代 〈史料〉

大山捨松を通して，第一次世界大戦や頻出の井上外相による条約改正交渉について問う。問1は語句記述問題，問2は100字以上，問3は50字程度，問4は200字程度で説明したい。特に問4は多くの字数を割いて説明したいところである。

問1 幕末・明治 政治

「大山公爵」の氏名

語句記述問題

捨松の夫である「大山公爵」の氏名。

大山捨松の夫は，**大山巌**である。大山巌は鹿児島出身の陸軍軍人で，戊辰戦争，西南戦争，日清戦争，日露戦争に出征し，参謀総長や陸軍大臣などの要職を歴任した。晩年は元老の一人として活躍した。

解答例　1 大山巌。(5字)

問2 大正 外交

「スペイン風邪」流行の背景

設問の要求

〔主題〕「スペイン風邪」が流行する背景として関わっていた，当時の世界情勢。

論述の構成

設問のヒントとして，「1918年から世界規模で流行した」とあり，当時の世界情勢として，第一次世界大戦が想起できるだろう。そのうえで，第一次世界大戦と「スペイン風邪」の流行について因果関係を考えてみよう。日本史の教科書には具体的な記述がないので，ある程度は類推するしかない。

▶第一次世界大戦と「スペイン風邪」

第一次世界大戦はイギリスやドイツをはじめとするヨーロッパの帝国主義諸国間の覇権争いから始まり，4年余りにおよぶ総力戦となった。アジアでは日本が日英同盟を口実としてドイツに宣戦布告して参戦し，ドイツ領の青島や南洋諸島を占領した。1917年には，アメリカがドイツに対して宣戦布告して参戦した。

そのなかで，アメリカから始まった「スペイン風邪」=インフルエンザが世界的に大流行し，ヨーロッパの戦場や銃後の社会にも広がって猛威を振るい，全世界で第一次世界大戦の犠牲者を上回る死者を出したと言われる。この流行は大戦と密接に関係していた。

アメリカが参戦したことにより，大量の兵士がアメリカからヨーロッパに移動して広めることになった。戦場では兵営や塹壕での集団生活があり，感染の拡大を容易にした。また，第一次世界大戦は国の総力をあげた戦いとなり，兵士のみならず，女性も含めた一般市民も軍需工場の労働力として動員され，経済統制の影響も受けた。こうした総力戦体制により，銃後では栄養不足などによって体力と抵抗力が低下していた幼児や高齢者に犠牲者が集中した。

論述のポイント

□流行の背景となった世界情勢として第一次世界大戦を想起する。そのうえで，最低限，国をまたぐ兵士の移動などが説明できればよい。

解答例　2インフルエンザの流行の背景にはヨーロッパで起こった第一次世界大戦があった。流行の先駆となったアメリカが参戦し，ヨーロッパへ多数の兵士が移動したうえ，兵営や塹壕での集団生活をしたため感染を容易にし，参戦した国々へと広がった。また，総力戦体制のもと，銃後では栄養不良などによる体力低下などもあり感染が広がった。(154字)

問3　幕末・明治　文化

津田梅子による帰国後の事業

設問の要求

〔主題〕捨松が同行した使節の名称。
　　　留学生だった津田梅子が帰国後に力を注いだ事業。

論述の構成

まず，捨松が同行した岩倉使節団の名称を解答したうえで，その留学生として派遣された津田梅子が帰国後に力を注いだ事業である女子教育について説明すればよい。

▶岩倉使節団の派遣と女子留学生

まず，捨松が同行したのは岩倉具視を大使とする**岩倉使節団**である。岩倉使節団は条約改正の予備交渉，欧米諸国の視察などを目的として派遣された使節団である。そのなかで，**山川捨松・津田梅子**ら幼少期の女子がアメリカに留学生として派遣された。この構想は，当時，開拓使次官であった黒田清隆の提案であった。黒田は1871年に開拓事業の視察のためアメリカに渡り，女性の状況を見て，日本での女子教育の重要性を認識した。黒田は帰国後，政府に建議書を提出し，岩倉らの支持で実現した。

女子留学生のうち，津田梅子は女子の高等教育の必要性を痛感した。そのため，男子と同等の学問をする私塾の創設をめざした。津田は再度，アメリカに留学し，アメリカの女性たちの支援を得て，1900年に女子英学塾を創立した。大山巖と結婚していた捨松も，顧問，理事などを引き受け，津田の塾を支えた。

論述のポイント

□岩倉使節団の名称を解答する。津田梅子が女子高等教育のため，女子英学塾を創設したことを説明する。

解答例 **3岩倉使節団。津田梅子は女子の高等教育が重要であると考え，男子と同等の学問をする私塾として女子英学塾を創設した。(56字)**

問4 幕末・明治 外交

大山捨松と1880年代の条約改正

設問の要求

〔主題〕1880年代，捨松らによる仲介がおこなわれた歴史的背景と目的。

論述の構成

下線部(d)には，捨松が「西洋の御婦人方と日本の御婦人方」の仲介の労をとったとある。1880年代という時期と合わせて考えて，想起したいのは井上馨外相の条約改正交渉にともなう欧化主義である。まず，歴史的背景として井上外交を説明したい。次に井上が鹿鳴館を建設して舞踏会を開き，外国の要人を接待していたことが想起できれば，欧化政策に協力するという目的が説明できる。

▶井上馨外相による条約改正交渉

歴史的背景となる**井上外交**についてまとめてみよう。明治政府は，当初から幕末に欧米諸国と締結した不平等条約のうち，**治外法権の撤廃**，**関税自主権の回復**などを主眼として条約改正を実現し，国家主権を確立することをめざしていた。1880年代に条約改正交渉の中心となったのは，**井上馨**外務卿（1885年から外務大臣）である。井上が条約改正交渉を進めた結果，1887年には，日本国内を外国人に開放する内地雑居を認めるかわりに，領事裁判権を原則として撤廃する改正案が欧米諸国に了承された。しかし，欧米並みの法典を編纂すること，外国人判事を裁判所で任用するという条件がついていたため，政府内外から国家主権の侵害であるとの批判がおこり，井上のとった極端な**欧化主義**に対する批判とあいまって，井上は交渉を中断して外相を辞任した。

▶捨松と欧化政策

捨松が仲介をした目的を考える。井上は条約改正交渉を有利に進めるため，欧化主義をとり，外国人を接待する社交場として東京の日比谷に**鹿鳴館**を建設し，盛んに利用した。鹿鳴館では，外国の要人をもてなす舞踏会などが開かれた。このときにアメリカへの留学経験があった捨松が参加し，外国人との関係を円滑にするための協力をしたことは，史料の内容からも想像できるだろう。以上から，捨松が仲介した目的は，政府の欧化主義的な政策に協力することであった。

論述のポイント

□歴史的背景として，井上外交について説明する。最低限，不平等条約の改正を目標とし，領事裁判権の撤廃をめざしていたことを述べる。捨松による仲介の目的は，政府の欧化主義的な政策への協力であることを説明する。

解答例　4 明治政府は，幕末に欧米諸国と締結した不平等条約を改正して国権を確立することを目標としていた。1880年代には，井上馨外務大臣のもと，領事裁判権の撤廃を中心に条約改正交渉が本格化した。井上外相は条約改正交渉を促進するため，極端な欧化主義の立場を取り，外国人を接待する社交場として鹿鳴館を建設した。そのなかで，捨松は外国の女性と日本の女性の間を取り持つなど政府に協力した。(183字)

答案例

1大山巌。2インフルエンザの流行の背景にはヨーロッパで起こった第一次世界大戦があった。流行の先駆となったアメリカが参戦し，ヨーロッパへ多数の兵士が移動したうえ，兵営や塹壕での集団生活をしたため感染を容易にし，参戦した国々へと広がった。また，総力戦体制のもと，銃後では栄養不良などによる体力低下などもあり感染が広がった。3岩倉使節団。津田梅子は女子の高等教育が重要であると考え，男子と同等の学問をする私塾として女子英学塾を創設した。4明治政府は，幕末に欧米諸国と締結した不平等条約を改正して国権を確立することを目標としていた。1880年代には，井上馨外務大臣のもと，領事裁判権の撤廃を中心に条約改正交渉が本格化した。井上外相は条約改正交渉を促進するため，極端な欧化主義の立場を取り，外国人を接待する社交場として鹿鳴館を建設した。そのなかで，捨松は外国の女性と日本の女性の間を取り持つなど政府に協力した。

（400字以内）

24

(2022年度 第3問)

次の文章を読んで，下記の問いに答えなさい。（問1から問4まですべてで400字以内）

このころは軍部とくに陸軍の突出に並行するように，民間でも国粋運動が昂揚し，たとえば蓑田胸喜のような狂信的なイデオローグ（デマゴーグ）が三井甲之の主催する『原理日本』などに盛んに知識人批判（狩り）の論説を書いていたが，その矛先は左翼のみならず広くリベラルとみなされていた人々にも向けられた。よく知られたところでは，美濃部達吉，滝川幸辰，(a)大内兵衛，(b)津田左右吉などがその標的であった。(c)西田をはじめとする京都学派も例外ではなく，とくに西田には右翼テロの噂さえ流れていたし，西田が親しくしていた原田熊雄なども親米派と目され，(d)二・二六事件のときには反乱軍の標的になっていた。

（小林敏明『夏目漱石と西田幾多郎』岩波書店）

問1　下線部(a)の人物は1938年に検挙される。この事件は何と呼ばれているか。また，この事件の内容について説明しなさい。

問2　下線部(b)の人物は，1940年に蓑田胸喜らから非難され，著書が発禁となったうえ，文部省の要求で大学の職を失い，起訴された。その理由について簡潔に説明しなさい。

問3　独自な哲学体系を打ち立てたとされる下線部(c)の人物の代表的な著作名を示しなさい。

問4　下線部(d)の二・二六事件の背景には陸軍の統制派と皇道派の対立があった。両者の主張はどのようなものであるかを示し，事件による両者の関係の変化について説明しなさい。

解説 学問・思想の弾圧と二・二六事件

昭和初期の学問・思想の弾圧や二・二六事件における軍部の台頭に関して問う。問3は語句記述問題，問1は70字程度，問2は80〜90字程度，問4は200字以上で説明する。特に問4は思い切って字数を割きたい。

問1　昭和①　政治

大内兵衛が検挙された事件

設問の要求

〔主題〕大内兵衛が検挙された事件名と，事件の内容。

論述の構成

大内兵衛らが検挙された事件は，1937・38年に起こった人民戦線事件である。人民戦線事件の内容について簡潔に説明する。

▶大内兵衛と人民戦線事件

大内兵衛は，1919年から東京帝国大学の助教授であったが，1920年の森戸事件で退官，復官した後に教授となった。1938年，**人民戦線事件**で労農派グループとして検挙されたが，無罪となった。

労農派とは，日本資本主義論争において，『日本資本主義発達史講座』に論文を執筆した講座派に対して，雑誌『労農』に論文を執筆したグループである。

人民戦線事件は，日中戦争開始後，日本無産党，日本労働組合全国評議会（全評），労農派の関係者に対し，第1次近衛文麿内閣が**治安維持法**を適用して検挙した事件である。1937年の第1次，1938年の第2次で484名が検挙され，日本無産党と全評は結社禁止となった。

検挙の理由となったのは，労農派が日本共産党から生まれたとし，日本無産党と全評がコミンテルン第7回大会で採択された反ファッショ人民戦線の結成をはかったというものであった。「人民戦線」とは，ファシズムと戦争に反対する様々な団体や個人の共同戦線のことである。

この事件では，これまで合法的な存在であった労農派や社会民主主義者にまで治安維持法の弾圧対象が拡大した。裁判では，大内兵衛ら教授グループについて犯罪事実を立証できず，多くは無罪が確定した。

論述のポイント

□大内兵衛が検挙された事件として，人民戦線事件を解答する。人民戦線事件の内容として，大内兵衛らが人民戦線の結成をはかったとされ，治安維持法が適用されて検挙されたことが，説明できればよい。

解答例 1人民戦線事件。コミンテルンで採択された反ファッショ人民戦線戦術を受容したとして，日本無産党や労農派などの関係者が治安維持法の適用により検挙された。(74字)

問2 昭和① 政治

津田左右吉が起訴された理由

設問の要求

〔主題〕津田左右吉が非難され，著書が発禁，大学の職を失い，起訴された理由。

論述の構成

1940年の津田左右吉事件について説明する。

▶津田左右吉事件

津田左右吉は，大正から昭和期に日本・中国の思想史を主として研究した歴史学者である。

問題になった津田の研究は，『古事記』『日本書紀』の文献批判と歴史的事実を追究するものである。記紀の科学的分析による『神代史の研究』『古事記及日本書紀の研究』など研究4部作が皇室の尊厳を冒涜するものであるとされ，1940年には4つの著書が発禁処分を受け，1942年には出版法違反で有罪とされた。

論述のポイント

□『古事記』『日本書紀』の科学的分析が皇室の尊厳を冒涜するものとされたことを説明する。

解答例 2歴史学者の津田左右吉は『古事記』や『日本書紀』に科学的な分析を加え，『神代史の研究』などを著したが，これらの研究が皇室の尊厳を冒涜するものとして出版法違反に問われ，有罪とされた。(90字)

問3 幕末・明治 文化

西田幾多郎の著作名

語句記述問題

「西田」の代表的な著作名。

下線部(c)の「西田」とは，リード文の出典から**西田幾多郎**だとわかる。京都帝国大学の教授となった西田は，西洋哲学の研究と参禅の体験を経て，『**善の研究**』を発表し，独自の哲学を打ち立てた。

解答例 3 善の研究。（6字）

問4 昭和① 政治

二・二六事件と統制派・皇道派の関係

設問の要求

〔主題〕二・二六事件の背景となる陸軍の統制派と皇道派，両者の主張。
事件による両者の関係の変化。

論述の構成

1936年に起こった二・二六事件の内容を想起し，その背景となった陸軍の統制派と皇道派それぞれの主張について説明したうえで，事件前後における両者の関係の変化を考える。

▶二・二六事件について

1936年2月26日，**北一輝**の思想的影響を受けていた**皇道派**の一部青年将校らが，約1400名の兵士を率いて首相官邸・警視庁などを襲った。青年将校らは，元老・重臣，軍閥（**統制派**），政党，財閥などを「君側の奸」として一掃し，国家改造・軍部政権の樹立をめざした。そのため，**斎藤実**内大臣，**高橋是清**蔵相，統制派の渡辺錠太郎教育総監らを殺害し，永田町・三宅坂一帯を4日間にわたって占拠した。このクーデタについては，側近を殺害された昭和天皇が激怒し，厳罰を指示したこともあり，首都には戒厳令が出され，青年将校らは反乱軍として処分された。

▶陸軍内部の皇道派と統制派の対立

皇道派は，荒木貞夫，真崎甚三郎らが中心人物と見られていたグループで，隊付の青年将校らを中心に形成された。青年将校らは，北一輝の『日本改造法案大綱』による国家改造論の影響を受けており，その主張は，元老・重臣，政党，官僚，財閥など支配層を打倒し，天皇親政の政治的な実現をめざすというものであった。

それに対し，**統制派**は，永田鉄山・**東条英機**ら陸軍大学を卒業したエリート軍人により形成された。その主張は，革新官僚や財閥と結び，軍事・経済や全国民を軍部の一元的な統制のもとにおく，総力戦体制の形成であった。この達成には，皇道派の青年将校による軍の統制を乱す運動が障害になるとして，皇道派と対立した。

▶二・二六事件による皇道派と統制派の関係の変化

二・二六事件前，1931年には皇道派の荒木貞夫が陸軍大臣になり，翌年には真崎甚三郎が参謀次長になるなど勢力を持ったが，その後，永田鉄山ら統制派が台頭し，両派の対立が進んだ。二・二六事件で皇道派が反乱軍として鎮圧されたこともあり，統制派が粛清人事により皇道派を一掃して陸軍の主導権を握った。

論述のポイント

□皇道派の主張として，支配層を打倒して天皇親政をめざすこと，統制派の主張として，陸軍の主導により総力戦体制の構築をめざすことを説明する。そのうえで，二・二六事件では皇道派がクーデタを起こして反乱軍として鎮圧されたこと，その結果，両者の関係が変化し，皇道派が粛清され，統制派が主導権を握ったことを説明すればよい。

解答例

4 皇道派は，青年将校を中心とし，元老・重臣・官僚・政党・財閥など支配者層の打倒を狙い，天皇親政をめざした。それに対して統制派は，陸軍省や参謀本部の中堅将校を中心とし，革新官僚や財閥と結んで軍部の主導権のもと，総力戦体制の樹立をめざした。皇道派の一部青年将校たちが兵士を率いて二・二六事件を起こすと，天皇が厳罰を指示したため，反乱軍として鎮圧された。事件後，統制派が粛清人事により皇道派を一掃し，陸軍内での主導権を確立した。（211字）

答案例

1人民戦線事件。コミンテルンで採択された反ファッショ人民戦線戦術を受容したとして，日本無産党や労農派などの関係者が治安維持法の適用により検挙された。2歴史学者の津田左右吉は『古事記』や『日本書紀』に科学的な分析を加え，『神代史の研究』などを著したが，これらの研究が皇室の尊厳を冒涜するものとして出版法違反に問われ，有罪とされた。3善の研究。4皇道派は，青年将校を中心とし，元老・重臣・官僚・政党・財閥など支配者層の打倒を狙い，天皇親政をめざした。それに対して統制派は，陸軍省や参謀本部の中堅将校を中心とし，革新官僚や財閥と結んで軍部の主導権のもと，総力戦体制の樹立をめざした。皇道派の一部青年将校たちが兵士を率いて二・二六事件を起こすと，天皇が厳罰を指示したため，反乱軍として鎮圧された。事件後，統制派が粛清人事により皇道派を一掃し，陸軍内での主導権を確立した。

（400字以内）

25

(2021年度 第2問)

次の文章を読んで，下記の問いに答えなさい。(問1から問4まですべてで400字以内)

現在，1,300万人を超える人口を抱える東京は，江戸と呼ばれた近世から多くの人口を抱えた大都市であった。江戸幕府崩壊後，人口が急減したものの，政治・行政の中心地として東京は発展し，人口は増加した。電灯の普及や都市交通の発展といった生活様式の変化がみられ，銀座のような文明開化の象徴となった地域が登場した一方，都市下層の貧民が集中する地域も登場した。明治後期以降，重工業の進展から東京は工業都市としての様相もみせ，工場労働者も数多く集住することとなった。第一次世界大戦以降の東京は，人口を急増させ，特に新たに東京市に編入された新市域と呼ばれる郊外での人口が急増した。

下表は，1920年から1955年までの東京府(1943年から東京都)の人口をあらわしたものである。第一次世界大戦以降急増した人口は，太平洋戦争の勃発後急減し，1940年時の人口規模を上回るのは1955年であった。

東京府(東京都)の人口

西 暦	人 口
1920	3,699
1925	4,485
1930	5,409
1935	6,370
1940	7,355
1947	5,001
1950	6,278
1955	8,037

(単位千人)

問 1 江戸幕府崩壊後，東京の人口が急減した理由を述べなさい。

問 2 明治中期の都市下層社会の劣悪な生活・労働環境を明らかにした著書とその作者の名を，それぞれひとつずつあげなさい。

問 3 1920 年代から 1930 年代の東京府の人口，特に郊外の人口が急増した社会的原因を説明しなさい。

問 4 1940 年から 1955 年までの間，東京府（東京都）の人口がいったんは急減した後，増加した社会的原因を述べなさい。

解説 近現代における東京の人口の変化 〈表〉

東京の人口変化をテーマとして，主に社会経済について問われている。問1は60〜80字程度，問3・問4は150字程度で説明すればよい。特に問3は，全体のバランス次第では150字以上使って説明してもよい。

問1 幕末・明治 政治

江戸幕府崩壊後の東京の人口

設問の要求

〔主題〕江戸幕府崩壊後，東京の人口が急減した理由。

論述の構成

「江戸」という都市の特徴を考えてみよう。江戸は「将軍様のお膝元」であり，幕府関連施設や大名屋敷（江戸藩邸）をはじめ，旗本・御家人の屋敷が集中し，その家臣や武家奉公人とその家族などが居住していた。つまり多くの武士とその関係者が居住していた都市である。それが江戸幕府の崩壊により，減少したことが説明できればよい。

▶江戸幕府の崩壊による武士人口の減少

まず，**参勤交代**が行われなくなったことにより，大名の家臣やその関係者が江戸から離れたことがあげられる。幕府は幕末の**文久の改革**で参勤交代を緩和する。その後，復旧を発令したが，命令に従わない大名が多く，制度は形骸化していった。

次に**戊辰戦争**の過程で新政府が徳川家の処分を発表し，徳川慶喜に代わって徳川家達を駿河国70万石の城主とした。そのなかで，旗本・御家人など幕臣のなかには徳川家に従って，江戸を離れた者もいた。

論述のポイント

□参勤交代が行われなくなったこと，徳川家が処分されたことなどにより武士人口が減少したことが説明できればよい。

解答例　1新政府が徳川家を江戸から駿府に移し，旧幕臣のなかにはそれに従う者もいた。また，参勤交代が行われなくなり，大名の家臣が江戸から帰国するなど武士人口が減少した。(79字)

問2 幕末・明治 社会経済

横山源之助の『日本之下層社会』

明治中期の都市下層社会の劣悪な生活・労働環境を明らかにした著書と，作者の名前を一つずつあげる。

横山源之助が著した『**日本之下層社会**』を解答すればよい。横山源之助は明治中期の下層民衆の生活や労働環境に関するルポをまとめ，『日本之下層社会』として 1899 年に刊行し，農商務省の『**職工事情**』の調査にも参加した。

解答例　2 日本之下層社会。横山源之助。（15 字）

問 3　大正～昭和①　社会経済

1920～30 年代の東京府の人口増加

設問の要求

〔主題〕1920～30 年代の東京府の人口増加，特に郊外の人口が急増した社会的原因。

論述の構成

東京府の人口増加については，経済発達による工業化・都市化について想起すればよい。そのうえで，特に郊外の人口が急増した社会的原因としては，関東大震災後の復興について説明すればよい。字数に問題がなければ，設問の要求のとらえかたとして，関東大震災の影響だけでもよいだろう。受験生にとってはやや難問だったかもしれないが，ここで字数を増やしたい場合，工業化・都市化について丁寧に説明すればよい。

▶東京府の人口増加

第一次世界大戦にともなう**大戦景気**以降，重化学工業が発達して工業化が進展した。そのなかで，会社員・銀行員・公務員などのサラリーマンをはじめ，都市部で働く新中間層が大量に出現した。さらに重化学工業の発達により，男性労働者が急速に増加した。これにより，農村から多くの人が都市部に移動し，都市部の人口は増加した。

▶東京郊外の人口が急増した社会的原因

都市部の人口が増加するなか，1923 年には**関東大震災**が発生し，大きな被害を受けた。当時，第 2 次山本権兵衛内閣は後藤新平内相を中心に帝都復興計画を進めようとしたが，膨大な経費を必要としたため，立憲政友会などから反対があり，計画は縮小された。しかし，幹線道路の建設や区画整理などにより東京は再建された。その一方，東京郊外の宅地化が進んでいくなか，サラリーマンなどの新中間層は郊外へ住居を移していった。都市部と郊外を結ぶ鉄道が整備され，その沿線には新中間層向けの**文化住宅**が建てられた。これにより，郊外から都心部へ通勤する生活が広がっていったため，郊外の人口が急速に増加した。

論述のポイント

□東京府の人口増加について，大戦景気以降の経済発達による都市化について説明すればよい。

□そのうえで，郊外の人口が増加した社会的原因として，関東大震災以降，郊外にも住宅地が広がったことを説明すればよい。

解答例 3 第一次世界大戦を背景とする経済発達により，サラリーマンなど新中間層が大量に出現する一方，工場で働く男性労働者が急速に増加したため，都市化が進んだ。1920年代には関東大震災が起こり，大きな被害を受けた。その後，政府の帝都復興計画が進むなかで，新中間層が郊外へ住居を移し，住宅街が郊外に広がった。(146字)

別解 3 1920年代には関東大震災が起こり，大きな被害を受けた。その後，政府の帝都復興計画が進むなかで，新中間層が郊外へ住居を移し，住宅街が郊外に広がった。(73字)

問4 昭和①〜昭和② 社会経済

1940〜55年までの間における東京の人口変化

設問の要求

〔主題〕1940〜55年の間，東京府（東京都）の人口が急減した後，増加した社会的原因。

論述の構成

1940年から1955年までの間を，①日中戦争から太平洋戦争にかけての戦時中と，②太平洋戦争終結後から1955年までに分けて，①の時期に東京府の人口が減少した原因と，②の時期に東京都の人口が増加した原因をそれぞれ説明すればよい。①・②の時期ともに，教科書では人口の変化について特に説明されているわけではないので，①・②の時期における人口変化につながりそうな出来事を最大限，想起したい。

▶①日中戦争から太平洋戦争期における東京の人口減少

まず，人口が減少する原因として考えられるのは徴兵である。戦争が長期化し，戦線が拡大するにつれて，出陣する兵士の数は増加した。1944年以降は東京をはじめとする都市部への空襲が想起できる。サイパン島の陥落以降，戦局は悪化し，本土への空襲が本格化し，空襲で多くの人が亡くなった。さらに空襲を避けるため，**学童疎開**や**縁故疎開**など都市部から地方へと人々が疎開した。これらにより，人口が減少した。

▶②太平洋戦争後の人口増加

太平洋戦争終結後，兵士として家を離れていた人々が**復員**する。そして，満蒙開拓団など海外に在住していた人々が**引揚げ**てくることが考えられる。疎開先から戻ってくる民間人もいただろう。また，戦後にはベビーブームがあった。これも人口が増える原因となる。1955年頃といえば，戦後に崩壊していた経済復興が達成され，高度経済成長が始まった頃でもあり，労働者の流入なども考えられる。

論述のポイント

□ 1940年代前半の戦時中の東京府の人口減少の原因については，徴兵，空襲の死者，疎開などがあげられればよい。

□太平洋戦争後の東京都の人口増加の原因については，敗戦後の復員・引揚げ，ベビーブーム，経済復興による労働者の増加などがあげられればよい。

解答例 **4**戦争下に成人男子が徴兵され，空襲による大量の死者が出たうえ，空襲を避けるために学童疎開や縁故疎開が行われるなど人口は急減した。しかし，太平洋戦争終結後，徴集された兵士の復員や海外に在住する日本人の引揚げが進み，疎開先から民間人が戻ってきた。さらに戦後のベビーブーム，経済復興による労働者の流入などにより人口が増加した。(160字)

答案例

1新政府が徳川家を江戸から駿府に移し，旧幕臣のなかにはそれに従う者もいた。また，参勤交代が行われなくなり，大名の家臣が江戸から帰国するなど武士人口が減少した。2日本之下層社会。横山源之助。3第一次世界大戦を背景とする経済発達により，サラリーマンなど新中間層が大量に出現する一方，工場で働く男性労働者が急速に増加したため，都市化が進んだ。1920年代には関東大震災が起こり，大きな被害を受けた。その後，政府の帝都復興計画が進むなかで，新中間層が郊外へ住居を移し，住宅街が郊外に広がった。4戦争下に成人男子が徴兵され，空襲による大量の死者が出たうえ，空襲を避けるために学童疎開や縁故疎開が行われるなど人口は急減した。しかし，太平洋戦争終結後，徴集された兵士の復員や海外に在住する日本人の引揚げが進み，疎開先から民間人が戻ってきた。さらに戦後のベビーブーム，経済復興による労働者の流入などにより人口が増加した。

(400字以内)

26

(2021年度 第3問)

次の文章を読んで下記の問いに答えなさい。(問1から問4まですべてで400字以内)

近現代日本の民主化の歴史は，男性と女性のいずれからみるかによって，大きく異なる。1889年，大日本帝国憲法と同時に公布された衆議院議員選挙法は，満25歳以上の男性，かつ直接国税 ① 円以上の納入者のみに選挙権を付与した。ようやく1925年には普通選挙法が制定されたが，女性には選挙権が与えられず，満25歳以上の男性に限定された。

女性参政権を求める動きがなかったわけではない。(a)平塚らいてう，市川房枝らが1920年に設立した ② は，その代表例である。1922年には，女性の政治活動への参加を禁止した ③ 第5条が改正され，女性も政治集会に参加できるようになった。1924年には，市川らが婦人参政権獲得期成同盟会を結成した。ところが，女性参政権は翌年の普通選挙法では実現しなかった。

1945年，日本は太平洋戦争に敗れ，アメリカを中心とする連合国の占領下に置かれた。その年の10月，マッカーサー最高司令官が幣原首相に対して(b)五大改革指令を発し，そのなかに女性参政権の付与を盛り込んだ。これを受けて12月に衆議院議員選挙法が改正され，満20歳以上の成人男女に選挙権が与えられた。1947年に施行された日本国憲法には，議員および選挙人の資格を性別で差別してはならないという規定が置かれた。

1946年の戦後初の総選挙では，39名の女性議員が誕生し，衆議院議員の8.4％を占めた。だが，その割合は次第に低下し，参議院議員を含む国会議員全体でも低迷した。こうしたなかで国会についても(c)女性の進出が進むきっかけとなったのは，1989年の参院選であった。この選挙では，日本の憲政史上初めての女性党首となった土井たか子を委員長とする ④ が，多数の女性候補を擁立して躍進し，「マドンナ旋風」と呼ばれた。

しかし，近年も女性の割合は衆議院で1割程度，参議院では2割程度にとどまっている。このような状況を是正するため，2018年，国会と地方議会の選挙で男女の候補者数を均等にするよう政党に努力を求める「候補者男女均等法」が成立した。

問 1 ①～④の空欄に入れるべき適切な語句を書きなさい。

問 2 下線部(a)に関して，この人物ら雑誌『青鞜』の人々が主張した「新しい女」とは何かを説明しなさい。

問 3 下線部(b)に関して，GHQ が占領政策の一環として労働組合の結成を奨励した理由を説明しなさい。

問 4 下線部(c)に関して，1985 年，雇用の面で男女差別の禁止を義務づける法律が制定された。その名称とそれを制定する背景となった国連の動きについて説明しなさい。

解説 近現代における女性の社会進出

本学では定番の一つとなった近現代の女性に関する問題である。問2は100字程度，問3は150字程度，問4は100字程度で解答例をまとめているが，設問の内容を考えると，受験生が本番でこれだけ書くのは難しいだろう。問3が教科書の内容で比較的書きやすいと思われるので，できるだけ多くの字数を占めておきたい。

問1 幕末・明治～昭和③ 政治

近現代の女性に関連する歴史用語

①1889年に公布された**衆議院議員選挙法**では，**直接国税15円以上**を納入する25歳以上の男子に選挙権が与えられた。

②**平塚らいてう**，**市川房枝**らが1920年に設立したのは**新婦人協会**である。新婦人協会は参政権の要求など女性の地位を高める運動を進めた。

③第5条で女性の政治活動参加を禁止していたのは**治安警察法**である。治安警察法は1900年，第2次山県有朋内閣で制定された。1922年，高橋是清内閣で第5条は改正され，女性も政治集会に参加できるようになった。

④日本憲政史上，初めての女性党首となる**土井たか子**を委員長としたのは**日本社会党**である。やや難問か。

解答例　1①15②新婦人協会③治安警察法④日本社会党（21字）

問2 大正 社会経済

「新しい女」について

設問の要求

〔主題〕雑誌『青鞜』の人々が主張した「新しい女」とは何か。

論述の構成

教科書の記述から考えれば，難問であろう。当時の女性が社会的に置かれていた立場を考え，その枠から脱出しようとした女性たちと考えればよい。

▶女性の地位と「新しい女」

当時，法的・社会的に女性は男性に従属する地位に置かれていたといえる。明治時代に制定された民法は戸主権が強かったが，家族内の男性が戸主となることが一般的だったため，法的にも女性の地位が低かったといえる。家という単位を重視した社会のなかで，母親は家庭を守るものとされ，多くの女性のはたらく場は家庭内に限定され，良妻賢母であることが強制された。こうした社会状況に異議を申し立て，積極的に活動した**平塚らいてう**ら『**青鞜**』の人々は，「新しい女」と呼ばれた。それは男尊女卑の社会のなかで，女性が主体的に活動し，家庭の束縛から積極的に脱しようとする女性であった。当初，「新しい女」は男性側からの批判的な言説であったが，やがて『青鞜』の人々の活動を通じて影響力を持つようになっていった。

論述のポイント

□男尊女卑の社会のなかで，それに反発してその束縛から主体的に脱しようとする女性であることが説明できればよい。

解答例　2当時は法的・社会的な男性優位のもと，女性の活動を家庭内に限り，女性が良妻賢母として生きることを強いていた。それに反発して女性の主体的な活動により，家庭の束縛から積極的に脱する女性をめざしたのが「新しい女」であった。(108字)

問3　昭和② 政治

労働組合結成を奨励した理由

設問の要求

〔主題〕GHQが占領政策の一環として労働組合の結成を奨励した理由

論述の構成

労働組合法を中心に労働政策の目的を説明すればよい。解答例では採用していないが，連合国軍の占領政策の一環として行われた改革であることを前置きとしたうえで，GHQが認識していた太平洋戦争前における日本経済の問題点について，労働問題の観点から説明してもよい。その問題点を解消しようとしたのが，労働組合結成の奨励である。ここである程度字数を稼がないと，400字の解答用紙を埋めるのは難しいかもしれない。

▶労働組合結成を奨励した理由

敗戦後，日本はポツダム宣言にもとづき，連合国に占領された。GHQの司令・勧告により，日本政府が政治を行う間接統治方式が取られた。当初の占領目的は，非軍事化・民主化を通じてアメリカや東アジア地域にとって日本が再び脅威となるのを防ぐことであった。そのなかで，労働改革は連合国軍最高司令官が幣原喜重郎首相に口頭で伝えた，いわゆる**五大改革指令**の一つであった。

戦前の日本では，資本家の反対によって労働組合法は制定されず，解雇反対などの労働争議でも警察が介入するなど，労働者の権利関係について欧米の基準からは大きく遅れていた。GHQ は，労働者のこうした無権利の状況が，産業の発展にもかかわらず低賃金を持続させ，国内市場を狭い状態にとどめ，日本企業の海外進出を不可避とさせ，その結果，軍隊による侵略を招いたと認識していた。そのため，GHQ は労働組合の結成を奨励し，労働者の低賃金構造にもとづく国内市場の狭さを解消することで，対外侵略の基盤を除去しようとした。

そのなかで，1945 年に**労働組合法**が公布され，労働者の団結権・団体交渉権・争議権が認められた。その後，1946 年には労働関係調整法，1947 年には**労働基準法**が制定され，労働者の権利が保障された。

論述のポイント

□最低限，労働者の団結権・団体交渉権・争議権を認め，海外侵略の動機と考えられた労働者の低賃金構造にもとづく国内市場の狭さを解消しようとしたことが説明できていればよい。

□字数を割きたい場合は，背景として五大改革指令の一つであることや，日本が侵略戦争をした動機と考えられた内容などを丁寧に説明すればよい。

解答例　3 GHQ は，太平洋戦争前の日本では労働者が無権利状態にあり，それが労働者の低賃金を持続させ，国内市場が狭い状態を継続することにつながり，日本企業の海外進出を不可避とさせて軍隊による侵略を招いたと認識していた。そのため，労働者の団結権・団体交渉権・争議権を認め，労働者の低賃金構造にもとづく国内市場の狭さを解消しようとした。(160 字)

別解①　3 敗戦後の連合国による占領政策は，日本の民主化・非軍事化を通じて，日本が再び脅威となることを防ぐ目的があった。そのなかで幣原喜重郎内閣に五大改革指令が出され，その一つとして労働改革が行われた。GHQ は，太平洋戦争前の日本では労働者が無権利状態にあり，それが労働者の低賃金を持続させ，国内市場が狭い状態を継続することにつながり，日本企業の海外進出を不可避とさせて軍隊による侵略を招いたと認識していた。そのため，労働者の団結権・団体交渉権・争議権を認め，労働者の低賃金構造にもとづく国内市場の狭さを解消しようとした。(255 字)

別解②　3 GHQ は，労働者の低賃金構造による国内市場の狭さが日本の海外侵略の動機と考えた。そのため，労働者の団結権・団体交渉権・争議権を認め，それらを解消しようとした。(79 字)

問4 　昭和③ 政治

男女雇用機会均等法と制定の背景

設問の要求

〔主題〕1985年に制定された，雇用の面で男女差別の禁止を義務づける法律の名称と，それを制定する背景となった国連の動き。

論述の構成

法律の名称は，男女雇用機会均等法である。1985年，中曽根康弘内閣で制定された。解答例は字数の関係で引き伸ばしているが，国連の動きを制定の背景として簡潔にまとめればよい。教科書には詳しく説明されておらず，字数の関係もあり，受験生にはやや難問であった。

▶男女雇用機会均等法の制定と国連の動き

国連は1972年の総会で，男女平等などを目的に，1975年を**国際婦人年**と決議した。また，1975年の国連総会は1976年から85年を国際婦人年の目標達成のため「国連婦人の10年」とすることを宣言した。そのなかで日本政府は，1979年に国連で採択された**女子差別撤廃条約**について，1980年に署名し，1985年に同条約を批准した。そのため，日本国内において様々な措置を取る必要に迫られ，国内の法整備の中心として**男女雇用機会均等法**が1985年に制定された。同法により女子労働者について事業主が男子と均等な機会を与え，均等な取り扱いをするように努めることなどが規定された。

論述のポイント

□男女雇用機会均等法の名称を解答したうえで，国連の動きとして女子差別撤廃条約が採択されたこと，そしてその条約を批准した日本側の国内における法整備の中心であったことが説明できればよい。

解答例

4男女雇用機会均等法。「国連婦人の10年」の過程において国連で採択された女子差別撤廃条約に日本は調印していた。この条約を批准するにあたって様々な措置を取る必要に迫られ，そのための国内法整備の中心として制定された。(105字)

答案例

1 ①15②新婦人協会③治安警察法④日本社会党 2 当時は法的・社会的な男性優位のもと，女性の活動を家庭内に限り，女性が良妻賢母として生きることを強いていた。それに反発して女性の主体的な活動により，家庭の束縛から積極的に脱する女性をめざしたのが「新しい女」であった。3 GHQは，太平洋戦争前の日本では労働者が無権利状態にあり，それが労働者の低賃金を持続させ，国内市場が狭い状態を継続することにつながり，日本企業の海外進出を不可避とさせて軍隊による侵略を招いたと認識していた。そのため，労働者の団結権・団体交渉権・争議権を認め，労働者の低賃金構造にもとづく国内市場の狭さを解消しようとした。4 男女雇用機会均等法。「国連婦人の10年」の過程において国連で採択された女子差別撤廃条約に日本は調印していた。この条約を批准するにあたって様々な措置を取る必要に迫られ，そのための国内法整備の中心として制定された。

（400字以内）

27 (2020 年度　第 2 問)

次の史料は，随筆『みみずのたはごと』の一節である（一部を省略のうえ，表記を改めている）。これを読んで下記の問いに答えなさい。（問 1 から問 4 まですべてで 400 字以内）

七月三十一日。

鬱陶（うっとう）しく，物悲しい日。

新聞は皆黒縁（くろぶち）だ。不図（ふと）新聞の一面に「睦仁」の二字を見つけた。下に「先帝御手跡」とある。孝明天皇の御筆かと思うたのは一瞬時，陛下は已（すで）に先帝とならせられたのであった。新帝陛下の御践祚（せんそ）＊があった。(a)明治と云（い）う年号は，昨日限り「大正」と改められる，と云う事である。

(b)陛下が崩御（ほうぎょ）になれば年号も更（かわ）る。其（そ）れを知らぬではないが，余（よ）は明治と云う年号は永久につづくものであるかの様に感じて居た。余は明治元年十月の生れである。即ち(c)明治天皇陛下が即位式を挙げ玉うた年，初めて京都から東京に行幸あった其月，東京を西南に距（さ）る三百里，薩摩に近い肥後葦北（あしきた）の水俣と云う村に生れたのである。余は明治の齢（よわい）を吾（わが）齢と思い馴れ，明治と同年だと誇りもし，恥じもして居た。

陛下の崩御は明治史の巻を閉じた。(d)明治が大正となって，余は吾生涯が中断されたかの様に感じた。明治天皇が余の半生を持って往っておしまいになったかの様に感じた。

＊践祚…皇位を継承すること

問 1　この随筆に先だって『国民新聞』に連載してベストセラーとなった小説『不如帰』などで知られる，この随筆の作者の氏名をあげなさい。

問 2　下線部(a)(b)に関して，直接の根拠になった当時の「皇室典範」には「明治元年ノ定制ニ従フ」とある。ここで「明治元年ノ定制」とされた制度の名称をあげ，その内容を説明しなさい。

問３ 下線部(c)に関して，明治天皇への践祚と「即位式」とのあいだには，１年以上の隔たりがあり，この間に天皇の政治的な位置づけは大きく変化した。この変化について，当時の政治的な動向をふまえながら説明しなさい。

問４ この随筆の作者が下線部(d)のように感じた背景には，さまざまな機会に天皇の存在が人びとの意識のなかに浸透していったことがあると考えられる。この点に関して，明治なかば以降の出来事がどのような影響を及ぼしたと考えられるか，下記の語句をすべて用いて説明しなさい。

教育に関する勅語　　大日本帝国憲法　　日清戦争　　戊申詔書

解説 天皇制の形成と国民の時代意識 〈史料〉

徳冨蘆花の随筆『みみずのたはごと』の一節から近代天皇制を軸として主に政治について問われる。問3は150字以上，問4は200字程度は使って説明したい。問1・問2が語句問題なので，問3・問4をしっかり説明したい。

問1 幕末・明治 文化

『不如帰』の作者

『不如帰』などで知られるこの随筆の作者は**徳冨蘆花**である。民友社を設立し，『国民之友』などを発刊した徳富蘇峰の弟である。

解答例　1 徳冨蘆花。(6字)

問2 幕末・明治 政治

一世一元の制について

下線部(b)「陛下が崩御になれば年号も更る」の根拠となる「**皇室典範**」で「明治元年ノ定制」とされた制度は**一世一元の制**である。これは天皇一代の元号を一つとする制度である。

解答例　2 一世一元の制。天皇一代の元号を一つに定めた制度。(25字)

問3 幕末・明治 政治

近代天皇の政治的位置づけの変化

設問の要求

〔主題〕明治天皇の践祚と「即位式」の間の天皇の政治的な位置づけの変化。
〔条件〕当時の政治的な動向をふまえる。

論述の構成

天皇の政治的な位置づけの変化とは何か。端的にいえば，政治を主導する中心が将軍から天皇に移ったことが想起できればよい。明治天皇は，1866年12月に孝明天皇が急死し，1867年1月に践祚した。践祚とは譲位あるいは前天皇の死去により，天皇位を継承することをいう。近代までは即位とは別に儀式が行われた。その後，1868年8月に京都で即位式を挙げ，明治と改元された。江戸時代における天皇の政治的位置づけを説明したうえで，この間にあった政治的な動向をあげれば，政治的な位置づけの変化が説明できる。

▶江戸時代の天皇・朝廷の位置づけ

江戸幕府は将軍・幕府の権威づけに天皇・朝廷を利用していた。そのため，天皇・朝廷が自ら権力をふるうことがないよう，**禁中並公家諸法度**で生活や行動までを規制した。実際に天皇は政治的な権限を持たなかった。江戸時代後期以降，幕府の支配体制が動揺するなかで，天皇が将軍に政治を委任しているという大政委任論が出てくるが，明治天皇が践祚した段階では天皇ではなく，将軍が政治を主導する体制であった。

▶天皇の政治的位置づけの変化

1866年12月に孝明天皇が急死し，翌年，明治天皇が践祚した。15代将軍となった徳川慶喜は薩摩藩・長州藩との対立を背景に，前土佐藩主山内豊信の建言を入れ，1867年10月，**大政奉還**の上表を朝廷に提出した。これは政権を幕府からいったん朝廷に返還し，徳川を中心とする諸藩の連合政権を構想したものであった。これにより政治的な権限が形式的に天皇に移ったことになる。その後，薩摩・長州ら討幕派は朝廷でクーデタを決行し，1867年12月，**王政復古の大号令**を発した。これにより，摂政・関白，幕府などの廃止を宣言し，天皇を中心とする新政府を樹立した。同日夜の小御所会議では徳川慶喜に対し，内大臣の辞退と領地の一部返還を求める処分を決定した。これで名実ともに幕府の権限を奪い，天皇中心の政治へと移行した。そして，戊辰戦争のなか，1868年3月には**五箇条の誓文**を公布して天皇親政を強調した。明治天皇の即位式は1868年8月である。

論述のポイント

□この問題では明治天皇の践祚した時期を，「江戸時代」として想起し，この時代の天皇が政治的な権限を持たなかったことを説明すればよい。
□明治天皇の践祚後，大政奉還→王政復古の大号令→五箇条の誓文という段階を経て，天皇親政が強調され，将軍に代わって天皇が政治を主導する立場になったことが説明できればよい。

解答例 3 明治天皇が践祚した当初，天皇は政治を将軍に委任し，将軍が政治的な権限を握っていた。しかし，徳川慶喜が大政奉還の上表を提出して政権を天皇に返上し，続いて討幕派が武力を背景として王政復古の大号令を発し，天皇が政治の中心となる新政府の樹立を宣言した。さらに新政府が五箇条の誓文で天皇親政を強調することで，天皇が政治を主導する存在となった。(167字)

問4 幕末・明治 政治

天皇の存在に対する人々の意識

設問の要求

〔主題〕さまざまな機会に天皇の存在が人びとの意識のなかに浸透していった点に関して，明治なかば以降の出来事が及ぼした影響。
〔条件〕指定語句の使用。

論述の構成

天皇の存在が人々の意識のなかに浸透した理由として，政府が天皇の権威を国民の統合に利用したことがあげられる。明治維新以来，政府は天皇の権威を高め，国民支配に利用した。問2の一世一元の制もその一つである。一方，明治初年以来，近代化をすすめ，欧米諸国に対峙するという国家目標があった。この達成を国民が実感する出来事といえる，憲法制定や日清戦争・日露戦争の勝利は天皇の名において果たされた。国民は国家的な出来事があるたびに天皇を意識したのである。

以上を念頭に，指定語句としてあげられている「教育に関する勅語」「大日本帝国憲法」「日清戦争」「戊申詔書」それぞれについて，国民にどのような影響があったかを考えればよい。

▶「大日本帝国憲法」の発布

大日本帝国憲法は1889年2月11日，国民の祝日である紀元節に発布された。憲法は天皇が制定するという形式を取った天皇主権の憲法であった。国民は臣民とされ，民権は法律の範囲内など，民権が制限されるなど内容的な問題があったにもかかわらず，国民は文明国として憲法が制定されたことを歓迎し，祝った。大日本帝国憲法は，明治天皇が国民に与えるという形式を取ったこともあり，国民には強く天皇が意識されることになった。

▶「教育に関する勅語」の発布

教育に関する勅語（**教育勅語**）は，1890年に発布され，忠君愛国が学校教育の基本理念であることが強調された。以降，小学校の**修身科**（道徳にあたる）では，教育勅語が重視された。この教育勅語が，神の命を受けた万世一系の天皇が代々の日本を統治するという国体論を国民に浸透させる役割を果たした。

▶「日清戦争」の勝利

日清戦争は近代日本が初めて経験した対外戦争である。1880年代後半以降，日清対立が激化するなか，福沢諭吉の「脱亜論」に代表されるように，国民のあいだには対外膨張を唱える国家主義の風潮が強まった。そのなかで日清戦争が起こり，明治天皇の名において宣戦布告し，天皇を大元帥として勝利した。さらに日露戦争に勝利したことで，国民は文明国としての仲間入りをしたという意識を持つようになった。日清・日露戦争の勝利は，国民に対して大元帥としての明治天皇の名声を上げることとなった。

▶「戊申詔書」の発布

日露戦争の勝利により，国民は国家目標が達成されたという意識を持つようになり，地方では国家的利益よりも地方社会の利益を求めるなど，国家主義に対して懐疑的な風潮も現れた。こうした動きに対し，政府は1908年，勤倹節約と皇室の尊重を国民に求める**戊申詔書**を発し，国民道徳の強化をはかった。「詔書」とは天皇の意思を伝えるために用いられた文書様式の一つである。政府は天皇の権威を利用して国民統合をはかろうとしたのである。

論述のポイント

□まず，政府が天皇を利用して国民統合をはかり，国民が天皇の権威のもとで，国家目標の達成を実感したことを説明する。

□指定語句を使いながら，欽定憲法である大日本帝国憲法の発布を国民が歓迎したこと，政府が教育に関する勅語で忠君愛国の理念を浸透させたこと，天皇を大元帥として日清戦争に勝利したこと，皇室の尊重などを求める戊申詔書を発し，国民道徳の強化をはかったことを説明すればよい。

解答例

4 政府が天皇の権威を利用して国民統合をはかる一方，そのもとで国民は国家目標の達成を実感した。大日本帝国憲法は欽定憲法であったにもかかわらず，国民は憲法制定を歓迎した。その直後に発布された教育に関する勅語は忠君愛国を教育理念として国体論を国民に浸透させた。その一方で国家主義の風潮が強まるなか，天皇を大元帥として日清戦争・日露戦争に勝利し，日露戦争後には政府が皇室の尊重などを国民に求める戊申詔書を発した。(202字)

答案例

1徳冨蘆花。2一世一元の制。天皇一代の元号を一つに定めた制度。3明治天皇が践祚した当初，天皇は政治を将軍に委任し，将軍が政治的な権限を握っていた。しかし，徳川慶喜が大政奉還の上表を提出して政権を天皇に返上し，続いて討幕派が武力を背景として王政復古の大号令を発し，天皇が政治の中心となる新政府の樹立を宣言した。さらに新政府が五箇条の誓文で天皇親政を強調することで，天皇が政治を主導する存在となった。4政府が天皇の権威を利用して国民統合をはかる一方，そのもとで国民は国家目標の達成を実感した。大日本帝国憲法は欽定憲法であったにもかかわらず，国民は憲法制定を歓迎した。その直後に発布された教育に関する勅語は忠君愛国を教育理念として国体論を国民に浸透させた。その一方で国家主義の風潮が強まるなか，天皇を大元帥として日清戦争・日露戦争に勝利し，日露戦争後には政府が皇室の尊重などを国民に求める戊申詔書を発した。

（400字以内）

28

(2020年度 第3問)

1889年2月の大日本帝国憲法(明治憲法)の公布によって，日本でも近代的議会制度が成立した。しかし，その後，日中戦争以降の戦時体制への移行に伴って，日本における議会制度は大きく変容していくことになる。議会制度の歴史について，下記の問いに答えなさい。(問1から問5まですべてで400字以内)

問1 大日本帝国憲法では，「帝国議会」は貴族院と衆議院によって構成されると規定していた。貴族院と衆議院の違いについて説明しなさい。

問2 大日本帝国憲法では議会にどのような権限が与えられていたか，議会の権限について具体的に説明しなさい。

問3 1938年4月には，戦時統制を強化するための重要な法律が公布されている。その法律の名前をあげ，同法によって議会の権限が実質的にどのように変わったか，具体的に説明しなさい。

問4 1940年10月には大政翼賛会が成立した。成立の経緯についても触れながら，大政翼賛会が実際に果たした役割について具体的に説明しなさい。

問5 1942年4月には5年ぶりの総選挙が行われた。従来の総選挙との相違に留意しながら，この総選挙について具体的に説明しなさい。

解説 近代における議会制度の成立と変容

本学では定番である近代の議会制度の成立と変化についての問題である。問1は50〜60字程度，問2は20字程度，問3は50〜60字程度，問4は150字程度，問5は100字程度で説明できる。他の設問次第で問4は150字以上使って説明してもよい。

問1　幕末・明治　政治

貴族院と衆議院

設問の要求

〔主題〕貴族院と衆議院の違い。

論述の構成

貴族院と衆議院について対比的に説明すればよい。

▶貴族院と衆議院

明治憲法に規定された帝国議会は**貴族院**と**衆議院**の二院制であった。予算の先議権が衆議院にあるとはいうものの，立法権においては，原則対等であった。大きな違いは議員の選出方法である。衆議院議員は公選制である。**衆議院議員選挙法**が憲法発布と同時に公布され，選挙権は満25歳以上の男子，直接国税15円以上の納入者という制限選挙であった。それに対し，貴族院は，皇族に加え，華族のなかから選ばれた議員と，天皇が任命する勅任議員から構成されていた。

論述のポイント

□大きな違いとして，衆議院は公選議員，貴族院は皇族・華族と勅任議員で構成される。
□最低限，議員の選出方法における公選制と任命制が説明できていればよいが，さらに衆議院に予算の先議権があることを説明してもよい。

解答例　1衆議院は公選議員で構成されていたが，貴族院は皇族・華族と勅任議員で構成されていた。また，衆議院には予算の先議権があった。（61字）

問2 幕末・明治 政治

明治憲法下の議会の権限

設問の要求

〔主題〕大日本帝国憲法で議会に与えられていた権限。

議会は立法機関である。明治憲法において立法権は天皇が持つが，議会の協賛によって行使される。議会では予算案や法案を審議し，議会の同意がなければ，予算や法律は成立しなかった。議会には予算の制定権と立法権が与えられている。

解答例 2 議会には予算制定権と立法権が与えられた。(21字)

問3 昭和① 政治

戦時統制法と議会

設問の要求

〔主題〕1938年4月に公布された戦時統制を強化するための法律の名称をあげ，同法によって生じた議会の権限における実質的な変化を具体的に説明。

論述の構成

まず，1938年4月に公布された法律は国家総動員法である。法の内容を説明したうえで，同法による議会の権限の変化を説明すればよい。

▶国家総動員法による議会の変化

日中戦争が始まり，戦時体制が強化されるなか，1938年，第1次近衛文麿内閣のもとで**国家総動員法**が制定された。この法は，政府が戦争遂行に必要な物資や労働力を，議会の承認なく発令される**勅令**によって動員できるようにしたものである。そのため，議会が審議して法を制定する立法権が一部侵害され，議会の権限は形骸化することとなった。

論述のポイント

□法律の名称である国家総動員法をあげ，議会の承認なく発令される勅令によって物資・労働力が動員できるようになったことを説明する。
□そのうえで，議会の立法権が一部侵害され，権限が形骸化したことを説明する。

解答例 3 国家総動員法。戦時に必要な物資や労働力を，議会の承認なく発令される勅令で動員できるようになったため，議会における立法権が形骸化した。(67字)

問4　昭和①　政治

大政翼賛会の役割

設問の要求

〔主題〕大政翼賛会が実際に果たした役割について具体的に説明。
〔条件〕大政翼賛会の成立の経緯についても触れながら。

論述の構成

戦時体制を意識しつつ，大政翼賛会の成立の経緯を説明し，戦時体制の中での大政翼賛会の役割を考えればよい。

▶大政翼賛会成立の経緯

日中戦争が長期化し，アメリカの反発が拡大するなか，国内では枢密院議長であった近衛文麿が先頭に立ち，**新体制運動**が展開された。近衛はドイツのナチ党などにならい，国民を戦争協力に動員するため，既成政党による政治を打破し，大衆組織を基盤として国民を一元的に指導する政党を結成しようとした。この動きに対し，立憲政友会や立憲民政党などの既成政党は解散して参加を表明し，軍部も米内光政内閣を倒し，第2次近衛内閣の成立に協力した。新体制運動のもと，近衛が組閣すると，1940年，**大政翼賛会**が結成された。

▶大政翼賛会の役割

天皇主権の明治憲法のもと，天皇の統治権を侵害するとの批判が起こったため，**大政翼賛会**は当初めざした政党組織とはならず，実際には国民を統合するための官製の上意下達機関としての役割を果たした。総裁を内閣総理大臣，支部長を道府県知事などとし，部落会・町内会・**隣組**を下部組織とした。

論述のポイント

□成立の経緯として，新体制運動の展開，既成政党の解散，軍部の協力による第2次近衛内閣の成立，そして，近衛内閣のもとで結成したことが説明できていればよい。
□役割として，国民統合するための官製の上意下達機関であったことが説明できればよい。

解答例　4日中戦争が長期化するなか，近衛文麿が先頭に立ち，国民の戦争協力への動員をめざし，大衆組織を基盤に国民を一元的に指導する政党を結成するため，新体制運動を始めた。それにより既成政党は解散し，軍部が協力して第2次近衛内閣を成立させた結果，大政翼賛会が結成された。この組織は国民統合するための官製の上意下達機関の役割を果たした。（161字）

問5　昭和①　政治

翼賛選挙について

設問の要求

〔主題〕1942年4月の総選挙について具体的に説明。
〔条件〕従来の総選挙との相違に留意する。

論述の構成

1942年4月の総選挙とは，アジア太平洋戦争下，東条英機内閣で行われた翼賛選挙である。最低限，選挙の内容が説明できていればよい。

▶東条英機内閣と翼賛選挙

東条英機内閣では，議会が戦争に協力する翼賛体制を確立するため，1942年4月に5年ぶりの総選挙を実施した。この選挙では政府の支援を受けた推薦候補者が多数当選し，議会で絶対多数を獲得した。その一方で，鳩山一郎らが推薦を受けず立候補して当選したものの，警察などの選挙干渉を受けた。

この**翼賛選挙**は，従来のように政党間で衆議院の議席の数をめぐって争う選挙ではなく，政府推薦候補者と非推薦候補者が対立する選挙となった。

翼賛選挙の結果，衆議院は政府推薦の議員が絶対多数を占め，政府の提案に承認を与えるだけの機関となり，形骸化した。

論述のポイント

□翼賛選挙であることを明示しつつ，政党間で多数の議席をめぐって争う従来の選挙と違い，政府が推薦する候補者に，非推薦候補者が対抗する選挙であったことを説明したうえで，政府の推薦候補者が議会の多数を獲得したという結果をつけ加えておけばよい。

解答例　5東条英機内閣のもとで総選挙が行われたが，政党間で多数の議席をめぐって争う選挙ではなく，政府が支援する推薦候補者と非推薦候補者が争う選挙となり，政府の推薦候補が絶対多数を獲得した。(90字)

答案例

1衆議院は公選議員で構成されていたが，貴族院は皇族・華族と勅任議員で構成されていた。また，衆議院には予算の先議権があった。2議会には予算制定権と立法権が与えられた。3国家総動員法。戦時に必要な物資や労働力を，議会の承認なく発令される勅令で動員できるようになったため，議会における立法権が形骸化した。4日中戦争が長期化するなか，近衛文麿が先頭に立ち，国民の戦争協力への動員をめざし，大衆組織を基盤に国民を一元的に指導する政党を結成するため，新体制運動を始めた。それにより既成政党は解散し，軍部が協力して第2次近衛内閣を成立させた結果，大政翼賛会が結成された。この組織は国民統合するための官製の上意下達機関の役割を果たした。5東条英機内閣のもとで総選挙が行われたが，政党間で多数の議席をめぐって争う選挙ではなく，政府が支援する推薦候補者と非推薦候補者が争う選挙となり，政府の推薦候補が絶対多数を獲得した。

（400字以内）

29

（2019年度　第2問）

次の文章を読んで，下記の問いに答えなさい。（問1から問5まですべてで400字以内）

第一次大戦期から戦間期（中略）の特徴は，農村の青少年男女の流出が盛んになり，その影響が広い範囲でみられるようになったことである。その背景には，第一次大戦期の好景気と第二次・第三次産業での旺盛な労働力需要があったこと，教育や文化面での都市と農村の格差が一段と大きくなって，都市の魅力が増したことがマスメディアなどによって広く知られたことが大きい。

（田崎宣義編『近代日本の都市と農村一激動の1910-50年代』より引用。但し，一部改変）

問1　1920〜30年代に都市部を中心に教育と文化面での変化を担った社会階層があった。その名称と性格について説明しなさい。

問2　1918年に児童文学雑誌『赤い鳥』が創刊された。この雑誌の読者は問1の社会階層が主であったととらえられているが，この社会階層がもつ教育への関心がこの雑誌の発行部数の伸びを支えた。なぜこの雑誌が受け入れられたのかについて，この雑誌の内容を示しながら説明しなさい。

問3　この時期のマスメディアの動向の一つとして，総合雑誌の発行部数の大きな伸びがある。総合雑誌とはなにか，その役割を含めて説明しなさい。

問4　『中央公論』に対抗する形で創刊された総合雑誌はなにか，その名称をあげなさい。

問5　この時期はマルクス主義が知識人に大きな影響を与えた。日本の近代社会の性格をめぐってマルクス主義者のなかで繰り広げられた論争は何と呼ばれているか。また，その内容について説明しなさい。

解説 第一次世界大戦期から戦間期の社会

本学では頻出テーマである近代の社会経済に関する問題である。問1・問2は各100字程度，問3は80字程度，問4は語句記述問題，問5は80字程度でまとめればよい。問2の雑誌の内容や，問5は難問であろう。問1は2008年度に類題があり，ここでもっと多くの字数を割いてもよい。

問1 大正 社会経済

1920～30年代に教育と文化面での変化を担った社会階層

設問の要求

〔主題〕1920～30年代に都市部を中心に教育と文化面での変化を担った社会階層の名称と性格。

論述の構成

設問の要求にあてはまる社会階層は新中間（都市中間）層である。新中間層の性格について，新中間層が登場した背景も含めて説明すればよい。

▶ 1920～30年代に新中間層が台頭した背景

第一次世界大戦にともない，日本は空前の好景気を迎えた（大戦景気）。工業化が進み，都市人口が増加して都市化が進展した。そのなかで事務系統の仕事を中心とする金融・証券・保険などの業種が発達した。さらに原内閣の政策により，大学令（1918年）が制定されるなど，高等教育機関の拡充が進められた。農村の青年たちは，就学や就業を通じて，これまで以上に都市との接触を深めるようになった。

論述のポイント

□新中間層台頭の背景として，大戦景気による工業化，都市化の進展や高等教育の充実が説明できればよい。

▶新中間層の性格

新中間層は，まず，会社員や銀行員，公務員など事務系統の仕事に就くサラリーマン（俸給生活者）などを典型として，教員，医師，弁護士，ジャーナリストなどの業種に従事しており，工場で働く賃金労働者とは違う。次に大学や専門学校などを卒業しており，比較的高学歴である。原内閣の高等教育機関の拡充政策などが背景にある。そして比較的収入が高く，余裕のある生活をしている。

論述のポイント

□新中間層の性格として，事務系統の仕事に就くサラリーマンが中心で，比較的，高学歴・高収入であることが説明できていればよい。

解答例 1新中間層。大戦景気以降，日本経済が発達して工業化・都市化が進展し，高等教育機関の充実がはかられた。そのなかで大学や専門学校などを卒業し，会社員・銀行員・公務員などのサラリーマンを中心に事務系統の仕事に就き，比較的高い収入を得ていた。（117字）

問2

大正 文化

『赤い鳥』が受け入れられた理由

設問の要求

〔主題〕児童文学雑誌『赤い鳥』が問1の社会階層に受け入れられた理由。
〔条件〕この雑誌の内容を示す。

論述の構成

問1の社会階層が新中間層とわかったうえで，彼らの性格について正しく理解していることが前提となる。さらに『赤い鳥』の内容については，鈴木三重吉が主宰する児童文学雑誌であることぐらいしか知らない受験生が多いであろう。そう考えると，難問である。構成としては，①社会的背景，②雑誌の内容，③新中間層の意識などを考慮して，受け入れられた理由とすればよい。

▶①社会的背景

『赤い鳥』が発刊されたころ（1918年）は，教育面で文部省の教育統制や画一的な教育方針を批判する動きが高まっていた。そのなかで，生徒・児童の個性や自主性を尊重する自由教育運動が盛んであった。沢柳政太郎の成城小学校や羽仁もと子の自由学園などがそれを実践していた。

論述のポイント

□生徒・児童の個性や自主性を尊重する自由教育運動が盛んだったことが説明できればよい。

▶②雑誌の内容

『赤い鳥』は**鈴木三重吉**が創刊した児童文学雑誌である。大正期の児童文化運動に大きな影響を与えた。芥川龍之介や有島武郎らの作品を掲載して前近代的な児童の読み物から近代的な童話を生み出すなどした。そのなかで，読者である児童が作り出す詩・画などを掲載し，後の生活綴方教育運動に影響を与える。綴方とは，文章の作り方，つまり作文のことである。

論述のポイント

□『赤い鳥』の内容として，児童の詩・画などを掲載したこと，生活綴方教育運動に影響を与えたことなどがあげられるが，難問であり，記述できなくてもやむを得ない。

▶③新中間層の意識

新中間層であるサラリーマンや公務員などは，子供に相続させる土地や事業などがないため，子供にも同様の生活をさせるためには学歴が重要であった。教育が普及し，社会で学歴が重視されるなか，新中間層は子供の教育に熱心であり，子供の教育に役立つ『赤い鳥』を受け入れた。

論述のポイント

□主にこの部分が受け入れられた理由になる。新中間層が学歴社会のなかで子供の教育に熱心であったことが説明できればよい。

解答例　2 文部省の教育統制や画一的な教育方針を批判し，生徒の個性と自主性を尊重する自由教育運動が盛んになるなか，児童の書いた詩・画などを掲載し，生活綴方教育運動に影響を与えたことで，学歴社会のなかで子供の教育に熱心な新中間層に支持された。（115字）

問3　大正　文化

総合雑誌

設問の要求

〔主題〕総合雑誌とは何か。
〔条件〕その役割を含めて。

論述の構成

総合雑誌について，その社会的な役割を意識しながら知っていることを説明すればよい。

▶総合雑誌の内容と役割

総合雑誌とは，政治・経済・文化などの広い分野にわたる論文やエッセーなどを掲載した雑誌である。講談社が発行した『**キング**』などの大衆向けの娯楽雑誌とは区別する必要がある。総合雑誌の代表例は『**中央公論**』である。その他，『文藝春秋』や

『改造』などがある。これらの総合雑誌は，読者となった新中間層を中心に政治・社会思想を広め，社会運動を発達させるなど，大正デモクラシーの風潮を浸透させる役割を果たした。

論述のポイント

□総合雑誌に掲載されていた記事の内容，そして大正デモクラシーの風潮を浸透させるという役割が説明できていればよい。

解答例　**3** 政治・経済・文化など広い分野について小説や随筆から論文・評論までを合わせて掲載する雑誌のことで，政治・社会思想を広め，大正デモクラシーの風潮を浸透させる役割を果たした。（85字）

問 4　大正　文化

『中央公論』に対抗した総合雑誌

『中央公論』に対抗する形で創刊された総合雑誌は『改造』である。山本実彦の改造社が創刊し，大正デモクラシー期には山川均・河上肇ら社会主義者の論文を多く掲載した。

解答例　**4** 改造。（4字）

問 5　昭和①　文化

マルクス主義者のなかで繰り広げられた論争

設問の要求

〔主題〕日本の近代社会の性格をめぐってマルクス主義者のなかで繰り広げられた論争の呼称と，その内容。

論述の構成

日本の近代社会の性格をめぐってマルクス主義者のなかで繰り広げられた論争は日本資本主義論争である。この論争について説明すればよい。

▶日本資本主義論争

日本資本主義論争とは，『日本資本主義発達史講座』の刊行（1932〜33年）に関して起こった日本資本主義の特質をめぐる学問上の論争である。日本共産党の機関誌である『マルクス主義』や雑誌『労農』誌上で闘わされた。

1927年に創刊された雑誌『労農』に論文を執筆した山川均，猪俣津南雄，櫛田民蔵らは労農派と呼ばれ，明治維新をブルジョア革命ととらえ，日本資本主義の半封建制を否定した。一方，野呂栄太郎が『日本資本主義発達史講座』を編集し，山田盛太郎，羽仁五郎，服部之総など，それに依拠した社会科学者の集団は講座派と呼ばれ，明治維新を絶対主義の形成とみなし，日本資本主義の半封建的性格を強調した。

論述のポイント

□詳細な内容については書かなくてよい。日本資本主義の特質をめぐる労農派と講座派の論争であることが説明できていればよい。

解答例　5日本資本主義論争。雑誌『労農』に論文を執筆した労農派と『日本資本主義発達史講座』に論文を発表した講座派との間で，日本資本主義の特質をめぐる論争が行われた。（78字）

答案例

1新中間層。大戦景気以降，日本経済が発達して工業化・都市化が進展し，高等教育機関の充実がはかられた。そのなかで大学や専門学校などを卒業し，会社員・銀行員・公務員などのサラリーマンを中心に事務系統の仕事に就き，比較的高い収入を得ていた。2文部省の教育統制や画一的な教育方針を批判し，生徒の個性と自主性を尊重する自由教育運動が盛んになるなか，児童の書いた詩・画などを掲載し，生活綴方教育運動に影響を与えたことで，学歴社会のなかで子供の教育に熱心な新中間層に支持された。3政治・経済・文化など広い分野について小説や随筆から論文・評論までを合わせて掲載する雑誌のことで，政治・社会思想を広め，大正デモクラシーの風潮を浸透させる役割を果たした。4改造。5日本資本主義論争。雑誌『労農』に論文を執筆した労農派と『日本資本主義発達史講座』に論文を発表した講座派との間で，日本資本主義の特質をめぐる論争が行われた。

（400字以内）

30

（2019年度 第3問）

次の資料は，1946年1月1日に天皇が発表した詔書である（一部の表記を改めている）。これを読んで下記の問いに答えなさい。（問1から問3まですべてで400字以内）

茲(ここ)ニ新年ヲ迎フ。顧ミレバ明治天皇明治ノ初国是トシテ五箇条ノ御誓文ヲ下シ給ヘリ。曰ク，

一，(a)広ク会議ヲ興シ万機公論ニ決スヘシ
一，上下心ヲ一ニシテ盛ニ経論ヲ行フヘシ
一，官武一途庶民ニ至ル迄各其志ヲ遂ケ人心ヲシテ倦マサラシメンコトヲ要ス
一，旧来ノ陋習(ろうしゅう)ヲ破リ天地ノ公道ニ基クヘシ
一，智識ヲ世界ニ求メ大ニ皇基ヲ振起スヘシ

叡旨(えいし)公明正大，又何ヲカ加ヘン。朕ハ茲ニ誓ヲ新ニシテ国運ヲ開カント欲ス。須(すべか)ラク此ノ御趣旨ニ則リ，旧来ノ陋習ヲ去リ，民意ヲ暢達(ちょうたつ)シ，官民挙ゲテ平和主義ニ徹シ，教養豊カニ文化ヲ築キ，以テ民生ノ向上ヲ図リ，新日本ヲ建設スベシ。（中略）

然レドモ朕ハ爾等(なんじら)国民ト共ニ在リ，常ニ利害ヲ同ジウシ休戚(きゅうせき)ヲ分タント欲ス。(b)朕ト爾等国民トノ間ノ紐帯(ちゅうたい)ハ，終始相互ノ信頼ト敬愛トニ依リテ結バレ，単ナル神話ト伝説トニ依リテ生ゼルモノニ非ズ。天皇ヲ以テ現御神(あきつみかみ)トシ，且日本国民ヲ以テ他ノ民族ニ優越セル民族ニシテ，延テ世界ヲ支配スベキ運命ヲ有ストノ架空ナル観念ニ基クモノニモ非ズ。（後略）

（注） 休戚：喜びと悲しみ。

問1 下線部(a)の方針にもかかわらず，その後創設された議会制度は，国民の政治参加や衆議院の権限を限定的にしか認めなかった。それはどのような限定であったのか，またそうした限定を取り払うために，第二次大戦後に議会制度がどのように変革されたのかについて説明しなさい。

問2 この詔書の発表に先立って実施された「人権指令」と呼ばれるGHQの施策について，当時の日本政府の対応も含めて説明しなさい。

問3 下線部(b)の中で，なぜ「架空ナル観念」を否定しているのか。その理由について簡潔に説明しなさい。

解説 天皇の人間宣言と議会制度　〈史料〉

明治憲法体制について考えさせる問題である。問 1 は 250～300 字程度，問 2 は 50～100 字程度，問 3 は 50 字以内でまとめればよい。特に問 1 がこの大問の中心と考えて，大胆な字数配分をすればよい。過去に類題もあり，まとめやすいはずである。

問1　幕末・明治～昭和②　政治

近代から現代における国民の政治参加や衆議院の権限

設問の要求

〔主題〕国民の政治参加や衆議院の権限の限定。
そうした限定を取り払うための第二次世界大戦後の議会制度の変革。

論述の構成

①国民の政治参加の限定，②衆議院の権限の限定について，第二次世界大戦前と第二次世界大戦後の 2 つの時期に区分して，第二次世界大戦前から第二次世界大戦後への変化を意識して説明すればよい。

▶第二次世界大戦前

第二次世界大戦前の議会は，公選制の衆議院と，華族や勅任議員からなる貴族院の二院制であった。

①国民の政治参加の限定

国民の政治参加とは選挙権と考える。1889 年，大日本帝国憲法発布と同時に公布された衆議院議員選挙法では，選挙資格を 25 歳以上の男子，直接国税 15 円以上の納入者とする制限選挙であった。その後，選挙資格は順次拡大し，1925 年に納税資格は撤廃されたものの，第二次世界大戦前は，選挙権は男性のみで，女性の選挙権は認められなかった。

②衆議院の権限の限定

帝国議会は天皇の協賛機関と規定され，天皇は議会の賛成により立法権を行使した。そのなかで，天皇には緊急勅令の発令権や統帥権など議会が関与できない権限（天皇大権）が与えられていた。さらに貴族院には衆議院と対等な権限が与えられており，衆議院の立法権行使は実質的に制限されていた。

論述のポイント

□国民の政治参加について，当初，選挙権が性別や納税資格によって制限されていたこと，納税資格は撤廃されるが，男性のみが選挙権を持っていたことを説明すればよい。

□衆議院の権限について，議会が関与できない天皇大権があり，立法権で対等な権限を持つ貴族院が衆議院を抑制していたことが説明できればよい。

▶第二次世界大戦後の変革

日本国憲法が制定・公布され，議院内閣制となり，国会は公選制の衆議院・参議院で構成された。

①国民の政治参加について

第二次世界大戦後には，GHQによる民主化政策のもと，1945年，衆議院議員選挙法が改正され，20歳以上の男女に選挙権が与えられ，女性の参政権が認められた。これにより，国民の政治参加について制限がなくなった。

②衆議院の権限について

戦前，衆議院の立法権行使は天皇大権や貴族院の存在により制限されていた。しかし，天皇は国民統合の象徴となり，政治的な権限を持たなくなった。さらに国会は国権の最高機関となり，衆議院は参議院に優越する地位となり，戦前のような制限はなくなった。

論述のポイント

□国民の政治参加について，女性にも選挙権が認められたことを説明すればよい。

□衆議院の権限について，天皇は象徴となり政治的な権限を持たなくなり，国会は国権の最高機関となったことが説明できればよい。

解答例　1第二次世界大戦前，明治憲法体制下において，議会は公選議員からなる衆議院と華族や勅任議員からなる貴族院で構成されていた。衆議院議員の選挙資格は性別と納税資格によって制限されており，のちに納税資格は撤廃されたものの，参政権は男性のみであった。さらに緊急勅令の発令権など議会が関与できない天皇大権があり，貴族院が対等な権限を持つなど，衆議院の立法権は制限されていた。第二次世界大戦後，民主化政策のもと，女性の選挙権が認められた。そして，日本国憲法において，天皇は政治権力を持たない象徴とされた。国会は公選制による衆議院と参議院の二院制とされ，国権の最高機関と規定された。（283字）

問2 昭和② 政治

「人権指令」について

設問の要求

〔主題〕GHQ の「人権指令」。
〔条件〕当時の日本政府の対応も含める。

論述の構成

まず,「人権指令」の内容について説明し,その上で当時の内閣名をあげ,日本政府の対応について説明する。

▶「人権指令」と日本政府の対応

「人権指令」とは,天皇制批判の自由,治安維持法・治安警察法の廃止,共産主義者など政治犯の釈放,特別高等警察の廃止などの政策である。

それに対して当時の日本政府である東久邇宮稔彦内閣は実行できないとして総辞職した。これが日本政府の対応である。

論述のポイント

□ GHQ による「人権指令」の具体的内容をいくつかあげた上で,東久邇宮内閣がそれらを実行できないとして総辞職したことを書けばよい。

解答例 2 天皇制批判の自由,治安維持法・治安警察法の廃止,政治犯の釈放,特別高等警察の廃止などを内容とするGHQの指令に対し,東久邇宮内閣は実行不可能として総辞職した。(79字)

問3 昭和② 政治

天皇の人間宣言について

設問の要求

〔主題〕「天皇の人間宣言」のなかで,「架空ナル観念」を否定している理由。

論述の構成

「天皇の人間宣言」の内容をふまえて,宣言が出されたねらいを考えればよい。

▶「天皇の人間宣言」とは

まず,下線部(b)の「架空ナル観念」とは,引用が長いが,要は天皇を「現御神」とする観念である。そこで,天皇が神であることを,天皇自らが否定したのが「人間宣言」である。

GHQには天皇制を存続させ，占領政策に利用する狙いがあったが，連合国の間では天皇の戦争責任を問う声も多かった。そのなかで天皇の神格化を否定することにより，民主化政策を進めるGHQの政策に協力することで，天皇制の存続・維持をはかった。

論述のポイント

□最低限，天皇の神格化を否定することで，天皇制の存続をはかったことが説明できていればよい。

解答例 **3**天皇の神格化を否定し，GHQの民主化政策に同調して，天皇制の存続をはかった。（38字）

別解 **3**天皇の戦争責任を問う世論に対して，天皇の神格化を否定し，天皇制の存続をはかった。（41字）

答案例

1第二次世界大戦前，明治憲法体制下において，議会は公選議員からなる衆議院と華族や勅任議員からなる貴族院で構成されていた。衆議院議員の選挙資格は性別と納税資格によって制限されており，のちに納税資格は撤廃されたものの，参政権は男性のみであった。さらに緊急勅令の発令権など議会が関与できない天皇大権があり，貴族院が対等な権限を持つなど，衆議院の立法権は制限されていた。第二次世界大戦後，民主化政策のもと，女性の選挙権が認められた。そして，日本国憲法において，天皇は政治権力を持たない象徴とされた。国会は公選制による衆議院と参議院の二院制とされ，国権の最高機関と規定された。**2**天皇制批判の自由，治安維持法・治安警察法の廃止，政治犯の釈放，特別高等警察の廃止などを内容とするGHQの指令に対し，東久邇宮内閣は実行不可能として総辞職した。**3**天皇の神格化を否定し，GHQの民主化政策に同調して，天皇制の存続をはかった。

（400字以内）

31

（2018 年度　第 2 問）

次の文章を読んで，下記の問いに答えなさい。（**問 1** から**問 4** まですべてで 400 字以内）

近代日本における資本主義の発展過程において，金融機関が果たした役割は大きかった。1872 年に国立銀行条例が定められ，1879 年末までに各地に国立銀行が 153 行設立された。1882 年には中央銀行としての日本銀行が設立され，一方各地の国立銀行は 1899 年までに普通銀行に転換した。1897 年に貨幣法が制定され，金本位制を採用するとともに，特定の分野に資金を供給する特殊銀行が設立された。日本銀行を頂点として普通銀行，特殊銀行が日本の貿易，産業，流通といった様々な経済活動の金融的側面を支えたのである。下図は，1880 年代から 1940 年代までの普通銀行数を 5 年ごとにあらわしたものである。1900 年代初頭に 1800 行を超えた普通銀行はその後，減少と増加を繰り返し，1920 年代半ばから急減していくこととなる。

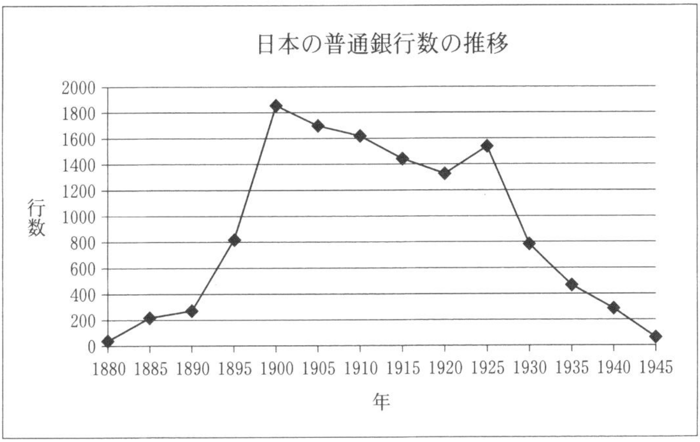

問 1　国立銀行は当初設立数が伸び悩んだものの，1876 年を境に設立が活発となった。その背景を説明しなさい。

問 2　日本が 1897 年に金本位制を採用した理由について説明しなさい。

問 3　第二次世界大戦以前に設立された特殊銀行を 2 つあげなさい。

問4　1920年代後半以降に普通銀行が減少した理由を当時の金融界の動向から説明しなさい。

解説 近代の貨幣・金融制度の展開 〈グラフ〉

本学では定番の近代経済史である。過去には類題がある。問1は80字前後，問2は130～150字程度，問3は語句記述問題，問4は160～180字程度でまとめればよい。特に問1は簡潔にまとめよう。

問1 幕末・明治 社会経済

国立銀行の設立が活発になった背景

設問の要求

〔主題〕1876年を境に国立銀行の設立が活発となった背景。

論述の構成

1876年には，1872年に公布された国立銀行条例が改正されている。最初に公布された国立銀行条例の内容をふまえ，その改正の内容や目的を考えれば背景は説明できる。

▶国立銀行条例の改正とその内容・目的

国立銀行条例は1872年に公布された。明治政府は政府紙幣を発行して，紙幣の統一を進めようとしたが，金貨や銀貨と交換できない不換紙幣であった。そこで政府は民間の経済力を利用して金貨と交換できる兌換銀行券を発行させようとして，**渋沢栄一**を中心に国立銀行条例を定めた。しかし，国立銀行が発行する銀行券は正貨との兌換が義務づけられていたため，設立された銀行も経営が困難であり，設立は進まなかった。

そのため，政府は1876年，国立銀行条例を改正して，正貨との兌換義務を廃止した。そのうえ，当時，**秩禄処分**により秩禄（家禄・賞典禄）を廃止したことで華族・士族に一時金として支給した**金禄公債証書**を資本金として認めた。その結果，国立銀行の設立は活発となった。なお，国立銀行の設立は1879年の第百五十三国立銀行を最後に打ち切られた。

論述のポイント

□国立銀行条例の改正により，正貨兌換義務が廃止されたことと，金禄公債証書が資本金として認められたことが説明できていればよい。

解答例 1国立銀行条例が改正されて正貨兌換の義務が廃止されたことにより，国立銀行設立の条件が緩和されたうえ，華・士族に支給した金禄公債証書が出資金として認められた。（78字）

問2 幕末・明治 社会経済

日本が金本位制を採用した理由

設問の要求

〔主題〕日本が1897年に金本位制を採用した理由。

論述の構成

1897年に貨幣法が制定され，日本は欧米並みの金本位制を採用した。このとき，新貨条例では1.5グラムであった1円金貨の金含有量は0.75グラムに変更され，100円＝49.85ドルのほぼ固定相場となり，為替相場は安定した。それまで日本は銀本位制であったが，その問題点を考えれば，金本位制を採用した理由が想起できる。

▶銀本位制の問題点と金本位制を採用した理由

1880年代後半から日本は**産業革命**の真っただ中にあり，すでに**金本位制**を採用していた欧米諸国との取引が拡大していた。1890年代には世界的に銀の価値が下がっていたことで**銀本位制**を採用する日本の円相場は下落していた。それは金本位制国への輸出を増やし，輸入を減らす効果があった。しかし，経済発展のため，さらなる貿易の振興と金本位制国からの資本の導入をはかるには為替相場を安定させる必要があり，欧米諸国にならった金本位制を採用する必要があった。さらに日清戦争の勝利で得た賠償金を準備金に充てることができたのも理由の一つである。

論述のポイント

□欧米の金本位制国との取引が拡大するなか，銀本位制の日本は為替相場が不安定であったこと，欧米からの資本導入のためには為替相場を安定させる必要があったことが説明できればよい。

□金本位制に移行するため，日清戦争の賠償金を準備金に充当できたことも述べる。

解答例 2産業革命が進展するなか，金本位制を採用する欧米諸国との取引が拡大したが，日本では銀本位制を採用しており，金銀相場の変動により為替相場は不安定であった。そのため，日清戦争の賠償金を準備金として金本位制に移行し，為替相場を安定させて貿易の振興や外資の導入の促進などをはかった。（137字）

問3 幕末・明治 社会経済

第二次世界大戦以前に設立された特殊銀行

語句記述問題

第二次世界大戦以前に設立された特殊銀行を2つ。

特殊銀行の例として，貿易金融を目的とした横浜正金銀行，農工業発展のための長期融資をする日本勧業銀行，産業資本の長期融資をする日本興業銀行，植民地の台湾における中央発券銀行である台湾銀行などから2つあげればよい。

解答例　3 横浜正金銀行。台湾銀行。（13字）

問4　昭和①　社会経済

1920年代後半以降に普通銀行が減少した理由

設問の要求

〔主題〕1920年代後半以降に普通銀行が減少した理由。
〔条件〕当時の金融界の動向から説明。

論述の構成

1920年代後半で，金融界の動向といえば，金融恐慌が想起できる。金融恐慌の背景と結果について，条件にしたがって金融界の動向に絞って述べれば，必然的に普通銀行が減少した理由について説明することになる。

▶ 1920年代の金融界の動向と金融恐慌の発生

大戦景気の反動で起こった1920年の**戦後恐慌**，1923年の関東大震災にともなう**震災恐慌**により，企業の経営悪化が進んだ。政府が日本銀行の特別融資で一時的に銀行の救済をはかったものの，銀行手持ちの手形は決済不能となり，決済は進まず，銀行の経営を圧迫していた。そのため，憲政会の**第1次若槻礼次郎内閣**では，関東大震災で発生した震災手形の処理法案の審議を進めていたが，1927年，その過程で大蔵大臣の**片岡直温**が失言をして，一部の銀行の危機的な経営状態が暴かれたことで，取付け騒ぎが発生し，銀行の休業が続出する**金融恐慌**が発生した。さらに巨大商社である**鈴木商店**が経営破綻し，その不良債権を抱えた**台湾銀行**が経営難に陥り，事態は悪化した。

▶ 金融恐慌の鎮静化とその結果

第1次若槻内閣は緊急勅令により台湾銀行を救済しようとしたが，枢密院の了承が得られず，総辞職した。次に成立した立憲政友会の**田中義一**内閣は3週間の**モラトリアム**を発令し，日本銀行からの救済融資を行い，金融恐慌を収束させた。この過程で中小銀行の整理や合併が進んだ。

さらに普通銀行の整理・合併が進んだ理由として，1927年，第1次若槻内閣で，銀行法が公布（翌年，田中内閣で施行）されたこともあげられる。中小銀行の乱立と経営悪化，倒産に対応するため，銀行法により，企業形態や資本金の額などに制限が付けられ，大蔵省の監督権限を強化し，資格を喪失した銀行には合併が指導された。
　その結果，三井・三菱・住友・安田・第一の五大銀行に預金は集中し，財閥が金融面からも産業支配を強化することとなった。

論述のポイント

□金融界の動向として，戦後恐慌や震災恐慌で銀行手持ちの手形が決済不能になり，銀行の経営を圧迫していたこと，それが金融恐慌につながったことが説明できればよい。
□銀行が減少した理由として，金融恐慌鎮静化の過程で中小銀行の整理が進んだこと，五大銀行に中小銀行が吸収されたことが説明できていればよい。

解答例　**4** 1920年代前半の戦後恐慌や関東大震災で日本の経済は打撃を受け，銀行は手持ちの手形が決済不能になり，日銀の特別融資などで一時をしのいだが，不況が慢性化して決済が進まず，銀行の経営を圧迫した。そのなかで1920年代後半，金融恐慌が発生して取付け騒ぎが拡大し，中小銀行の整理や合併が進み，三井・三菱・住友・安田・第一の五大銀行が中小銀行を吸収していった。（172字）

答案例

1国立銀行条例が改正されて正貨兌換の義務が廃止されたことにより，国立銀行設立の条件が緩和されたうえ，華・士族に支給した金禄公債証書が出資金として認められた。2産業革命が進展するなか，金本位制を採用する欧米諸国との取引が拡大したが，日本では銀本位制を採用しており，金銀相場の変動により為替相場は不安定であった。そのため，日清戦争の賠償金を準備金として金本位制に移行し，為替相場を安定させて貿易の振興や外資の導入の促進などをはかった。3横浜正金銀行。台湾銀行。4 1920年代前半の戦後恐慌や関東大震災で日本の経済は打撃を受け，銀行は手持ちの手形が決済不能になり，日銀の特別融資などで一時をしのいだが，不況が慢性化して決済が進まず，銀行の経営を圧迫した。そのなかで1920年代後半，金融恐慌が発生して取付け騒ぎが拡大し，中小銀行の整理や合併が進み，三井・三菱・住友・安田・第一の五大銀行が中小銀行を吸収していった。

（400字以内）

32
(2018年度　第3問)

次の文章を読んで，下記の問いに答えなさい。(問1から問4まですべてで400字以内)

1937年7月7日，北京郊外の盧溝橋で(a)現地に駐屯していた日本軍と中国軍との間に武力衝突が発生した（盧溝橋事件)。現地では一時，停戦協定が成立したものの戦線は拡大し，8月に入ると華中の上海でも大規模な戦闘が始まった。こうして，日中戦争が開始されると日本政府は，1937年11月に最高統帥機関である(b)大本営を設置し，短期決戦を目指した。しかし民族意識の高揚に支えられた中国側は，(c)欧米諸国の支援にも期待して徹底抗戦の姿勢をくずさず戦争は長期化していった。このため日本政府は，(d)国内の戦時体制の本格的強化に乗り出していくことになる。

問1　下線部(a)に関連して，どのような国際的取り決めに基づき日本軍が駐留していたのか，取り決め締結の経緯も含め具体的に説明しなさい。

問2　下線部(b)に関連して，統帥権の独立によって，国務と統帥の分裂＝政略と戦略の分裂という事態が生じることを危惧した日本政府は，大本営の設置に伴い新たにどのような措置を講じたか，具体的に説明しなさい。

問3　下線部(c)に関連して，日本の軍事行動の不当性を広く国際世論に訴える際に，中国政府が根拠の1つとしたのは，国際紛争の処理を目的としたある多国間条約の存在だった。その条約とは何か。条約の意義と限界についても具体的に説明しなさい。

問4　下線部(d)に関連し，明治憲法に規定された帝国議会の法律に対する協賛権との関係で，重要な意味を持った戦時立法を1つあげ，協賛権の意味にも言及しながら，その戦時立法について具体的に説明しなさい。

解説 日中戦争と戦時体制

本学では定番の戦時体制に関する問題である。問1は80〜100字程度，問2は50〜100字程度，問3は110〜130字程度，問4は100〜120字程度でまとめられる。問2は難問なので，50字より少ない字数でまとめてもよい。その分は他の問題で字数を確保してカバーしよう。

問1 幕末・明治 外交

北京議定書の締結の経緯

設問の要求

〔主題〕日本軍が北京郊外に駐留する根拠となっていた取り決め。
〔条件〕締結の経緯も含めて。

論述の構成

下線部(a)の「現地に駐屯していた日本軍」の「現地」はリード文から北京郊外の盧溝橋だとわかる。日本軍が北京郊外に駐留する根拠となっていた取り決めは，北清事変の結果締結された北京議定書である。締結の経緯として，北清事変の経緯について簡潔に説明すればよい。

▶北清事変の経緯

日清戦争後，列国による中国分割が進展した。それに反発して，清国では「扶清滅洋」をとなえる排外主義団体の義和団が蜂起し，北京の列国公使館を包囲する義和団事件が起こった（1900年）。その動きに清国政府が同調して列国に対して宣戦布告したため，北清事変に発展した。日本を含む列国は連合軍を派遣し，義和団を北京から排除して鎮圧した。その翌年，列国は清国政府に対し，賠償金と北京の公使館守備隊の駐留などを承認させる北京議定書を締結した。

この北京議定書に基づいて日本軍は北京郊外に駐留していた。

論述のポイント

□北清事変の経緯を中心に，中国分割に反発した義和団の蜂起があったこと，清国政府がそれに同調したこと，列国が鎮圧して北京議定書が締結されたことをまとめればよい。

解答例 1北京議定書。列国の中国分割に反発した義和団が蜂起し，清国政府が同調して北清事変へと発展したが，日本を中心とする連合軍が鎮圧し，清国政府と賠償や守備兵駐留などの取り決めを結んだ。（89字）

問2 昭和① 政治

日中戦争下の大本営

設問の要求

〔主題〕日本政府が大本営の設置に伴い新たに講じた措置。

論述の構成

知識がなければ書けない難問である。設問の前提として，リード文，設問文から，日中戦争に際し，日本政府が統帥権の独立によって国務と統帥の分裂＝政略と戦略の分裂という事態が生じることを危惧していたことをふまえておかなければいけない。そのうえで，1937年11月の大本営設置に伴い，日本政府が講じた措置について説明する。

▶大本営設置に伴い日本政府が講じた措置

日中戦争が勃発したときの内閣総理大臣である**近衛文麿**は，当初，内閣が軍部の戦争指導に何らかの形で関与するため，首相を構成員とした大本営の設置を陸海軍に持ち掛けたが，統帥機関である陸軍の参謀本部は難色を示した。その後，大本営と内閣の連絡・協議のため，大本営政府連絡会議が設置された。これには陸軍の参謀総長，海軍の軍令部長，陸海軍大臣，内閣総理大臣と所要の閣僚などが参加した。

論述のポイント

□内閣と大本営の連絡協議のため，大本営政府連絡会議が設置されたことを説明すればよい。

解答例　**2内閣と大本営の連絡調整をはかる機関として，大本営政府連絡会議を設置し，参謀総長，軍令部長，陸海軍大臣，内閣総理大臣と必要な閣僚などが参加した。（72字）**

問3 昭和① 外交

国際紛争の処理を目的とした多国間条約

設問の要求

〔主題〕国際紛争の処理を目的としたある多国間条約の名称と，その条約の意義と限界。

論述の構成

「国際紛争の処理を目的としたある多国間条約」とはパリで1928年に締結された不戦条約である。この条約の意義と限界について説明すればよい。

▶不戦条約の意義と限界

田中義一内閣で締結された不戦条約は，国際紛争解決の手段としての戦争を非として国家政策の手段としての戦争を放棄し，国際紛争を平和的に解決することを約した。戦争を違法とする動きを促進し，国際協調を進める意義があった。しかし，多くの国は自衛手段としての軍事行動は許されると解釈しており，自衛の範囲や解釈についても各国での温度差があるなど，限界があった。

論述のポイント

□不戦条約の名称を答えたうえで，意義として，国際紛争解決の手段としての戦争を放棄し，戦争を違法としたことが説明できればよい。
□その限界として，多くの国で自衛手段としての軍事行動は許されると解釈されていたことが説明できればよい。

解答例 3不戦条約。国策としての戦争の放棄を宣言し，国家間紛争の平和的解決を取り決めるなど，国際紛争を解決する手段としての戦争を違法とみなした。しかし，調印した多くの国は自衛手段としての軍事行動は承認されると解釈しており，自衛の範囲や解釈も曖昧であった。（123字）

問4 昭和① 政治

国家総動員法

設問の要求

〔主題〕帝国議会の法律に対する協賛権との関係で重要な意味を持った戦時立法を1つあげることと，その戦時立法。
〔条件〕協賛権の意味に言及。

論述の構成

この戦時立法は，1938年に制定された国家総動員法である。協賛権の意味を説明しつつ，この法律が帝国議会の法律に対する協賛権を制限するものであったことが説明できればよい。

▶帝国議会の協賛権と国家総動員法との関係

明治憲法体制における議会の協賛権とは何か。国の統治権を持つ天皇は，その権限の一つとして立法権を有しているが，それは帝国議会の協賛により行使された。このように帝国議会が協賛権を持つことで，立法権は内閣が輔弼する行政権に対して分立していた。

しかし，国家総動員法が制定されたことで，戦争遂行に必要な物資や労働力は，議会の承認なく，天皇の命令である勅令によって動員できることになり，議会の持つ立法権は制限されることになって，以降，議会の形骸化が進んでいく一因となった。

論述のポイント

□協賛権の意味として，天皇が統治権を持つなか，議会が天皇の立法権に対する協賛権を持っていたことで，立法権の独立が確保されていたことを説明できればよい。

□国家総動員法の名称をあげつつ，その制定により勅令で物資や労働力を動員できるようになったこと，そのため，議会の立法権が制約されたことが説明できればよい。

解答例　4 国家総動員法。天皇が統治権を持つ明治憲法では帝国議会が法律の協賛権を持つことで行政権に対して立法権が分立していた。しかし，この法で政府は議会の承認なしに勅令で戦争遂行に必要な物資や労働力を統制できるようになり，立法権は制約された。（116字）

答案例

1北京議定書。列国の中国分割に反発した義和団が蜂起し，清国政府が同調して北清事変へと発展したが，日本を中心とする連合軍が鎮圧し，清国政府と賠償や守備兵駐留などの取り決めを結んだ。2内閣と大本営の連絡調整をはかる機関として，大本営政府連絡会議を設置し，参謀総長，軍令部長，陸海軍大臣，内閣総理大臣と必要な閣僚などが参加した。3不戦条約。国策としての戦争の放棄を宣言し，国家間紛争の平和的解決を取り決めるなど，国際紛争を解決する手段としての戦争を違法とみなした。しかし，調印した多くの国は自衛手段としての軍事行動は承認されると解釈しており，自衛の範囲や解釈も曖昧であった。4国家総動員法。天皇が統治権を持つ明治憲法では帝国議会が法律の協賛権を持つことで行政権に対して立法権が分立していた。しかし，この法で政府は議会の承認なしに勅令で戦争遂行に必要な物資や労働力を統制できるようになり，立法権は制約された。

（400字以内）

33

（2017年度　第2問）

次の史料は，婦人参政権獲得期成同盟会の宣言書である（一部を省略のうえ，表記を改めている）。これを読んで下記の問いに答えなさい。（**問1**から**問4**まですべてで400字以内）

一，我等は二千六百年来の因習を破り，男女ともに天賦の義務権利に即して新日本建設の責務を負ふべき事を信ず。

一，明治初年より半世紀にわたり(a)国民教育においてすでに男女の別なく，また女子高等教育の門戸も開かれつつある今日，普通選挙の実施にあたり女子を除外するは不当のことといはざるを得ず，我等はこれを要求す。

一，我国の(b)職業婦人はすでに四百万に達せり，その利益擁護のために参政権を要求するは当然のことと信ず。

一，我国大多数の(c)家庭婦人はその生活完成のため，法律上国家の一員たるべくこれを要求す。

一，市町村における公民たり，また国家の公民たる資格を求めて我等は参政権を必要とす。

一，以上は宗教の異同，職業の差異，あらゆる異同を除きただ女性の名において一致し得る問題なるがゆえに，ここに大同団結を作り婦人参政権獲得運動をなす必要とその可能性とを信ず。

問1　婦人参政権獲得期成同盟会の母体のひとつとなった，1920年設立の組織の名前，および両組織の結成を主導した人物1名の氏名をあげなさい。

問2　下線部(a)に関して，初等教育において男女に均しく学ばせることを目指すと最初に打ちだした法令の名前と，公布された年を答えなさい。

問3　下線部(c)の家庭婦人とは，この史料ではどのような女性をさしているのか，説明しなさい。また，下線部(b)の職業婦人とは，どのような女性のことをさすのか，職業婦人が登場してきた社会的・経済的な背景とあわせて論じなさい。

問4　日本における参政権の動向について，同性間および異性間の差異に着目しつつ，19世紀まで遡って論じなさい。また，婦人参政権獲得期成同盟会の結成以降，婦人参政権が認められるまでの運動の展開についても，論じなさい。

解説　近現代の女性・参政権の動向　〈史料〉

近現代の女性や参政権の動向に関して問う。問 1 ・問 2 は語句記述問題，問 3 は 100 字程度，問 4 は 250～300 字程度でまとめられる。問 4 では，年齢や納税資格などの細かい数字のデータは記述しなくてもよい。

問 1　大正　社会経済

女性運動を推進した組織と関係者

語句記述問題

婦人参政権獲得期成同盟会の母体の一つとなった，1920 年設立の組織の名前と，両組織の結成を主導した人物 1 名の氏名。

1920 年に結成された組織は**新婦人協会**，両組織の結成を主導したのは**市川房枝**である。

新婦人協会は参政権の要求など女性の地位を高める運動を進め，女性の政治運動参加を禁じた治安警察法第 5 条の改正を要求した。同法は 1922 年，立憲政友会の高橋是清内閣のときに改正され，女性も政治演説会に参加できるようになった。

解答例　1 新婦人協会。市川房枝。（12字）

問 2　明治　文化

初等教育を最初に打ち出した法令

語句記述問題

初等教育において男女に等しく学ばせることを目指すと最初に打ち出した法令の名前と，公布された年。

法令は**学制**で，1872 年に公布された。学制では，立身出世のための学問という功利主義的な教育観を唱えて，小学校教育の普及に力を入れるとともに，男女に等しく学ばせる国民皆学を目指した。

解答例　2 学制。1872年。（8 字）

問3 大正 社会経済

家庭婦人と職業婦人

設問の要求

〔主題〕家庭婦人とは，この史料ではどのような女性を指しているのか。
職業婦人とは，どのような女性のことを指すのか。
〔条件〕職業婦人が登場してきた社会的・経済的な背景とあわせて論じる。

論述の構成

家庭婦人については，史料中の「我国大多数の家庭婦人はその生活完成のため…」をヒントに職業婦人との対比で考えればよい。職業婦人が登場してきた社会的・経済的な背景は，大戦景気による経済成長を念頭において考えればよい。

▶家庭婦人と職業婦人

家庭婦人について，史料中では「我国大多数の家庭婦人はその生活完成のため…」とあり，**職業婦人**との対比から当時，結婚しており，家事に専念していた女性のことである。家事は広い意味で，農業など自営業における家業も含めて考えればよいだろう。職業婦人とは，大正時代に限定して考えれば，タイピストや電話交換手，バスガールなど都市部を中心に事務・専門職についた中産階級の女性のことである。ここでは原則，明治時代に登場した製糸業・紡績業に従事する貧しい農家の出稼ぎ女工は含まないと考えよう。

論述のポイント

□家庭婦人は結婚して家事に専念する女性，職業婦人とは都市部を中心に事務・専門職に従事する中産階級の女性であることが説明できればよい。

▶職業婦人が登場してきた社会的・経済的な背景

第一次世界大戦を契機とする**大戦景気**により，重工業を中心として産業構造は変化し，経済の急激な成長にともなって新たに誕生した職業分野や，男性の仕事とされていた分野への女性の進出が始まった。また，明治時代末期以来，女子の就学率が上昇し，高等女学校卒業者が増加したことも，社会的に女性が活躍する要因の一つとなった。

論述のポイント

□最低限，大戦景気以降の経済成長にともなう重工業中心への産業構造の変化について説明できればよい。職業婦人を事務・専門職につく女性と定義したことから，女子の就学率上昇も〔解答例〕には含めた。

解答例　3 家庭婦人は結婚して家事に専念する女性のことである。職業婦人は都市部で電話交換手などの仕事につく中産階級女性のことで，明治末期以降の女子の就学率上昇や大戦景気以降の重工業を中心とする産業構造の変化を背景に登場した。（107字）

問4　幕末・明治～昭和②　政治

参政権の動向と女性運動

設問の要求

〔主題〕①19世紀以降，日本における参政権の動向。
②婦人参政権獲得期成同盟会の結成以降，婦人参政権が認められるまでの運動の展開。
〔条件〕同性間・異性間の差異に着目。

論述の構成

日本における参政権の動向として，「19世紀まで遡って」とあるので，初めて参政権が認められた，1889年の衆議院議員選挙法の公布から説明を始めて，「差異」がなくなる太平洋戦争後の婦人参政権が認められたところまで説明すればよい。「同性間および異性間の差異に着目」するのが条件なので，選挙法の改正については，下表のような数字までも含めてすべて説明しなくてもよい。同性間，異性間の差異がなくなる転換点に着目して，①―ⓐ明治時代，選挙人は25歳以上の男子で納税資格あり（制限選挙），①―ⓑ大正時代，25歳以上の男子，納税資格の撤廃（男子普通選挙の成立），①―ⓒ太平洋戦争後，20歳以上の男女，婦人参政権の公認の大きく3つの区分で説明すればよい。最後に，参政権とは別に婦人参政権が認められるまでの運動について説明する。

公布年	公布時の内閣	実施年	制限事項		選挙人	
			直接国税	性別年齢	総数	全人口比
				以上	万人	%
1889	黒田　清隆	1890	15円以上	男25歳	45	1.1
1900	山県　有朋	1902	10円以上	男25歳	98	2.2
1919	原　　敬	1920	3円以上	男25歳	307	5.5
1925	加藤　高明	1928	制限なし	男25歳	1,241	20.8
1945	幣原喜重郎	1946	制限なし	男女20歳	3,688	50.4

▶①―ⓐ明治時代――衆議院議員選挙法の制定から制限選挙の時代

1889年，**大日本帝国憲法**の発布と同時に**衆議院議員選挙法**が公布され，参政権が認められた。しかし，選挙人は25歳以上の男子のみで，直接国税15円以上の納入者に限られた。そのため，有権者は全人口の1.1％で，中農以上の農民か都市の上層民だけが選挙権を与えられ，同性間にも格差があった。その後，第2次山県有朋内閣で納税資格は10円以上に引き下げられた。

論述のポイント

□明治時代には，衆議院議員選挙法で男子のみが選挙権を認められていたこと，納税資格による制限があり富裕層のみであったことが書ければよい。

▶①―ⓑ大正時代――民衆運動の高揚から普通選挙法の制定へ

大正時代に入ると，1916年，東京帝国大学教授の**吉野作造**が**民本主義**を提唱するなど，民衆の政治参加を求める声が高まった。普通選挙権の獲得を求める運動が盛り上がるなか，原敬内閣は普選実施に反対し，納税資格を3円以上に引き下げる改正にとどめた。第二次護憲運動で成立した加藤高明内閣の1925年，25歳以上の男子に選挙権が与えられ，**男子普通選挙**が確立し，同性間の差異は解消された。選挙権を求める婦人運動も盛んになるが，女性の選挙権は認められなかった。

論述のポイント

□大正時代末期には，男子普通選挙が成立して階層間の格差がなくなったことが書けていればよい。

▶①―ⓒ太平洋戦争後――婦人参政権の公認

敗戦後，占領下における民主化政策のなか，1945年，衆議院議員選挙法が改正され，20歳以上の男女に選挙権が与えられ，女性の参政権を認めた選挙法が制定された。その結果，異性間の差異がなくなった。1946年4月には戦後初の総選挙が行われ，39名の女性議員が誕生した。

論述のポイント

□太平洋戦争後，占領下に女性の参政権が認められたことが書けていればよい。

▶②婦人参政権が認められるまでの運動の展開

1924年，**婦人参政権獲得期成同盟会**が結成され，**市川房枝**らと並んで，社会主義者の山川菊栄らも加わり，女性の参政権を求めて幅広い女性層が結集した。1925年に男性の普通選挙が実現すると，次は女性にという機運が高まり，婦人参政権獲得期成同盟会は婦選獲得同盟と改称し，その後の婦選獲得運動の中心的役割を担った。しかし，満州事変以降，戦争が続くなか，戦時体制が形成され，婦人参政権の要求は後退していった。

太平洋戦争が終わると，女性たちは参政権獲得に向けて迅速に活動を開始し，市川房枝らは戦後対策婦人委員会を結成して，東久邇宮稔彦内閣に女性参政権の実現を申し入れた。次に成立した幣原喜重郎内閣で衆議院議員選挙法が改正され，女性の参政権は実現した。

論述のポイント

□やや難しいか。〔解答例〕には太平洋戦争後の動向も加えたが，最低限，男子普通選挙の成立以降，女性の参政権を要求する運動が盛んとなり，満州事変以降，停滞したことが書けていればよいだろう。

解答例　**4**明治時代，衆議院議員選挙法が公布され，参政権が認められたが，男子のみで納税資格による制限があった。その後，納税額が引き下げられたものの，参政権を得たのは中農以上の農民か都市の上層民であった。大正時代になり，国民の政治参加を求める声が高まるなか，大正時代末期には男子普通選挙が成立して階層間の格差はなくなったが，婦人参政権は実現しなかった。婦人参政権獲得期成同盟会は婦選獲得同盟と改称して運動を展開したが，満州事変以降，戦争が拡大するなかで運動は困難となった。太平洋戦争後，参政権獲得運動が再開し，占領下の民主化政策のもとで婦人参政権は実現した。（273字）

答案例

1新婦人協会。市川房枝。2学制。1872年。3家庭婦人
は結婚して家事に専念する女性のことである。職業婦人
は都市部で電話交換手などの仕事につく中産階級女性の
ことで，明治末期以降の女子の就学率上昇や大戦景気以
降の重工業を中心とする産業構造の変化を背景に登場し
た。4明治時代，衆議院議員選挙法が公布され，参政権
が認められたが，男子のみで納税資格による制限があっ
た。その後，納税額が引き下げられたものの，参政権を
得たのは中農以上の農民か都市の上層民であった。大正
時代になり，国民の政治参加を求める声が高まるなか，
大正時代末期には男子普通選挙が成立して階層間の格差
はなくなったが，婦人参政権は実現しなかった。婦人参
政権獲得期成同盟会は婦選獲得同盟と改称して運動を展
開したが，満州事変以降，戦争が拡大するなかで運動は
困難となった。太平洋戦争後，参政権獲得運動が再開し
，占領下の民主化政策のもとで婦人参政権は実現した。

（400字以内）

34

(2017年度 第3問)

1956（昭和31）年に出された次の資料を読んで，下記の問いに答えなさい。(問1から問5まですべてで400字以内)

(a)戦後日本経済の回復の速やかさには誠に万人の意表外にでるものがあつた。それは日本国民の勤勉な努力によつて培われ，世界情勢の好都合な発展によつて育くまれた。

しかし敗戦によつて落ち込んだ谷が深かつたという事実そのものが，(b)その谷からはい上るスピードを速からしめたという事情も忘れることはできない。（中略）なるほど，貧乏な日本のこと故，世界の他の国々にくらべれば，消費や投資の潜在需要はまだ高いかもしれないが，(c)戦後の一時期にくらべれば，その欲望の熾烈さは明かに減少した。もはや「戦後」ではない。われわれはいまや異つた事態に当面しようとしている。回復を通じての成長は終つた。今後の成長は近代化によつて支えられる。そして近代化の進歩も速かにしてかつ安定的な経済の成長によつて初めて可能となるのである。

問1　資料はどのような文書のなかのものか。この文書の名称とどの省庁から出されたかを示しなさい。

問2　下線部(a)に関連して，1951年には工業生産において戦前水準（1934年から36年の平均）を超えることになった。この時期に日本経済が急速に回復した背景について説明しなさい。

問3　下線部(b)に関連して，日本政府も経済復興させる政策を実施した。その一つに傾斜生産方式の採用があるが，その内容について説明しなさい。

問4　下線部(c)に関連して，敗戦直後から深刻な物不足が生じ猛烈なインフレーションが発生した。これに対処するために1946年2月に幣原内閣がとった政策は何か。

問5　この文書が示されたのち，1960年代に入り高度経済成長が本格化した。高度経済成長期に高等学校や大学において起きた変化について説明しなさい。

解説 現代の経済・高等学校や大学の変化 〈史料〉

太平洋戦争後の経済復興をめぐる諸問題や高度経済成長期の高等学校・大学の変化について問う。問1は語句記述問題，問2は100字程度，問3は50字程度，問4は50字程度，問5は150～200字程度で説明できる。問5が難問なので，問2～問4を丁寧に説明して多めの字数を割いてもよい。

問1 昭和② 社会経済

経済白書

語句記述問題

資料の文書の名称と，出した省庁。

資料中の「もはや『戦後』ではない」というフレーズからこの文書が**『経済白書』**であることがわかる。この文書を出した省庁は**経済企画庁**である。

解答例 1経済白書。経済企画庁。（12字）

問2 昭和② 社会経済

1950年代初頭の日本経済の回復

設問の要求

〔主題〕この時期（1951年）に日本経済が急速に回復した背景。

論述の構成

1950年代初頭という時期から朝鮮戦争を想起し，朝鮮特需を中心に説明すればよい。

▶ 1950年代初頭の日本経済の回復

米ソ2大陣営の冷戦が東アジアに波及するなか，南北分断状態であった朝鮮半島では1950年に**朝鮮戦争**が始まった（1953年に休戦）。

そのころ日本経済は，ドッジ=ラインによる経済安定政策で深刻な不況に陥っていたが，朝鮮戦争の勃発を契機に好況となった。武器や弾薬の製造，自動車や機械の修理など，朝鮮戦争に参加したアメリカ軍による膨大な特需が発生したからである。一方，世界的な景気回復のなかで対米輸出が増え，繊維や金属を中心に生産が拡大し，1951年には，工業生産などが戦前の水準を回復した。

論述のポイント

□〔解答例〕には世界的な景気の回復についても加えたが，最低限，朝鮮戦争の勃発から特需が発生したこと，そしてその内容を簡潔に説明すればよい。

解答例 2 朝鮮戦争が勃発し，日本は米軍に対する軍事物資やサービスの補給基地となったため，特需が発生し，従来の繊維産業に加えて重化学工業の生産が増大した。さらに世界的な景気回復のもとでアメリカへの輸出が増加した。（101字）

問3

昭和② 社会経済

太平洋戦争後の日本政府の経済復興策

設問の要求

〔主題〕傾斜生産方式の内容。

▶傾斜生産方式について

傾斜生産方式は，1946年，第1次吉田茂内閣によって決定され，片山哲内閣，芦田均内閣に引き継がれて，1948年まで実施された。吉田内閣は経済安定本部を設置して，1947年には資材と資金を石炭・鉄鋼などの重要産業部門に集中する傾斜生産方式を採用し，復興金融金庫を創設して電力・海運などを含む基幹産業への資金供給を進めた。この政策は生産回復のきっかけになったものの，インフレーション（復金インフレ）の原因ともなった。

論述のポイント

□最低限，資材や資金を重要産業部門に集中させる計画であったこと，復興金融金庫が資金を供給したことが簡潔に説明できていればよい。

解答例 3 資材や資金を石炭・鉄鋼など重要産業部門に集中させる計画で，復興金融金庫を創設して基幹産業へ資金を供給した。（54字）

問4

昭和② 社会経済

幣原内閣のインフレーションへの対処

設問の要求

〔主題〕敗戦直後からのインフレーションに対処するために1946年2月に幣原喜重郎内閣がとった政策。

▶幣原内閣によるインフレーションへの対処

幣原内閣がとった政策は**金融緊急措置令**である。終戦直後，極度の物不足に加え，終戦処理などで通貨が増発されたため，猛烈なインフレーションが発生した。幣原内閣は，1946年2月に預金を封鎖し，それまで使用されていた旧円の流通を中止し，新円の引き出しを制限することで貨幣流通量を減らそうとした。

論述のポイント

□最低限，語句記述の形で金融緊急措置令が書けていればよい。〔解答例〕は内容説明の形式をとった。

解答例　4金融緊急措置令を出して預金を封鎖し，旧円の流通を禁止して新円の引き出しを制限することによって貨幣流通量を減らそうとした。（61字）

問5

昭和③ 文化

高度経済成長期の高等学校・大学の変化

設問の要求

〔主題〕高度経済成長期に高等学校や大学において起きた変化。

論述の構成

それ以前の状況を念頭におきながら，高度経済成長期に高等学校の就学率や大学への進学率が上昇し，高校・大学が大衆化したことを説明すればよい。大衆化の背景，そして影響までを変化として視野に入れてもよいだろう。

▶高度経済成長期の高等学校・大学の変化

高度経済成長期には，経済の発展とともに学校経由の就職ルートが成立し，企業において当初は中卒，やがて高卒以上の人材が求められるようになった。一方，国民の所得水準が上昇するなかで，マス=メディアによって大量の情報が伝達されると，日本人の生活様式はしだいに画一化され，国民の8～9割が社会の中層に位置しているという**中流意識**が広がった。

そうしたなかで教育熱が高まり，高校への就学率が上昇しただけでなく，大学への進学率が上昇して高等教育の大衆化も進んだ。それとともに受験競争が激化し，偏差値がその象徴的な存在となっていった。さらに高等学校や大学では学校管理や学費値上げなどに反発し，学園の民主化を求めて学園紛争が起こった。

論述のポイント

□最低限，高校の就学率の上昇，大学への進学率の上昇により高等教育が大衆化したことが書けていればよい。その他，大衆化の背景や受験競争，学園紛争が起こったことなどに言及してもよいだろう。

解答例 5高度経済成長のもと，中卒ではなく，高卒・大卒の労働力が人材獲得の際に求められるようになる一方，国民の所得水準が上昇し，中流意識が広がるなか，教育熱が高まった。そのため，高校への就学率が上昇しただけでなく，大学への進学率が上昇して高等教育の大衆化が進んだ。それを背景に受験競争が激化し，学校管理や学費の値上げなどへの反発から学園紛争が起こった。（172字）

答案例

1経済白書。経済企画庁。2朝鮮戦争が勃発し，日本は
米軍に対する軍事物資やサービスの補給基地となったた
め，特需が発生し，従来の繊維産業に加えて重化学工業
の生産が増大した。さらに世界的な景気回復のもとでア
メリカへの輸出が増加した。3資材や資金を石炭・鉄鋼
など重要産業部門に集中させる計画で，復興金融金庫を
創設して基幹産業へ資金を供給した。4金融緊急措置令
を出して預金を封鎖し，旧円の流通を禁止して新円の引
き出しを制限することによって貨幣流通量を減らそうと
した。5高度経済成長のもと，中卒ではなく，高卒・大
卒の労働力が人材獲得の際に求められるようになる一方
，国民の所得水準が上昇し，中流意識が広がるなか，教
育熱が高まった。そのため，高校への就学率が上昇した
だけでなく，大学への進学率が上昇して高等教育の大衆
化が進んだ。それを背景に受験競争が激化し，学校管理
や学費の値上げなどへの反発から学園紛争が起こった。

（400字以内）

35

(2016 年度 第 2 問)

次の資料は,『東洋経済新報』第 540 号(1910 年 11 月 5 日)に掲載された片山潜「工場法案を評す」の一部である(読みやすさを考慮して一部原文を改めてある)。これを読んで下記の問いに答えなさい。(問1から問3 まですべてで 400 字以内)

我国の工場法問題は,その具体的法案の初めて世間に発表せられてより既に十数年を経過せり。草案の発表せられたる当時,世間は多く尚早なりとしてこれに反対したりと雖(いえども),これが起草者たる政府当局の精神は,ひたすら労働者の保護を主眼として邁進したるの慨(がい)ありき。(中略)今翻って今回発表せられたる案の内容を見るに,頗(すこぶ)る吾人の意に満たざるものあり。他なし。(1)数次の修正を経る毎に法の精神は漸次埋没せられ,回を重ねるに従つて案は益々劣悪なるものとなり下るの観あること是(これ)なり。殊(こと)に今回の草案を見て吾輩の切に感ずるは,起草者の苦心の要点が法の根本目的たる労働者の保護にあらずして,却(かえ)つて(2)関係する工業者の便宜,利害を害せざらんことを是(これ)れ努め,彼らの気分を損はんことを是(これ)れ恐れ,ひたすら工業者の主張に迎合して戦々恐々として立案したるの跡,歴然たること是(これ)なり。

問1 1903 年に発表され,工場法の必要を促したとされる農商務省による調査報告の名称とは何か。また,その内容について説明しなさい。

問2 片山潜が下線部(1)のように批判した工場法案の「劣悪」化は,その後も改善されることなく,翌 1911 年 3 月の議会で可決され,公布された。「劣悪」化などと批判を浴びた工場法は,どのような問題点をもっていたのか。その具体的な内容について説明しなさい。

問3 工場法は公布後も,法律の施行のために必要な予算が認められず,施行が 1916 年 9 月にずれ込むことになった。工場法は,職工徒弟条例案の段階から含めると立法が意図されてから施行されるまでに 30 年前後の長い時間を要したが,その第 1 の理由は,下線部(2)で指摘されている産業界の反発であった。とくに反発が大きかったのはどの産業か。また,その反発を政府が受け入れた理由を当時の産業構造の特徴から説明しなさい。

解説 工場法の制定をめぐる諸問題 〈史料〉

工場法の制定をめぐって，工場法制定の前提や工場法の問題点を説明させる問題である。問1は語句記述と簡単な説明問題であり，問2は110字程度，問3は260字程度で書けばよい。問1・問2に多くの字数を割くのは難しいので，問3をしっかり説明しよう。やや難問ではあるが，一橋大では定番の問題である。

問1 幕末・明治 社会経済

農商務省の調査報告書について

設問の要求

〔主題〕農商務省による調査報告の名称とその内容。

工場法の必要を促したとされる**農商務省**の調査報告は**『職工事情』**である。これは全国の工場労働者の実態調査報告書で，主に繊維産業・軽工業の職工の種類，雇用条件などを記録しており，工場法を立案する際の基礎資料とされた。

解答例 1職工事情。全国の工場労働者の実態を調査した報告書。（26字）

問2 幕末・明治 社会経済

工場法の問題点

設問の要求

〔主題〕「『劣悪』化」と批判を浴びた工場法の問題点について具体的な内容。

論述の構成

労働者の待遇を改善するため，労働者の保護法である工場法を制定しようとしたが，下線部(1)にあるように「法の精神は漸次埋没」させられた。それは労働者の待遇改善の規定に不十分な点があったということである。そのことを念頭におきながら，やや細かい内容ではあるが，労働者の待遇に関する規定を中心に説明すればよい。

▶工場法制定の経緯とその問題点

1880年代後半には，労働者保護条項を主とする**工場法**の制定が問題として登場した。その背景には，綿紡績業や製糸業の発展により，年少の女工の長時間労働や深夜労働が社会的な注目を浴びるようになったことがある。日清戦争後には，工場法案が議会の審議に付された。その目的は綿紡績業・製糸業を中心にみられた，長時間労働などによる年少の女工の酷使を制限することであった。農商務省が工場法の制定に本格的に乗り出したのは，職工の酷使に対する反発からの騒擾発生といった社会問題を予防しようという狙いによるものであった。しかし，綿紡績業・製糸業を中心とする雇主は工業の発展を阻害するとして反対した。それにより数度の審議を経て「(工場)法の精神は漸次埋没」させられた。

その結果，制定された工場法では，年少者・女性の就業時間の限度を12時間とし，深夜業は禁止となった。しかし，経営者や資本家側の反発があったため，適用範囲は15人以上を使用する工場に限られた上，製糸業では14時間労働，綿紡績業では期限つきながら深夜業を認めるなど，不徹底なものであった。

論述のポイント

□工場法の規定として，年少者・女性の就業時間は12時間までで，深夜業は禁止となったこと，ただし，適用範囲が15人以上を使用する工場に限られ，製糸業・綿紡績業では例外を認めたことが説明できればよい。

解答例　2工場法では年少者・女性の就業時間の限度を12時間とし，深夜業を禁止した。しかし，適用範囲は15人以上を使用する工場に限られた上，製糸業に12時間以上の労働，綿紡績業に期限つきで深夜業を認めるなど，労働者の保護法としては不十分であった。（115字）

問3　幕末・明治　社会経済

工場法への産業界の反発を政府が受け入れた理由

設問の要求

〔主題〕工場法の制定・施行に長い時間を要した理由となった産業界の反発。
①特に反発が大きかった産業。
②その反発を政府が受け入れた理由を当時の産業構造の特徴から説明。

論述の構成

①の工場法の制定に対して特に反発が大きかった産業は製糸業・綿紡績業の繊維産業である。日本における産業革命の中心となったのは綿業と絹業であることを念頭に，繊維産業が発達した要因を労働力の観点から考えてみよう。②については，各産業の動向を整理して繊維産業を中心に当時の産業構造を貿易の観点から考え，それを踏まえて政府が反発を受け入れた理由を最後に説明すればよい。

▶繊維産業界の反発

綿紡績業・製糸業の繊維産業では，貧しい農家の出稼ぎの女工が安価な労働力として長時間の労働に従事して生産力を拡大した。綿紡績業では，昼夜2交代制の12時間労働（実働 11 時間）であった。大企業に多かった紡績女工に比べ，中小企業に多かった製糸女工の労働条件はいっそう悪く，16〜17 時間労働もまれではなかった。そのため，工場法による労働者の待遇改善が急がれたが，安価な労働力である女工の長時間労働により支えられていた工場の経営者らは，工場法による労働時間の制限に反発していた。

論述のポイント

□反発が大きかった産業として，繊維産業（または綿紡績業・製糸業）を念頭において，女工の安価な労働力が繊維産業の発展を支えていたことを説明すればよい。

▶明治時代後期の産業構造の特徴——各産業の動向を踏まえて

• 綿紡績業

綿紡績業は綿花から綿糸を生産する産業である。綿糸は 1880 年代まで輸入が中心であった。しかし，1880 年代には，綿糸の国内自給を目指し，**大阪紡績会社**をはじめとして，大規模な紡績会社が設立され，1890 年には綿糸の生産高が輸入高を上回った。生産に必要な機械や原料の綿花は輸入に依存したため，貿易収支は赤字であったが，日清戦争後の 1897 年には綿糸の輸出高が輸入高を上回り，中国向けを中心に輸出は拡大していった。

• 製糸業

製糸業は繭から生糸を生産する産業である。生糸は，幕末以来の輸出産業であり，1890 年代には**器械製糸**の生産高が座繰製糸の生産高を上回るなど生産力は拡大し，アメリカ向けを中心に輸出を拡大していった。原料や機械を輸入に依存した綿紡績業に対し，製糸業は国産の繭，国産の器械を使用していたこともあり，最大の外貨獲得産業であった。

• 重工業など

日露戦争前後には軍備拡張政策などもあり，重工業も発展した。政府の造船奨励策で**三菱長崎造船所**などが発達し，鉄鋼業でも**官営八幡製鉄所**が設立されたが，軍需品をはじめ，重工業製品の多くは輸入に頼っていた。

• 当時の産業構造の特徴

日清戦争前後から日露戦争前後にかけて，工業の生産は拡大したが，生産額の大部分を占めていたのは繊維産業を中心とする軽工業であり，重工業も発達したものの，まだまだ生産力は低かった。一方，貿易額は増大した。製糸業や綿紡績業など繊維産業を中心に輸出が拡大したが，その一方で重工業製品は依然として輸入に頼っており，貿易収支はおおむね輸入超過であった。産業革命期の貿易は重工業製品の輸入を繊維製品の輸出で支えていたといえる。

論述のポイント

□綿紡績業・製糸業・重工業の各産業の動向を貿易の面から簡潔に説明し，輸出産業として日本の貿易を支えていたのが繊維産業であることを説明する。

▶工場法制定への反発を政府が受け入れた理由

工場法の制定により労働者の待遇を改善し，労働時間を制限することは，輸出を支える繊維産業の生産力の低下を招き，輸出の減少による国際収支の悪化が懸念された。そのため，政府は工場法に対する繊維産業からの反発を受け入れざるを得なかった。

論述のポイント

□日本の産業構造を踏まえて，工場法制定で労働者の待遇が改善されることにより，輸出産業として日本の経済を支える繊維産業の生産力が低下することを政府が懸念した点が説明できればよい。

解答例　3繊維産業。繊維産業は安価な労働力である年少者・女性の長時間労働や深夜業に支えられて成長した。製糸業では国産の原料・器械で生産した生糸を輸出して外貨を獲得し，綿紡績業では1890年代に国内自給を実現して輸出を拡大した。一方で鉄鋼業や造船業など重工業も発達したものの，重工業製品は依然として輸入に依存しており，生産額では重工業よりも繊維産業を中心とする軽工業が多くを占めていた。そのなかで政府は，工場法の制定による労働者の待遇改善が繊維産業における国際競争力の低下を招き，輸出の減少による国際収支の悪化につながると懸念した。（259字）

答案例

1職工事情。全国の工場労働者の実態を調査した報告書。2工場法では年少者・女性の就業時間の限度を12時間とし，深夜業を禁止した。しかし，適用範囲は15人以上を使用する工場に限られた上，製糸業に12時間以上の労働，綿紡績業に期限つきで深夜業を認めるなど，労働者の保護法としては不十分であった。3繊維産業。繊維産業は安価な労働力である年少者・女性の長時間労働や深夜業に支えられて成長した。製糸業では国産の原料・器械で生産した生糸を輸出して外貨を獲得し，綿紡績業では1890年代に国内自給を実現して輸出を拡大した。一方で鉄鋼業や造船業など重工業も発達したものの，重工業製品は依然として輸入に依存しており，生産額では重工業よりも繊維産業を中心とする軽工業が多くを占めていた。そのなかで政府は，工場法の制定による労働者の待遇改善が繊維産業における国際競争力の低下を招き，輸出の減少による国際収支の悪化につながると懸念した。

（400字以内）

36

(2016 年度　第3問)

次の文章を読んで，下記の問いに答えなさい。(問1から問5まですべてで 400 字以内)

自由民権運動が高まるなか，1881 年に板垣退助を総理とする自由党が結成された。(1)明治十四年の政変で下野した大隈重信は，その翌年自由党に対抗して立憲改進党をつくった。この二つの政党の流れは対立を繰り返し，1898 年に成立した［　①　］という例外を除いて，完全には合流しなかった。そして，1924 年に(2)護憲三派内閣が成立して以降，8 年間にわたり，自由党の系譜を引く立憲政友会と，立憲改進党の系譜を引く憲政会（のちに立憲民政党）の党首が交代で内閣を組織する「憲政の常道」が続いた。日中戦争の最中の 1940 年，［　②　］を指導者とする新体制運動が始まると，立憲政友会と立憲民政党をはじめとする諸政党は解散した。

第二次世界大戦後，連合国軍最高司令官総司令部（GHQ/SCAP）による民主化政策が実施されるなかで，様々な政党が復活し，結成されたが，この段階でも自由党の系譜を引く日本自由党と，立憲改進党の系譜を引く日本進歩党が分立した。こうした状況を変えることになったのは，戦前の合法無産政党の系譜を引く日本社会党の台頭であった。1955 年，左派と右派に分かれていた日本社会党が，総選挙において合計で(3)衆議院の 3 分の 1 の議席を確保した上で統一すると，それに対抗して日本民主党と自由党が合流して自由民主党が結成された。以後，自由民主党を政権政党，日本社会党を野党第一党とする 55 年体制が，1993 年に(4)細川護熙内閣が成立するまで 38 年間続いた。

問1　①と②の空欄に入れるべき適切な語句を書きなさい。

問2　下線部(1)に関し，明治十四年の政変で大隈重信が下野した後の政府の経済政策について説明しなさい。

問3　下線部(2)に関し，護憲三派内閣が治安維持法を成立させた目的について説明しなさい。

問4　下線部(3)に関し，社会党が衆議院の 3 分の 1 の議席の確保を重視した理由について説明しなさい。

問5　下線部(4)の細川護熙内閣は政治改革を実現した。その結果，衆議院の選挙制度はどのように変わったのか説明しなさい。

解説 近現代の政党政治の展開

近現代の政党政治の展開を中心に問う。問1は語句記述問題，問2は200字程度，問3は60字程度，問4は100字程度，問5は30字程度で説明すればよい。問2に大きく字数を割いて説明するとよいだろう。

問1 幕末・明治／昭和① 政治

近代の政党政治に関連する用語

①正解は**憲政党**である。憲政党は，第3次伊藤博文内閣の地租増徴案に反発して，自由党と進歩党が合同して成立した政党である。憲政党を与党として，初の政党内閣である**第1次大隈重信内閣**が成立した。

②正解は**近衛文麿**である。1940年，近衛文麿は枢密院議長を退いて，**新体制運動**の先頭に立った。日中戦争が長期化するなか，ナチ党などにならって一党独裁体制を樹立することで，政党政治を打破し，国民の戦争協力への動員を目指すものであった。この運動は**大政翼賛会**として結実したが，当初目指した政党組織ではなく，官製の上意下達機関となった。

解答例 1 ①憲政党②近衛文麿。（11字）

問2 幕末・明治 社会経済

明治十四年の政変後の経済政策

設問の要求

〔主題〕明治十四年の政変で大隈重信が下野した後の政府の経済政策。

論述の構成

明治十四年の政変後，大蔵卿に就任したのは松方正義である。要は松方財政について説明すればよい。松方財政について，背景，政策の内容，影響と3段階で説明できるが，最低限，政策の内容が説明できていればよい。

▶松方財政の背景

1870年代後半，**国立銀行**が不換銀行券を発行するとともに，**西南戦争**の戦費を調達するために政府は不換紙幣を増発した。その結果，深刻なインフレーションが起こり，定額地租を中心とする政府の歳入は実質的に減少して財政難を招いた。**大隈重信**は財政再建に着手するが，明治十四年の政変で罷免された。

▶松方財政の政策内容

大隈重信が下野した後，大蔵卿に就任した**松方正義**は，間接税の増税によって歳入の増加をはかる一方，軍事費を除いた歳出の徹底的な抑制をはかった（**緊縮財政**）。そして，歳入の余剰で不換紙幣を処分して正貨の蓄積を進めた。1882年には中央銀行である日本銀行を設立して紙幣発行権を集中させた。国立銀行については，1883年に紙幣発行権を取り上げて普通銀行とした。その上で，1885年に銀兌換の銀行券を発行し，翌年には政府紙幣の銀兌換も始められ，**銀本位制**が確立した。さらに官営工場の払下げを進め，財政整理をするとともに民間産業の育成をはかった。

論述のポイント

□松方財政の政策として，緊縮財政を進めてインフレーション抑制をはかったこと，日本銀行を設立して銀本位制を確立したこと，官営工場を払下げて民間産業の育成をはかったことの3点が説明できていればよい。設問では政策が問われているので，背景や影響については必ずしも説明する必要はない。

▶松方財政の影響

厳しい緊縮政策を進めた結果，米・繭など諸物価は下がり，全国的に深刻な不況となった。物価が下がったことにより，定額金納の地租を徴収する政府の歳入は実質的に増加し，財政は安定した。一方，農村では，米・繭など農産物価格の低下から収入は減少した上，地租が定額金納であったため，農民の負担が大きくなった。

解答例

2　大蔵卿に就任した松方正義は，インフレーションの収拾と貨幣・金融制度の確立を目的として経済政策を進めた。緊縮財政を実行して軍事費を除く歳出を抑制し，間接税の増税などによって歳入の増加をはかり，歳入の余剰で正貨の買入や不換紙幣の償却を行った。さらに中央銀行として日本銀行を設立して紙幣発行権を集中させ，銀兌換銀行券を発行して銀本位制を確立した。一方で，財政整理と民間産業育成のため，官営工場の払下げを実施した。（204字）

問3　大正　政治

治安維持法を成立させた目的

設問の要求

〔主題〕護憲三派内閣が治安維持法を成立させた目的。

論述の構成

護憲三派内閣が治安維持法を成立させた目的について，制定当初を念頭に国内的な要因と対外的な要因を想起して説明すればよい。

▶護憲三派内閣の成立

民衆の普通選挙実施に対する期待が高まるなか，**第2次山本権兵衛内閣**は積極的に普通選挙導入の準備を始めた。しかし，無政府主義者が摂政宮（のちの昭和天皇）を狙撃する**虎の門事件**（1923年）が起こり，山本内閣は引責辞任した。続いて枢密院議長であった**清浦奎吾**が貴族院を背景に官僚系内閣を組織した。それに対し，**憲政会・立憲政友会・革新倶楽部**の3党は提携して**護憲三派**を形成し，**第二次護憲運動**を起こした（1924年）。清浦内閣は衆議院を解散したが，普通選挙などを求める世論は広がり，総選挙では護憲三派が圧勝し，清浦内閣は総辞職した。かわって第一党となった憲政会の総裁**加藤高明**が首相となり，立憲政友会の**高橋是清**，革新倶楽部の**犬養毅**も入閣して3党連立の護憲三派内閣を組織した。

▶治安維持法の制定とその目的

加藤内閣は，1925年に**普通選挙法**を成立させた。これにより満25歳以上の男性が衆議院議員の選挙権を持つことになった。加藤内閣は同時に**治安維持法**を成立させ，国体の変革を求めたり私有財産制度を否認する結社の組織者や参加者を処罰することを定めた。「国体」とは「万世一系の天皇が統治する国家の形態」である。

治安維持法の制定は，第一次世界大戦後の全世界的な社会主義運動の激化に対応したもので，制定当初の目的は，普通選挙法の成立により共産主義者や無政府主義者が台頭することを警戒するとともに，日ソ国交樹立（1925年・**日ソ基本条約**の締結）による共産主義の波及を防ぐためであった。

論述のポイント

□治安維持法制定の目的として，国内的要因である普通選挙法制定，対外的要因である日ソ国交樹立をあげ，その影響による共産主義などの台頭を警戒したことが説明できていればよい。

解答例　3普通選挙を実施し，日ソの国交樹立を実現することで活発化が予想される共産主義や無政府主義の活動を取り締まることを目的とした。（62字）

問4

昭和③ 政治

日本社会党が一定議席の確保を重視した理由

設問の要求

〔主題〕社会党が衆議院の3分の1の議席の確保を重視した理由。

論述の構成

下線部(3)の前後では，55年体制の成立について記述されている。憲法改正・再軍備が争点となった1955年の総選挙を念頭に，日本社会党が3分の1議席の確保を重視した理由を説明すればよい。

▶1955年の総選挙の結果と55年体制の成立

1954年，**鳩山一郎**は自由党を離れ，**日本民主党**を結成した。同年末，吉田内閣は退陣して鳩山内閣が成立した。鳩山首相は憲法改正・再軍備を唱えた。日本国憲法を改正するためには，国会議員の3分の2以上の賛成が必要である。しかし，**日本社会党**は，憲法改正・再軍備に反対していたので，憲法改正を阻止するためには，少なくとも，衆議院で3分の1以上の議席を確保する必要があった。1955年の総選挙で，右派と左派に分裂していた社会党は両派を合わせて衆議院で3分の1の議席を獲得し，合同した。それに対し，自由党と日本民主党が保守合同により**自由民主党**を結成した。以降，**細川護熙**内閣が成立する1993年まで，保守である自由民主党と革新である日本社会党の保革対立のもとでの保守一党優位の政治体制が続いた。これを55年体制という。

論述のポイント

□日本社会党が重視した3分の1議席は，改憲阻止に必要であったことが説明できればよい。その前提として憲法を改正するには国会議員の3分の2以上の賛成が必要であることも説明しておきたい。55年体制そのものの説明は求められていない。ちなみに1955年の総選挙の際，自由民主党は成立しておらず，鳩山一郎の日本民主党が第一党となった。

解答例　4日本民主党が目標とする憲法改正・再軍備を実現するためには国会議員の3分の2以上の賛成が必要であったため，憲法改正に反対する日本社会党は改憲阻止に必要な衆議院の3分の1議席の確保を重視した。（95字）

問5　　昭和③　政治

細川護熙内閣の政治改革

設問の要求

〔主題〕細川護熙内閣で変わった衆議院の選挙制度。

日本の選挙制度は，**公職選挙法**によって定められている。戦後の長い間，衆議院の選挙では，1選挙区の定数が3～5名の**中選挙区制**がとられていたが，**細川護熙**内閣の1994年に公職選挙法が改正され，衆議院議員の選挙に**小選挙区比例代表並立制**が導入された。これは衆議院議員の選挙は300議席を定数1名の小選挙区制で選び，残りの180議席を全国11ブロックに分けて比例代表制で選ぶ形で，小選挙区制と比例代表制を組み合わせた選挙制度であった。なお，2017年12月現在，小選挙区は289議席，比例代表は176議席に改正されている。

論述のポイント

□中選挙区制から小選挙区比例代表並立制に変更されたことを答えればよい。

解答例　5中選挙区制であったが小選挙区比例代表並立制に変更した。（28字）

答案例

1①憲政党②近衛文麿。2大蔵卿に就任した松方正義は，インフレーションの収拾と貨幣・金融制度の確立を目的として経済政策を進めた。緊縮財政を実行して軍事費を除く歳出を抑制し，間接税の増税などによって歳入の増加をはかり，歳入の余剰で正貨の買入や不換紙幣の償却を行った。さらに中央銀行として日本銀行を設立して紙幣発行権を集中させ，銀兌換銀行券を発行して銀本位制を確立した。一方で，財政整理と民間産業育成のため，官営工場の払下げを実施した。3普通選挙を実施し，日ソの国交樹立を実現することで活発化が予想される共産主義や無政府主義の活動を取り締まることを目的とした。4日本民主党が目標とする憲法改正・再軍備を実現するためには国会議員の3分の2以上の賛成が必要であったため，憲法改正に反対する日本社会党は改憲阻止に必要な衆議院の3分の1議席の確保を重視した。5中選挙区制であったが小選挙区比例代表並立制に変更した。

（400字以内）

37

(2015 年度　第 2 問)

次の文章を読んで下記の問いに答えなさい。(問1から問4まですべてで 400 字以内)

近代日本における海運業は，日本経済の発展に大きく関わっていた。政府の保護によって誕生した日本郵船会社は，遠隔地との航路を開設し，綿花・生糸など重要産品の輸送を担った。第一次世界大戦期には，世界的な船舶不足を要因として海運業，造船業が日本経済の牽引役となった。その後，日中戦争がはじまると日本経済は全面的な統制経済に突入した。太平洋戦争期には，日本の戦時経済の制約要因が外貨不足から日本の勢力圏内の海上輸送に変化し，戦時経済の遂行にとって船舶輸送能力が重要となった。しかし，軍需用に転用される船舶の増加や制海権・制空権の喪失から，日本の海上輸送は，開戦後の早い段階でその機能を失い，多くの混乱を伴いながら，終戦を迎えることとなった。

問1　政府が，日清戦争後に公布した海運業の奨励政策を2つあげなさい。

問2　第一次世界大戦が日本の貿易に与えた影響について述べなさい。

問3　国家総動員法の先駆けとして，1937 年に近衛内閣が制定した法律を2つあげなさい。

問4　太平洋戦争末期の船舶不足は，日本・植民地・占領地間の海上輸送の減少をもたらした。この結果，植民地・占領地の生活物資は，どのような影響を受けたのか述べなさい。また，日本国内への影響についても説明しなさい。

解説　近代の海運業・海上輸送

近代の海運業や海上輸送を素材として，主に経済の動向について問う。問1は40字程度，問2は150字程度，問3は語句記述問題，問4は190字程度で考えればよい。問1を語句記述問題と考えるなら，問2と問4は合わせて8割程度の字数が必要である。

問1　幕末・明治　社会経済

日清戦争後の海運業の奨励政策

設問の要求

〔主題〕政府が日清戦争後に公布した海運業の奨励政策を2つあげる。

▶日清戦争後の海運業の奨励政策

政府は船舶輸入を抑えて外貨を節約し，戦時の軍用船を確保するため，1896年に**造船奨励法・航海奨励法**を公布した。造船奨励法では鉄製・鋼製の国内建造船に奨励金を交付した。一方，航海奨励法では外国航路の就航に奨励金を交付したが，輸入船舶については支給率を抑えた。

論述のポイント

□「海運業の奨励政策」とあるので政策を説明する形式の解答例にしたが，語句記述問題と考えて造船奨励法と航海奨励法をあげるだけでもよい。

解答例　1造船奨励法と航海奨励法を公布し，鉄鋼船の建造と外国航路の就航に奨励金を交付した。(41字)

別解　1造船奨励法・航海奨励法。(13字)

問2 大正 社会経済

第一次世界大戦の日本の貿易に対する影響

設問の要求

〔主題〕第一次世界大戦が日本の貿易に与えた影響。

論述の構成

第一次世界大戦の影響で日本の貿易収支が輸入超過から大幅な輸出超過になったことが説明できればよい。その変化を念頭において，輸出超過となった要因についていくつかの側面から説明する。その際に輸出が拡大した側面だけではなく，輸入が減少した側面にも着目したい。

▶第一次世界大戦の貿易への影響

第一次世界大戦の影響で日本は空前の好景気（**大戦景気**）となった。それは輸出拡大を背景とするもので，その要因は3点あげられる。1つ目は，ヨーロッパで戦争が起こったことによる軍事需要である。交戦国のうち，連合国側であるイギリス・フランス・ロシアへの軍需品の輸出が増加した。2つ目は，ヨーロッパの交戦国がアジア市場から後退したことである。それにより日本がアジア市場を独占し，**綿製品**の輸出が増加した。特にこの時期には**綿織物**（綿布）の輸出が拡大し，綿織物が綿糸の輸出を上回った。3つ目はアメリカの戦争景気によって，生糸の輸出が増大したことである。

一方輸入面では，交戦国のドイツから薬品・肥料などの化学製品の輸入が途絶えた。その結果，**化学工業**が勃興し，国産化が進んだ。

これらにより，貿易では輸入超過から大幅な輸出超過へと転換した。

論述のポイント

□輸出への影響として，①交戦国の軍事需要，②アジア市場の独占，③アメリカの戦争景気の3点について説明し，輸入への影響として，ドイツからの化学製品の輸入が途絶えたことを説明すればよい。その上で，貿易が輸入超過から大幅な輸出超過になったことをまとめよう。「貿易に与えた影響」が問われているので，海運業・造船業や鉄鋼業などの発展は記述する必要はない。

解答例

2 第一次世界大戦により，英・仏・露などの連合国に軍需品を輸出した。ヨーロッパ諸国が後退したアジア市場には綿織物など綿製品の，戦争景気のアメリカには生糸の輸出が拡大した。一方で交戦国のドイツから化学製品の輸入が途絶えたため，国内では化学工業が勃興した。その結果，貿易は大幅な輸出超過となった。（145字）

問3 昭和① 政治

近衛内閣が制定した法律

語句記述問題

国家総動員法の先駆けとして，1937年に近衛内閣が制定した法律2つ。

正解は**輸出入品等臨時措置法**と**臨時資金調整法**である。

第1次近衛文麿内閣では，軍需産業に資金や資材を集中的に割り当てるため，1937年に臨時資金調整法，輸出入品等臨時措置法を制定した。

解答例 3 輸出入品等臨時措置法・臨時資金調整法。（20字）

問4 昭和① 社会経済

太平洋戦争末期の船舶不足の影響

設問の要求

〔主題〕太平洋戦争末期の船舶不足による海上輸送の減少。
①この結果，植民地・占領地の生活物資が受けた影響。
②日本国内への影響。

論述の構成

2つの主題で構成されていると考えればよい。船舶不足による海上輸送減少の影響について，物資が不足したという解答の方向性はわかるだろう。①の植民地・占領地の生活物資への影響は，経済面だけを考えてもわからない。戦争中の日本軍の行動を考えなければいけない。②の日本国内への影響として，具体的にどのような物資が不足したかを考えて，その影響を説明する必要がある。

▶①植民地・占領地の生活物資が受けた影響

日本は「**大東亜共栄圏**」の建設をスローガンにアジア解放を唱え，東南アジア諸地域を占領したが，その美名に反して，実態は戦争遂行のための資材・労働力調達を最優先するものであった。それに加え，太平洋戦争末期には船舶不足から海上輸送も困難となり，日本の本土からの物資は滞った。そのため，日本軍の現地への軍事物資の依存度は高まり，収奪が行われたことで，現地では生活物資の不足が深刻となった。

論述のポイント

□物資輸送の停滞により，植民地・占領地での日本軍の収奪が激しくなったことで，生活物資が不足したことを説明すればよい。

▶②日本国内への影響

日本と植民地・占領地間の海上輸送の減少により，軍需生産に必要な鉄鉱石・石炭・石油などが南方から入ってこなくなり，物資が欠乏して工業生産力は大幅に低下した。さらに植民地からの移入米などが減少し，農業生産の低下とあいまって食糧難も深刻となり，米の配給も代用品の割合が多くなるなど，国民生活に大きな影響を与えた。

論述のポイント

□海上輸送の減少による影響として，軍需物資の不足による工業生産力の低下，移入米の減少による食糧難の2点を説明すればよい。

解答例　4船舶不足で日本本土からの物資が届かなくなったことにより，植民地・占領地では日本軍が軍事物資を現地で調達するために収奪を行い，生活物資の不足が深刻となった。一方で植民地・占領地から日本本土への物資輸送も不可能となったため，軍需生産に不可欠な鉄鉱石・石油などの物資が欠乏し工業生産力が激減するとともに，植民地からの移入米が減少するなど食糧難は深刻となり，米の配給も代用品の割合が増加した。（193字）

答案例

1造船奨励法と航海奨励法を公布し，鉄鋼船の建造と外
国航路の就航に奨励金を交付した。2第一次世界大戦に
より，英・仏・露などの連合国に軍需品を輸出した。ヨ
ーロッパ諸国が後退したアジア市場には綿織物など綿製
品の，戦争景気のアメリカには生糸の輸出が拡大した。
一方で交戦国のドイツから化学製品の輸入が途絶えたた
め，国内では化学工業が勃興した。その結果，貿易は大
幅な輸出超過となった。3輸出入品等臨時措置法・臨時
資金調整法。4船舶不足で日本本土からの物資が届かな
くなったことにより，植民地・占領地では日本軍が軍事
物資を現地で調達するために収奪を行い，生活物資の不
足が深刻となった。一方で植民地・占領地から日本本土
への物資輸送も不可能となったため，軍需生産に不可欠
な鉄鉱石・石油などの物資が欠乏し工業生産力が激減す
るとともに，植民地からの移入米が減少するなど食糧難
は深刻となり，米の配給も代用品の割合が増加した。

（400字以内）

38 (2015年度 第3問)

1946年11月3日に公布された日本国憲法について，下記の問いに答えなさい。（問1から問4まですべてで400字以内）

問1　日本国憲法第9条は，戦争の放棄と戦力の不保持，交戦権の否認という基本原則を定めている。このうち，戦争の放棄は，戦前の多国間条約に源流の一つがあった。その多国間条約の名称をあげ，成立の背景及び内容について説明しなさい。

問2　日本政府が日本国憲法改正草案を発表するに先立ち，昭和天皇は，連合国軍最高司令官総司令部（GHQ/SCAP）と連携しながら，天皇の性格にかかわる詔書を発表している。その詔書の名称及び内容について説明しなさい。

問3　皇室に関する基本法である皇室典範は，戦前は明治憲法から独立した独自の法体系をなしていたが，日本国憲法の制定によって国会が議決する法律の一つとなった。しかし，皇位の継承者（天皇になることができる者）については，新旧の皇室典範は全く同一の規定を置いている。その規定の内容を説明しなさい。

問4　サンフランシスコ講和条約の発効から高度経済成長の時期にかけて，日本国憲法をめぐって，どのような政治的動きがあったか，具体的に説明しなさい。

解説　日本国憲法をめぐる諸問題

日本国憲法に関係する諸問題について説明させる問題である。問 1 と問 4 は設問の意図がつかめなければ難問となる。問 1 は 130 字程度，問 2 ・問 3 は合わせて 70 字程度，問 4 は 200 字程度で書けばよい。問 2 ・問 3 で字数を増やすのは難しいので，過去に類題がある問 1 で字数を確保したいところである。

問 1　大正〜昭和①　外交

戦争放棄に関する戦前の多国間条約の成立の背景・内容

設問の要求

〔主題〕日本国憲法第 9 条の戦争放棄の源流の一つとなる戦前の多国間条約。
①その名称をあげる。
②成立の背景・内容。

論述の構成

多国間条約の名称は，1928 年，田中義一内閣のときに結ばれた（パリ）不戦条約である。条約の内容についての説明は教科書の内容で十分に説明できる。成立の背景をどう考えるかがポイントである。昭和初期だけを考えても説明はできない。第一次世界大戦後の国際協調が不戦条約締結の背景と考えて，第一次世界大戦後から不戦条約に至る国際情勢を説明したい。特に多国間条約の展開に着目しよう。

▶不戦条約成立の背景──第一次世界大戦後の国際協調

第一次世界大戦後，国際法の分野では，国際紛争を解決する手段としての戦争という行為を違法とみなす考え方が強まり，**パリ講和会議**（1919 年）を経て調印されたヴェルサイユ条約では，国際紛争の平和的解決と国際協力のための機関として**国際連盟**の設立が決められ，1920 年に発足した。日本はイギリス・フランス・イタリアとともに常任理事国となったが，提唱国のアメリカは議会の反対により参加できなかった。その後，1921〜22 年にかけて，アメリカの提唱により**ワシントン会議**が開かれ，太平洋問題に関する**四カ国条約**，中国に関する**九カ国条約**，主力艦の建造禁止や保有制限を定めた**ワシントン海軍軍縮条約**が締結された。これらにより戦争の再発防止と日・米・英の 3 国を中心とした列強間の協調が目指され，アジア・太平洋地域において新しい国際秩序が形成された。こうした戦争の違法化，国際協調のなかで，**不戦条約**は締結された。

論述のポイント

□第一次世界大戦後の国際情勢について，国際連盟の設立やワシントン会議の開催をあげながら，戦争の違法化の考え方が広まり，国際協調が進んだことが説明できればよい。

▶不戦条約の内容

立憲政友会の**田中義一**内閣は，欧米諸国に対して協調外交を進め，1928年，パリで**不戦条約**に調印した。不戦条約では，国際紛争解決のための戦争を非とし，国家政策の手段としての戦争を放棄することを「其ノ人民ノ名ニ於テ」宣言した。しかし，翌年の批准の際には，「人民ノ名ニ於テ」の部分が天皇主権の憲法を持つ日本では適用されないという留保がついた。

論述のポイント

□不戦条約について，国家政策の手段としての戦争を放棄することを宣言したという内容が書けていればよい。

解答例　1不戦条約。第一次世界大戦後，国際紛争を解決する手段として，戦争という行為に訴えること自体を違法とみなす考え方が強まり，国際連盟が設立された。また，ワシントン会議が開催されるなど国際協調が進展した。そのなかで国策の手段としての戦争を放棄することを宣言した。（128字）

問2　昭和② 政治

天皇の人間宣言

設問の要求

〔主題〕昭和天皇がGHQ / SCAPと連携しながら発表した天皇の性格に関わる詔書の名称と内容。

詔書の名称は，1946年1月に発せられた「**天皇の人間宣言**」(「新日本建設に関する詔書」)で，昭和天皇自らが神格を否定した。

第二次世界大戦後，占領軍の政策は，皇室財産の凍結や国家神道の禁止など天皇制の周辺にまで及び，また天皇の戦争責任を追及する国際世論も高まっていた。こうした状況に対して**幣原喜重郎**内閣は，天皇の存在が民主化政策と矛盾しないことを示す詔書を出すことが必要と考え，天皇の了解を得た。詔書は五箇条の誓文をかかげてこれを民主主義につなぎ合わせようとし，「現御神」としての天皇の神格を否定するとともに，日本民族が他民族に優越するという神話を否定した。連合国軍の最高司令官**マッカーサー**元帥はこれに対し，日本国民の民主化に指導的役割を果たすとして満足の意を表明した。

論述のポイント

□少なくとも，昭和天皇自らが神格を否定したことが書けていればよい。

解答例　2天皇の人間宣言。昭和天皇自ら，天皇が現御神であり，日本民族が他の民族に優越するという神話を否定した。（51字）

問3　昭和② 政治

皇室典範の規定

設問の要求

〔主題〕皇室典範のうち，日本国憲法が制定される以前と以後で，皇位継承者について置かれている同一の規定の内容。

皇室典範は，1889年，大日本帝国憲法の公布と同時に制定されたが，皇室自らの家法を定めるものとして公布されず，非公式に発表された。内容は皇室および皇族の基本法として皇位継承をはじめ，結婚・摂政・皇族などが定められた。第一章の皇位継承では，皇位は祖宗の皇統にして男系の男子がこれを継承するとされた。第二次世界大戦後，1946年に改正され，翌年，帝国議会の協賛を経た法律として公布された。一世一元の規定がなくなるなど内容は大きく変わったが，皇位は皇統に属する男系の男子継承とするのは変わらなかった。

論述のポイント

□男系の男子が皇位を継承するという点が同一であることが説明できればよい。

解答例　3皇統に属する男系の男子が皇位を継承する。（21字）

問4　昭和③ 政治

日本国憲法をめぐる政治的動向

設問の要求

〔主題〕サンフランシスコ講和条約の発効から高度経済成長の時期にかけて，日本国憲法をめぐっての政治的動きを具体的に説明。

論述の構成

サンフランシスコ講和条約発効後の憲法をめぐる問題として想起できるのは，日本民主党の鳩山一郎内閣が「憲法改正・再軍備」を唱えたことである。そこで，日本国憲法をめぐる具体的な政治的動きとして55年体制の成立が説明できればよい。「高度経済成長の時期にかけて」とあるが，自由民主党の政権が継続していたことを念頭におけば，高度経済成長期について取り上げて説明する必要はない。

▶講和後の政治的動向――憲法改正・再軍備をめぐって

講和後は米ソの冷戦構造を背景として，保守勢力の内部でも憲法改正・再軍備が政治的な争点となった。

1953年，第4次**吉田茂**内閣では，吉田首相の「バカヤロー」という失言が原因となって，内閣不信任案が可決され，衆議院解散となった。このとき，総選挙の争点となったのは再軍備問題であった。自由党の吉田派は憲法改正反対，漸次防衛力増強を唱え，一方の鳩山（一郎）派は憲法改正・再軍備を主張した。総選挙の結果，再軍備反対・保安隊解散をスローガンとした左派**社会党**が議席を伸ばし，自由党・改進党の保守勢力は議席を減らした。その後，1954年には**自衛隊**が創設された。

論述のポイント

□55年体制成立の前提として，冷戦を背景に憲法改正・再軍備が政治的な争点となったことについて簡潔に説明すればよい。

▶55年体制の成立

自由党など保守党の凋落，日本社会党の躍進が目立つなかで，自由党内での反吉田派の勢力は強くなった。1954年，自由党の鳩山派などが離脱し，改進党と合流して**鳩山一郎**を総裁とする**日本民主党**が結成された。1954年12月には民主党と左右社会党が共同して内閣不信任案を提出したため，第5次吉田内閣は総辞職した。

同年，日本民主党の鳩山一郎が組閣し，再軍備を意図する憲法改正の方針を示した。1955年2月の総選挙では，日本民主党が第一党となって第2次鳩山内閣が成立した。しかし，過半数を割り，左派社会党が躍進したため，民主党と自由党が憲法改正に賛成しても，憲法改正に必要な3分の2を保守勢力だけで占めることが不可能となった。

講和問題を契機として左右両派に分裂していた日本社会党は，改憲を阻止する勢力として1955年10月に再統一された。これによって，衆議院の467議席のうち，156議席を占め，改憲阻止に必要な3分の1の議席を確保することとなり，改憲反対を党のスローガンとした。これに対し保守系の政党は，日本社会党の躍進に危機感を持った財界の要望もあり，保守合同により**自由民主党**を結成した。

このあと，自由民主党は第3次鳩山内閣を成立させ，鳩山は自主憲法の制定（憲法改正）と再軍備（防衛力の増強）をスローガンにかかげはしたが，1956年に憲法調査会法を公布し，国防会議を発足させたにとどまった。

こうして保守勢力が議席の3分の2を，革新勢力が3分の1を分け合うことで憲法改正を棚上げし，安定した体制が形成された。これを55年体制と呼ぶ。この体制は高度経済成長期の間も続いていた。

論述のポイント

□55年体制成立の経緯として，1955年の総選挙で，分裂していた日本社会党が憲法改正阻止に必要な議席を確保して再統一したこと，それに対抗して保守勢力が自由民主党を結成したこと，その後，保守優位の政治体制が続いたことが説明できればよい。

解答例　4講和後，冷戦が展開するなか，日本の保守勢力は憲法改正・再軍備を求め，革新勢力は憲法擁護を主張し，対立の構図が明確になった。1955年には，左右両派に分裂していた日本社会党が再統一され，改憲阻止に必要な衆議院の3分の1の議席を確保した。それに対し，保守合同の動きが進み，日本民主党と自由党が合流して自由民主党が結成された。それ以降，保革対立のもとで保守一党優位の政治体制が続き，憲法改正は棚上げされた。（199字）

答案例

1不戦条約。第一次世界大戦後，国際紛争を解決する手段として，戦争という行為に訴えること自体を違法とみなす考え方が強まり，国際連盟が設立された。また，ワシントン会議が開催されるなど国際協調が進展した。そのなかで国策の手段としての戦争を放棄することを宣言した。2天皇の人間宣言。昭和天皇自ら，天皇が現御神であり，日本民族が他の民族に優越するという神話を否定した。3皇統に属する男系の男子が皇位を継承する。
4講和後，冷戦が展開するなか，日本の保守勢力は憲法改正・再軍備を求め，革新勢力は憲法擁護を主張し，対立の構図が明確になった。1955年には，左右両派に分裂していた日本社会党が再統一され，改憲阻止に必要な衆議院の3分の1の議席を確保した。それに対し，保守合同の動きが進み，日本民主党と自由党が合流して自由民主党が結成された。それ以降，保革対立のもとで保守一党優位の政治体制が続き，憲法改正は棚上げされた。

（400字以内）

39

（2014年度 第2問）

次の史料は，「オッペケペー節」の一節である（一部の表記を改めている）。これを読んで，下記の問いに答えなさい。（問1から問4まですべてで400字以内）

権利幸福きらいな人に　自由湯をば飲ましたい
オッペケペ　オッペケペッポーペッポーポー
(a)堅い上下（かみしも）角とれて　マンテルズボンに人力車　いきな束髪ボンネット
(b)貴女に紳士のいでたちで　うわべの飾りはよいけれど　政治の思想が欠乏だ
天地の真理が解らない　心に自由の種を蒔け
オッペケペ　オッペケペッポーペッポーポー

問1　「自由童子」とも名のり，「オッペケペー節」を歌って大流行させた人物の氏名をあげなさい。

問2　下線部(a)は，どのようなことを象徴的に表現していると考えられるか，具体的かつ簡潔に説明しなさい。

問3　下線部(b)は，当時のある政策への直接的な批判がこめられていると考えられるが，それは何を目的としたどのような政策か，説明しなさい。

問4　「オッペケペー節」を大流行させた人物の一座は，1900年のパリ万国博覧会をはじめとした欧米での公演によって，より広く知られるようになる。「壮士芝居」などとも称される，こうした演劇が登場してくる政治的な背景と意味について説明しなさい。また，あわせて演劇史上における意味についても説明しなさい。

解説 自由民権運動と井上外交 〈史料〉

明治時代後期に流行した「オッペケペー節」を素材に明治時代の政治・外交・文化などを広く問う問題である。オッペケペー節の歌詞から何を風刺しているかを読み取らなければならない。問 1 は語句記述問題，問 2 は 120 字程度，問 3 は 130〜140 字程度，問 4 は 130〜140 字程度でよい。問 2・問 4 は受験生にとってはやや難と思われるので，大胆な字数配分が必要である。問 3 については知識があれば 250 字程度の解答を書くことも可能だろう。

問 1 幕末・明治 文化

川上音二郎

語句記述問題

「自由童子」とも名のり，「オッペケペー節」を歌って大流行させた人物の氏名。

正解は**川上音二郎**。

川上音二郎は，自由民権運動に参加する青年であり，自由党壮士から転身し，時事を風刺する**オッペケペー節**で人気を博した。オッペケペー節は，自由と民権の伸張を平易に説く文句からなり，1889 年，川上が京都の寄席で歌ったのが始まりで，各地で大流行した。

解答例 1川上音二郎。（7字）

問 2 幕末・明治 文化

身分制の改革と文明開化

設問の要求

〔主題〕下線部(a)が象徴的に表現していることを説明。
〔条件〕具体的かつ簡潔に。

論述の構成

まず，下線部(a)の「堅い上下角とれて」の意味を考えてみよう。

「上下（かみしも）」は「裃」とも書くが，江戸時代の武士の正装である。それを知っていれば，「堅い上下角とれて」が風刺していることは武士身分の解体や文明開化による服装の変化だと推測できるだろう。ただ，「上下」の意味が十分に理解できていなかった場合，下線部以降の表現「マンテルズボンに人力車　いきな束髪ボンネット」から，「洋装」を取り入れた服装というのは想像できるだろうか。つまり，下線部分が象徴していることは，身分制の改革も含めての文明開化の風潮だと考えることができる。ちなみにマンテルズボンは男性の洋装，束髪は女性の西洋風髪型，ボンネットは帽子である。

▶身分制の改革

武家社会においては，版籍奉還によって藩主と藩士の主従関係が解消され，藩主・公家は**華族**，藩士や旧幕臣は**士族**とされた。それとともに百姓・町人は**平民**となり，新たな族籍による戸籍が作成され，封建的身分制度は撤廃された。

なお，華族・士族については，家禄と賞典禄を合わせた秩禄を政府から支給されていたが，1876年には廃止された（**秩禄処分**）。さらに士族には**廃刀令**が出され，すべての特権を奪われた。こうした「上下」が武士の服装だと考えれば，士族解体について，説明を加えてもよいだろう。

論述のポイント

□「堅い上下角とれて」が象徴する内容として，少なくとも，封建的身分制度の撤廃が説明できていればよい。

▶服装からみた文明開化の風潮

東京などの都市部では，社会的な面でも近代化が進み，洋服の着用が官吏や巡査から民間に広まり，ちょんまげを切ったざんぎり頭が文明開化の象徴とみられた。廃刀令により，士族が帯刀しなくなるのも変化といえる。

論述のポイント

□身分制改革を関連させて，文明開化による服装の変化などを中心に説明すればよい。
□〔解答例〕は士族解体を中心とする身分制改革，文明開化における服装などの変化の両方の要素を含むものとしたが，武士身分の改革か，文明開化の風潮のどちらかに絞って解答を書いてもよいだろう。

解答例　2 明治初期には四民平等の政策がとられ，武士身分の解体が進められた。そして文明開化の風潮のなか，洋装が官吏や巡査の制服から次第に民間に広がり，散髪が認められたことで，ちょんまげに代わってざんぎり頭などが流行し，帯刀が禁止され，武士の服装も変化した。（123字）

別解　2 文明開化の風潮のなか，官吏や巡査の制服から洋装が広まり，伝統的な武士の服装も変化した。（44字）

問3 幕末・明治 外交

井上外交と欧化主義への批判

設問の要求

〔主題〕下線部(b)と批判された当時の政策は，何を目的としたどのような政策か。

論述の構成

下線部(b)の「貴女に紳士のいでたちで　うわべの飾りはよいけれど　政治の思想が欠乏だ」では，井上馨外務大臣による極端な欧化政策を批判している。設問文にある「当時」とは1880年代と考えればよい。つまり1880年代の欧化政策の目的と内容を説明すればよい。欧化政策の目的は簡潔にいえば条約改正を成功させること，内容は藩閥主導の極端な西洋化である。

▶井上外相による条約改正交渉――欧化政策の目的

欧化政策の目的は，日本の西洋化をアピールし，不平等条約の改正交渉を有利に進めることである。

幕末に欧米諸国と結んだ**安政の五カ国条約**では，**領事裁判権を容認**し，**関税自主権がない**（**協定関税制**）などの日本が不利な不平等条項があった。1870年代の**岩倉具視**，寺島宗則の交渉失敗の後，1880年代，**井上馨**外務大臣（1885年までは外務卿）は，領事裁判権の撤廃を中心に欧米諸国と条約改正交渉を進めた。しかし，領事裁判権の撤廃については欧米並みの法典を編纂し，外国人を被告とする裁判には半数以上の外国人判事を採用するという条件が付いていた。その上，内地雑居を容認していたこともあり，政府内外から国権侵害であるという批判が起こった。政府内からは法律顧問のボアソナード，谷干城農商務大臣が批判し，一方，民権派は外交失策の挽回に加え，地租軽減，言論集会の自由を政府に要求する**三大事件建白運動**を起こした。

論述のポイント

□欧化政策の目的にあたる部分として，最低限，井上外相が領事裁判権の撤廃を主眼とする条約改正交渉を進めていたことが書けていればよい。

□他の設問とのバランスで，ここで字数を確保したい場合は，井上外相の交渉内容を，改正の条件なども含め，できるだけ丁寧に説明すればよい。

▶欧化政策とその批判

井上外相は，条約改正交渉を有利に進めるため，極端な欧化政策をとった。

欧化政策は，改正交渉をうながすため，社会・風俗の西洋化を積極的に進めるものであった。西洋風の社交場である**鹿鳴館**を建設し，外国の要人接待に利用したのはその象徴であった。しかし，この政策は，藩閥主導の表面的な欧化政策であったため，「うわべの飾りはよいけれど　政治の思想が欠乏だ」と批判したのが下線部(b)である。

その他，政府の政策を貴族的欧化主義と批判して平民的欧化主義を唱えた**徳富蘇峰**や，日本の伝統文化の保護を重視して国粋保存主義を唱えた**三宅雪嶺**などが政府の欧化政策を批判していた。欧化政策への批判に加え，前述した国権侵害の批判が激しくなったことで，井上は交渉を中止し，外相を辞任した。

論述のポイント

□欧化政策の目的・内容として，条約改正を有利に進めるため，鹿鳴館を建設し，外国人の接待に利用したことが書けていればよい。

□あくまで「批判された政策」が問われているので，批判の内容まで説明する必要はない。

解答例

3 江戸時代末に結んだ安政の五カ国条約は不平等条約であった。そのため，1880年代，井上馨外相は領事裁判権の撤廃を中心とする条約改正をめざした。その際に欧米諸国との交渉を有利に進めるため，外国人を接待する社交場として鹿鳴館を建設して盛んに利用するなど，極端な欧化政策をとった。（135字）

別解

3 江戸時代末に結んだ安政の五カ国条約は，領事裁判権を認め，日本に関税の税率の決定権がないなど不平等な内容を含んでいた。そのため，1880年代，井上馨外務大臣は，東京に列国の代表を集めて予備会議を開き，日本国内を外国人に開放するかわりに領事裁判権を撤廃する改正案をまとめた。しかし，領事裁判権の撤廃については，欧米同様の法典編纂や外国人判事の採用という条件が付いていた。この交渉を有利に進めるため，外国人を接待する社交場として鹿鳴館を建設して盛んに利用するなど，藩閥政府主導による極端な欧化政策をとった。（249字）

問4　幕末・明治　政治

「壮士芝居」登場の政治的な背景と意味

設問の要求

〔主題〕①「壮士芝居」が登場してくる政治的な背景と意味。
②「壮士芝居」登場の演劇史上における意味。

論述の構成

この設問は〔主題〕が2つあると考えればよい。「壮士芝居」登場の①政治的な背景と意味，②演劇史上における意味である。①と②は関連付けず，それぞれについて説明すればよい。

▶①「壮士芝居」が登場した背景と意味――自由民権運動の高揚

「壮士芝居」の「壮士」とは，自由民権運動の活動家のことで，実際に**川上音二郎**は自由党壮士であった。それに加え，史料の1行目には「権利幸福きらいな人に　自由湯をば飲ましたい」という表現があり，「自由湯」から「自由党」が想起できれば，オッペケペー節の流行や「壮士芝居」登場の政治的な背景は，自由民権運動の高揚であることがわかる。あるいは，問3の井上外交への批判という設問から三大事件建白運動を想起してもよいだろう。以上から，「壮士芝居」が登場した背景は自由民権運動だとわかる。

自由民権運動は，1880年代に高揚し，一時，自由党の解散などで停滞するものの，1880年代後半には，旧自由党側の**大同団結**の提唱や，井上外交を批判した**三大事件建白運動**などで再び盛り上がった。それに対して政府は1887年に**保安条例**を制定するなど弾圧した。1889年には**大日本帝国憲法**が発布され，1890年からは帝国議会が開催された。ちなみに「壮士芝居」から生まれたオッペケペー節は1889年が初披露であった。

自由民権運動を背景として，オッペケペー節が流行し，「壮士芝居」が登場した意味は何か。自由民権運動の運動家である川上音二郎ら「壮士」たちは，オッペケペー節の史料にある「権利幸福きらいな人に」「政治の思想が欠乏だ」「天地の真理が解らない」からもわかるように，民権思想が人々に十分に理解されていない現状から，民権思想を盛り込んで，わかりやすく紹介するため「壮士芝居」を始めた。つまり，「壮士芝居」には民権思想を宣伝し，人々に広める意味があった。

論述のポイント

□「壮士芝居」登場の政治的な背景として，自由民権運動が高揚したこと，意味として，民権思想を人々に広める目的があったことが書けていればよい。

▶②「壮士芝居」登場の演劇史上の意味――新派劇の発展

民権思想を盛り込んだ「壮士芝居」は，日清戦争前後から通俗小説の劇化をはかり，民権思想の宣伝というよりは，大衆演劇として発展し，**新派劇**と呼ばれた。つまり，「壮士芝居」は大衆演劇を創出するという意味があった。当時は伝統的演劇の歌舞伎が発達し，1890年代には，9代目市川団十郎，5代目尾上菊五郎，初代市川左団次が現れて（「**団菊左時代**」），歌舞伎の社会的地位が向上した。歌舞伎＝旧派に対して，通俗小説を素材とした川上音二郎らの劇は新派劇といわれた。

論述のポイント

□「壮士芝居」登場の演劇史上の意味として，大衆演劇である新派劇発展の基礎となったことが書けていればよい。

解答例 4自由民権運動の高揚に対して政府は運動の抑制をはかった。そのなかで自由党の壮士による壮士芝居は時事的な劇に政府批判などを盛り込み，民権思想を宣伝して人々に広める役割を持った。一方，壮士芝居は日清戦争前後から通俗小説の劇化を加えて人気を博し，新派劇が発展する基礎となった。（135字）

別解 4壮士芝居は自由民権運動の高揚を背景に，民権思想を宣伝して人々に広める役割を持った。一方で日清戦争前後から小説などを劇化して発展し，新派劇と呼ばれた。（75字）

答案例

1川上音二郎。2明治初期には四民平等の政策がとられ
，武士身分の解体が進められた。そして文明開化の風潮
のなか，洋装が官吏や巡査の制服から次第に民間に広が
り，散髪が認められたことで，ちょんまげに代わってざ
んぎり頭などが流行し，帯刀が禁止され，武士の服装も
変化した。3江戸時代末に結んだ安政の五カ国条約は不
平等条約であった。そのため，1880年代，井上馨外相は
領事裁判権の撤廃を中心とする条約改正をめざした。そ
の際に欧米諸国との交渉を有利に進めるため，外国人を
接待する社交場として鹿鳴館を建設して盛んに利用する
など，極端な欧化政策をとった。4自由民権運動の高揚
に対して政府は運動の抑制をはかった。そのなかで自由
党の壮士による壮士芝居は時事的な劇に政府批判などを
盛り込み，民権思想を宣伝して人々に広める役割を持っ
た。一方，壮士芝居は日清戦争前後から通俗小説の劇化
を加えて人気を博し，新派劇が発展する基礎となった。

（400字以内）

40

(2014 年度 第 3 問)

次の文章を読んで，下記の問いに答えなさい。(問 1 から問 4 まですべてで 400 字以内)

美濃部達吉の(a)天皇機関説は，1910 年代の憲法論争を経ながら，学界はもとより政界・官界・司法界など広く通説として定着していた。にもかかわらず，1934 年秋ごろから軍部・右翼などにより天皇中心の国家体制に反する学説として批判が加えられた。1935 年には，美濃部は貴族院で「学匪」と弾劾され，不敬罪で告発されることになる。これを機に広範で強力な機関説排撃運動が展開され，(b)政府は，同年，国体明徴声明を出し，天皇機関説を否認した。

問 1　文中にある憲法論争にも触れながら，下線部(a)の天皇機関説を説明しなさい。

問 2　下線部(b)の政府の首相をあげなさい。

問 3　天皇機関説事件は学問への統制を本格化させる契機となった。これに先だって起きた大学の学問自治が侵害された事件をあげて，その内容を説明しなさい。

問 4　学制以降 1930 年代までの日本の大学の歴史について，教育制度の変遷を踏まえながら説明しなさい。その際に，以下の語句を含めること。
森有礼，帝国大学，大学令，単科大学

解説 天皇機関説と大学の歴史

明治憲法体制や近代の学問・教育について問われている。問1は120字程度，問2は語句記述問題，問3は80〜90字程度，問4は180〜190字程度で説明できる。問4がやや難と思われるが，最低限，基本的な内容である教育制度の変遷について説明できればよい。

問1 大正 政治

天皇機関説と憲法論争

設問の要求

〔主題〕天皇機関説の説明。
〔条件〕文中にある憲法論争にも触れながら。

論述の構成

この問題では美濃部達吉の天皇機関説の内容を説明すればよいのだが，条件として，文中にある憲法論争に触れながらとある。これは文中に「1910年代の憲法論争」とあるので，上杉慎吉の天皇主権説との論争である。1930年代の天皇機関説問題と間違えないようにしたい。基本的には，天皇機関説の内容，憲法論争をそれぞれ説明すればよい。

▶天皇機関説の内容

天皇機関説は，東京帝国大学教授の**美濃部達吉**の憲法学説で，国家主権説，国家法人説ともいわれる。

天皇機関説とは，国家を君主・国民・内閣・議会・官庁などのさまざまな機関で形成された共同体（＝法人）とし，国土・国民を支配する統治権（主権）が天皇個人ではなく，法人である国家に帰属すると断じ，天皇も他の国家機関と同様に，国家の最高機関として，憲法の範囲内で主権の行使（国家の意思決定）に携わる限定的な存在とする制限君主的な憲法学説である。つまり天皇の権限は無制限の権力ではなく，憲法により制限されているという立憲君主制の立場をとる。国政については，天皇を輔弼する内閣に主導性を求めた。そのため，政党内閣論の背景となり，大正デモクラシー下において支持される学説となった。

論述のポイント

□天皇機関説の説明として，統治権の主体は国家であり，天皇の権限が憲法により制限されていることが書ければよい。

▶1910年代の憲法論争

美濃部の天皇機関説に対し，同じ東大教授の**上杉慎吉**は，穂積八束らの学説を継承し，**天皇主権説**を唱えた。これは天皇を国家よりも上位におき，憲法にも拘束されない絶対的な存在とし，天皇の権限を神権的・無制限なものであるとした。美濃部の学説では天皇を憲法や内閣に従う限定的な存在としていたため，論争となった。

論述のポイント
□天皇主権説との論争があったことを書けばよい。その際に簡潔に天皇主権説の内容を説明しておきたい。

解答例　1天皇機関説は国家を法人とし，主権は天皇個人ではなく法人である国家に帰属し，天皇は国家の最高機関として憲法の範囲内で統治権を行使するとした。主権の持ち主を天皇とし，天皇は憲法にとらわれず，無制限に権力を行使できるとする天皇主権説と対立した。（120字）

問2　昭和①　政治

岡田啓介

語句記述問題

下線部(b)の政府の首相。

正解は**岡田啓介**である。

リード文で下線部(b)「政府」の後の記述をみると，「同年，国体明徴声明を出し，天皇機関説を否認した」とあるので，1935年に**国体明徴声明**を発した首相を解答すればよい。岡田啓介内閣は，斎藤実内閣の後を受けて成立した**挙国一致内閣**である。陸軍皇道派の青年将校らによる**二・二六事件**（1936年）が原因で退陣した。

解答例　2岡田啓介。（6字）

問3　昭和①　政治

滝川事件とその内容

設問の要求

〔主題〕天皇機関説事件に先立って起きた，大学の学問自治が侵害された事件をあげて，その内容を説明。

論述の構成
「事件」は1933年に起きた滝川事件である。その内容を説明すればよい。

▶滝川事件の内容

滝川事件は，1933年，斎藤実内閣で起こった。京都帝国大学法学部教授の滝川幸辰は，著書『刑法読本』などで唱えた刑法学説が自由主義的で国体に反すると，右翼から攻撃された。そのため，当時の文部大臣であった鳩山一郎は，滝川を休職処分とした。法学部教授会は全員が辞表を出して抵抗したが，結局敗北した。ちなみに「国体」とは，簡潔にいえば「万世一系の天皇が代々統治する」という日本独特の思想のことである。

> **解答例**　3 滝川事件。京大教授滝川幸辰が唱える刑法学説が自由主義的であるとして鳩山一郎文相の圧力で休職処分を受けたのに対し，法学部の教授会は全員辞表を提出して抵抗したが敗北した。（84字）

問4　幕末・明治〜昭和①　文化

近代の大学の歴史

設問の要求

〔主題〕学制以降1930年代までの日本の大学の歴史。
〔条件〕教育制度の変遷を踏まえる。
　　　　指定語句（森有礼，帝国大学，大学令，単科大学）の使用。

論述の構成

大学の歴史については，十分に学習できていないかもしれないが，「教育制度の変遷を踏まえる」という条件と，「森有礼」「帝国大学」「大学令」「単科大学」という指定語句があるので，それを手掛かりに解答を考えればよい。「学制以降1930年代まで」の「変遷・推移」を説明する問題と考えれば，時期区分が必要である。条件・指定語句を参考にすると，1870年代の東京大学，1880年代の「帝国大学」令（学校令），1910年代の「大学令」の3つに分けられる。それぞれの時期について説明すればよい。

▶明治初期（1870年代）の教育制度

明治初期（1870年代）には，フランスの学校制度にならった**学制**が公布された（1872年）。ここでは，全国を8大学区に分け，各大学区に大学校1，中学校32，各中学校区に小学校210を設ける規定であったが，あまりにも画一的で，当時の実態に合わなかったこともあり，1879年の**教育令**に改められた。一方で，1877年には，旧幕府の開成所・医学所を起源とする諸校を統合して**東京大学**を設立し，多くの外国人教師を招き，西洋の学問・技術の受容に努めた。

論述のポイント

□1870年代では，学制を簡潔に説明しつつ，大学の歴史なので，語句は指定されていないが東京大学の設立には触れておきたい。

▶明治中期（1880年代）の学校体系の整備

明治中期（1880年代）には，「**森有礼**」文部大臣のもとで，**学校令**が公布された（1886年）。公布された**帝国大学令**・中学校令・**小学校令**・師範学校令を総称して学校令という。それにより，「**帝国大学**」を頂点とする学校体系が整備された。このときに，唯一の官立学校であった東京大学は**帝国大学**に改組された。1897年には，東京帝国大学と改称し，それとともに京都・東北・九州の各帝国大学が創設された。その後，大正から昭和初期（1930年代）にかけて，北海道・京城（朝鮮）・台北（台湾）・大阪・名古屋の各帝国大学が設立され，あわせて「九帝大」となった。

論述のポイント

□指定語句があるので，森有礼文相のもとで学校令が公布されたことと，東京大学が帝国大学に改組されたことは書いておきたい。
□「九帝大」については触れておきたいところであるが，1930年代までに帝国大学が各地に設置されたことに言及できていれば十分である。

▶1910〜1930年代の大学の増加

大正時代（1910年代）には，大戦景気による経済発展で，高学歴層の社会的な需要が高まったことを背景として高等教育機関の拡充がめざされ，原敬内閣のもと，「**大学令**」が制定された（1918年）。それにより，総合大学である帝国大学の他に，「単科大学」や公立・私立の大学の設置が認められ，昭和初期にかけて大学生の数が急増した。

論述のポイント

□指定語句となっている「大学令」について説明できていればよい。その際に指定語句である「単科大学」も使用すればよい。

解答例　4 1870年代，学制により教育制度の整備をはかる一方，西洋の学問を教授する官立学校として東京大学を設立した。1880年代には森有礼文相のもと，学校令が公布され，学校体系が整備された。その中で東京大学は帝国大学に改組された。その後，1930年代までに植民地も含め，各地に帝国大学が設置された。1910年代には，原敬内閣のもとで大学令が公布され，専門学校であった公・私立学校や単科大学が大学とされた。（190字）

答案例

1 天皇機関説は国家を法人とし，主権は天皇個人ではなく法人である国家に帰属し，天皇は国家の最高機関として憲法の範囲内で統治権を行使するとした。主権の持ち主を天皇とし，天皇は憲法にとらわれず，無制限に権力を行使できるとする天皇主権説と対立した。2 岡田啓介。3 滝川事件。京大教授滝川幸辰が唱える刑法学説が自由主義的であるとして鳩山一郎文相の圧力で休職処分を受けたのに対し，法学部の教授会は全員辞表を提出して抵抗したが敗北した。4 1870年代，学制により教育制度の整備をはかる一方，西洋の学問を教授する官立学校として東京大学を設立した。1880年代には森有礼文相のもと，学校令が公布され，学校体系が整備された。その中で東京大学は帝国大学に改組された。その後，1930年代までに植民地も含め，各地に帝国大学が設置された。1910年代には，原敬内閣のもとで大学令が公布され，専門学校であった公・私立学校や単科大学が大学とされた。

（400字以内）

41 (2013 年度　第 2 問)

次の資料は，日本がかかわった2つの戦争に関するものである。これを読んで下記の問いに答えなさい。(問1から問4まですべてで400字以内)

資料A

然れども快なる勝利は果して何物を汝に与ふ可き乎。第一は(1)幾千万，幾億万の公債に対する利息の負担に非ずや。汝，及び汝の子孫は長く此負担の為めに苦しめらるべきに非ずや。第二に(2)諸般歳計の膨張と之に伴ふ(3)荷重の増税に非ずや。荷重の増税，是れ今日の国民に在て実に虎よりも怖る可き所に非ずや。

資料B

斯かる次第で，日本は今日，同盟条約の義務に依つて参戦せねばならぬ立場には居ない。条文の規程が，日本の参戦を命令するやうな事態は，今日の所では未だ発生しては居ない。ただ，一は，英国からの依頼に基く同盟の情誼と，一は，帝国が此機会に(4)独逸の根拠地を東洋から一掃して，国際上に一段と地位を高めるの利益と，この二点から参戦を断行するのが機宜の良策と信ずる。

問1　資料Aは，この戦争が始まって6日後の『平民新聞』に掲載された社説の一部である。この戦争の名称について答えなさい。また，下線部(1)～(3)が，政策として実際にどのように行われたのかについて，具体的に説明しなさい。

問2　資料Aを執筆したと考えられる人物を2名挙げなさい。

問3　資料Bは，ある外務大臣の閣議での発言である。この人物の氏名，および彼が参戦を呼びかけている戦争の名称について答えなさい。また，下線部(4)はどこのことか。具体的な都市名を1つ挙げなさい。

問4　資料Bをふまえながら，日本が参戦した目的，それを実現するためにとった行動，その後の結末について具体的に説明しなさい。

解説 日露戦争と第一次世界大戦 〈史料〉

日露戦争・第一次世界大戦に関連する問題である。問1は120字程度，問2・問3は語句記述問題，問4は200～250字程度で説明できる。特に，問1の内容を膨らますのは難しく，問2・問3が語句記述問題であることを考えれば，問4の内容をどれだけ膨らませて書けるかがポイントとなる。

問1 幕末・明治 政治

日露戦争における戦費の調達

設問の要求

〔主題〕資料Aを参考に戦争の名称を答える。
資料中の下線部(1)～(3)の政策がどのように行われたか具体的に説明。

論述の構成

戦争の名称は日露戦争である。資料Aだけでなく，設問文にある「『平民新聞』に掲載された社説」というヒントからも判断できるだろう。さらに資料Aの内容は日露戦争の戦費が国民の負担になっていることを批判したものである。それをふまえて，資料中の(1)～(3)の政策，つまり戦費の調達について説明できればよい。

▶日露戦争における戦費の調達

(1)～(3)の下線部と，「汝の子孫は長く此負担の為めに苦しめらる」「荷重の増税，是れ今日の国民に在て実に虎よりも怖る」などの記述から，資料Aでは日露戦争の戦費の負担について批判していることがわかる。資料Aの下線部(1)～(3)の政策というのは，日露戦争の戦費を調達するためのものとして説明すればよい。

下線部(2)の「諸般歳計の膨張」とは，戦費調達のための約15億円余りの臨時軍事費などにより，歳出が大幅に増加したことである。日露戦争では，約17億円の軍事費がかかり，これまでの歳出規模を大幅に上回るものであった。当時の国家予算が2億円台であったことを考えると，相当な財政膨張策をとらなければならなかったことがわかる。下線部(1)の「幾千万，幾億万の公債」は，日露戦争の戦争費用の大部分を公債の発行によってまかなったことを示している。政府は約13億円の国債を発行したが，うち6億円が国内で発行した内債で，7億円がアメリカやイギリスで募集した外債であった。さらに下線部(3)「荷重の増税」も実施した。地租・営業税・所得税をはじめとして多くの税が増税された上に，塩・石油・織物消費税などの間接税や相続税が新税として導入された。

『平民新聞』では，増税が人々の生活を圧迫し，公債による資金調達は膨大な借金となって戦後に重いつけを残し，経済政策を困難に陥れることを警告していた。

論述のポイント

□まず，戦争の呼称として日露戦争をあげる。その上で，⑵臨時軍事費により歳出が増加し，その調達のため，⑴国内外で公債を発行したこと，⑶地租などの増税や新税導入が行われたことが書けていればよい。

解答例　1日露戦争。臨時軍事費の支出により財政は膨張し，歳出は国家予算を大幅に上回った。その費用を調達するため，地租・所得税などの増税に加え，新たに間接消費税や財産税が設けられた。その上，国内での国債とともにアメリカやイギリスでも外債を募集した。（119字）

問2　幕末・明治　社会経済

幸徳秋水と堺利彦

語句記述問題

資料A（『平民新聞』の記事）を執筆したと考えられる人物2名。

正解は**幸徳秋水**と**堺利彦**である。

社会主義者の**幸徳秋水**と**堺利彦**は黒岩涙香の『**万朝報**』の記者であった。『万朝報』が日露戦争に対して，主戦論に転換すると，非戦論の立場をとっていた幸徳・堺は，『万朝報』を辞めて，1903年，**平民社**を設立し，『**平民新聞**』上で非戦論を展開した。

解答例　2幸徳秋水・堺利彦。（10字）

問3　大正　外交

第一次世界大戦に対する加藤高明外相の見解

語句記述問題

①資料Bの発言をした外務大臣の氏名。
②彼が参戦を呼びかけている戦争の名称。
③下線部⑷「独逸の根拠地」に該当する具体的な都市名。

正解は①**加藤高明**，②**第一次世界大戦**，③**青島**である。

史料Bは第2次**大隈重信**内閣の外務大臣**加藤高明**の**第一次世界大戦**に対する閣議での発言である。この中で，⑷「独逸の根拠地」とされているのは山東省の青島である。「根拠地」が問われているので，山東省・膠州湾という解答も想定できるが，具体的な都市名を1つあげよとされているので，軍港の青島をあげればよい。

解答例 3 加藤高明。第一次世界大戦。青島。（17字）

問4 大正 外交

日本の第一次世界大戦への参戦とその結末

設問の要求

〔主題〕日本が第一次世界大戦に参戦した目的，それを実現するためにとった行動，その後の結末について具体的に説明。
〔条件〕資料Bをふまえる。

論述の構成

まず，資料Bの内容を整理してみよう。問3の設問にもあるように，資料Bは加藤高明外務大臣の閣議での発言で日本政府（第2次大隈重信内閣）の方針と考えてよいだろう。そのなかで加藤高明外相は，日英同盟の規定ではヨーロッパで起こった第一次世界大戦に参戦の義務はないとしながらも，「独逸の根拠地を東洋から一掃」して，日本の国際上の地位を高めるために参戦することを提言している。つまり資料Bからわかる参戦の目的は日本の国際上の地位を高めることである。それを実現するための行動，その結末と考えればよい。以上から「推移・変遷」の問題と考えて，目的以下，行動から結末までの過程について時期区分を意識しながら説明すればよい。

▶第一次世界大戦への参戦

1914年に**第一次世界大戦**が勃発すると，**第2次大隈重信内閣**は，ヨーロッパの混乱に乗じて日本が南満州の権益を保持し，東アジア・太平洋方面に勢力を拡大して国際上の地位を高める好機とみた。そのため，**日英同盟**を口実にドイツに宣戦布告して参戦し，中国におけるドイツの根拠地である**青島**や赤道以北のドイツ領南洋諸島を占領した。ついで，大隈内閣は，1915年，**中華民国**の**袁世凱**政権に対して，**二十一カ条の要求**を突き付けた。主な内容は，山東省のドイツ権益の継承を承認すること（第1号），旅順・大連の租借期限を99カ年延長すること，南満州・東部内蒙古の権益の強化（第2号）などであった。南満州の権益については，日露戦争で日本がロシアから受け継いだもののうち，旅順・大連の租借権の期限が1923年までであったため，権益期限の延長をねらっていた。大隈内閣は最終的に一部を除いてこれらの要求を受諾させた。

論述のポイント

□まず，ここでは参戦の目的として，日本の国際上の地位を高めようとしたことを説明したい。
□次に第一次世界大戦中の行動として，アジア・太平洋方面におけるドイツの根拠地を占領したこと，その後，中国に二十一カ条の要求を突き付けて受諾させたことを説明すればよい。

▶第一次世界大戦の終結

1918年，最終的にドイツが降伏し，第一次世界大戦は連合国の勝利で終わった。講和会議がパリで開催され，日本も全権として**西園寺公望**らを派遣して参加した。戦勝国であった日本は，ドイツと連合国の講和条約である**ヴェルサイユ条約**において，山東省のドイツ権益の継承と，赤道以北の南洋諸島の委任統治が認められた。ちなみに同じ戦勝国として参加していた中国は，二十一カ条の要求による取り決めの撤回を拒否されたことや，中国の国内で旧ドイツ権益の中国への直接返還などを求める学生・労働者などによる反日運動（**五・四運動**）が起こったことにより，講和条約に調印しなかった。

さらに講和会議では，国際紛争の平和的解決と国際協力のための機関として**国際連盟**の設立を決定し，1920年に発足した。日本はイギリス・フランス・イタリアとともに常任理事国となり，国際上の地位を高めた。

論述のポイント

□ヴェルサイユ条約で旧ドイツ権益の継承が認められ，新たに発足した国際連盟で常任理事国になったことをまとめれば，国際上の地位を高めるという目的，行動に対する結末をひとまず説明したことになる。ここで解答を終わってもよい。

▶第一次世界大戦後のアジア・太平洋の新秩序

その後，1921年にアメリカの提唱により，太平洋・中国問題，軍縮問題を検討する**ワシントン会議**が開かれ，日本も全権として加藤友三郎海相・幣原喜重郎駐米大使らを派遣した。その中で，太平洋方面の現状維持を約した**四カ国条約**，主力艦の制限を中心とする**ワシントン海軍軍縮条約**，中国の門戸開放・機会均等・領土保全などを約した**九カ国条約**が締結された。この間に日中間の交渉で山東省の旧ドイツ権益を中国に返還することになり，日中間で山東省を返還する条約が結ばれた。こうして形成されたアジア・太平洋地域の新たな国際秩序は**ワシントン体制**と呼ばれる。この中で日本は，アメリカ・イギリスとともに中心的な存在であった。

論述のポイント

□ワシントン体制において，日本がアメリカ・イギリスとともに中心的な存在であったことは，日本の国際上の地位の向上を示すものと考えれば，ここまでを答案として含められる。特に問1～問3までは語句記述もあり，内容が膨らませにくいことを想定すれば，ここまで記述したい。

解答例 4日本政府は欧州大戦の勃発を，東アジア・太平洋方面に勢力を拡大して国際上の地位を高める好機とみて参戦し，ドイツの根拠地である山東省や南洋諸島を占領した。その上で中国には二十一カ条の要求を突き付け，山東省のドイツ権益の継承や南満州の権益期限の延長などを承認させた。大戦終結後，ヴェルサイユ条約で赤道以北の南洋諸島の委任統治と山東省における権益継承が承認され，この時発足した国際連盟では常任理事国となった。その後，ワシントン会議により形成されたアジア・太平洋の国際秩序のもとでは，日本は米英とともに中心となった。（254字）

別解 4日本政府は欧州での大戦の勃発を，東アジア・太平洋方面に勢力を拡大し，国際上の地位を高める好機とみて参戦し，ドイツの根拠地である山東省や南洋諸島を占領した。その上で中国には二十一カ条の要求を突き付け，山東省のドイツ権益の継承や南満州の権益期限の延長などを承認させた。大戦終結後，ヴェルサイユ条約で赤道以北の南洋諸島の委任統治と山東省における権益継承は承認され，この時発足した国際連盟では常任理事国となった。（203字）

答案例

1日露戦争。臨時軍事費の支出により財政は膨張し，歳
出は国家予算を大幅に上回った。その費用を調達するた
め，地租・所得税などの増税に加え，新たに間接消費税
や財産税が設けられた。その上，国内での国債とともに
アメリカやイギリスでも外債を募集した。2幸徳秋水・
堺利彦。3加藤高明。第一次世界大戦。青島。4日本政
府は欧州大戦の勃発を，東アジア・太平洋方面に勢力を
拡大して国際上の地位を高める好機とみて参戦し，ドイ
ツの根拠地である山東省や南洋諸島を占領した。その上
で中国には二十一カ条の要求を突き付け，山東省のドイ
ツ権益の継承や南満州の権益期限の延長などを承認させ
た。大戦終結後，ヴェルサイユ条約で赤道以北の南洋諸
島の委任統治と山東省における権益継承が承認され，こ
の時発足した国際連盟では常任理事国となった。その後
，ワシントン会議により形成されたアジア・太平洋の国
際秩序のもとでは，日本は米英とともに中心となった。

（400字以内）

42 (2013 年度 第 3 問)

次の文章を読んで下記の問いに答えなさい。(問 1 から問 4 まですべてで 400 字以内)

岸信介は，1896 年に山口県で生まれ，東京帝国大学在学中，美濃部達吉と対立する憲法学説を唱えていた上杉慎吉に私淑した。卒業後，農商務省の官僚となり，その後身の一つの商工省で(1)重要産業統制法の作成にあたった。1936 年には満州国にわたり，政府高官となって，産業開発五ヵ年計画の立案や日産コンツェルンの満州移駐に関わった。満州国で関東軍参謀長の東条英機と親しくなった岸は，日本に戻って商工次官を務めた後，東条内閣で商工大臣に就任し，(2)太平洋戦争の開戦の際には宣戦の詔書に副署した。

岸は，敗戦後，(3)A 級戦犯の容疑で逮捕されることになったが，1948 年，起訴を免れて出獄した。その際に岸が向かった先は，吉田内閣の官房長官を務めていた実弟の佐藤栄作の公邸であった。サンフランシスコ平和条約の発効とともに公職追放を解除され，政治活動を再開した岸は，保守合同に力を発揮し，1955 年に結成された自由民主党の初代幹事長となった。1957 年には首相に就任し，日米安全保障条約の改定を進めたが，(4)それに対する反対運動（安保闘争）が高まり，新条約の自然成立を受けて退陣した。

問 1　下線部(1)に関して，重要産業統制法が制定された経済的背景について説明しなさい。

問 2　下線部(2)に関して，日本が太平洋戦争の開戦を最終的に決定する契機となったアメリカの動きについて説明しなさい。

問 3　下線部(3)に関して，GHQ が天皇を戦犯容疑者に指定しなかった理由について説明しなさい。

問 4　下線部(4)に関して，安保闘争が 1960 年 5 月から 6 月にかけて高揚した理由について説明しなさい。

解説 岸信介とその時代の政治・経済・外交

岸信介を中心としたリード文から重要産業統制法の背景，安保闘争の高揚などが問われている。問1は140字程度，問2は50字程度，問3は60字程度，問4は150字程度でよい。特に難問はないので，設問内容から字数のバランスをとればよい。

問1　昭和①　社会経済

重要産業統制法が制定された経済的背景

設問の要求

〔主題〕重要産業統制法が制定された経済的背景。

論述の構成

「因果関係」の問題で「背景」の説明が求められている。重要産業統制法は，基幹産業のカルテル結成をうながすものとして，浜口雄幸内閣の時に公布された。当時，日本が置かれていた経済的な状況と浜口内閣の経済政策について説明すればよい。特に法令の内容をふまえて，企業に対する政府の対応を中心に説明しよう。問われているのは「背景」なので，重要産業統制法の内容そのものは必ずしも説明しなくてよい。

▶浜口内閣が成立した当時の経済的な状況――1920年代の慢性的不況

1920年代の日本経済は，第一次世界大戦中の**大戦景気**以降，重化学工業の分野で発展がみられたものの，**戦後恐慌**（1920年）以降，**震災恐慌**（1923年），**金融恐慌**（1927年）と続けて恐慌が起こり，不況が慢性化していた。再三の恐慌に対して，政府はそのつど日本銀行券を増発し，救済融資を行うことで対応してきたが，それは経済の破綻を一時的に回避しただけであった。その結果，利潤率の低い不良企業の淘汰を遅らせ，大戦中に過大に膨張した経済界の整理は進まなかった。企業の利潤率低下の一因として，労働運動の激化により，大戦景気で上昇した労働者の賃金を下げることができなかったこともある。こうした状況下で，工業の国際競争力の不足とインフレ傾向のため，輸入超過は増大し，1917年以来の**金輸出禁止**が続く中で外国為替相場は動揺と下落を繰り返した。

論述のポイント

□当時の経済的な状況として，1920年代の慢性的不況について説明すればよい。そのなかでも，重要産業統制法の制定に関連するのは企業の状況である。恐慌のたびに政府が救済融資で対応し，そのため，不良企業の淘汰が進まなかったことをまとめればよい。

□慢性的不況の一因として，工業の国際競争力不足をあげてもよい。

▶浜口内閣の経済政策――産業の合理化

1929年7月に成立した**立憲民政党**の**浜口雄幸**内閣は，日本経済の立て直しをはかるためには，政府による経済の保護政策をやめ，産業合理化を促進し，国際競争力を回復する必要があると考えた。

大蔵大臣の**井上準之助**は徹底的な**緊縮財政**（**デフレ政策**）をとった。これには円高や緊縮財政で経営が苦しくなる企業に対して合理化を強制し，生産性の低い不良企業の淘汰を進めて国際競争力を強化させるとともに，利潤低下の一因であった労働者の賃金の高水準を政策的に低下させる目的があった。さらに，産業合理化政策を進めるため，1930年6月には商工省の外局として臨時産業合理局を設置し，1931年4月には，**重要産業統制法**を制定して基幹産業におけるカルテル結成をうながした。

しかし，この時期は1929年10月のアメリカの株式市場における株価の暴落をきっかけに**世界恐慌**に突入していた。その上，旧平価で**金輸出解禁**（1930年）したため，円高となり輸入超過が進んだ。景気対策をとるべきときに財政緊縮政策をとったため，深刻な経済不況におちいった（**昭和恐慌**）。

論述のポイント

□1920年代の慢性的不況をふまえて，浜口内閣の経済政策を説明すれば，重要産業統制法を制定した背景を説明したことになる。

□重要産業統制法は，産業合理化政策の一環として制定されたものなので，デフレ政策をとり，産業合理化政策を進めることで不良企業を整理し，国際競争力の強化をめざしていたことが説明できればよい。

□なお，昭和恐慌への対応として重要産業統制法が説明されている高校教科書もあるので，〔別解〕をあげておく。

解答例　1 1920年代の恐慌の連続に対し，政府はそのつど救済融資で対応した。そのため，大戦景気のもとで膨張した経済界の再編は進まず，生産性の低い企業の淘汰が遅れていた。そのなかで経済の再建をはかる浜口内閣はデフレ政策を断行して産業合理化を促進し，企業整理を進めることで国際競争力の強化をめざしていた。（144字）

別解　1 浜口内閣がデフレ政策をとり，旧平価で金解禁をして円高となった上，世界恐慌に日本も巻き込まれたため，輸出が減少して深刻な恐慌となった。そのため，企業の操業短縮や倒産が相次ぎ，産業合理化の一環として人員整理などが行われ，失業者が増大していた。そのなかで企業が競争下に共倒れになるのを防ぐため，不況カルテルを促進する必要があり，重要産業統制法を制定した。（175字）

問2 昭和① 外交

太平洋戦争開戦の契機

設問の要求

〔主題〕日本が太平洋戦争の開戦を最終的に決定する契機となったアメリカの動き。

論述の構成

設問に「最終的に」とあるので，太平洋戦争の開戦を決定する契機となったアメリカの動きは，ハル=ノートの提示と考えればよい。字数を確保するために内容を膨らますのであれば，日米対立の過程を丁寧に説明するのもよいだろう。ただし，ハル=ノートの説明は必要である。以下では，日米対立の過程も簡単に説明しておく。

▶日米対立の本格化――日中戦争から南進策へ

日本は，**満州事変**に続いて**日中戦争**を開始し，**東亜新秩序建設**を掲げて中国侵略を続けた。日本の対外政策に反発したアメリカは，1939年，**日米通商航海条約を廃棄**し，経済制裁を本格化させた。それに対し，**近衛文麿**内閣（第2次・第3次）は，**北部仏印**から**南部仏印**へと進駐して南進策を進め，日中戦争打開と資源の確保をめざした。さらに**日独伊三国同盟**，**日ソ中立条約**を締結し，南進策を強化した。一方で，対日石油輸出禁止など経済制裁を強めたアメリカと，日米交渉による妥結をはかろうとした。しかし，東南アジア・中国からの撤退を求めるアメリカと，中国を確保しようとする日本の立場には大きな開きがあった。

▶アメリカ側の提案――ハル=ノート

日米対立が本格化するなか，第3次近衛内閣が辞職し，日米交渉の継続を条件に**東条英機**内閣が成立した。国務長官**ハル**はアメリカ側の要求をまとめた**ハル=ノート**を提示した。その内容は，仏印・中国からの撤退，日独伊三国同盟の廃棄，満州国・汪兆銘政権の否認といった，満州事変以前の状態に戻すことを日本政府に要求する，非常に強硬なものであった。中国の維持にこだわる東条内閣はこれを最後通牒と理解して開戦を決定し，1941年12月，アメリカに宣戦布告し，**太平洋戦争**を開始した。

論述のポイント

□アメリカとの対立が本格化したのは，通商条約の廃棄以降，経済制裁が強まってからである。しかし，最終的に開戦を決定する契機となったアメリカの動きが問われているので，ハル=ノートの提示が説明できていればよい。

解答例 2米国務長官ハルが日本の対外政策について，満州事変以前の状態への復帰を要求する覚書を提示した。（47字）

問3

昭和② 政治

天皇を戦犯容疑者に指定しなかった理由

設問の要求

〔主題〕GHQ が天皇を戦犯容疑者に指定しなかった理由。

論述の構成

天皇を戦犯容疑者にしなかった「理由」として，占領政策を円滑に進めようとするGHQ の立場から考えればよい。

▶占領政策における天皇の位置づけ

太平洋戦争が終わると，敗戦国の日本はアメリカを中心とする連合国の占領下に置かれた。実際に占領政策を進めたのは，連合国軍最高司令官のマッカーサーと総司令部（GHQ）である。1945年9月のマッカーサーと昭和天皇の会談で，天皇自身が占領政策への積極的協力を申し出たこともあり，GHQ は天皇の戦争責任を問わない方針をとった。その後，戦犯容疑者の逮捕が進み，戦争指導者であるA級戦犯については，**極東国際軍事裁判所**で裁判が行われた。そのなかで国家の元首である天皇の戦争責任も問題となり，連合国の間では天皇の責任を問う強い世論もあった。しかし，GHQ は天皇制の廃止は収拾しがたい混乱を招き，天皇を戦犯容疑者として裁判にかけると占領政策は円滑に実現できなくなると判断し，むしろ占領政策の協力者である昭和天皇の権威を占領支配に利用しようとして，天皇を戦犯容疑者に指定しなかった。

天皇は，1946年，**人間宣言**により「現御神」としての神格が否定され，日本国憲法で政治権力を持たない国民統合の象徴となった。

論述のポイント

□最低限，GHQ が占領政策を円滑に進めるため，天皇の権威を利用したことが書けていればよい。解説前半の内容は字数調整が必要な場合，解答に含めればよい。

解答例　3 昭和天皇が占領政策に協力することを約していたこともあり，GHQ は天皇の権威を利用して占領政策を円滑に進めようとした。（58字）

問4 昭和③ 政治

1960年の安保闘争の高揚

設問の要求

〔主題〕安保闘争が1960年5月から6月にかけて高揚した理由。

論述の構成

リード文から，この安保闘争が岸信介内閣のときの日米安全保障条約改定に対して起こった反対運動であることがわかる。設問文には「5月から6月にかけて高揚」とあるが，「5月から6月」という時期を覚えておく必要はない。岸内閣における異例であった安保条約の批准の手続きをふまえて，安保闘争の変質した内容を説明すれば，安保闘争が高揚した「理由」になる。

▶日米安全保障条約の改定

1957年に成立した岸内閣は，「日米新時代」をとなえ，片務的な安保条約を改定し，日米関係をより対等にすることをめざした。日米交渉の結果，1960年，**日米相互協力及び安全保障条約（日米新安保条約）**が締結された。新条約ではアメリカの日本防衛義務を明記し，極東及び日本での米軍の軍事行動に関する事前協議が定められた。一方で米軍が日本国内の内乱鎮圧に出動する内乱条項が削除されるなど，より対等な内容となり，日・米の共同防衛体制を作ろうとするものであった。

▶条約批准の強行採決と安保闘争の展開

社会党・共産党や全学連などの革新勢力は，新安保条約によって日本がアメリカの世界戦略に組み込まれ，戦争に巻き込まれる危険が増すとして，安保改定反対運動を組織した。革新勢力の反対を受けるなか，岸内閣が1960年5月に衆議院に警官隊を導入し，条約批准の採決を強行すると，反対運動は安保そのものに対する反発から，民主主義の擁護を求める運動へと変質して一挙に高揚し，安保改定阻止国民会議を指導部とする巨大なデモが連日国会を取り巻いた（**60年安保闘争**）。激しい反対運動により，予定されていたアメリカ大統領アイゼンハワーの訪日は中止されたが，条約は参議院未議決のまま，6月に自然成立し，岸内閣は条約の発効を見届けて総辞職した。

論述のポイント

- □「5月から6月」という正確な時期は覚えていなくてもよい。
- □岸内閣が衆議院で条約の批准を強行採決したこと，それを契機に安保闘争が，安保条約そのものに反対する運動から，衆議院での強行採決に反発して民主主義の擁護をさけぶ運動に変質したことが説明できていればよい。

解答例 4 革新勢力は新安保条約によりアメリカの世界戦略のなかで戦争に巻き込まれる危険があると，安保改定反対運動を組織した。そのなかで岸内閣は衆議院において，新安保条約の批准案を自民党単独で採決を強行した。これが国民に衝撃を与えたことにより安保改定反対運動は民主主義の擁護を掲げるものへと変質し，一挙に高揚した。（151字）

答案例

1 1920年代の恐慌の連続に対し，政府はそのつど救済融
資で対応した。そのため，大戦景気のもとで膨張した経
済界の再編は進まず，生産性の低い企業の淘汰が遅れて
いた。そのなかで経済の再建をはかる浜口内閣はデフレ
政策を断行して産業合理化を促進し，企業整理を進める
ことで国際競争力の強化をめざしていた。2 米国務長官
ハルが日本の対外政策について，満州事変以前の状態へ
の復帰を要求する覚書を提示した。3 昭和天皇が占領政
策に協力することを約していたこともあり，GHQは天皇
の権威を利用して占領政策を円滑に進めようとした。4
革新勢力は新安保条約によりアメリカの世界戦略のなか
で戦争に巻き込まれる危険があると，安保改定反対運動
を組織した。そのなかで岸内閣は衆議院において，新安
保条約の批准案を自民党単独で採決を強行した。これが
国民に衝撃を与えたことにより安保改定反対運動は民主
主義の擁護を掲げるものへと変質し，一挙に高揚した。

（400字以内）

43

(2012年度 第2問)

下の図は1880（明治13）年から1945（昭和20）年までの国内での繭・生糸・棉花・綿糸の生産量の推移である。(ただし，1880年の綿糸の数値は不明，棉花の1885年は前年，1890年は翌年の数値)。これをみて下記の問いに答えなさい。(問1から問4まですべてで400字以内)

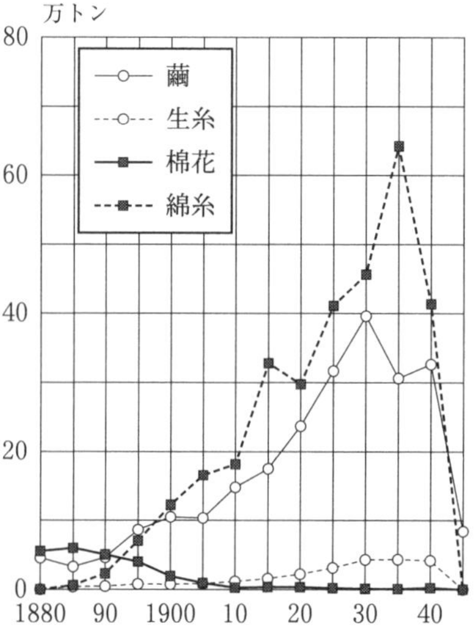

問1 1885年以降，棉花の生産が減少に転じている。このような変化がおきた理由を具体的に説明しなさい。

問2 1915年から1920年にかけて，生糸の生産量が伸び，綿糸の生産量が落ち込んでいる。この動きを，この間の世界と日本の経済情勢の変化に着目して説明しなさい。

問3 1930年から1935年にかけて綿糸の生産量が急激に伸びている。この変化が起きた理由を具体的に説明しなさい。また，それが国際関係に及ぼした影響についても説明しなさい。

問4 1930年から1935年にかけて繭の生産量が落ち込んでいる理由を説明しなさい。

解説 明治中期～昭和戦前の繊維産業の展開 〈グラフ〉

頻出の近代の繊維産業についての出題である。対外関係も含めて広い範囲での知識が要求されている。グラフも参考資料にする必要がある。問 1 は 90 字程度，問 2 は 130～140 字程度，問 3 は 130～140 字程度，問 4 は 40 字程度で解答できる。

問 1 幕末・明治 社会経済

1885 年以降における棉花生産の減少

設問の要求

〔主題〕1885 年以降，棉花の生産が減少に転じている理由を具体的に説明。

論述の構成

棉花は綿製品の原料であり，綿糸を生産する綿糸紡績業の発展と密接な関わりがある。つまり，この設問の前提となる「棉花の生産の減少」は，綿糸の生産量や生産のあり方に影響される。明治期における綿糸紡績業の展開について，「1885 年以降」という時期を念頭に置きながら考えればよい。

▶綿糸紡績業と 1880 年代後半の会社設立ブーム

原料の棉（綿）花から綿糸を生産する産業を**綿糸紡績業**という。さらに半製品である綿糸を加工して綿布を生産する産業を綿織物業という。幕末以来，イギリス製綿製品の輸入に圧迫されて綿糸・綿織物の生産も一時は衰えたが，明治期になり，綿織物生産は材料に輸入綿糸を用いて回復していった。これを前提に，1880 年代以降，材料となる綿糸を供給する綿糸紡績業が勃興した。

1880 年代前半には，松方財政が展開され，一時期はデフレとなり深刻な不況となった。しかし，貿易が輸出超過に転じるなど産業界が活気づくと，1886 年から 1889 年には**会社設立ブーム**が起こり（**企業勃興**），産業革命が日本でも始まった。会社設立ブームの中心となった産業の一つが綿糸紡績業であり，日本の産業革命の中心として大きく発展した。

論述のポイント

□設問の前提となる「1885年以降」，日本では紡績などを中心に会社設立ブームとなり，棉花を原料とする綿糸の生産が拡大したことを念頭に置きたい。

▶産業革命期における綿糸紡績業の発展

1883年には，第一国立銀行頭取の渋沢栄一らが設立した**大阪紡績会社**が開業した。大阪紡績会社は，欧米から輸入した蒸気機関を使用し，主に中国から輸入した安価な棉花を原料として大規模経営に成功した。これに刺激されて，1885年以降，鐘淵紡績・摂津紡績など大規模な紡績会社の設立ブームとなり，綿糸の生産力は拡大した。この時，各社は国産の棉花を用いず，中国やインドから安価な棉花を輸入したため，国産の棉花栽培は打撃を受け，壊滅状態となった。その後，**日本郵船会社**を中心に紡績会社・貿易商社の共同で，1893年にはインドのボンベイ航路が開拓されたことで，インド産の棉花が輸入され，1896年には綿花輸入税が撤廃されるなど政府の保護もあり，国産の棉花は使用されなくなっていった。

論述のポイント

□1880年代後半の産業革命期以降，安価な輸入棉花を使用して綿糸生産が拡大したことを説明すればよい。大阪紡績会社の成功は，輸入棉花の使用が進む契機と考えればよい。

解答例 1大阪紡績会社の成功に刺激され，1885年以降には大規模な紡績会社の設立ブームとなり，綿糸生産は拡大した。しかし，原料として中国やインドの輸入棉花を使用したため，国内の棉花栽培は停滞した。（92字）

問2 大正 社会経済

1915～1920年の生糸・綿糸の生産量の動向

設問の要求

〔主題〕1915年から1920年にかけて生糸の生産量が伸び，綿糸の生産量が落ち込むという動き。
〔条件〕世界と日本の経済情勢の変化に着目。

論述の構成

基本的に，生糸の生産量の伸び，綿糸の生産量の落ち込み，それぞれの動きについて説明すればよい。生糸・綿糸は，ともに主要な輸出品なので，生産量の増減は輸出先の状況に関わってくる。そこで生糸は主要な輸出先であるアメリカに輸出が伸びた事情，綿糸は主要な輸出先である中国への輸出が停滞した事情を考えればよい。その際，第一次世界大戦中の大戦景気から第一次世界大戦終結後の戦後恐慌（1920年）という世界と日本の経済情勢の変化を念頭に置いて説明する。

▶生糸の生産量の伸び

第一次世界大戦中，日本は，英・仏・露などの連合国には軍需品，ヨーロッパ諸国が後退したアジア市場には綿製品などを輸出し，貿易は大幅な輸出超過となった（**大戦景気**）。

そのなかで，生糸を生産する製糸業は，産業革命以来，最大の外貨獲得産業で，生糸は主にアメリカ向けの輸出品であった。当時，アメリカも戦争景気のなかにあり，絹織物の材料である生糸の需要が高まっていた。その影響で日本の生糸輸出が伸び，生産力は拡大した。1920年には**戦後恐慌**が発生したが，1919年以降もアメリカが好況であったため，生糸の輸出は好調で生産量は拡大していた。

論述のポイント

□日本の経済情勢である大戦景気に触れながら，アメリカの戦争景気により，生糸の輸出が増大したことが説明できていればよい。

▶綿糸の生産量の落ち込み

1915年の段階では，第一次世界大戦の影響でヨーロッパの綿製品がアジアから撤退していたため，日本の綿製品の輸出が伸びていた。しかし，大戦終結後，ヨーロッパ諸国の復興が進み，綿製品もアジア市場に再登場してきたため，国際競争が激しくなった。さらに中国では，**ヴェルサイユ条約**に反対した**五・四運動**（1919年）以降，日本の軍事的侵略に反発した中国民衆の日貨排斥運動が広まった。それらを要因として，中国向けの綿製品の輸出は停滞し，綿織物やその材料である綿糸の生産が落ち込んだ。なお，1919年の中国における関税引き上げも綿製品の輸出停滞の一因と考えられる。1920年代には中国向け輸出の減少に対応するため，巨大紡績会社は中国に進出して紡績工場（**在華紡**）を設立した。

論述のポイント

□第一次世界大戦中から終結後のヨーロッパ諸国の経済情勢，中国で民衆の反日運動と関連させて，大戦中はヨーロッパ諸国がアジア市場から後退して綿製品の輸出が伸びたこと，それに対して，大戦後はヨーロッパ諸国の復興，中国の反日運動を要因として輸出が減少したことが説明できていればよい。

解答例　2 大戦景気のなか，生糸はアメリカ向け輸出が増大し，生産量が伸びた。一方，綿製品はヨーロッパ諸国が後退したことにより中国向け輸出が拡大し，一時的に綿糸生産量も伸びたが，大戦終結後，ヨーロッパ復興や中国の日貨排斥運動の広まりで綿製品の輸出が減少し，綿糸の生産が落ち込んだ。（134字）

問3 昭和① 社会経済

1930〜35 年に綿糸の生産量が伸びた理由

設問の要求

〔主題〕1930 年から 1935 年にかけて①綿糸の生産量が急激に伸びている理由。
②それが国際関係に及ぼした影響。

論述の構成

①と②の 2 つの主題についてそれぞれ説明すればよい。1930 年から 1935 年は高橋財政により昭和恐慌から回復した時期である。昭和恐慌からの脱出の過程で綿布の輸出が拡大したことがわかっていれば,「綿糸の生産量が急激に伸びている理由」は説明できる。次に「それが国際関係に与えた影響」である。「それ」の指しているものがわかりにくいが,「綿糸の生産量が急激に伸びている理由」で説明した内容と考えれば,国際関係に及ぼした影響も説明できる。

▶綿糸の生産量が急激に伸びている理由

日本も,アメリカより起こった**世界恐慌**に巻き込まれ,不況が深刻化していた(**昭和恐慌**)。そのなかで,犬養毅内閣の大蔵大臣に就任したのが**高橋是清**であった。

高橋蔵相は**金輸出再禁止**を行って金本位制から離脱し,**管理通貨制度**に移行した。その一方で赤字国債発行による軍事費の拡大など積極財政を展開した。その結果,為替相場は大幅に下落し,急激な円安が進んだ(低為替政策)。それに加え,昭和恐慌のもとで産業合理化が進んだことにより,製品の低価格化が進んでいた。その結果,低為替と製品の低価格化を背景として綿織物の輸出が増大した。そのため,綿織物の材料である綿糸の生産も拡大した。

論述のポイント

□金輸出再禁止による為替相場の下落と,昭和恐慌のもとでの産業合理化の進展により,綿織物の輸出が増大したことが,材料である綿糸の生産量が伸びた理由となる。

▶国際関係に及ぼした影響

日本の綿織物の輸出は,1932 年,イギリスを抜いて世界第 1 位となった。中国のみならず,イギリスの植民地であるインドなどでも日本からの輸入量が伸びた。それに反発したイギリスは,本国と植民地で排他的な**ブロック経済圏**を形成し,輸入の割当てや高関税による保護貿易政策を進めた。さらにイギリスをはじめ列強は,低為替による日本の輸出拡大を**ソーシャル=ダンピング**(投げ売り)と非難し,貿易摩擦が起こった。

論述のポイント

□綿糸生産量が拡大した理由は「綿織物の輸出拡大」なので，それが国際関係に与えた影響を考えよう。イギリスがソーシャル=ダンピングと非難して貿易摩擦が起こったこと，イギリスが日本に対抗してブロック経済化を進めたことの2点が説明できていればよい。

解答例 3昭和恐慌下に産業合理化が進んだことに加え，犬養毅内閣が金輸出再禁止を実施したことで円為替相場が大幅に下落したため，綿織物の輸出が増大し，材料となる綿糸の生産も増大した。低為替による輸出促進は，ブロック経済化を進めるイギリスをはじめ，世界各国との貿易摩擦を激化させた。（134字）

問4

昭和① 社会経済

1930〜35年に繭の生産量が落ち込んでいる理由

設問の要求

〔主題〕1930年から1935年にかけて，繭の生産量が落ち込んでいる理由。

論述の構成

繭は生糸の原料である。繭の生産量が落ち込んでいる理由は生糸の生産量が落ちたからである。つまり，1930年ごろに生糸の生産量が落ちた理由を説明すればよい。

▶生糸の生産量が落ちた理由

生糸は明治時代の産業革命以来，アメリカ向けの輸出品であった。しかし，アメリカは1929年の恐慌により，1930年代初頭は不景気で消費が停滞していた。そのため，生糸の輸出は停滞し，原料の繭の生産量も落ちた。一方でそのころから，高価な生糸の代用品として，人造絹糸（人絹糸・レーヨン）の使用が拡大したことも，生糸の生産量が落ちた一因である。

論述のポイント

□アメリカ向けの生糸輸出が減少したことが説明できていればよい。

解答例 4アメリカで発生した恐慌により生糸の輸出が激減し，原料である繭の生産量も落ちた。（40字）

答案例

1大阪紡績会社の成功に刺激され，1885年以降には大規模な紡績会社の設立ブームとなり，綿糸生産は拡大した。しかし，原料として中国やインドの輸入棉花を使用したため，国内の棉花栽培は停滞した。2大戦景気のなか，生糸はアメリカ向け輸出が増大し，生産量が伸びた。一方，綿製品はヨーロッパ諸国が後退したことにより中国向け輸出が拡大し，一時的に綿糸生産量も伸びたが，大戦終結後，ヨーロッパ復興や中国の日貨排斥運動の広まりで綿製品の輸出が減少し，綿糸の生産が落ち込んだ。3昭和恐慌下に産業合理化が進んだことに加え，犬養毅内閣が金輸出再禁止を実施したことで円為替相場が大幅に下落したため，綿織物の輸出が増大し，材料となる綿糸の生産も増大した。低為替による輸出促進は，ブロック経済化を進めるイギリスをはじめ，世界各国との貿易摩擦を激化させた。4アメリカで発生した恐慌により生糸の輸出が激減し，原料である繭の生産量も落ちた。

（400字以内）

44 (2012年度 第3問)

次の2つの資料は，1889年に発布された大日本帝国憲法と，1946年に公布された日本国憲法の条文である。これを読んで，下記の問いに答えなさい。（**問1**から**問4**まですべてで400字以内）

資料1

第一条 大日本帝国ハ万世一系ノ天皇之ヲ統治ス

第四条 天皇ハ国ノ元首ニシテ統治権ヲ総攬シ此ノ憲法ノ条規ニ依リ之ヲ行フ

資料2

第一条 天皇は，日本国の象徴であり日本国民統合の象徴であつて，この地位は，主権の存する日本国民の総意に基く。

第一四条 ①すべて国民は，法の下に平等であつて，人種，信条，性別，社会的身分又は門地により，政治的，経済的又は社会的関係において，差別されない。

第二四条 ①婚姻は，両性の合意のみに基いて成立し，夫婦が同等の権利を有することを基本として，相互の協力により，維持されなければならない。

②配偶者の選択，財産権，相続，住居の選定，離婚並びに婚姻及び家族に関するその他の事項に関しては，法律は，個人の尊厳と両性の本質的平等に立脚して，制定されなければならない。

問1 資料1にみるように，大日本帝国憲法は，天皇を「統治権」の「総攬」者と規定していたが，それに基づいて天皇は，いくつかの強大な権限を有していた。そのうち2つをあげ，その内容を簡潔に説明しなさい。

問2 大日本帝国憲法を全面的に変えた日本国憲法の草案は，連合国軍最高司令官総司令部（GHQ）の直接の起草によるものであった。なぜ，GHQは，草案の直接起草に踏み切ったのか，その理由を説明しなさい。

問3 GHQによる憲法草案の内容には，敗戦直後からの日本側のさまざまな試みが影響を与えていた。それを具体的に説明しなさい。

問4 日本国憲法の制定を受けて，その規定に従い，大日本帝国憲法下の法律の多くが改正された。資料2の一四条，二四条の条文を参照して，憲法制定を受けて改正された法律を2つあげ，その内容を具体的に説明しなさい。

解説 大日本帝国憲法と日本国憲法 〈史料〉

大日本帝国憲法における天皇と太平洋戦争後の日本国憲法制定をめぐる問題である。問1は120～140字程度，問2は100字程度，問3は70字程度，問4は100字程度で解答できる。しかし，各設問で目標の字数を確保するのが難しいと思われるので，全体で8割強の字数が確保できればよい。

問1 幕末・明治 政治

大日本帝国憲法における天皇の権限と内容

設問の要求

〔主題〕大日本帝国憲法で天皇が有していた権限を2つあげ，その内容を簡潔に説明。

論述の構成

大日本帝国憲法において，天皇が有していた強大な権限を総称して天皇大権という。この天皇大権のうち，2つをあげて説明すればよい。

▶天皇大権とその内容

大日本帝国憲法で，「統治権」の「総攬」者と規定されている天皇は，議会が関与できない広範な**天皇大権**を持ち，形式的には国務の最終決定権を握っていた。ただし，それらの権限は内閣をはじめとする政府機関の同意（輔弼）によって行使されるものであった。天皇大権の具体的な例をいくつか考えてみよう。

「大日本帝国憲法」（抜粋）
第八条　天皇ハ公共ノ安全ヲ保持シ又ハ其ノ災厄ヲ避クル為緊急ノ必要ニ由リ帝国議会閉会ノ場合ニ於テ法律ニ代ルヘキ勅令ヲ発ス ……
第十条　天皇ハ行政各部ノ官制及文武官ノ俸給ヲ定メ及文武官ヲ任免ス
第十一条　天皇ハ陸海軍ヲ統帥ス
第十二条　天皇ハ陸海軍ノ編制及常備兵額ヲ定ム
第十三条　天皇ハ戦ヲ宣シ和ヲ講シ及諸般ノ条約ヲ締結ス
第十四条　天皇ハ戒厳ヲ宣告ス ……

第八条の**緊急勅令の発令権**は，帝国議会閉会の場合に緊急の必要により，天皇は法律に代わる勅令を出すことができるというものである。ただし，枢密院の承認と大臣の輔弼が必要である。

第十一条の**統帥権**は，戦争の際の作戦や用兵に関するものである。この統帥権に関しては内閣も関与できない権限と解釈されており（**統帥権の独立**），陸軍の参謀総長，海軍の軍令部長といった軍令機関の長が直接参与した。

第十二条の陸海軍の編制権は，装備の編制や兵力量の決定に関する権限である。

第十四条の戒厳令の布告は，非常事態に軍に統治権を与える権限である。

その他，第十条の文武官の任免，第十三条の宣戦・講和・条約締結などの権限があり，これらの中から2つをあげればよい。

論述のポイント

□〔解答例〕では，統帥権と緊急勅令の発令権をあげた。天皇大権を定義する必要はない。

解答例　1統帥権。陸海軍の作戦や用兵などの統帥は天皇に直属しており，軍令機関の輔弼により運用され，内閣からも独立した権限とされた。緊急勅令の発令権。緊急の必要により，帝国議会閉会の場合に天皇は国務大臣の輔弼により，法律に代わる命令を発令することができた。（123字）

問2　昭和② 政治

GHQ が憲法草案を直接起草した理由

設問の要求

〔主題〕GHQ が憲法草案の直接起草に踏み切った理由。

論述の構成

GHQ が日本政府の試案に不満であったことを説明した上で，GHQ が憲法草案を直接起草した理由として，極東委員会の活動が本格化する前に憲法改正を終わらせたかったことを説明すればよい。

▶GHQ の日本政府の憲法草案への不満

GHQ から改憲指令を受けた幣原喜重郎内閣は，松本烝治を委員長とする**憲法問題調査委員会**を政府内に設置して，改正の試案を作成した。しかし，同委員会の改正案は，天皇の統治権を認める保守的なものであった。そのため，GHQ は幣原内閣には，民主的な憲法を制定する意思がないと判断し，自ら憲法草案を作成して日本政府に提示した。

この背景には，マッカーサーが占領政策の円滑な遂行に昭和天皇の権威を利用しようと考えていたことがあった。連合国やアメリカの国内には，天皇が中核となって再び戦前のような軍事大国が復活することに対する強い危惧が存在していた。そのため，新憲法で連合国各国に天皇制の存続を認めさせるためには，戦争の放棄や国民主権の原則を明確にした進歩的な憲法を制定し，そうした危惧に根拠がないことをアピールする必要があった。結局，日本政府は，GHQ 側の意向を受け入れ，GHQ 草案に基づいて，憲法草案を作成することになった。

論述のポイント

□ GHQ が不満であった点として，日本政府の憲法改正案が天皇の統治権を認める保守的な内容であったことをあげればよい。

▶草案の直接作成に踏み切った理由

さらにGHQが草案を直接作成した理由として，憲法の制定を急いでいたことがあった。それは極東委員会が本格的な活動を開始して憲法問題の検討に入る前に憲法制定の既成事実をつくっておきたかったからである。極東委員会のなかにはオーストラリアのように，天皇の戦争責任や天皇制自体について厳しい態度をとる国が存在していた。そのため，アメリカの意向に沿った憲法をつくるためには，**極東委員会**（1946年2月に設置）の活動が始まる前に，急いで憲法の改正案を提示する必要があった。

論述のポイント

□もう一つの理由として，GHQ が極東委員会設置前に憲法を制定したかったことをあげればよい。

解答例 2幣原内閣のもと，憲法問題調査委員会が改正試案を作成したが，その内容が依然として天皇の統治権を認める保守的なものであった。また，アメリカ主導での憲法改正を狙っていたため，極東委員会の活動が始まる前の憲法改正をめざした。（109字）

問3 昭和② 政治

GHQ 憲法草案に影響を与えた日本側の試み

設問の要求

〔主題〕GHQ の憲法草案の内容に影響を与えた日本側の試みを具体的に説明。

GHQによる憲法草案が作成されているころ，日本側でも政党と民間の改正案がさまざまな形で提出されていた。そのなかで，GHQの草案に影響を与えたとされているのが，**高野岩三郎**らの憲法研究会の作成した憲法草案「憲法草案要綱」であった。この憲法案は国民主権を明らかにし，基本的人権の尊重などを謳う自由主義的なものであった。

論述のポイント

□高野岩三郎ら憲法研究会の憲法草案をあげ，説明すればよい。

解答例　3民間でも憲法草案が作成されていたが，そのなかで高野岩三郎ら憲法研究会の主権在民の原則をとった「憲法草案要綱」がGHQ案を作成する際に参照された。（72字）

問4　昭和②　政治

日本国憲法制定を受けて改正された法律

設問の要求

〔主題〕日本国憲法の制定を受けて改正された法律を2つあげ，その内容を具体的に説明。
〔条件〕資料2の第一四条，第二四条の条文を参照。

論述の構成

資料2の第一四条の内容をふまえて刑法の改正，第二四条の内容をふまえて民法の改正について，それぞれ説明すればよい。

▶第一四条と刑法の改正

資料2の日本国憲法の第一四条では，国民は平等で，「社会的身分や門地（家柄）によって差別されない」ことが規定されている。この条文をふまえると，刑法が想起できる。

明治時代に制定された刑法では，天皇・皇族に対する罪が大逆罪や不敬罪として特別に規定されていたが，廃止された。

▶第二四条と民法の改正

日本国憲法の第二四条では，婚姻における男女の同権について規定されているので，これに基づいて改正された法律として男女不平等な規定のあった明治民法が想起できる。

明治時代に制定された民法は戸主権が定められ，男尊女卑であった。しかし，改正された新民法では，戸主の家族員に対する支配権をはじめ，婚姻・家族関係における男性優位の諸規定は廃止され，男女同権の家族制度を定めた。また，刑法では女性のみが罪となる姦通罪があったが，廃止された。

論述のポイント

□刑法の改正について，大逆罪や不敬罪の廃止が説明できていればよい。
□民法の改正について，戸主権の廃止など男女同権の家族制度を定めたことが説明されていればよい。

解答例　4刑法。皇室に関する不敬罪や女性差別につながる姦通罪などが廃止された。民法。戸主の家族員に対する支配権は否定され，男女同権の新しい家族制度を定め，婚姻や家族関係で男性優位の諸規定は廃止された。（96字）

答案例

1統帥権。陸海軍の作戦や用兵などの統帥は天皇に直属しており，軍令機関の輔弼により運用され，内閣からも独立した権限とされた。緊急勅令の発令権。緊急の必要により，帝国議会閉会の場合に天皇は国務大臣の輔弼により，法律に代わる命令を発令することができた。2幣原内閣のもと，憲法問題調査委員会が改正試案を作成したが，その内容が依然として天皇の統治権を認める保守的なものであった。また，アメリカ主導での憲法改正を狙っていたため，極東委員会の活動が始まる前の憲法改正をめざした。3民間でも憲法草案が作成されていたが，そのなかで高野岩三郎ら憲法研究会の主権在民の原則をとった「憲法草案要綱」がGHQ案を作成する際に参照された。4刑法。皇室に関する不敬罪や女性差別につながる姦通罪などが廃止された。民法。戸主の家族員に対する支配権は否定され，男女同権の新しい家族制度を定め，婚姻や家族関係で男性優位の諸規定は廃止された。

（400字以内）

45
(2011年度　第2問)

次の文章は山路愛山が1906（明治39）年に公刊した「現代日本教会史論」から，井上馨の条約改正をめぐる動きとその影響を論じた部分の抜粋である（読みやすさを考慮して一部書き改めてある）。これを読んで下記の問いに答えなさい。（**問1から問4までずべてで**400字以内）

条約改正の問題は久しく我(わが)政治家の頭脳を悩ましたりしが明治十六七年の交より世論再び之に傾き明治二十年井上案の将(ま)さに成功せんとするに至って此(この)問題に対する人心の激動は其(その)絶頂に達したり。蓋(けだ)し単に政治的の一現象として見れば是(こ)れ固(もと)より日本思想史と何の関係なきものなり。されど当時の日本政府が其所謂(いわゆる)改正案をして円滑なる結果に達せしめんが為めに(1)泰西(たいせい)流儀を以て日本の法律を制定し，外国語の教育を奨励し，内外人の交際を盛んにし，日本人をして，能(あと)うべくんば泰西の皮毛を蒙らしめんと勉めたる結果が所謂欧化主義なる一種の傾向を生じたるは即ち疑ふべからず。而(しか)して政府以外の人士と雖(いえど)も，始めより泰西的の教育を喜ぶものありて此潮流に乗じ盛んに日本を泰西化せざるべからずと唱道したりき。吾人は此の如き思想の変化を総ての現象に於て見ることを得。たとへば外国行きの漸く増加したるが如き，＜略＞(2)羅馬(ローマ)字会，演劇改良会の起りたるが如き，書方改良，言文一致，小説改良，美術改良，衣食住等の有らゆる改良論の唱へられたるが如き，＜略＞既にして井上案は失敗せり。其故(ことさ)らに現出せしめんとしたる仮粧(けしょう)の欧化政策は冷笑の下に葬られたり。されど此間に養成せられたる泰西的の学問と趣味とに至っては彼れの政策が失敗したるが為に遽(にはか)に衰へざりき。＜略＞吾人は此の如き思想の猶(な)ほ日本の人心を支配しつゝありし徴候として(3)当時最も流行したりし徳富蘇峰氏の国民之友と，巌本善治氏の女学雑誌とに就きて少しく説く所なきを得ず。

注　「泰西」：西洋，西洋諸国

問1　井上馨の改正案の内容とそれが失敗に帰した理由を具体的に説明しなさい。

問2　下線部(1)の内容を具体的に説明しなさい。またこの延長上で1890年に公布された法律とそれをめぐる論争の内容と論争の結果を説明しなさい。

問3　山路愛山は，この時期の政府の欧化政策が条約改正には結びつかなかったものの，文化史の上では大きな影響を発揮したと評価している。このことを念願に置いて，下線部(2)について，文学史を例にとり，前後の時期にも触れながら，この時期に起きた変化がなぜ重要かが分かるように，具体的に説明しなさい。解答にあたっては作品名と作者名もあげなさい。

問4　下線部(3)について，当時の政府の施策に対し，徳富蘇峰は『国民之友』誌上で，どのような批判を展開したかを具体的に説明しなさい。

解説 井上外交と法整備・文学・思想 〈史料〉

山路愛山の「現代日本教会史論」から井上外交について書かれた部分を抜粋した史料問題で，井上外交とその影響が問われている。問 2 を除いて史料の読解は求められていない。問 1 は 120〜130 字程度，問 2 は 100 字程度，問 3 は 120 字程度，問 4 は 50〜60 字程度で解答できる。字数が不足した場合は書きやすい設問で多めに書けばよい。

問 1 幕末・明治 外交

井上外交の内容と失敗の理由

設問の要求

〔主題〕井上馨の(条約)改正案の内容とそれが失敗に帰した理由を具体的に説明。

論述の構成

この問題は主題が 2 つと考えればよい。井上馨は 1880 年代に外務卿（のち外務大臣）として，幕末に結ばれた不平等条約の改正交渉を進めた人物である。まず，井上馨の不平等条約の改正案の内容を説明し，その内容に合わせて失敗した理由を説明すればよい。

▶井上馨の改正案の内容

幕末に締結された通商条約の中で不平等とされていた主な点は，**領事裁判権の容認**と**協定関税制**（関税自主権の欠如）である。不平等条約の改正交渉が本格化した 1880 年代は領事裁判権の撤廃を主眼としていた。その時の外務大臣が**井上馨**である（1885 年までは外務卿）。

井上馨は東京に列国の代表を集めて会議を開いた。その結果，居留地以外の日本国内を外国人に開放する内地雑居を認めるかわりに，領事裁判権を撤廃する改正案が欧米諸国に承認された。しかし，それには欧米並みの法典を整備し，外国人を被告とする裁判には外国人判事を採用するという条件が付いていた。

一方で井上は交渉を有利にするために**鹿鳴館**で外国人を接待する（鹿鳴館外交）など極端な欧化政策をとった。

論述のポイント

□交渉案として，領事裁判権を撤廃するために内地雑居を認め，条件として外国人判事の採用があったことを説明すればよい。字数に不安があれば，欧化政策に言及してもよい。

▶井上の改正案が失敗した理由

井上の改正案は，欧米諸国との交渉の結果，1887 年には了承されていたが，政府内で，フランス人法学者のボアソナードや谷干城農商務大臣などが，外国人判事の採用が国家主権の侵害であると批判し，一方，民権派も井上外交に対する反発から**三大事件建白運動**で盛り上がった。さらにイギリス船沈没に際して日本人が見殺しにされたにもかかわらず，イギリス領事の裁判で船長の過失が問われないという事件（**ノルマントン号事件**）が世論の反感を強めた上に，極端な欧化政策に対する不満が批判に拍車をかけた。こうした政府内外の批判を受け，井上外相は交渉を中止して辞任した。

論述のポイント

□外国人判事の採用問題や三大事件建白運動，ノルマントン号事件などのうち，いくつかをあげ，世論の批判から井上が辞職したことを書けばよい。

解答例　1井上馨外相は領事裁判権の撤廃をめざし，内地雑居を認め，欧米同様の法典編纂，外国人判事採用を交換条件に交渉を進めた。しかし，外国人判事採用問題をめぐって，民権派のみならず，政府内からも国家主権の侵害であるという批判が起こり，井上は外相を辞任した。（123字）

問2　幕末・明治　政治

諸法典の編纂と民法典論争

設問の要求

〔主題〕「泰西流儀を以て日本の法律を制定」の内容を具体的に説明。
1890年に公布された法律とそれをめぐる論争の内容と論争の結果。

論述の構成

「泰西流儀を以て日本の法律を制定」という史料中の下線部(1)の意味は，注釈に「泰西」は西洋，西洋諸国とあり，西洋の影響を受けた法典編纂のことだと考えられるので，その内容を具体的に説明すればよい。また，「この延長上で1890年に公布された法律」とは民法のことである。そこで「それをめぐる論争」＝民法典論争について説明すればよい。

▶「泰西流儀を以て日本の法律を制定」の内容

下線部(1)の「法律を制定」は，時期から考えると，刑法の制定のことである。フランス人の法律顧問**ボアソナード**により，1880年，罪刑法定主義に基づく**刑法・治罪法**が制定された。治罪法は刑事訴訟法にあたる。その後，1890年には同じくボアソナードによって，**民法**が制定された。

論述のポイント

□刑法の制定，民法の制定が説明できていればよい。

▶1890 年に公布された法律とそれをめぐる論争の内容と論争の結果

1890 年に制定された**民法**については，制定以前から一部の法学者の間で，家族道徳など日本の伝統的な倫理が破壊されるとの批判が起こり，これをめぐって激しい論争となった（**民法典論争**）。1891 年には，ドイツ法学者の**穂積八束**が論文「民法出デヽ忠孝亡ブ」でボアソナードの民法を激しく批判し，民法の施行延期を唱えた。一方でフランス法学者の梅謙次郎は民法施行を主張した。結果として，1892 年の第三議会で施行延期が可決された。その後，民法はドイツ民法を取り入れて修正され，戸主の家族員に対する支配権（**戸主権**）や家督相続制度など家の制度を存続させるものとなり，1896 年と 1898 年に公布・施行された。

論述のポイント

□民法典論争の内容としては，法学者たちが日本の家族道徳に合わないと批判したことが簡潔に説明できていればよい。

□その後の結果としては，施行の延期から内容が修正されたことが説明できていればよい。

解答例　2 欧米の罪刑法定主義による刑法や治罪法が制定され，その後，民法も制定された。しかし，この民法は穂積八束らにより伝統的な家族道徳を破壊するものと批判され，議会で施行は延期となり修正した民法が公布された。（100字）

別解　2 フランス人の法学者ボアソナードにより欧米の罪刑法定主義に基づく刑法や治罪法が制定され，その後，民法も制定された。しかし，この民法についてドイツ法学者の穂積八束らは家族道徳など日本の伝統的な倫理が破壊されると批判して民法の施行延期を主張した。それに対してフランス法学者の梅謙次郎が民法施行を主張し，激しい議論が戦わされた。この結果，議会において施行延期となり，戸主権や家督相続制度などを定めた修正民法が施行された。（207字）

問 3　幕末・明治　文化

明治中期の文学史における変化

設問の要求

〔主題〕下線部⑵について文学史を例にとり，この時期に起きた重要な変化について具体的に説明。

〔条件〕前後の時期にも触れながら，作品名と作者名もあげる。

論述の構成

設問文に「山路愛山は，この時期の政府の欧化政策が条約改正には結びつかなかったものの，文化史の上では大きな影響を発揮したと評価している」とあるので，西洋の影響を受けたことによる文学史上の変化を説明すればよい。その際，井上の条約改正交渉が1880年代であること，下線部(2)に「言文一致」「小説改良」の語句があることから写実主義が想起できればよい。条件に「前後の時期にも触れながら」とあるので，写実主義が提唱される前の時期から，写実主義の提唱，その影響までを考えればよい。

▶明治初期の文学の動向――写実主義の提唱前

明治初期には，**戯作文学**と**政治小説**が中心であった。戯作文学は，**仮名垣魯文**の**『安愚楽鍋』**などが文明開化を素材として扱ったものの，江戸時代の勧善懲悪主義からは脱していなかった。政治小説は自由民権論や国権論を宣伝するために，政治運動家たちの手で書かれたものであり，**東海散士『佳人之奇遇』**や，立憲改進党のメンバーでもあった**矢野龍溪**の**『経国美談』**などがある。いずれも，西洋の影響を受けた近代文学とは言えない。

論述のポイント

□明治初期の文学の動向として，戯作文学や政治小説について簡潔に説明すればよい。〔別解〕にあるように作品名や作者名をあげてもよい。

▶写実主義の提唱とその影響

この時期には，西洋の文芸理論が輸入された。戯作文学の勧善懲悪主義や政治小説の政治至上主義に対し，**坪内逍遙**は評論**『小説神髄』**（1885年）を発表して，人間の内面や世相を客観的・写実的に描くことを提唱した（**写実主義**）。この考え方は，**言文一致体**で書かれた**二葉亭四迷**の**『浮雲』**や，文学の大衆化を進めた**硯友社**の**尾崎紅葉**（**『金色夜叉』**），**『五重塔』**を著した**幸田露伴**の理想主義的な作品に影響を与え，近代文学が発展する基礎となった。

論述のポイント

□1880年代に坪内逍遙によって，西洋の影響を受けた写実主義が提唱され，その後の文学の基礎となったことが説明できればよい。
□その際に作品名・作者名もあげることが条件となっているので，〔解答例〕ではいくつかあげているが，二葉亭四迷・尾崎紅葉・幸田露伴のうち1つでもあげていればよい。字数に不安があれば，〔別解〕のように作品名・作者名を思いつく限りあげてもよい。

解答例　3明治初期の戯作文学や政治小説に対して，西洋文学の影響を受けた坪内逍遙が『小説神髄』で人間の内面を写実的に描写すべきと唱え，『浮雲』を著した二葉亭四迷の言文一致体や『五重塔』を著した幸田露伴の理想主義などにつながり，近代文学の基礎となった。（120字）

別解　3明治初期には，仮名垣魯文の『安愚楽鍋』などの戯作文学や，自由民権論の宣伝を目的とした矢野龍溪の『経国美談』など政治小説が人気を博した。それに対して，西洋文学の影響を受けた坪内逍遙が『小説神髄』で人間の内面を写実的に描写すべきと提唱し，二葉亭四迷は言文一致体で『浮雲』を書き，写実主義を具体化した。写実主義は，江戸文学の伝統も生かして『金色夜叉』を書いた尾崎紅葉や，内面重視の姿勢を受けて『五重塔』を書いた幸田露伴などにつながり，近代文学の基礎となった。（227字）

問4　幕末・明治　文化

徳富蘇峰による政府批判

設問の要求

〔主題〕政府の施策に対する徳富蘇峰の『国民之友』誌上での批判を具体的に説明。

論述の構成

徳富蘇峰といえば，政府の欧化主義を批判した人物である。その内容について説明すればよい。

▶徳富蘇峰の欧化主義批判

徳富蘇峰は，**民友社**を設立し，雑誌『**国民之友**』・新聞『国民新聞』を発行した。蘇峰は，藩閥政府主導の鹿鳴館に象徴されるような極端な欧化政策を貴族的欧化主義と批判するとともに，一般国民の生活向上や自由の拡大をめざして民衆の立場から近代化を達成すべきという**平民的欧化主義**を唱えた。

論述のポイント

□政府の欧化政策を貴族的欧化主義と批判したこと，それに対して平民的欧化主義を唱えたことが書けていればよい。

解答例　4 徳富蘇峰は政府の欧化政策を貴族的欧化主義と批判し，民衆の生活向上と自由拡大をめざす平民的欧化主義の必要を説いた。（57字）

答案例

1井上馨外相は領事裁判権の撤廃をめざし，内地雑居を認め，欧米同様の法典編纂，外国人判事採用を交換条件に交渉を進めた。しかし，外国人判事採用問題をめぐって，民権派のみならず，政府内からも国家主権の侵害であるという批判が起こり，井上は外相を辞任した。2欧米の罪刑法定主義による刑法や治罪法が制定され，その後，民法も制定された。しかし，この民法は穂積八束らにより伝統的な家族道徳を破壊するものと批判され，議会で施行は延期となり修正した民法が公布された。3明治初期の戯作文学や政治小説に対して，西洋文学の影響を受けた坪内逍遙が『小説神髄』で人間の内面を写実的に描写すべきと唱え，『浮雲』を著した二葉亭四迷の言文一致体や『五重塔』を著した幸田露伴の理想主義などにつながり，近代文学の基礎となった。4徳富蘇峰は政府の欧化政策を貴族的欧化主義と批判し，民衆の生活向上と自由拡大をめざす平民的欧化主義の必要を説いた。

（400字以内）

46 （2011年度　第3問）

第１次世界大戦に関する下記の問いに答えなさい。（**問1**から**問3**まですべてで400字以内）

問1　歴史上最初の総力戦となった第１次世界大戦は，かつてない惨禍を人類にもたらした。そのため，大戦後，国際法の領域では，国際紛争を解決する手段として，戦争という行為に訴えること自体を違法とみなす「戦争の違法化」が進んだ。この「戦争の違法化」を象徴する組織と国際条約をひとつずつあげ，日本政府の関与にもふれながら，その内容を簡単に説明しなさい。

問2　大戦後，アジア地域では，列強間の協調体制を構築するため，大規模な国際会議が開催された。軍備問題・中国問題を中心にして，その国際会議の内容と日本政府の対応を具体的に説明しなさい。

問3　第１次世界大戦は，ソヴィエト政府が提唱した無併合・無賠償・民族自決の講和原則，アメリカ大統領ウィルソンの提唱した平和原則14カ条などの影響もあって，民族独立運動高揚の大きな契機ともなった。日本の植民地であった朝鮮においても，大戦後，民族独立運動の大きな高揚がみられたが，日本政府はこれに対し，どのように対応したか。具体的に説明しなさい。

解説 第一次世界大戦後の国際情勢

第一次世界大戦後から昭和初期にかけての欧米・東アジアに対する日本の対応が問われている。問1は150～160字程度，問2は150～160字程度，問3は80～90字程度で解答できる。字数の調整は問2でできるだろう。

問1 大正 外交

第一次世界大戦後の「戦争の違法化」を象徴する組織・国際条約

設問の要求

〔主題〕「戦争の違法化」を象徴する組織と国際条約を一つずつあげ，その内容を説明。
〔条件〕日本政府の関与にも触れながら。

論述の構成

第一次世界大戦後の「戦争の違法化」を象徴する組織として国際連盟，国際条約として（パリ）不戦条約をあげ，それぞれの内容について説明すればよい。

▶「戦争の違法化」を象徴する組織とその内容

国際連盟は，第一次世界大戦の講和会議として開かれた**パリ講和会議**（1919年）の際に，アメリカの大統領ウィルソンの提唱により設立が決められ，国際紛争の平和的解決と国際協力のための機関として翌年発足した（1920年）。連盟は各国間の行動を律するための国際法の原則を確立し，戦争に訴えることなく各国間の協調を促進しようとしたが，戦勝国に有利な状況を維持する側面もあった。提唱国のアメリカは議会の反対から加盟できず，当初，ソ連も参加しなかった。日本はイギリス・フランス・イタリアの3国とともに常任理事国となった。

論述のポイント

□国際連盟の内容として，国際紛争の平和的解決のための機関として設立されたこと，日本政府の関与として，常任理事国となったことが説明できていればよい。

▶「戦争の違法化」を象徴する国際条約とその内容

不戦条約は，立憲政友会の**田中義一**内閣の時にパリで締結された（1928年）。この条約は，自衛戦争を除き，従来は国際法で認められていた国際紛争を解決するための戦争を認めず，国策としての戦争を放棄することを宣言したもので，日本も調印した。しかし，「人民ノ名ニ於テ」宣言するとの文言が，天皇主権に抵触するということで，野党の攻撃を受けるなど国内で問題になった。そのため，天皇主権の憲法を持つ日本にはその文言は適用されないとの留保を付けることで，日本政府は批准した。

論述のポイント
□不戦条約の内容として，国際紛争を解決する手段としての戦争の放棄を宣言したものであること，日本政府の関与として，条件付きで批准したことが説明できていればよい。

解答例　1国際連盟。国際法の原則を確立し，国際紛争を平和的に解決する機関として国際連盟が設立され，日本も加盟して常任理事国となった。不戦条約。従来，国際法で認められていた国際紛争解決の手段としての戦争を放棄することを宣言した条約で，「人民ノ名ニ於テ」の文言は天皇主権の日本に適用されないものとする留保を付けて批准した。（155字）

問2　大正 外交

第一次世界大戦後の国際協調体制と日本政府の対応

設問の要求

〔主題〕大戦後，列強間の協調体制を構築するために開催された国際会議について，軍備問題・中国問題を中心にその内容と，日本政府の対応を具体的に説明。

論述の構成

ここで問われている国際会議は，1921～22年にかけて行われたワシントン会議である。ワシントン会議における軍備問題と中国問題の内容と日本政府の対応を説明すればよい。

▶ワシントン会議の背景

第一次世界大戦後，アメリカの経済的台頭は著しく，国際政治の主導権はイギリスからアメリカに移った。一方，社会主義国のソヴィエト連邦も独自の外交を展開し，中国情勢も五・四運動（1919年）以降，民族運動の高揚により流動化していた。

そのなかで，日本の中国侵略をめぐるアメリカと日本の対立，日英同盟を延長するか廃棄するかというイギリス国内での議論，日・米・英3国を中心とする建艦競争を抑制して軍縮を実現するなどの問題があった。

このような諸問題を一挙に解決するため，主導権を握ったのはアメリカであった。1921年，アメリカの大統領**ハーディング**は海軍の軍縮と太平洋および中国問題について検討するための国際会議を招集した。当時の**原敬**内閣は会議への参加を決定し，**加藤友三郎**海相，**幣原喜重郎**駐米大使らを全権として派遣した。会議では太平洋に関する**四カ国条約**，中国に関する**九カ国条約**，**ワシントン海軍軍縮条約**に調印した（高橋是清内閣）。

論述のポイント

□背景については問われていないが，最低限，ワシントン会議の内容の一部と考えて，アメリカの提案で開かれたことに触れておけばよい。

▶軍備問題と日本政府の対応

当時，アメリカは日・米・英３国の建艦競争を抑えて，財政負担を軽減しようと意図していた。1920 年の戦後恐慌により財政的に行きづまっていた日本も軍縮による財政難の打開に期待していた。そのために英・米・日・仏・伊の五カ国で結ばれたのが，**ワシントン海軍軍縮条約**である。その内容は，主力艦の 10 年間の建造禁止と，主力艦の保有比率を定めるものであった。海軍は対米英７割確保を主張していたが，最終的に米英５に対して日本３の比率（対米英６割）で調印した。

論述のポイント

□軍縮問題では，ワシントン海軍軍縮条約が締結され，主力艦の建造禁止と保有比率の取決めが行われたこと，日本の対応として，対米英６割の保有比率で調印したことが書けていればよい。

▶中国問題と日本政府の対応

第一次世界大戦中からの日本の中国侵略は，アメリカやイギリスに警戒されていた。そのなかで，中国の領土と主権の尊重・経済上の門戸開放・機会均等を約する**九カ国条約**が締結され，米・英との協調を重視していた日本も調印した。その結果，中国問題について日本がアメリカと調整をはかった**石井・ランシング協定**は廃棄された。この間，会議とは別に日中間の交渉で条約が結ばれ，日本は第一次世界大戦で占領し，ヴェルサイユ条約で認められた山東省の旧ドイツ権益を中国に返還することになった（1922 年）。

論述のポイント

□中国問題として，九カ国条約を締結したこと，日本政府の対応として，それにともない日中間の交渉で山東省の旧ドイツ権益の返還を取り決めたことが書けていればよい。

解答例　２アメリカの提案でワシントン会議が行われ，財政負担の軽減や米英との協調をめざす日本も参加した。海軍軍縮条約では主力艦の建造禁止，保有制限が定められ，日本は対米英６割の保有比率で調印した。九カ国条約では中国の主権尊重・門戸開放・機会均等などが約され，日本は中国との交渉により山東省の旧ドイツ権益を返還することとなった。（158字）

問3 大正 外交

第一次世界大戦後の朝鮮における民族独立運動とその対応

設問の要求

〔主題〕大戦後，朝鮮の民族独立運動に対する日本政府の対応を具体的に説明。

論述の構成

第一次世界大戦後，朝鮮で起こった民族独立運動は三・一運動である。それに対する日本政府の対応について説明すればよい。

▶朝鮮の民族独立運動と日本政府の対応

第一次世界大戦後は，アメリカの大統領ウィルソンが14カ条の平和原則の中で提唱した「民族自決」の風潮が広がった。ヨーロッパでは，民族の独立が進んだがアジアに適用される考え方ではなかった。しかし，アジアにもその動きは波及し，中国ではヴェルサイユ条約に反発して**五・四運動**が起こり，条約に調印しなかった。一方，朝鮮では，植民地からの独立を求める**三・一独立運動**が起こった。それに対し，朝鮮総督府は，警察・憲兵・軍隊を動員して弾圧した。当時の原敬内閣は，山県系軍人による朝鮮の武断統治を改め，現役軍人に限られていた朝鮮総督の資格を文官に拡大し，憲兵警察を廃止した。さらに朝鮮人官吏を積極的に登用し，公共事業などで朝鮮の開発を積極的に進める方針を定めた。この統治を文化政治といい，1930年代半ばまで展開した。

論述のポイント

□三・一運動を朝鮮総督府が弾圧し，その後，武断政治から文化政治に転換したことが説明できていればよい。文化政治の内容は簡潔に説明すればよい。

解答例　3三・一独立運動が起こると，朝鮮総督府は軍隊や警察などを動員して弾圧した。しかし，その後憲兵警察を廃止し，朝鮮総督の資格を文官に拡大するなど武断統治から文化政治へと転換した。（87字）

答案例

1国際連盟。国際法の原則を確立し，国際紛争を平和的に解決する機関として国際連盟が設立され，日本も加盟して常任理事国となった。不戦条約。従来，国際法で認められていた国際紛争解決の手段としての戦争を放棄することを宣言した条約で，「人民ノ名ニ於テ」の文言は天皇主権の日本に適用されないものとする留保を付けて批准した。2アメリカの提案でワシントン会議が行われ，財政負担の軽減や米英との協調をめざす日本も参加した。海軍軍縮条約では主力艦の建造禁止，保有制限が定められ，日本は対米英6割の保有比率で調印した。九カ国条約では中国の主権尊重・門戸開放・機会均等などが約され，日本は中国との交渉により山東省の旧ドイツ権益を返還することとなった。3三・一独立運動が起こると，朝鮮総督府は軍隊や警察などを動員して弾圧した。しかし，その後憲兵警察を廃止し，朝鮮総督の資格を文官に拡大するなど武断統治から文化政治へと転換した。

（400字以内）

47 (2010年度 第2問)

次の表は，1920（大正9）年から1970（昭和45）年までの時期の市町村を人口規模によって，①50万人以上，②10万人以上50万人未満，③5万人以上10万人未満，④5万人未満の4つのグループに分け，それぞれのグループの総人口の推移を示したものである。これをみて，下記の問いに答えなさい。（問1から問4まですべてで400字以内）

表　人口規模別市町村人口　　　　単位：千人

年次	①50万人以上	②10〜50万人	③5〜10万人	④5万人未満
1920	4,626	2,127	2,105	47,119
1930	7,605	3,876	4,402	49,566
1935	12,645	4,873	3,685	48,051
1940	14,384	6,907	3,858	47,964
1945	5,969	5,045	5,397	55,585
1950	11,190	10,136	6,307	55,566
1960	18,492	19,310	10,724	44,892
1970	25,418	28,109	12,364	37,829

注：各年10月1日現在。1945年は11月1日現在。
　1940年10月時点では，①が東京市，大阪市，名古屋市，京都市，神戸市，横浜市の6市，②は広島市，福岡市，川崎市，八幡市，尼崎市など計39市，③は久留米市，長野市，山形市など計54市，④はそれ以外の全市町村である。

問1　1930（昭和5）年から1935（昭和10）年の間に，①と②の人口が増加し，③と④の人口が減少した。このような人口集中を導いたこの時期の国家的な政策について説明しなさい。

問2　①と②の人口の増加は，1935（昭和10）年から1940（昭和15）年の間にもみられた。このような人口集中を導いたこの時期の国家的な政策について説明しなさい。

問3　1940（昭和15）年から1945（昭和20）年の間に，①と②の人口が減少し，③と④の人口が増加している。この変化がこの5年間に起きた理由は大きく分けて，戦時下の政策的な対応によるものと戦況の変化そのものとに求められる。このことを具体的に説明しなさい。

問4 1950（昭和25）年から1970（昭和45）年にかけて，①②③とは対照的に，④の人口だけは一貫して減少する。この原因にはこの期間の市町村合併もあげられるが，それにもまして日本の産業構造の変化が大きな原因となっている。この変化の中で日本農業がどのように変わったかを，1961（昭和36）年に制定された法律も含めて具体的に説明しなさい。

解説 昭和初期～高度経済成長期の人口動向とその背景〈表〉

昭和初期から高度経済成長期の各時期の人口移動と国家的な政策の関連を説明させる問題である。問1は130～140字程度，問2は80～90字程度，問3は90～100字程度，問4は80～90字程度で書けるだろう。

問1 昭和① 社会経済

1930～35年，大都市への人口集中を導いた国家的な政策

設問の要求

〔主題〕1930年から1935年の間に①と②への人口集中を導いたこの時期の国家的な政策。

論述の構成

1930～35年という時期から国家的な政策として，井上財政と高橋財政が想起できる。「このような人口集中を導いた」に着目すると，「①と②の人口が増加し，③と④の人口が減少した」ということは，表からわかるように地方から大都市への人口移動が起こったと考えられる。大都市への人口移動の理由は商工業やサービス業などの発達なので，人口集中を導いた「国家的な政策」は高橋財政である。その内容について説明すればよい。

▶高橋財政と人口移動が起こった理由

高橋財政とは，犬養毅・斎藤実・岡田啓介内閣の大蔵大臣**高橋是清**による経済政策で，満州事変を背景に昭和恐慌からの復興をめざした。

高橋は1931年，**金輸出再禁止**措置をとって金本位制から離脱し，**管理通貨制度**に移行した。そして，低為替政策をとったことで，大幅な円安となり，輸出が拡大した。特に産業合理化が進んでいた綿織物業では綿布の輸出がイギリスを抜いて世界第1位となった。一方で赤字公債を発行して資金を調達し，満州事変を背景に軍事費を大幅に拡大したため，都市や近郊の軍需関連を中心に重化学工業が発達した。

その結果，1933年ごろには昭和恐慌以前の生産水準に回復した。重化学工業分野では生産力が拡大し，軽工業の生産額を上回った。

高橋財政により，人口移動が起こった理由について考えてみよう。綿布などの輸出が拡大し，大都市では綿業や重化学工業が発達したことで，都市部を中心に雇用が拡大した。その一方で，農村は飢饉などが続いたこともあって，恐慌状態からなかなか回復できなかった。そのため，職を求めて農村部から都市部への人口移動が起こった。

論述のポイント

□高橋財政の中で人口移動につながる政策を説明すればよい。一つは，金輸出再禁止から円安が進んだことで，綿布の輸出が拡大したこと，もう一つは，赤字公債を発行し，軍事費を拡大したことで重化学工業が発達したことである。これらが大都市での雇用創出につながり，都市部に人口集中を導いた政策と考えればよい。

解答例 1高橋是清蔵相のもと，昭和恐慌からの復興をめざし，政府は金輸出再禁止から管理通貨制度に移行して低為替政策をとり，綿布などの輸出増大をはかった。一方で赤字公債を発行して軍事費を中心とする財政膨張策を進めた。その結果，綿業や重化学工業が発達し，大都市で労働力の需要が増大した。（136字）

問2

昭和① 社会経済

1935～40 年，大都市への人口集中を導いた国家的な政策

設問の要求

〔主題〕1935 年から 1940 年の間に①と②への人口集中を導いたこの時期の国家的な政策。

論述の構成

1935～40 年といえば，岡田啓介内閣から第 2 次近衛文麿内閣までの時期である。この時期に工業の発展につながり，①と②の大都市への人口集中を導いた国家的な政策を考えればよい。大都市への人口移動が進んだ国家的な政策として，広田弘毅内閣以降の軍備拡張政策，第 1 次近衛内閣から始まった日中戦争にともなう戦時統制経済への移行がある。

▶日中戦争の進展にともなう戦時統制経済への移行

二・二六事件（1936 年）後に成立した広田内閣は，閣僚の人選や軍備拡張・財政改革などについて軍の要求を入れて成立し，国内では軍備拡張が推進された。これをきっかけに財政は軍事支出を中心に急速に膨張した。これは重化学工業の発展につながり，大都市への人口移動の要因の一つになったと考えられる。

1937 年に日中戦争が始まると，第 1 次近衛内閣はさらに巨額の軍事予算を編成するとともに直接的な経済統制に踏み切った。戦争の拡大にともなって軍事費の支出は年々増大し，赤字公債の発行や増税により財源を確保する軍需インフレがさらに進んでいった。そして，1938 年には**国家総動員法**が制定され，政府は議会の承認なく，勅令を出すことにより，戦争遂行に必要な物資や労働力を動員する権限を与えられた。それにより政府は国民生活を全面的に統制下に置くこととなった。そのなかで，軍需生産を重視する政府は，国家総動員法に基づく勅令として，**国民徴用令**を出し，一般国民を強制的に軍需産業に動員するようになった。その結果，大都市の軍需工場に国民が動員されることにより，人口集中が進んだ。

論述のポイント

☐広田内閣以降の軍備拡張政策，日中戦争以降，国家総動員法に基づく国民徴用令で一般国民が軍需工場に動員されたことが書けていればよい。

解答例　2広田内閣以降の軍備拡張政策により重化学工業が発達したことに加え，日中戦争の進展にともない国家総動員法に基づく国民徴用令を出して一般の国民を軍需産業に強制的に動員した。（84字）

問3　昭和①　政治

1940～45年，地方への人口移動が起きた理由

設問の要求

〔主題〕1940年から1945年の間に①と②の人口減少，③と④の人口増加の変化が起きた理由。

〔条件〕戦時下の政策的な対応によるものと，戦況の変化によるものとを具体的に説明。

論述の構成

1940～45年は，日本の南進策の開始から，1941年にはアジア太平洋戦争が始まり，戦局が悪化していった時期である。それ以前は①と②への人口集中が起こっていたが，この時期には①と②の大都市の人口が減り，③と④の地方の人口が増えている。それを「この変化」と考えればよいだろう。その理由について，戦時下の政策的な対応によるものと，戦況の変化によるものとに分けて考えよう。

▶戦時下の政策的な対応

アジア太平洋戦争が進むにつれ，兵力不足が深刻となり，男性は高齢者から徴兵猶予のあった学生（**学徒出陣**）まで根こそぎ動員された。そのため，大都市でも人口の減少が起こった。

論述のポイント

□ここでは，学徒出陣などの招集を説明すればよい。

▶戦況の変化による人口移動

1944年の**サイパン島陥落**以降は，米軍の爆撃機による本土空襲が本格化し，大都市を中心に無差別爆撃が行われた。そのため，政府は軍需工場の地方移転を進め，都市部住民の縁故疎開，国民学校生の**学童疎開**などが行われ，大都市から地方への人口移動が起こった。

論述のポイント

□戦況の変化として，本土空襲の本格化をあげ，それにともなう，軍需工場の移転，縁故疎開，学童疎開を説明すればよい。

解答例 3政府はアジア太平洋戦争の進展により大量の兵力を動員した。一方で都市部を中心とする本土空襲が本格化したため，政府は軍需工場を地方に移転した。また，住民の縁故疎開や国民学校生の学童疎開が進んだ。（96字）

問4 昭和③ 社会経済

1950～70年，農村人口の減少にみられる日本農業の変化

設問の要求

〔主題〕1950年から1970年，この変化の中での日本農業の変化を具体的に説明。
〔条件〕1961（昭和36）年に制定された法律も含めて。

論述の構成

この時期は，高度経済成長期（1955～73年）が中心である。「この変化」とは，日本の産業構造の変化のことで，これが原因となって④の人口が一貫して減少している。日本農業の変化が問われているので，④を農村部と考えれば，高度経済成長期の産業構造の変化を念頭に，人口移動につながる農業の変化を説明すればよい。

▶産業構造の変化と人口の移動

高度経済成長期は，農業などの第1次産業に対して，商工業やサービス業などを中心とする第2・3次産業の発展が著しかった。そのため，第2・3次産業では若年層を中心とする労働力が不足した。そのなかで労働運動による成果もあり，大都市の労働者の賃金は急激に上昇した。その結果，若年労働力が所得水準の高い第2・3次産業に流れて農業から離れ，農村から流出した。

論述のポイント

□高度経済成長にともなう第2・3次産業への若年労働力の流出，農業離れについて書けばよい。

▶日本農業の変化

大都市で発達した第2・3次産業に比べて，農業の構造改革が遅れていたため，1961年に**農業基本法**が出され，政府からの多額の補助金をもとに農業構造の改善が進み，機械化・省力化など生産の効率化がはかられた。

しかし，農業の機械化や省力化が進んだことにより，兼業化が進み農外所得を中心とする第2種兼業農家が増加した。そのため，農業を専業とする人々が減少して，「三ちゃん（じいちゃん，ばあちゃん，かあちゃん）農業」が中心となった。

論述のポイント

□農業基本法が制定され，農業の効率化が進んだこと，それにより兼業農家が増加したことが説明できていればよい。

解答例　4高度経済成長で第2・3次産業が発達し，農村から若年労働力が流出した。都市部との格差是正をめざして農業基本法が制定されたが，農業の効率化などが進み，兼業農家が増加した。（84字）

答案例

1高橋是清蔵相のもと，昭和恐慌からの復興をめざし，政府は金輸出再禁止から管理通貨制度に移行して低為替政策をとり，綿布などの輸出増大をはかった。一方で赤字公債を発行して軍事費を中心とする財政膨張策を進めた。その結果，綿業や重化学工業が発達し，大都市で労働力の需要が増大した。2広田内閣以降の軍備拡張政策により重化学工業が発達したことに加え，日中戦争の進展にともない国家総動員法に基づく国民徴用令を出して一般の国民を軍需産業に強制的に動員した。3政府はアジア太平洋戦争の進展により大量の兵力を動員した。一方で都市部を中心とする本土空襲が本格化したため，政府は軍需工場を地方に移転した。また，住民の縁故疎開や国民学校生の学童疎開が進んだ。4高度経済成長で第2・3次産業が発達し，農村から若年労働力が流出した。都市部との格差是正をめざして農業基本法が制定されたが，農業の効率化などが進み，兼業農家が増加した。

（400字以内）

48

（2010年度　第3問）

次の文章を読んで下記の問いに答えなさい。（問1から問4まですべてで400字以内）

主権在民，平和主義，基本的人権の尊重を基本原則とした日本国憲法が1946年11月3日に公布された。この憲法の理念と目的を実現するうえでの教育の役割が示されたのが教育基本法である（1947年制定。2006年に改正）。それは，(1)これまでの教育勅語（教育ニ関スル勅語）を中心とした教育への強い反省のもとに作られたが，なかでも(2)教育が国民を戦争へと導いたとする反省が大きかった。この教育勅語がいかに大きな影響力を与えてきたかについては，教育基本法が制定された翌年，1948年に衆参両院でそれぞれ教育勅語に対する排除並びに失効の決議が行われたことからもうかがえる。こうした戦前の教育の反省のうえに，戦後の教育は，(3)教育の民主化という理念のもとで徹底した制度改革を通して築かれていくことになる。

問1　下線部(1)の教育勅語を中心とした教育は強制力を伴いながら定着がはかられるが，それを代表する事件をあげその内容を説明しなさい。

問2　下線部(2)にいう戦争とは直接的にはアジア・太平洋戦争であるが，この戦争に人々を駆り立てるうえで教育の果たした役割は大きかった。日中戦争以降の戦時体制の下で思想統制を担った教育施策について具体的に説明しなさい。

問3　下線部(2)に関わって，戦時下の朝鮮や台湾での皇民化政策について簡潔に説明しなさい。

問4　下線部(3)の教育の民主化に基づく改革について，具体的に説明しなさい。

解説 戦前の教育・思想統制と戦後の教育の民主化

戦前の教育・思想統制から戦後の教育の民主化についての問題である。問 1 は 70 字程度，問 2 は 90～100 字程度，問 3 は 50～60 字程度，問 4 は 170～180 字程度で書ける。問 1～問 3 で字数が足りない場合は，問 4 の解答で字数を増やせばよいだろう。

問 1 幕末・明治 文化

内村鑑三不敬事件

設問の要求

〔主題〕教育勅語を中心とした教育の強制力を代表する事件とその内容。

論述の構成

教育勅語にともなう事件といえば，内村鑑三不敬事件が想起できる。その内容を簡潔に説明すればよい。

▶内村鑑三不敬事件の内容

当時，**内村鑑三**は第一高等中学校の嘱託教員であった。1891 年 1 月 9 日，一高では天皇の署名がある**教育勅語**の奉読式が行われたが，キリスト教徒である内村は拝礼ができなかった。これを他の教員や生徒が見とがめ，激しい非難を浴びることとなった。校長らは穏便に収めるべく努力したが，一高内の教員・生徒らの非難，またマスコミの批判は収まらず，結局，内村は依願退職となった。

この問題は内村が一高を辞めることでは終息しなかった。哲学者の井上哲次郎は『教育と宗教の衝突』を刊行し，キリスト教を国体に反する非国家的宗教と批判した。これに対し，キリスト教徒は国体に反するものではないと応戦して論争となった。

論述のポイント

□まず，「内村鑑三不敬事件」という名称をあげ，教育勅語に礼拝できなかったこと，世論の非難から教壇を追われたことを説明すればよい。

解答例 1 内村鑑三不敬事件。キリスト教徒の内村鑑三は教育勅語の奉読式の際，教師でありながら教育勅語への拝礼ができなかったため，世論の非難を受けて教壇を追われた。（76字）

問2 昭和① 政治

戦時体制の下で思想統制を担った教育施策

設問の要求

〔主題〕日中戦争以降の戦時体制の下で思想統制を担った教育施策について具体的に説明。

論述の構成

「思想統制を担った教育施策」について，「日中戦争以降」という時期を念頭に置きながら考えてみよう。主なものとして文部省が発行した『国体の本義』と国民学校がある。その2つについて説明すればよい。

▶『国体の本義』について

戦時体制の形成にともなって，国体論に基づく思想統制，社会主義・自由主義の思想に対する弾圧がいちだんと厳しくなった。そのなかで文部省は，1937年5月の日中戦争直前に**『国体の本義』**を発行し，個人主義を共産主義の温床として排撃し，日本を皇室を中心とした大家族国家と規定して天皇への忠誠を説いた。これは全国の学校や官庁に配布され，中学校入学試験にも出題された。『国体の本義』は，日中戦争以降の国体論を統一し，普及する役割を担っていた。

論述のポイント

□文部省が『国体の本義』を発行して，国民教化をはかったことが書けていればよい。

▶国民学校について

1941年，新体制のなかで，政府はドイツのナチス党を参考にした教育体制をめざし，小学校を**国民学校**と改め，義務教育年限も8年に延長されることになった（義務教育延長は戦争の激化により実施せず）。従来の教科を統合・再編して，皇国民錬成の名のもとに心身一体の修練や学校行事を重視し，地域と学校の連携をめざすなど，全体として戦時体制に即応した国家主義的教育を行った。

論述のポイント

□小学校を国民学校に改めたこと，戦時体制に即応した教育が行われたことなどが書けていればよい。

解答例　2 文部省は日中戦争直前に出された『国体の本義』を全国の学校や官庁に配布し，国民の思想教化をはかった。政府は小学校を国民学校と改め，皇国民錬成の名のもと，戦時体制に即応した国家主義的な教育を推進した。（99字）

問 3

昭和① 政治

朝鮮・台湾での皇民化政策

設問の要求

〔主題〕戦時下の朝鮮や台湾での皇民化政策について簡潔に説明。

論述の構成

皇民化政策の語句説明問題と考えてよい。

▶皇民化政策について

皇民化政策とは，植民地を日本の戦時動員体制に組み込むための政策のことである。もともと同化政策が基調にあったが，日中戦争の拡大とともに強化され，完全に皇民化させようとした。具体的には，神社参拝の強制，日本語教育の強制，日本式の名前に改める創氏改名などが打ち出された。

論述のポイント

□神社参拝の強制，日本語教育の強制，創氏改名などが説明できればよい。

解答例　3 朝鮮や台湾に対して日本語教育や神社参拝を強制し，日本式の名前に改めさせる創氏改名を進めるなどの政策が行われた。（56字）

問 4

昭和② 文化

教育の民主化に基づく改革

設問の要求

〔主題〕教育の民主化に基づく改革について具体的に説明。

論述の構成

アジア・太平洋戦争の敗戦後，日本は連合国により占領され，GHQ の指令によるさまざまな民主化政策が行われた。そのなかで教育制度の自由主義的改革も民主化政策の一つであった。教育改革では，軍国主義的な教育の排除，教育制度の改革などが行われたが，下線部(3)に「教育の民主化という理念のもとで徹底した制度改革を通して…」とあるので，制度改革を中心に説明すればよいだろう。

▶軍国主義教育の排除

GHQ は，1945 年 10 月には，教科書の不当な記述の削除と軍国主義的な教員の追放を指令し，修身・日本歴史・地理の授業が一時禁止された。翌年から不当な記述を消した墨ぬり教科書で日本歴史・地理の授業は再開され，1947年からは社会科となった。

論述のポイント

□字数に不安があるときは，この部分を記述してもよい（→**別解**参照）が，基本的に解答には含めなくてもよい。

▶教育制度の改革

来日したアメリカ教育使節団の勧告により教育制度改革が行われた。1947年には，教育の機会均等や男女共学の原則をうたった**教育基本法**が制定され，義務教育が6年から9年に延長された。同時に**学校教育法**が制定され，六・三・三・四の新しい学制が発足した。

1948年には，教育委員会法が制定され，都道府県・市町村ごとに公選制の**教育委員会**が設けられ，教育行政の地方分権化がはかられた。ただし，公選は1回しか行われず，1956年に教育委員会法が改正されて任命制となった。

論述のポイント

□最低限，教育基本法と学校教育法，教育委員会をあげて，簡潔にその内容を説明すればよい。

解答例

4 GHQによる占領政策のもと，教育の自由主義的改革が進められた。アメリカ教育使節団の勧告により，教育の機会均等や男女平等を唱えた教育基本法が制定され，義務教育は6年から9年に延長された。同時に学校教育法が制定され，六・三・三・四の新しい学校制度が定められた。さらに自治体ごとに公選制の教育委員会が設けられ，教育行政の地方分権化がはかられた。（169字）

別解

4 GHQによる占領政策のもと，教育の自由主義的改革が進められた。教科書の不当な記述の削除と軍国主義的な教員の追放が指示され，修身・日本歴史・地理の授業が一時停止されるなど軍国主義教育が排除された。さらにアメリカ教育使節団の勧告により，教育の機会均等や男女平等を唱えた教育基本法が制定され，義務教育は6年から9年に延長された。同時に学校教育法が制定され，六・三・三・四の新しい学校制度が定められた。さらに自治体ごとに公選制の教育委員会が設けられ，教育行政の地方分権化がはかられた。（238字）

答案例

1内村鑑三不敬事件。キリスト教徒の内村鑑三は教育勅語の奉読式の際，教師でありながら教育勅語への拝礼ができなかったため，世論の非難を受けて教壇を追われた。2文部省は日中戦争直前に出された『国体の本義』を全国の学校や官庁に配布し，国民の思想教化をはかった。政府は小学校を国民学校と改め，皇国民錬成の名のもと，戦時体制に即応した国家主義的な教育を推進した。3朝鮮や台湾に対して日本語教育や神社参拝を強制し，日本式の名前に改めさせる創氏改名を進めるなどの政策が行われた。4GHQによる占領政策のもと，教育の自由主義的改革が進められた。アメリカ教育使節団の勧告により，教育の機会均等や男女平等を唱えた教育基本法が制定され，義務教育は6年から9年に延長された。同時に学校教育法が制定され，六・三・三・四の新しい学校制度が定められた。さらに自治体ごとに公選制の教育委員会が設けられ，教育行政の地方分権化がはかられた。

（400字以内）

49

(2009年度 第2問)

次の文章を読んで下記の問いに答えなさい。(問1から問4まですべてで400字以内)

第二次農地改革によって解体された寄生地主制は，(1)経済的には，1872（明治5）年の田畑永代売買の解禁，翌年の地租改正条例による地租改正事業，さらに松方財政下のデフレーションの過程で形成された。また(2)政治的には，「地方ノ名望アル者」による地方自治をめざした1888（明治21）年の市制・町村制と1890年の府県制・郡制，帝国議会の開設で，明治憲法体制の一翼を担うことになった。

その後，1920年代に入ると，(3)小作農民の運動が各地に起こり，全国組織も成立して，寄生地主制の後退が始まった。さらに昭和恐慌期になると小作争議も深刻化し，戦時統制経済が進むと小作料統制令などで衰退が一段と進んだ。

問1　第二次農地改革では，小作料と地主の所有地についてどのような措置がとられたか，またその結果，どのような変化が生じたかを具体的に説明しなさい。

問2　下線部(1)について，田畑永代売買の解禁から地租改正を経て松方財政下のデフレーションまでの過程で，どのようにして寄生地主制が形成されたかを，土地所有制度と課税制度の変化に着目しながら説明しなさい。

問3　下線部(2)の「明治憲法体制の一翼を担うことになった」について，町村制と帝国議会衆議院を例にとり，具体的に説明しなさい。

問4　下線部(3)について，この時期の小作農民の運動が掲げた要求を2つ書きなさい。また，全国組織の名称を書きなさい。

解説 近現代の寄生地主制とその展開

寄生地主制を軸にした明治初期の地租改正から戦後の農地改革までの問題である。問2に大きく字数を割きたい。問1は100〜110字程度，問2は200字以上，問3は60字程度，問4は20〜30字程度で書ける。

問1 昭和② 社会経済

第二次農地改革での措置と結果

設問の要求

〔主題〕第二次農地改革で，小作料と地主の所有地にとられた措置と，その結果生じた変化について具体的に説明。

論述の構成

小作料と地主の所有地に対する措置，その結果生じた変化の2点が問われている。前者は第二次農地改革の内容，後者はその結果・影響をふまえて変化を説明すればよい。

▶小作料と地主の所有地に対する措置――第二次農地改革の内容

農地改革は寄生地主制を解体し，安定した自作農の創出を求めるGHQの指令を受けて実施された。1946年，政府は**第一次農地改革**案を自主的に決定した。これは在村地主の小作地所有限度を5町歩までとしていたが，GHQは地主解体の面で不徹底であると勧告した。そのため，政府は，GHQの勧告に基づく**自作農創設特別措置法**を定めて修正案を作成し，1947年から1950年にかけて**第二次農地改革**を実施した。

	第一次農地改革（幣原内閣）	第二次農地改革（吉田内閣）
法　律	農地調整法改正	自作農創設特別措置法公布
小作地の保有	不在地主は認めず 在村地主は5町歩まで	不在地主は認めず 在村地主は1町歩まで （北海道は4町歩まで）

これにより，不在地主の全貸付地，在村地主の貸付地の1町歩（北海道は4町歩）を超える分は国が強制的に買い上げて，小作人に優先的に安く売り渡した。農地の買収と売渡は，各市町村に設けられた農地委員会が実施した。残った小作地についても，小作料は公定の定額金納とされた。

論述のポイント

□設問の要求にあわせて，第二次農地改革のうち，小作料が定額金納とされたこと，不在地主の全貸付地，在村地主の一定量を超える貸付地が小作人に譲渡されたことの2点が説明できていればよい。面積については具体的な数字として書く必要はない。

▶第二次農地改革の結果と生じた変化

この結果，全農地の半分近くを占めていた小作地が1割程度まで減少し，農家の大半が零細な自作農となる一方，大地主たちは従来の経済力と社会的威信を失い，寄生地主制は解体された。

論述のポイント

□小作料と地主の所有地にとられた措置の結果生じた変化として，小作人が自作農となったこと，大地主たちが従来の経済力と社会的威信を失ったことが書けていればよい。
□寄生地主制の解体はリード文冒頭に第二次農地改革の結果として書かれており，解答には含まなくてもよい。

解答例 1小作料は定額金納とされ，不在地主の全貸付地と在村地主の一定量を超える貸付地については，国が強制的に買い上げて小作人に譲渡した。その結果，小作地は大幅に減少して多くの自作農が創出され，大地主が経済力や社会的威信を失った。（110字）

問2 幕末・明治 社会経済

寄生地主制の形成

設問の要求

〔主題〕田畑永代売買の解禁から地租改正を経て松方財政下のデフレーションまでの過程における寄生地主制の形成。
〔条件〕土地所有制度と課税制度の変化に着目しながら。

論述の構成

寄生地主制の形成を整理するため，問われている時期を，①田畑永代売買の解禁から地租改正までと②松方財政下のデフレーションの2つに分けてみよう。その上で，①の時期におけるa．土地所有制度とb．課税制度の変化を説明し，aとbの内容と関連付けて，②の時期の寄生地主制の形成を説明すればよい。

▶田畑永代売買の解禁から地租改正における土地所有制度と課税制度の変化

明治新政府の主な財源は旧幕府時代のまま受け継いだ原則米納の年貢であったため，米の作柄によって年々変動した。そこで政府は財源の安定をめざして，土地制度・税制の改革を行った。

まず，政府は土地所有制度の整備を行った。1871年に**田畑勝手作りを許可**し，翌年には**田畑永代売買の禁令を解き**，従来の年貢負担者である地主・自作農に**地券**を交付して土地所有権を認めた。それにより，年貢を受け取る知行権を内容とする封建的領有制は解体し，地券名義人の土地所有権が法的にも明確になった。

この地券制度をもとに，政府は課税制度の改革を行った。1873 年，**地租改正条例**を公布して地租改正事業に着手し，1881 年までにほぼ完了した。その要点は，課税の基準を不安定な収穫高から一定した**地価**に変更し，物納から金納に改め，税率を地価の 3％（1877 年に 2.5％に引き下げ）とし，地券所有者を納税者とすることであった。地租は定額の金納であったため，農村に商品経済がより一層浸透するとともに，物価の変動が農家の経営に影響を与えるようになった。インフレーション（物価上昇）で農産物の価格が上昇すれば，農家の収入が増え地租の負担は軽くなるが，逆にデフレーション（物価下落）で農産物の価格が下落すると，農家の収入も減少して地租の負担が重くなるのである。

論述のポイント

□田畑永代売買の解禁から地租改正の過程で，土地所有制度については地主・自作農の土地所有権が確立したこと，課税制度については定額金納の地租となり，物価変動が農家の経営に影響を与えるようになったことを説明しておきたい。

▶松方財政下のデフレーションと農村への影響

大蔵卿**松方正義**のデフレ政策によって米・繭などの価格が下落し，深刻な不況となった。しかも増税に加えて地租が定額であり，農民の負担は著しく重くなった。そのため，自作農の中には負債を抱え，土地を手放して小作農に転落する者もいた。その一方で，土地を集積した地主は，土地を小作人に貸し付けて高率の現物小作料を取り立てた。大地主の中には耕作からも離れて小作料収入に依存する寄生地主となる者もいた（**寄生地主制**）。

論述のポイント

□松方財政により，農産物価格（米・繭）が下落して農家の収入が減り，定額地租のため税負担が重くなったこと，そのために没落した自作農が土地を手放し，その一方で土地を集積していった地主が寄生地主化したことが書けていればよい。

解答例

2 田畑永代売買の解禁から地租改正の過程で封建的領有制が解体され，地券を交付された地主・自作農の土地所有権が法的に確立した。そして地租が定額金納とされたため，物価変動が農家の経営に直接影響を与えるようになった。松方財政下のデフレーションでは，農産物価格の下落により農家の収入が減少し，定額であった地租の負担が増加した。その結果，土地を手放した自作農が小作農に転落する一方，土地を集積した地主が成長し，寄生地主化していった。（210字）

問3 幕末・明治 政治

寄生地主制と町村会・帝国議会

設問の要求

〔主題〕寄生地主制が「明治憲法体制の一翼を担うことになった」ことについて，具体的に説明。

〔条件〕町村制と帝国議会衆議院を例にとる。

論述の構成

選挙権に納税資格があることを念頭におけば，高額納税者である地主が議員やその支持者として町村会や帝国議会を支えていたことがわかる。町村会，帝国議会の議員を選出する制度を中心に説明すれば設問の要求に応えたことになる。

▶帝国議会の衆議院議員について（衆議院議員選挙法は1889年制定）

衆議院議員は公選制によって選ばれた。当初，選挙人は，25歳以上の男子で直接国税（地租と所得税）15円以上納入者で，被選挙人は，30歳以上であった。このように高額納税者が選挙権を持ち，有権者には多額の地租を納める地主が多かった。

▶町村会の議員について（町村制は1888年制定）

町村会の参政権は，地租もしくは直接国税2円以上の納入者のみで，町村長は名誉職として町村会において公選された。つまり，多額の地租を納める地主が主に有権者となる制度であった。

論述のポイント

□これらの内容を参考に，寄生地主が議員として議会の運営の中心であったことが書けていればよい。納税資格の詳細なデータについては，衆議院議員はともかく，町村会については，教科書にもほとんど記載がなく，具体的な知識はないであろう。解答作成の際は，最低限，納税資格がある制限選挙であったことが書けていれば十分である。

解答例　3町村会議員，衆議院議員ともに納税資格のある制限選挙であったため，高額納税者である地主が中心となって議会を構成した。（58字）

問4

大正 社会経済

1920年代の小作農民の運動

設問の要求

〔主題〕1920年代の小作農民の運動が掲げた要求2つと全国組織の名称。

まず，小作争議を指導する全国組織は，1922年に設立された**日本農民組合**を記述すればよい。

次に小作争議で掲げられた要求は，まず，小作料の減免を書けばよい。その他，小作権の保護，小作条件の改善，それにともなう小作立法の制定などのうちの一つをあげればよい。

解答例 4小作料の減免と小作権の強化。日本農民組合。（22字）

答案例

1小作料は定額金納とされ，不在地主の全貸付地と在村地主の一定量を超える貸付地については，国が強制的に買い上げて小作人に譲渡した。その結果，小作地は大幅に減少して多くの自作農が創出され，大地主が経済力や社会的威信を失った。2田畑永代売買の解禁から地租改正の過程で封建的領有制が解体され，地券を交付された地主・自作農の土地所有権が法的に確立した。そして地租が定額金納とされたため，物価変動が農家の経営に直接影響を与えるようになった。松方財政下のデフレーションでは，農産物価格の下落により農家の収入が減少し，定額であった地租の負担が増加した。その結果，土地を手放した自作農が小作農に転落する一方，土地を集積した地主が成長し，寄生地主化していった。3町村会議員，衆議院議員ともに納税資格のある制限選挙であったため，高額納税者である地主が中心となって議会を構成した。4小作料の減免と小作権の強化。日本農民組合。

（400字以内）

50

（2009年度　第3問）

戦前期日本の陸海軍について，下記の問いに答えなさい。（問1から問3まですべてで400字以内）

問1　陸海軍のあり方を支えた制度の一つに「統帥権の独立」があった。この「統帥権の独立」について，参謀総長・軍令部長（1933年以降は軍令部総長）の果たす役割にも言及しながら，具体的に説明しなさい。

問2　「統帥権の独立」の解釈が政治的対立の重要な争点となった事件があった。解釈の相違に留意しながら，その事件の経緯を具体的に説明しなさい。

問3　アジア・太平洋戦争の敗戦後，ポツダム宣言に基づき陸海軍の武装解除と復員が行われた。これと並行して，GHQは，経済改革・教育改革など，広範囲な非軍事化・民主化政策を次々に実施したが，直接的な非軍事化政策の要となる政策を二つあげ，その内容を具体的に説明しなさい。

解説 明治憲法体制下の陸海軍

明治憲法体制下の陸海軍に関連する問題と，占領下における非軍事化政策についての問題である。明治憲法体制の理解が求められる。問1は160〜170字程度，問2は150〜160字程度，問3は80〜90字程度で書ける。問2はロンドン海軍軍縮条約について詳しく書けば字数を増やせる。

問1 幕末・明治 政治

統帥権の独立について

設問の要求

〔主題〕「統帥権の独立」について具体的に説明。
〔条件〕参謀総長・軍令部長の役割に言及しながら。

論述の構成

大日本帝国憲法の規定をふまえて，「統帥権の独立」について説明し，その上で，参謀総長・軍令部長の役割に言及すればよい。

▶「統帥権の独立」

統帥権は天皇大権の一つで陸海軍の作戦・用兵に関する権限である。大日本帝国憲法の第11条に「天皇ハ陸海軍ヲ統帥ス」と定められている。天皇大権には，その他，緊急勅令の発令権，文武官の任免，宣戦・講和や条約の締結などがあり，これらの権限は議会が関与できないとされ，各国務大臣（内閣）の輔弼によって行使された。しかし，この中で**統帥権**は，慣習的に内閣の介入を許さず，天皇に直属する陸軍の参謀本部や海軍軍令部などの軍令機関のみが補佐するものとされた。これを**統帥権の独立**という。つまり，「独立」とは内閣（政治）からの独立の意味である。

論述のポイント

□「統帥権の独立」の意味について，統帥権は軍の作戦・用兵に関する天皇大権の一つで，内閣も関与できないという慣行があったことが説明できればよい。

▶参謀総長・軍令部長の役割

統帥権は，参謀本部・軍令部などの軍令機関の補佐により行使された。**軍令**とは，軍隊の編成・維持管理にあたる軍政に対し，軍隊の指揮命令をいう。軍政を担う機関は1872年からアジア太平洋戦争の敗戦まで**陸・海軍省**であった。軍令機関は，1878年に**参謀本部**を設置して軍政機関から独立させ，作戦に対する政治の介入を退ける統帥権の独立の端緒となった。その後，明治中期にかけて何度か改変され，1889年に陸軍の軍令事項は陸軍の**参謀本部**，海軍参謀部がそれぞれ統括することになった。海軍参謀部は，1893年に**海軍軍令部**，1933年に軍令部となった。

陸軍の参謀本部・海軍軍令部，それぞれの軍令機関の長が**参謀総長・軍令部長**である。統帥権は，国務大臣の輔弼を排し，参謀総長・軍令部長の補佐により，天皇が直接発動するとされていた。そのため，参謀総長・軍令部長は，軍令（統帥）事項について国務大臣の輔弼を経ずに大元帥である天皇に直接上奏した。これを**帷幄上奏**という。ちなみに陸・海軍大臣も帷幄上奏ができた。

論述のポイント

□参謀総長・軍令部長の役割について，軍令機関の長であること，軍令（統帥）事項は，国務大臣（内閣）の輔弼を排して直接天皇に上奏（帷幄上奏）したことが説明できていればよい。

解答例　1統帥権は，明治憲法に規定された天皇大権の一つで，陸海軍の作戦や用兵に関する権限である。天皇大権は内閣の輔弼事項とされていたが，統帥権は一般の国務から独立し，内閣も関与できないという慣行があり，参謀本部・海軍軍令部が補佐した。そのため，軍令機関の長である参謀総長・軍令部長は，統帥事項について内閣を経ずに天皇に直接上奏した。（162字）

問2　昭和①　政治

統帥権干犯問題

設問の要求

〔主題〕「統帥権の独立」の解釈が政治的対立の重要な争点となった事件の経緯を具体的に説明。

〔条件〕「統帥権の独立」の解釈の相違に留意しながら。

論述の構成

「統帥権の独立」の解釈が争点になった事件は，立憲民政党の浜口雄幸内閣で起こった統帥権干犯問題である。この事件の発端となったロンドン海軍軍縮条約の調印から浜口首相の狙撃までの経緯を，統帥権干犯問題の始まり，争点，結末の3つに分けて説明すればよい。

▶統帥権干犯問題の始まり

緊縮財政政策をとる立憲民政党の浜口雄幸内閣は，軍縮の方針に従って，1930年，全権として若槻礼次郎らを派遣し，**ロンドン海軍軍縮会議**に参加した。会議では，主力艦の建造停止を5年間延長することと，補助艦（巡洋艦・駆逐艦・潜水艦）の保有量が取り決められた。当初の日本の要求のうち，補助艦の保有トン数で対米英約7割は認められたものの，海軍軍令部が主張していた大型巡洋艦の対米7割は受け入れられないまま，政府は**ロンドン海軍軍縮条約**の調印に踏み切った。

論述のポイント

□統帥権干犯問題のきっかけとなる，浜口内閣のロンドン海軍軍縮条約の調印について簡潔に説明すればよい。

▶「統帥権の独立」の解釈の相違による争点

ロンドン海軍軍縮条約の調印に対し，立憲政友会・海軍軍令部などは，海軍軍令部長の反対を押し切って政府が兵力量を決定したのは，統帥権の干犯であると批判した。軍の最高指揮権である統帥権は，内閣の管掌する一般国務から独立し，軍令機関の長である参謀総長・海軍軍令部長が内閣を経ず，天皇を直接補佐する慣行があった（問1参照）。

一方，浜口内閣は，憲法解釈上の通説として，兵力量の決定は大日本帝国憲法第12条の編制権の問題で内閣の輔弼事項と考えており，海軍軍令部と意見は一致しなかった。

条約の批准には枢密院の承認が必要だったが，当初，枢密院が批判的であったため，浜口内閣は海軍軍令部と枢密院の2つの国家機関と対立していた。

論述のポイント

□「統帥権の独立」の解釈の相違について，立憲政友会・海軍軍令部は兵力量の決定が統帥権にあたるとしていたこと，浜口内閣は編制権で内閣の輔弼事項としていたことが説明できていればよい。

▶統帥権干犯問題の結末

浜口内閣は，元老西園寺公望や内大臣牧野伸顕ら昭和天皇の側近の協力を得たことで，当初反対していた枢密院の同意を取り付け，条約の批准に成功した。しかし，浜口首相は右翼の青年に狙撃され，重傷を負って退陣し，その後死亡した。

論述のポイント

□統帥権干犯問題の結末として，ロンドン海軍軍縮条約を批准し，その後，浜口首相が狙撃されたことが説明できていればよい。

解答例 2浜口雄幸内閣がロンドン海軍軍縮条約の調印に踏み切ったことに対し，立憲政友会や海軍軍令部などは，海軍軍令部長の反対を押し切って兵力量の決定をするのは統帥権の干犯であると批判した。しかし，内閣は憲法解釈上の通説として編制権は内閣の輔弼事項とし，元老らの支持を得ながら条約の批准に成功したが，浜口首相は右翼の青年に狙撃された。（161字）

問3 昭和② 政治

GHQによる直接的な非軍事化政策

設問の要求

〔主題〕GHQによる直接的な非軍事化政策の要となる政策を二つあげ，具体的に説明。

この設問で注目したいのは，「直接的な」という表現である。単に民主化・非軍事化政策と考えれば，軍国主義の基盤とされた財閥の解体や，寄生地主制を解体する農地改革，軍国主義教育を排する教育改革なども考えられるが，どれも「間接的な」非軍事化であり，「直接的」とは言い難い。それをふまえて直接的な非軍事化と考えられるものをいくつか列挙する。

・陸海軍を解体したこと。
・軍需産業の禁止や船舶保有の制限をしたこと。
・日本国憲法を制定し，戦争放棄を明文化したこと。
・極東国際軍事裁判で戦争指導者をＡ級戦犯容疑者として裁いたこと。
・軍国主義者などを公職追放したこと。
・軍需工場を解体して現物賠償を進めたこと。

以上のなかから二つあげればよい。

解答例 3非軍事化の観点から軍需産業の禁止や船舶保有の制限が行われた上に，日本国内の軍需工場などを解体して中国・東南アジアの戦争被害国に供与する現物賠償を行った。（77字）

別解 3軍や政府の指導者など戦争指導者を逮捕し，Ａ級戦犯容疑者として起訴して極東国際軍事裁判所で裁いた。一方で，日本国憲法では戦争を放棄し，戦力は保持せず，交戦権も持たないとした。（87字）

答案例

1統帥権は，明治憲法に規定された天皇大権の一つで，陸海軍の作戦や用兵に関する権限である。天皇大権は内閣の輔弼事項とされていたが，統帥権は一般の国務から独立し，内閣も関与できないという慣行があり，参謀本部・海軍軍令部が補佐した。そのため，軍令機関の長である参謀総長・軍令部長は，統帥事項について内閣を経ずに天皇に直接上奏した。2浜口雄幸内閣がロンドン海軍軍縮条約の調印に踏み切ったことに対し，立憲政友会や海軍軍令部などは，海軍軍令部長の反対を押し切って兵力量の決定をするのは統帥権の干犯であると批判した。しかし，内閣は憲法解釈上の通説として編制権は内閣の輔弼事項とし，元老らの支持を得ながら条約の批准に成功したが，浜口首相は右翼の青年に狙撃された。3非軍事化の観点から軍需産業の禁止や船舶保有の制限が行われた上に，日本国内の軍需工場などを解体して中国・東南アジアの戦争被害国に供与する現物賠償を行った。

（400字以内）

51

(2008年度 第2問)

次の3つの文章を読んで下記の問いに答えなさい。(問1から問4まですべてで400字以内)

A (1)日本経済は第一次大戦の影響をうけて急激に成長した。1914年末から1918年末にかけて企業数は約1.5倍，資本金総額は2倍以上に増えた。(2)この結果，1920年代には，民間会社のサラリーマン（給与生活者）*を中心とする都市中産階級が増加した。彼らは，(3)衣食住の生活文化全般に新しい様式を取り入れただけでなく，思想芸術を教養として身につけ，親子中心の家庭生活を営んだ。こうした文化状況は，1920年代半ばから，ジャーナリズムや文化産業の発達と相まって大衆文化としての特色を強く持つようになった。

B 中間階級*とは，つまり国民教育に於て与えられる普通教育以上の教育を受け，其の職業に於て純粋なる身体的或は器械的労働をなさず，大なり小なり精神的なる労働をなして，身体的労働を指揮し或は管理する人々をいう。

（米田庄太郎『現代社会問題の社会学的考察』1921年）

C 旧中産階級の減少に伴いて，日々に増加しつつある新中等階級*，即ち有識無産の精神的，技術的労働者，換言すれば俸給生活者階級，此等の階級の擁護は，現時特に緊急の問題なりとす。

（東京府内務部『東京市及近接町村中等階級生計費調査記述篇』1925年）

*文章Aの「サラリーマン（給与生活者）」と文章Bの「中間階級」，文章Cの「新中等階級」は同じ階層をさす言葉と解釈して解答しなさい。

問1 文章Aの下線部(1)について，第一次大戦が日本経済を急激に成長させた理由を，輸入・輸出・国内市場の3つの側面での変化がわかるように大戦の影響とその結果を明示して，具体的に説明しなさい。

問2 文章BおよびCを参考にして，文章Aの下線部(2)を具体的に説明しなさい。

問3 文章Bの「普通教育以上の教育を受け」た層の増大を可能にした条件は，教育への意欲の高まりと中・高等教育機関の整備・拡充であった。このうち，大学について，原内閣の改革に焦点をあてて具体的に説明しなさい。

問4 文章Aの下線部(3)を具体的に説明しなさい。

解説 大戦景気とその影響 〈史料〉

大戦景気とその後の1920年代の都市中産階級の台頭や教育・生活文化についての問題である。一部，史料の読解が求められる。問1は230〜250字程度，問2は70〜80字程度，問3・問4は50字以内で書ける。問1に大きく字数を割き，他の設問はできるだけ短めにまとめるのがよい。

問1 大正 社会経済

第一次世界大戦が日本経済を成長させた理由

設問の要求

〔主題〕第一次世界大戦が日本経済を急激に成長させた理由を具体的に説明。
〔条件〕輸入・輸出・国内市場の3つの側面での変化がわかるように大戦の影響とその結果を明示して。

論述の構成

第一次世界大戦前の日本が，日露戦争での疲弊を引きずり，経済不況と財政難で危機的な状況にあったことを念頭に置きつつ，輸入・輸出・国内市場においてどのように「日本経済が急激に成長」=「変化」したかを考え，その「変化」に第一次世界大戦がどのように影響したかを説明すればよい。「変化」を説明すれば，必然的に結果は明示されることになる。そこで，輸入・輸出・国内市場における変化と第一次世界大戦の影響について，それぞれ整理してみよう。

▶輸入市場における変化と第一次世界大戦の影響

当時，ヨーロッパでは，イギリス・フランス・ロシアの三国協商と，ドイツ・オーストリア・イタリアの三国同盟の対立が深刻となり，1914年，4年間におよぶ**第一次世界大戦**が勃発した。大戦はヨーロッパが主戦場であったため，イギリスやドイツなどヨーロッパ諸国の生産力は落ちたが，日本の戦争負担は少なかった。

第一次世界大戦の影響として，交戦国の一つであったドイツから薬品・染料・肥料など化学製品の輸入が途絶えた。その結果，国内では化学工業が勃興した。その他，ヨーロッパ交戦国からの輸入が途絶え，鉄鋼業・機械工業が活況を呈し，重化学工業が著しく発達したことで，ようやく全体として工業生産力は先進国の域に達した。

論述のポイント

□輸入市場の変化として，輸入が途絶えたことで化学工業が勃興したこと，第一次世界大戦の影響として，化学製品の輸入先であったドイツが交戦国であったことが説明できていればよい。
□その他，鉄鋼業・機械工業の輸入が途絶えたことに触れてもよい。

▶輸出市場における変化と第一次世界大戦の影響

第一次世界大戦の影響でイギリスやフランスなどの交戦国がアジア市場から後退し，そのため，日本からアジア市場への綿製品の輸出が伸びた。特に**綿布（綿織物）**の輸出が拡大したことにより，1917年には綿布輸出額が綿糸輸出額を上回った。

一方，ヨーロッパでは大戦の影響で軍需が高まった。そのため，日本からイギリス・ロシアへの軍需品の輸出が増え，重工業の発展につながった。

さらに第一次世界大戦によりアメリカも軍需などで好景気となり，その影響で主にアメリカ向けであった生糸の輸出も拡大した。

これらにより，貿易は大幅な輸出超過となり，1914年に11億円の債務国であった日本は，1920年には27億円以上の債権国になった。

論述のポイント

□輸出市場における変化として，綿布の輸出が拡大したこと，ヨーロッパへの軍需品の輸出が拡大し，重工業が発展したことの主に2点があげられる。第一次世界大戦の影響として，それぞれヨーロッパの交戦国がアジア市場から後退したこと，軍需が高まったことをあげればよい。

□生糸の輸出拡大は，上記2点とは違い，日本にとってはもともとアメリカ向けの輸出品であり，量的に拡大しただけだと考えれば，必ずしも変化とはいえないし，アメリカの好景気によるもので間接的な影響しかないので解答に含めなくてもよいだろう。

▶国内市場における変化と第一次世界大戦の影響

第一次世界大戦による世界的な船舶不足のため，**海運業・造船業**は空前の好況となった。まず，海運業の活況から始まり，それとともに船価は急上昇して造船業も好景気となった。それにより，日本はイギリス・アメリカにつぐ第3位の海運国となり，**船成金**が続出した。

日露戦争後に発達し始めた電力業においても，**猪苗代水力発電所**から東京への送電に成功し，工業原動力の蒸気力から電力への転換が進んだ。それが前提となり，第一次世界大戦の影響による工業生産の拡大で電力の需要が高まり，**電力業**が発展した。

さらに個人消費が進んだことによる国内市場の拡大もあった。大戦中の工業の発展により，労働者の数は急増した。大戦景気で物価高が進み，一時，実質的な賃金は低下したが，労働運動の高揚は労働者の賃金水準を徐々に高めていった。

論述のポイント

□国内市場における変化として，海運業・造船業の好況，電力業の発展，個人消費の拡大の3点をあげればよい。

□第一次世界大戦の影響として，海運業・造船業は世界的な船舶不足による需要があげられるが，電力業の発展・個人消費の拡大は大戦景気によるものなので直接的な影響ではない。しかし，国内市場の成長について説明するために必要な内容である。

解答例 1第一次世界大戦により，輸入市場では交戦国であったドイツから薬品など化学製品の輸入が途絶え，化学工業が勃興した。輸出市場ではヨーロッパ諸国がアジア市場から撤退したため日本の綿布輸出が拡大するとともに，ヨーロッパ交戦国の軍需により軍需品の輸出が拡大し，綿織物業や重工業が発達した。国内市場では大戦にともなう世界的な船舶不足から海運業・造船業が活況を呈し，工業生産の拡大にともない電力の需要が高まり，電力業が発展した。さらに労働者の賃金水準上昇による個人消費が進み，国内市場は拡大した。（241字）

問2 大正 社会経済

都市中産階級の増加

設問の要求

〔主題〕文章Aの下線部(2)を具体的に説明。
〔条件〕文章BおよびCを参考にして。

論述の構成

文章Aの下線部(2)には，「1920 年代には，民間会社のサラリーマン（給与生活者）を中心とする都市中産階級が増加した」とあり，要は都市中産階級の増加について具体的に説明すればよいのである。文章BとCを参考にすることが求められており，それらの文章から都市中産階級とはどのような人々かを読み取り，それが増加した背景とともにまとめればよい。

▶都市中産階級の増加

文章Bでは中産階級＝**サラリーマン（給与生活者）**の説明として，一つは，「普通教育以上の教育を受け」と，高学歴であることをあげている。もう一つは，「大なり小なり精神的なる労働をなして，身体的労働を指揮し或は管理する人々」と，身体的労働と対比され，精神的労働，つまり，専門的な職種や管理・販売などに従事する人々をあげている。文章Cでは，「有識無産の精神的，技術的労働者」としており，基本的には文章Bと同様の内容である。この「高学歴」で「精神的，技術的労働」に従事する人々を具体的にあげれば，会社員・銀行員・公務員などのサラリーマン（俸給生活者）や，弁護士・医者，教師，あるいはジャーナリストなどがこれに該当する。

都市中産階級のなかで，会社員・銀行員などのサラリーマン，あるいはジャーナリストが1920 年代に増加した背景として，高等教育機関の充実により高学歴層が増えたことに加え，大戦景気により，商社や銀行などに勤める人々が増加したことがあげられる。また，新聞・雑誌などのマス=メディアも急速に発達していた。

論述のポイント

□都市中間層が，高学歴で専門的な知識・技術を持っており，主に事務系の仕事に従事していることを説明すればよい。

□増加の背景として，大戦景気やマス=メディアの発達をあげてもよいだろう。

解答例　2 高等教育を受けて専門的知識や技術を持つ，商社や銀行などで事務系の仕事につくサラリーマンや新聞・雑誌などの編集者・記者であるジャーナリストが増えた。（74字）

問3

大正　文化

原内閣の高等教育機関の拡充

設問の要求

〔主題〕中・高等教育機関の整備・拡充のうち，大学について，原内閣の改革に焦点をあてて具体的に説明。

論述の構成

大学に関する原内閣の改革とは大学令（1918年）である。大学令について簡潔に説明すればよい。

▶大学について原内閣の改革

原内閣は大戦景気を背景に積極財政政策をとり，そのなかで，高等教育機関の拡充をかかげた。大戦景気を背景とする経済成長により営業や経理などを担当する高学歴層の労働者に対するニーズが高まったため大学令を出した（1918年）。これにより，帝国大学だけでなく，従来は専門学校であった公・私立大学や単科大学が正式に大学として公認された。また，大学進学者を養成するため，高等学校の拡充もはかった。

論述のポイント

□最低限，大学令の名称をあげ，公・私立大学や単科大学が正式に公認されたことを書けばよい。

解答例　3 原内閣は大学令を公布し，帝国大学に加え，公・私立大学や単科大学を公認した。（38字）

問4

大正 文化

1920年代における衣食住の生活文化

設問の要求

〔主題〕下線部(3)「衣食住の生活文化全般に新しい様式を取り入れた」を具体的に説明。

論述の構成

1920年代の衣・食・住について，それぞれ知っていることを具体的に書いていけばよい。

▶1920年代における生活文化の新様式

衣については，男性を中心とした洋服の広がり，食については，トンカツやカレーライスなどの洋食，住については，郊外に和洋折衷の文化住宅，これらの広がりによる生活の洋風化が説明できればよい。

解答例 4洋服が普及し，トンカツなどの洋食が広がり，郊外には文化住宅が建てられ，生活の洋風化が進んだ。（47字）

答案例

1第一次世界大戦により，輸入市場では交戦国であったドイツから薬品など化学製品の輸入が途絶え，化学工業が勃興した。輸出市場ではヨーロッパ諸国がアジア市場から撤退したため日本の綿布輸出が拡大するとともに，ヨーロッパ交戦国の軍需により軍需品の輸出が拡大し，綿織物業や重工業が発達した。国内市場では大戦にともなう世界的な船舶不足から海運業・造船業が活況を呈し，工業生産の拡大にともない電力の需要が高まり，電力業が発展した。さらに労働者の賃金水準上昇による個人消費が進み，国内市場は拡大した。2高等教育を受けて専門的知識や技術を持つ，商社や銀行などで事務系の仕事につくサラリーマンや新聞・雑誌などの編集者・記者であるジャーナリストが増えた。3原内閣は大学令を公布し，帝国大学に加え，公・私立大学や単科大学を公認した。4洋服が普及し，トンカツなどの洋食が広がり，郊外には文化住宅が建てられ，生活の洋風化が進んだ。

（400字以内）

52

(2008年度 第3問)

次の二つの文章は，1972年に発足した田中角栄内閣の政策に関するものです。これを読んで，下記の問いに答えなさい。(**問1**から**問4**まですべてで400字以内)

資料1

一 日本国と中華人民共和国との間のこれまでの不正常な状態は，この共同声明が，発出される日に終了する。

二 日本国政府は，中華人民共和国政府が中国の唯一の合法政府であることを承認する。

三 中華人民共和国政府は，台湾が中華人民共和国の領土の不可分の一部であることを重ねて表明する。日本国政府は，この中華人民共和国政府の立場を十分理解し，尊重し，ポツダム宣言第八項に基づく立場を堅持する。

資料2 編集の都合上省略。

問1 資料1は，田中内閣が中華人民共和国政府との間でかわした共同声明の一部です。この共同声明は何か，いかなる内容を取り決めたものか，簡潔に説明しなさい。この共同声明が結ばれるに至るには，当時の国際情勢の大きな変化がありました。声明締結を促した，国際情勢の変化となる事実を2つあげなさい。

問2 資料1の三は，いかなることを取り決めた条項であるか，説明しなさい。また，この条項に付随して，台湾との外交関係で変更がもたらされました。それは何かを説明しなさい。

問3 資料2の文章は，田中首相の著書の中の一文です。この考え方に基づいて田中内閣がとった政策とは何か，答えなさい。また，その政策の内容を簡潔に説明しなさい。

問4 資料2の考えに沿った政策は，日本経済に，内閣が考えたのとは異なる重大な影響をもたらしました。その影響とは何か，政策との関連を含め，具体的に説明しなさい。また，当時，その経済的影響を加速した世界的なできごとが起こりました。その出来事とは何か，どうして経済的影響を加速したのか，説明しなさい。

解説 田中角栄内閣の外交と経済政策 〈史料〉

田中内閣の外交政策と経済政策とその影響について説明する問題である。史料の読解や国際情勢との関連についても説明することが要求されている。字数は問1が140字程度，問2・問3が70字程度，問4は120字程度でまとめられる。

問1 昭和③ 外交

日中共同声明とその背景となる国際情勢の変化

設問の要求

〔主題〕資料1の共同声明は何かと，その内容を簡潔に説明。
声明締結を促した，国際情勢の変化となる事実を2つあげる。

論述の構成

資料1の声明は，設問で「田中内閣が中華人民共和国政府との間でかわした共同声明の一部」とあるので，日中共同声明（1972年）とわかる。その内容を簡潔に説明するのだが，資料1を参考にすればよい。その上で，声明締結を促した，国際情勢の変化となる事実を2つあげて説明すればよい。一つはニクソン訪中の発表（1971年），もう一つは中華人民共和国が国際連合の代表権を獲得（1971年）したことをあげればよい。

▶日中共同声明とその内容

資料1は，設問の「田中内閣が中華人民共和国政府との間でかわした共同声明の一部」というヒントから**日中共同声明**である。

その内容は資料1から読み取れる。まず，「一　日本国と中華人民共和国との間のこれまでの不正常な状態は，この共同声明が，発出される日に終了する」，つまり，戦争状態を終わらせ，国交を正常化することである。次に「二　日本国政府は，中華人民共和国政府が中国の唯一の合法政府であることを承認する」ことである。これらを簡潔にまとめればよい。

論述のポイント

□日中共同声明の名称を答え，内容を簡潔に説明すればよいので，最低限，戦争状態を終結させ，国交を正常化したことが説明できていればよい。
□資料1に記述があるので，日本が中華人民共和国政府を中国の唯一の合法政府と承認したことも含めてよい。
□三の台湾についての規定は，問2で問われているので説明しなくてよい。

▶日中共同声明締結を促した2つの国際情勢の変化

一つは米中の接近である。アメリカは**ベトナム戦争**が泥沼化したため，中国を通じて北ベトナムとの和平を引き出そうとして，1971年，**ニクソン**大統領が訪中を発表し，翌年，訪問が実現して米中関係は改善した。もう一つは，中華人民共和国が国際連合の代表権を獲得したことである。冷戦構造を背景として国際連合には台湾の中華民国が加盟しており，中華人民共和国は加盟していなかった。1971年に中華人民共和国が国連の代表となり，台湾の中華民国の代表権はなくなった。

論述のポイント

□国際情勢の変化として，ベトナム戦争の早期解決をねらうアメリカの中国接近，中華人民共和国が国連の代表権を獲得したことの2つが説明できていればよい。

□中ソ対立も考えられるが，1960年代前半からの国際情勢なので，声明締結に直接的な影響を与えたとは言い難い。

解答例　1日中共同声明。日本と中華人民共和国との戦争状態を終結させ，国交正常化を実現した。この声明締結を促したのは，中華民国に代わり中華人民共和国が国連の代表権を獲得したことと，泥沼化したベトナム戦争の早期解決をねらうアメリカが中国との接近をはかってニクソン大統領の訪中が実現したことであった。（143字）

問2　昭和③　外交

日中共同声明と台湾との外交関係の変更

設問の要求

〔主題〕資料1の三の条項の取り決めの説明と，この条項に付随してもたらされた台湾との外交関係の変更について説明。

論述の構成

第二次世界大戦後の中華人民共和国政府と台湾の中華民国政府との関係をふまえて，資料1の日中共同声明の三の条項の取り決めについて説明するとともに，日本と中華人民共和国政府との国交正常化にともない，日本と台湾との外交関係がどのように変更されたかを考えればよい。

▶日中共同声明の三の条項の取り決めについて

まず，前提として，第二次世界大戦後の中国情勢と日本との関係を整理する。中国では，農民の強い支持を受けた**共産党**がアメリカに支援された**国民党**との内戦（**国共内戦**）に勝利し，1949年に北京で**中華人民共和国**の成立を宣言し，敗れた国民党が台湾に逃れて，**中華民国**政府を存続させた。サンフランシスコで行われた講和会議には両中国は招かれなかったが，日本は，**サンフランシスコ平和条約**の調印（1951年）後，アメリカの要望により中華民国と**日華平和条約**を結び（1952年），国交を回復し，その後は中華民国とのみ外交を続けていた。

こうした事情を背景に，資料1の三の条項では「中華人民共和国政府は，台湾が中華人民共和国の領土の不可分の一部であることを重ねて表明」し，「日本国政府は，この中華人民共和国政府の立場を十分理解し，尊重」するとしている。これは中華人民共和国政府が，二の条項と合わせて，台湾の中華民国政府を一切認めない姿勢をとっており，日本政府も中華人民共和国政府の立場を認めたことを意味する。つまり，「台湾が中華人民共和国の領土の不可分の一部である」という中華人民共和国政府の立場を日本が認めたということは，中華民国の存在を完全に否定する取り決めをしたことになる。

論述のポイント

□日中共同声明の三の条項の取り決めとして，少なくとも，台湾を中華人民共和国政府の一部と認めることで，中華民国を否定したことを説明していればよい。

▶日中共同声明の三の条項に付随する台湾との外交関係の変更

三の条項で「台湾が中華人民共和国の領土の不可分の一部」であることを日本政府が認め，中華民国政府を否定する取り決めをしたことにより，中華民国政府と結んでいた日華平和条約は無効となり，正式な国交が断絶することになった。しかし，貿易など民間での交流は続いている。

論述のポイント

□三の条項の取り決めにより，最低限，日本と中華民国との国交が断絶したことが説明できていればよい。

解答例　2中華人民共和国の領土の一部であることを認め，中華民国を否定する取り決めをした。その結果，日華平和条約が失効して中華民国との国交は断絶した。（70字）

問3　昭和③　社会経済

田中内閣の経済政策

設問の要求

〔主題〕資料2の文章の考え方に基づいて田中内閣がとった政策と，その政策の内容を簡潔に説明。（編集部注：資料2は『日本列島改造論』の引用）

論述の構成

資料2の文章の考え方に基づいて田中内閣がとった政策は，「列島改造」政策である。その内容について簡潔に説明すればよい。

▶田中内閣の「列島改造」政策

田中内閣が打ち出した経済政策は「**列島改造**」政策である。資料2では，都市集中のメリットが明らかにデメリットへ変わった点や，過密と過疎による弊害を同時に解消しようとする方針がわかる部分が引用されていた。そこからうかがえるように，政策の内容は，東京・大阪・名古屋・瀬戸内など太平洋ベルト地帯に集中した産業を，日本海側など全国の地方都市に分散させて，それらの地域を高速道路と新幹線で結ぶというものであった。そのための公共事業を進めて経済成長をはかった。

論述のポイント

□「列島改造」政策の名称をあげ，その内容として太平洋側の都市部に集中した産業を日本海側などに分散させること，それらを新幹線と高速道路で結ぶため，公共投資を行ったことが説明できていればよい。

解答例　3「列島改造」政策をとり，太平洋ベルト地帯に集中した産業を日本海側など各地に分散して，それらを新幹線と高速道路で結ぶため，公共投資を積極的に行った。（74字）

問 4　昭和③　社会経済

「列島改造」政策の影響

設問の要求

〔主題〕①資料 2 の考えに沿った政策がもたらした重大な影響について，政策との関連を含めて具体的に説明。
② ①の経済的影響を加速した世界的な出来事と，その経済的影響を加速した理由について説明。

論述の構成

2 つの主題で構成されている。①は「列島改造」政策がもたらした重大な影響について説明することだが，その影響は激しいインフレである。インフレとなった原因を政策と関連させて説明すればよい。①の経済的影響がインフレなので，②ではインフレを加速させた世界的な出来事と加速した理由を説明すればよい。

▶「列島改造」政策のもたらした重大な影響

「列島改造」政策により，政府は新幹線や高速道路建設を計画し，公共投資を拡大した。その結果，土地が投機の対象となって地価が高騰し，それに引きずられて急激な物価の上昇（インフレーション）が起こった。

論述のポイント

□「列島改造」政策により，土地投機が刺激され地価が高騰したこと，地価高騰にともない物価が上昇したことが説明できればよい。物価上昇と「列島改造」の関連も説明できている。

▶「列島改造」政策による経済的影響を加速させた世界的な出来事

「列島改造」政策による経済的影響，つまりインフレを加速した世界的な出来事は**第 1 次石油危機（オイル=ショック）**である。1973 年，ユダヤ人により建国されたイスラエルとこれに反対するアラブ諸国との間で，**第 4 次中東戦争**が起こると，OAPEC（アラブ石油輸出国機構）は，イスラエルを支持する欧米日ら工業先進国に対して石油を政治的武器として圧力を加える方針を固め，原油生産の制限を決定した。その結果，原油価格が 4 倍に上昇するなど国際社会にオイル=ショックがもたらされた。日本では原油価格の高騰に引きずられて，石油関連商品の価格上昇をはじめとして物価高騰に拍車がかかり，**狂乱物価**と呼ばれる激しいインフレが発生した。原油の輸入の大半を中東地域に依存していたため，日本経済が受けた打撃は大きかった。商社による買い占めもあり，生活用品の品不足が生じ，市民生活は混乱した。政府は金融引き締めに転じたが，インフレが終息しないまま深刻な不況（スタグフレーション）に陥り，1974 年には戦後初のマイナス成長となった。

論述のポイント

□「列島改造」政策による経済的影響，すなわちインフレを加速させた世界的な出来事としてオイル=ショックをあげればよい。原油価格の高騰により，原油の大半を中東から輸入していた日本では異常なインフレ（狂乱物価）が起こったことを説明すればよい。

解答例　4「列島改造」政策により，土地投機が刺激され，地価高騰にともない急激に物価が上昇した。さらに第4次中東戦争を契機に原油価格が高騰し，オイル=ショックが起こると，原油の大半を中東から輸入していた日本では異常な物価上昇が起こった。（113字）

答案例

1日中共同声明。日本と中華人民共和国との戦争状態を
終結させ，国交正常化を実現した。この声明締結を促し
たのは，中華民国に代わり中華人民共和国が国連の代表
権を獲得したことと，泥沼化したベトナム戦争の早期解
決をねらうアメリカが中国との接近をはかってニクソン
大統領の訪中が実現したことであった。2中華人民共和
国の領土の一部であることを認め，中華民国を否定する
取り決めをした。その結果，日華平和条約が失効して中
華民国との国交は断絶した。3「列島改造」政策をとり
，太平洋ベルト地帯に集中した産業を日本海側など各地
に分散して，それらを新幹線と高速道路で結ぶため，公
共投資を積極的に行った。4「列島改造」政策により，
土地投機が刺激され，地価高騰にともない急激に物価が
上昇した。さらに第4次中東戦争を契機に原油価格が高
騰し，オイル=ショックが起こると，原油の大半を中東
から輸入していた日本では異常な物価上昇が起こった。

（400字以内）

53 (2007年度 第2問)

次の文章は，「財界の大御所」渋沢栄一の1890年12月の講演「本邦工業の現状」であるが，それを読んで下記の問いに答えなさい。(問1から問3まですべてで400字以内)

(1)先に紡績業は我国に利あるべしと勧励せしに，幾十の紡績会社を起せり。一般の事皆然り。(2)工業の勃興したるは工業の盛大を望みて勃興したるものにあらずして主として株式の売買を目的としたるものなり。斯(かか)る会社の起るは真実工業家は甚だ迷惑に思ふなり。真の工業家は甚だ之を悪(にく)み，之を憂ふる者なり。

昨年までは甚だ盛況を装ひたる工業社会が，今年の春より今日まで大なる困難を感じ，(3)実際惨状に陥りたるは，第一に会社勘定に困りたること，第二に輸出品少なくして輸入品の多かりしこと，第三に株主が会社の利益を外にして株式の利益に熱中すること，其主因たらずんばあらず。然れども，此等の事情は早晩消滅すべきものなり。果たして然らば工業は今後利益あるや否を熟考すること最も肝要なりとす。私は此業を為し遂げんと初めより固く信じたり。

(渋沢青淵記念財団竜門社編『渋沢栄一伝記資料』別巻第5，1968年)

問1　下線部(1)の「紡績会社」の設立について，渋沢栄一が関係した事例として，1880年代に日本最新・最大の1万錘紡績として成功した会社名を挙げなさい。また紡績業が産業構造と貿易構造にもたらした革命的意義―いわゆる産業革命―について説明しなさい。

問2　下線部(2)の1880年代の「工業の勃興」とは何と呼ばれるか，また「工業の勃興」を促した「株式」に関連して，日本最初の「株式会社」といわれる，渋沢栄一によって設立された金融機関名を挙げなさい。それをふまえ明治期に「株式」所有者となり，会社を設立し，資金を投下した主な社会階層を3つ挙げてその役割を説明しなさい。

問3　下線部(3)の工業社会の「惨状」とは何を指すのか，またなぜ文中の3点が「惨状」の「主因」なのか説明しなさい。

解説 産業革命期の企業勃興 〈史料〉

1880年代の企業勃興と1890年恐慌についての渋沢栄一の講演を素材として，紡績業発展の意義や1890年恐慌の背景について問うている。問1は200字以上，問2・問3はそれぞれ100字程度で書ける。ただし，問1・問3は難問であるため，知識が多い部分で内容を広げて字数を確保する必要がある。

問1 幕末・明治 社会経済

紡績業が産業構造と貿易構造にもたらした意義

設問の要求

〔主題〕①「紡績会社」の設立で渋沢栄一が関係した事例として1880年代に成功した会社名。
②紡績業が産業構造と貿易構造にもたらした革命的意義について説明。

論述の構成

①は大阪紡績会社である。これは語句記述なので問題ないだろう。

②は，紡績業の発展について説明するだけでは設問の要求に答えたことにならない。「産業構造」とは，「国民経済における各種産業の構成の状態」（大辞林）のことであり，意義を説明するためには，紡績業によって産業の構成がどう変化したかを考える必要がある。高校教科書の記述から確認するのは難しいが，1880年代以降，産業革命期に紡績業が発展し，「産業構造」にどのような影響を与えたか（実際は変化の方向性）が説明できればよい。次に「貿易構造」については，貿易品目を1880年代までと，それ以降で比較しながら考えればよい。

▶綿紡績業の発展

綿花を原料として綿糸を生産する紡績業は，産業革命の中心であった。幕末以来，イギリス製綿製品の輸入により，国内では，綿花栽培が壊滅状態となり，綿糸・綿織物の生産も一時衰退した。しかし，明治初期には，綿織物生産は輸入綿糸を使用して農村の問屋制家内工業を中心に上向き，国産の原料糸を供給する紡績業勃興の前提となった。

1880年代になると，渋沢栄一らによる**大阪紡績会社**が開業し1万錘の大規模経営に成功した。成功した要因は，安定操業が可能な欧米から輸入した蒸気機関による紡績機械を導入し，原料として安価な中国産綿花を輸入してコストを抑えたことなどであった。それに刺激され，大阪を中心に紡績会社を設立する動きが広がり，機械制生産が増加した。その結果，綿糸の生産量は1890年には綿糸の輸入量を超えた。これら近代的な大規模工場による国産綿糸は，手紡やガラ紡で生産された国産綿糸や，輸入綿糸との競争に打ち勝ち，国内市場を制覇した。日清戦争後には，中国や朝鮮への綿糸輸出は急増し，1897 年には，綿糸の輸出量が輸入量を凌駕し，紡績業は輸出産業へと発展した。

論述のポイント

□紡績業の発展として，欧米から紡績機械，中国などから原料の綿花を輸入して生産したこと，輸入綿糸を抑え綿糸を国産化したこと，輸出産業へと発展したことなどを簡潔に説明すればよい。

▶紡績業が産業構造に与えた意義

1897 年，綿糸の輸出量が輸入量を凌駕したことは紡績業確立の一つの指標となる。産業革命期の 1890 年代末までに製造業の国内生産は大幅に増加し，鉱業と合わせて，農業の半分以上を占めるに至った。これは日本において農業社会から工業社会へと転換する工業化が進展したことを意味する。工業生産のなかでは綿糸の伸びが突出していたので，紡績業の発展が産業構造の転換の端緒となったといえる。

論述のポイント

□工業生産額が農業生産額を上回るのは第一次世界大戦中なので，紡績業が産業構造に与えた意義として，工業化の進展を促す，あるいは工業化が進展する端緒となったことを書けばよいだろう。

▶紡績業が貿易構造に与えた意義

1880 年代までは，欧米・インドなどから綿糸・綿織物などを輸入し，欧米に生糸・茶などを輸出するという発展途上国型の貿易構造であった。しかし，産業革命の進展にともない貿易構造は変化した。欧米との貿易では，アメリカへの生糸輸出に代表されるように半製品を輸出し，鉄・機械・兵器などの重工業製品を輸入した。一方でアジア貿易は急速に発展し，紡績業の原料である綿花や，食料品の米・砂糖を輸入して，中国や朝鮮へ綿糸などの工業製品，石炭・銅などを輸出するようになった。ここから，欧米に対しては半製品を輸出し，工業製品を輸入するという発展途上国型の貿易構造が続いていたが，アジアに対しては原料を輸入し，工業製品を輸出するという先進国型の貿易構造に転換したことがわかる。特に対アジア貿易の転換は紡績業の影響が大きかった。

論述のポイント

□紡績業が貿易構造に与えた意義として，対アジア貿易においては原料を輸入し，工業製品を輸出する先進国型に転換したことが説明できればよい。

□ただし，欧米からは鉄や機械類など工業製品を輸入しているので注意が必要である。

解答例 1大阪紡績会社。綿糸を生産する紡績業では，欧米の紡績機械を導入した大規模な工場があいついで設立された。その結果，綿糸の生産は拡大し，輸入綿糸を排除した上，輸出産業へと発展した。紡績業の発展は，産業構造において，農業中心から工業中心への転換を促すこととなった。そして，貿易構造においては欧米から鉄・機械などの工業製品を輸入しつつも，対アジア貿易では原料の綿花を輸入し，工業製品である綿糸を輸出するという先進国型へと転換した。（211字）

別解 1大阪紡績会社。綿糸を生産する紡績業では，欧米の蒸気機関を導入した大規模工場が設立されて機械化が進展し，工業化が進んだ。貿易では原料の綿花を輸入していたものの，1890年代には，綿糸の生産高が輸入高を上回り，日清戦争後には輸出高が輸入高を上回り，輸出産業として発展していった。（136字）

問2

幕末・明治 社会経済

企業勃興と資金を投下した社会階層

設問の要求

〔主題〕①1880年代の「工業の勃興」とは何と呼ばれるか。
②日本最初の「株式会社」といわれる渋沢栄一が設立した金融機関名。
③それをふまえ明治期に「株式」所有者となり，会社を設立し，資金を投下した社会階層を3つあげて，その役割を説明。

論述の構成

①・②は語句記述問題である。①は，下線部⑵に「工業の勃興したるは…株式の売買を目的としたるものなり」とあるので，少しわかりにくい設問であるが，企業勃興を解答すればよい。②は第一国立銀行で問題ないだろう。

③について，「それをふまえ」の「それ」は企業勃興・第一国立銀行を示しているので，企業勃興の際に設立された会社や第一国立銀行の「「株式」所有者となり，会社を設立し，資金を投下」した社会階層を3つあげればよいだろう。

次に「その役割」だが，これは難問である。高校教科書のレベルで，企業勃興あるいは産業革命に対する役割を考えれば，設問にある「「株式」所有者となり，会社を設立し，資金を投下」することだったと考えられるからである。そこで，資本の形成における役割と考えて，3つあげた社会階層それぞれの資本がどのように形成されたかを説明することで解答とすればよい。

▶3つの社会階層と資本の形成

企業勃興の前後に設立された会社において，資金を投下した主な社会階層は華族・政商・寄生地主である。これは教科書でも確認できる。まず，華族については，日本鉄道会社（1881年設立）が岩倉具視らを中心に華族らの出資で設立されたことが想起できればよい。華族（士族も含む）は秩禄処分（1876年）の際に発行された金禄公債証書をもとに出資していた。政商は，三菱の基礎をつくった岩崎弥太郎や三井などを想起すればよい。政商は政府の保護を受け，特権を与えられることで資本を蓄積した。寄生地主は，1880年代の松方財政以降，自作農が没落して小作人化する一方で土地を集積した大地主で，小作料収入を得て耕作から離れた人々である。彼らは高額小作料を資本として蓄積していった。

論述のポイント

□まず，華族・政商・寄生地主の3つの社会階層をあげ，それぞれが投下した資金がどのように形成されたかを説明すればよい。

解答例　2企業勃興。第一国立銀行。資金を投下した社会階層は華族・政商・寄生地主である。華族は金禄公債証書など，政商は政府との結びつきにより蓄積した富，寄生地主は小作料収入を資金として投下した。（92字）

問3　幕末・明治　社会経済

1890年恐慌の原因

設問の要求

〔主題〕①下線部(3)の工業社会の「惨状」とは何を指すのか。
②文中の3点が「惨状」の「主因」である理由。

論述の構成

①は，問2が1880年代後半の企業勃興なので，工業社会の「惨状」とは1890年恐慌である。

②は，「第一に会社勘定に困りたること」「第二に輸出品少なくして輸入品の多かりしこと」「第三に株主が会社の利益を外にして株式の利益に熱中すること」の3点が「惨状」の「主因」である理由が問われている。基本的にそれぞれの内容が説明できればよい。

▶「第一に会社勘定に困りたること」

これは企業勃興（会社設立ブーム）により，株式への払い込みが集中して金融機関の資金が不足し，企業の資金調達が困難になったことである。

当時の株式会社は，設立時に株式の一部払い込みで発足し，後に未払い分の追加払い込みを行う資金調達方式をとっていたため，会社の設立は容易であった。しかし，会社設立ブームが起こってほどなく，追加払い込み資金の需要が増大し，1889年の後半から資金需要が逼迫し，株式の払い込みが十分でない企業の株価は低落し，さらに米の凶作による米穀への投機的取引のための資金需要もかさなって，金融は逼迫した。

また，凶作による農家の所得減少と米価騰貴による主食費の負担増加が国内の消費の縮小をもたらした。そのため，企業勃興期に拡大した生産力により，早くも生産過剰状態が発生し，紡績業では操業短縮も行われた。

論述のポイント

□実際に答案にするのは難しいが，ここでは教科書にも記述のある，株式の払い込みによる資金需要により，金融機関の資金が不足したことが説明できればよい。

▶「第二に輸出品少なくして輸入品の多かりしこと」

1880年代後半の企業勃興では，紡績会社設立ブームとなり，綿糸の生産力は拡大し，輸入綿糸を駆逐していったが，紡績機械は欧米から，原料の綿花は中国などから輸入しており，貿易収支では赤字であった。そのなかで，生糸を生産する製糸業は，最大の輸出産業として発達し，貿易赤字のなかで貴重な外貨獲得産業の一つであった。しかし，1890年には輸出がやや伸び悩む状態があり，貿易収支は悪化していた。

論述のポイント

□紡績業では，原料・機械の輸入により，綿糸の国産化を進めたことがわかっていれば，下線部の内容が説明できる。最低限，企業勃興の中心であった紡績業の貿易赤字について説明しておけばよい。

▶「第三に株主が会社の利益を外にして株式の利益に熱中すること」

企業勃興では，鉄道や紡績業など新規事業分野の企業の成功によって優良企業の株価が騰貴し，さらに企業ブームを刺激するという現象がみられた。これは史料の下線部(2)でも，「工業の勃興したるは工業の盛大を望みて勃興したるものにあらずして主として株式の売買を目的としたるものなり」と株式投資が企業の発展のためのものではなく，短期的な収益をあげるためのものであることを問題点として指摘している。

論述のポイント

□史料の内容を丁寧に読んでいけば，株主が株式投資による短期的な利益を求めていたことを問題にしていることがわかる。〔解答例〕では，株式投資の過熱を金融機関の資金不足に結びつけて説明したが，史料の内容を理解して企業勃興における株式投資の問題点を指摘できれば十分だろう。

解答例　3 1890年恐慌。鉄道・紡績会社の株価が騰貴して株式への投資が過熱した上，株式への払い込みが集中して金融機関の資金不足が生じた。一方で紡績業の貿易赤字や生糸輸出の減少などで企業の業績が悪化していた。（97字）

答案例

1大阪紡績会社。綿糸を生産する紡績業では，欧米の紡績機械を導入した大規模な工場があいついで設立された。その結果，綿糸の生産は拡大し，輸入綿糸を排除した上，輸出産業へと発展した。紡績業の発展は，産業構造において，農業中心から工業中心への転換を促すこととなった。そして，貿易構造においては欧米から鉄・機械などの工業製品を輸入しつつも，対アジア貿易では原料の綿花を輸入し，工業製品である綿糸を輸出するという先進国型へと転換した。2企業勃興。第一国立銀行。資金を投下した社会階層は華族・政商・寄生地主である。華族は金禄公債証書など，政商は政府との結びつきにより蓄積した富，寄生地主は小作料収入を資金として投下した。3 1890年恐慌。鉄道・紡績会社の株価が騰貴して株式への投資が過熱した上，株式への払い込みが集中して金融機関の資金不足が生じた。一方で紡績業の貿易赤字や生糸輸出の減少などで企業の業績が悪化していた。

（400字以内）

54

（2007年度　第3問）

第2次世界大戦の戦後処理に関する下記の問いに答えなさい。（**問1**から**問3**まですべてで400字以内）

問1　1945年8月に日本政府が受諾したポツダム宣言は，その第11項で日本からの賠償の取り立てを定めていた。日本との戦争で最大の被害をこうむったのは中国だが，この賠償問題は，その後，日中間でどのように処理されたか。1951年に調印されたサンフランシスコ講和条約にも言及しながら，具体的に説明しなさい。

問2　日本の植民地であった朝鮮との間の国交正常化問題は，日本の敗戦後，どのような経過をたどることになったか。日本政府による朝鮮の独立承認問題を起点として，具体的に説明しなさい。

問3　日本の占領を担当したGHQは，日本軍国主義の経済的基盤の解体に当初大きな力を注いだ。そうした目的を持った経済政策を2つあげ，そのねらいと帰結について，具体的に説明しなさい。

解説 第二次世界大戦の戦後処理

第二次世界大戦後の日中間賠償問題，朝鮮との国交正常化問題，経済の民主化についての問題である。問1は110～120字程度，問2は150～160字程度，問3は120～130字程度で設定しているが，どの設問も，内容が多く，知識があれば字数は増やせる。書きやすい問題に多くの字数を割けばよい。

問1 昭和② 外交

戦後の日中間における賠償問題の処理

設問の要求

〔主題〕日中間の賠償問題の処理について具体的に説明。
〔条件〕サンフランシスコ講和条約にも言及しながら。

論述の構成

ポツダム宣言の第11項には，「日本国ハ其ノ経済ヲ支持シ且公正ナル実物賠償ノ取立ヲ可能ナラシムルカ如キ産業ヲ維持スルコトヲ許サルヘシ。…」とあり，賠償の取立てが定められている。中国の賠償問題については，国交正常化と無関係ではないので，講和条約とその後の国交正常化の問題を想起すれば説明できるだろう。前提となる賠償問題についても解説として触れておく。

▶戦後の賠償問題

太平洋戦争後の占領下に，非軍事化の観点から軍事産業の禁止や船舶保有の制限が行われ，日本国内の産業設備を解体・搬出して中国・東南アジアの戦争被害国に供与する現物賠償を行うことになった。

しかし，アメリカとソ連の二大陣営が対立する冷戦構造が形成され，中国では，共産党がアメリカの支援する国民党との内戦に勝利し，**中華人民共和国が成立**（1949年）すると，アメリカは対日占領政策を転換した。さらに南北に分断していた朝鮮半島で**朝鮮戦争**（1950～53年）が勃発すると，アメリカは占領を終わらせて日本を西側陣営に早期編入しようとして，**サンフランシスコで講和会議**を開いた。アメリカは冷戦における西側陣営の1国たる日本の経済復興を考慮して懲罰的な賠償を回避した。そのため，**サンフランシスコ平和条約**では，交戦国の戦争被害に対して主に役務（サービス）の供与による賠償を支払う義務を定めたが，アメリカをはじめ多くの国が賠償請求権を放棄した。そのなかで対日講和条約の第14条の賠償規定に沿って賠償請求を行った国はフィリピンと南ベトナム，これとは別に2国間平和条約を締結して賠償協定を結んだ国がビルマとインドネシアであった。その賠償の支払いは建設工事などのサービス（役務の供与）や生産物の提供という形をとったため，日本の商品や企業が進出する機会となった。

▶中国との賠償問題

サンフランシスコ講和会議では，アメリカとイギリスの対立が原因で**中華人民共和国・中華民国（台湾）**のいずれも招かれず，両中国のいずれと講和をするかは日本政府の自由裁量となった。その結果，サンフランシスコ平和条約を締結した翌年，日本は台湾との講和を実現し，**日華平和条約**を締結した。これにより，日本と台湾との戦争状態が終了するとともに，台湾は対日賠償請求権を放棄した。

1970年代に入り，中華人民共和国の国際連合加盟（1971年），アメリカのニクソン大統領の訪中発表（1971年）などを受け，田中角栄首相が中国を訪問し，**日中共同声明**を発表（1972年）して日中国交正常化を実現した。この際，中国は日本に対する賠償請求権を放棄した。

論述のポイント

□最低限，サンフランシスコ平和条約で，両中国が招かれなかったこと，講和後の日華平和条約で台湾が賠償請求権を放棄したこと，その後，日中共同声明で中華人民共和国が日本に対する賠償請求権を放棄したことの3点が書けていればよい。

解答例 1サンフランシスコ平和条約で日本の賠償責任は軽減され，多くの国は賠償請求権を放棄した。しかし，両中国は会議に招かれず，講和条約発効後，中華民国は日華平和条約で，1970年代に中華人民共和国は日中共同宣言で，それぞれ賠償請求権を放棄した。（116字）

問2　昭和③ 外交

日本と朝鮮の間の国交正常化問題

設問の要求

〔主題〕日本の敗戦後，日本の植民地であった朝鮮との間の国交正常化問題がたどった経過を具体的に説明。

〔条件〕日本政府による朝鮮の独立承認問題を起点として。

論述の構成

まず，「日本政府による朝鮮の独立承認問題」をどう考えるか。ポイントは2か所あると考えられる。一つは，ポツダム宣言の受諾，もう一つはサンフランシスコ平和条約である。次に韓国だけでなく，北朝鮮にも目配りをすることである。韓国との国交正常化に意識がいくだろうが，設問は「朝鮮との間の国交正常化問題」である。北朝鮮にも触れておきたい。

▶朝鮮の独立承認問題の起点

ポツダム宣言では第8項に「「カイロ」宣言ノ条項ハ履行セラルヘク，又日本国ノ主権ハ本州，北海道，九州及四国並ニ吾等ノ決定スル諸小島ニ局限セラルヘシ」とあり，カイロ宣言には「朝鮮ノ人民ノ奴隷状態ニ留意シ，軈テ朝鮮ヲ自由且独立ノモノタラシムルノ決意ヲ有ス」とあるので，日本政府がポツダム宣言を受諾し，日本の敗戦が決定した段階で朝鮮の独立承認問題は始まったともいえる。

日本と連合国との講和条約であるサンフランシスコ平和条約（1951年）では，第2条で「日本国は，朝鮮の独立を承認して，済州島，巨文島及び鬱陵島を含む朝鮮に対するすべての権利，権原及び請求権を放棄する」とあり，日本政府は正式に朝鮮の独立を承認し，日本の朝鮮に対する権利を放棄した。これ以降，日韓会談が始まり，国交正常化の交渉が行われる。

論述のポイント

□解答例は，サンフランシスコ平和条約を起点としてまとめた。サンフランシスコ平和条約で日本政府が朝鮮の独立を正式に承認したことを書けばよい。
□ただし，ポツダム宣言から独立承認問題という考え方もできる。

▶朝鮮との国交正常化問題

朝鮮半島では，アメリカが占領した南で**大韓民国**，ソ連が占領した北で**朝鮮民主主義人民共和国**が成立し，南北分断状態となり，1950年には**朝鮮戦争**が勃発した（～1953年）。朝鮮戦争の最中の1952年から国交正常化のための日韓会談が本格的に始まった。植民地時代の事後処理問題や漁業問題など様々な問題を討議したが，交渉は難航した。特に**李承晩**大統領は徹底した反日政策をとった。その後，日本代表の失言もあり，1953年から交渉は4年半も中断した。

日韓交渉が再開されるのは，1961年，軍事クーデターにより**朴正熙**政権が誕生してからである。その後，賠償問題については日本が経済援助を行うことで決着し，漁業問題についても妥協した。一時，韓国の学生デモにより，会談は中断するが，**佐藤栄作**内閣の1965年，**日韓基本条約**が正式に調印され，両国の国交正常化は実現した。この条約では，韓国併合条約は1910年の締結時からすでに無効であったと主張する韓国政府に対して「すでに無効であることが確認される」と表現し，韓国政府の管轄権については「国連決議に示されている通りの唯一の合法政府である」とした。

これに対し，北朝鮮は，韓日条約はすべて無効であると声明するなど，日朝の国交正常化は閉ざされた。その後，2000年に小泉純一郎首相が訪朝して金正日総書記との日朝平壌宣言に署名したが，国交正常化は実現していない。

論述のポイント

□朝鮮半島が南北分断状態であることを説明した上で，韓国との国交正常化を進め，1960年代に日韓基本条約により韓国との国交を正常化したこと，一方で北朝鮮とは国交を正常化していないことが説明できればよい。

解答例　**2サンフランシスコ平和条約により，日本は朝鮮の独立を承認した。朝鮮は南北が分断された状態にあり，日本は韓国と国交正常化の交渉を進めたが，植民地時代の事後処理などで中断と対立をくり返した。1960年代に入り，韓国の対日姿勢に変化が生じ，日韓基本条約の締結で韓国と国交を正常化した。しかし，北朝鮮との国交正常化は実現していない。（160字）**

問3　昭和②　社会経済

日本軍国主義の解体を目的とした経済政策

設問の要求

〔主題〕日本軍国主義の経済的基盤の解体の目的を持った経済政策を2つあげ，そのねらいと帰結について具体的に説明。

論述の構成

設問の要求から，2つの経済政策は財閥解体と農地改革だとわかる。それぞれについてねらいと帰結を説明すればよい。目的とねらいが区別しにくいかもしれないが，「日本軍国主義の経済的基盤の解体」が「目的」とされているので，「ねらい」と書き分けたい。設問の要求から考えて内容は詳しく説明する必要はない。

▶財閥解体のねらいと帰結

GHQは少数の財閥が富を独占して軍需産業の中心を担い，企業間競争が制限されたことが戦争の一因になったと考え，**財閥解体**を実施するように日本政府に指示した。1945年11月には，三井・三菱・住友・安田をはじめとする15財閥の資産の凍結・解体を命令し，翌年には**持株会社整理委員会**が発足し，持株会社・財閥家族から譲渡された株式を一般に売却するなど，株式所有による財閥の傘下企業支配を一掃しようとした。さらに1947年には**独占禁止法**を制定して持株会社やカルテル・トラストなどを禁止し，**過度経済力集中排除法**を制定して巨大独占市場の分割を行った。そのねらいは財閥や巨大企業による市場独占を排除し，自由競争を確保することであった。しかし，占領政策の転換により，実際の分割は日本製鉄，三菱重工業など11社にとどまり，銀行が当初から分割の対象にならなかったなど不徹底に終わった。

論述のポイント
□ここでは独占禁止法，過度経済力集中排除法までを財閥解体ととらえ，市場独占の排除，自由競争の確保をねらいとし，帰結として不徹底に終わったことが説明できていればよい。

▶農地改革のねらいと帰結

GHQは，細分化された小作地と高い小作料が農民層の窮乏につながり，戦前の日本を対外侵略に駆り立てたと理解しており，**農地改革**を要求した。そのねらいは，寄生地主制を解体し，小作人の貧困を解消することであった。農地改革では，不在地主の全貸付地，在村地主の一定面積を超える分の貸付地を国が強制的に買上げ，小作人に優先的に格安で売り渡した。その結果，全農地の半分近くを占めていた小作地が1割程度まで減少し，多くの自作農が創出され，寄生地主制は解体された。これにより，農民は自己の所有となった農地からの収益をすべて手にすることができるようになり，農家の所得水準は向上し，国内市場の拡大に寄与した。

論述のポイント
□ねらいとして寄生地主制の解体と小作人の貧困解消，帰結として寄生地主制の解体に成功し，自作農が創出され，農家の所得水準が上がったことが書けていればよい。

解答例

3財閥解体では財閥や巨大企業による市場独占を排除し，企業間の自由競争を確保することをねらったが，独占の排除は不徹底に終わった。農地改革では寄生地主制を解体し，小作人の貧困を解消することをねらい，多数の自作農を創出したことで農家の所得水準が向上した。（124字）

別解

3財閥解体では財閥や巨大企業による市場独占を排除し，企業間の自由競争を確保することをねらった。そのため，持株会社整理委員会を設置し，財閥や財閥家族の保有する株式を一般に売り出し，株式所有による財閥の企業支配を一掃しようとし，さらに独占禁止法を制定して持株会社などを禁止し，過度経済力集中排除法により巨大独占企業の分割を実施しようとした。しかし，占領政策の転換により，独占の排除は不徹底に終わった。農地改革では寄生地主制を解体し，小作人の貧困を解消することをねらった。そのため，自作農創設特別措置法を制定し，不在地主の全貸付地，在村地主の一定面積を超える貸付地を小作人に格安で譲渡した。その結果，多数の自作農が創出されたことで，農家の所得水準が向上した。（326字）

答案例

1サンフランシスコ平和条約で日本の賠償責任は軽減され，多くの国は賠償請求権を放棄した。しかし，両中国は会議に招かれず，講和条約発効後，中華民国は日華平和条約で，1970年代に中華人民共和国は日中共同宣言で，それぞれ賠償請求権を放棄した。2サンフランシスコ平和条約により，日本は朝鮮の独立を承認した。朝鮮は南北が分断された状態にあり，日本は韓国と国交正常化の交渉を進めたが，植民地時代の事後処理などで中断と対立をくり返した。1960年代に入り，韓国の対日姿勢に変化が生じ，日韓基本条約の締結で韓国と国交を正常化した。しかし，北朝鮮との国交正常化は実現していない。3財閥解体では財閥や巨大企業による市場独占を排除し，企業間の自由競争を確保することをねらったが，独占の排除は不徹底に終わった。農地改革では寄生地主制を解体し，小作人の貧困を解消することをねらい，多数の自作農を創出したことで農家の所得水準が向上した。

（400字以内）

55

(2006年度　第2問)

大日本帝国憲法（明治憲法）について，次の問いに答えなさい。（問1から問3まですべてで400字以内）

問1　明治憲法の制定は，日本における政党政治の発展にとって重要な意義を持った。明治憲法の内容に即しながら，その理由を具体的に説明しなさい。

問2　その一方で，明治憲法は政党政治の発展にとっての障害ともなった。明治憲法の内容に即しながら，その理由を具体的に説明しなさい。

問3　明治憲法では，国務各大臣が天皇を直接補佐する方式がとられているため，総理大臣の権限は決して大きなものではなかった。明治憲法の制定後，総理大臣の権限を強化するために，どのような措置が講じられるようになったのか，具体的に説明しなさい。

解説 明治憲法下における政党内閣の発展

明治憲法下における政党政治の成立・発展についての問題である。問1は130～150字程度，問2は200字以上を使って答案をまとめたい。問3が難問のため，解答ができないということを念頭に問1・問2の解答を作成したい。

問1　幕末・明治　政治

明治憲法制定の政党内閣発展における意義

設問の要求

〔主題〕明治憲法の制定が政党政治の発展にとって重要な意義を持った理由を具体的に説明。
〔条件〕明治憲法の内容に即しながら。

論述の構成

要は明治憲法体制のもとで政党政治が成立・発展した理由を説明すればよい。政党政治とは，政党内閣が組織され，政党が国政運営の要となる政治形態をいう。政党内閣とは，政党を基礎として組織される内閣で，総理大臣以下ほとんどの閣僚が衆議院における多数派政党の所属員によって占められる。そこで明治憲法の内容から，衆議院とその権限に着目して政党が勢力を伸ばした要因を考え，その具体的な事例を想起できればよい。

▶明治憲法体制下における政党の勢力拡大

大日本帝国憲法で規定された**帝国議会**は，**貴族院**と**衆議院**の両院からなり，天皇に協賛して立法権を行使し，政府提出の予算案の審議・議決にあたることとされていた。貴族院は皇族・華族や天皇が任命する勅任議員からなり，衆議院は公選議員によって構成される国民の代表機関であり，貴族院と衆議院はほぼ同等の権限を持っていた。現在の日本国憲法で議院内閣制が規定され，国会が国権の最高機関とされていることと比較すれば，宣戦・講和・条約締結・陸海軍の統帥・首相の任命など（**天皇大権**）は議会の権限外とされるなど，帝国議会の権限は制限されていた。しかし，予算や法律は帝国議会の審議・承認がなければ成立せず，特に衆議院で勢力を持つ政党は予算の審議を通じて政府に対抗し，国政運営に対する影響力を増していった。

その例としては，日清戦争前の初期議会における**自由党**・**立憲改進党**などの民党と藩閥内閣の軍事予算をめぐる対立がある。あるいは，日清戦争後，第３次伊藤博文内閣の地租増徴案に反対して，**自由党**・**進歩党**が合同して衆議院で絶対多数の政党（**憲政党**）が出現すると，伊藤は議会運営の見通しを失って退陣した例がある。このときは，初の政党内閣である**第１次大隈重信内閣**（憲政党内閣）が成立している。

論述のポイント

□明治憲法における帝国議会の規定として，議会には予算や法律の審議・決議の権限があること，公選制による衆議院で勢力を持つ政党は予算・法律の審議を通じて政治的発言力を増大させたことが書けていればよい。

□第１次大隈内閣の成立など，具体的な事例は想起するだけで，必ずしも書かなくてもよい。

解答例　1明治憲法では，天皇が統治権を持ち，議会が関与できない天皇大権が規定され，それを輔弼する内閣の権限が強かった。しかし，予算や法律の制定には議会の協賛が必要とされた。そのため，公選議員で構成される衆議院を基盤とする政党は，法案や予算案を否決することで政治的影響力を増していった。（138字）

問２　幕末・明治　政治

明治憲法が政党政治発展の障害になった理由

設問の要求

〔主題〕明治憲法が政党政治の発展の障害となった理由を具体的に説明。
〔条件〕明治憲法の内容に即しながら。

論述の構成

問１で説明した政党政治の発展を踏まえて考えてみよう。まず，着目したい点は内閣総理大臣をはじめ，閣僚がどのように選定され，任命されたのかである。少なくとも，現在の日本国憲法のように議院内閣制ではないので，衆議院で多数を占めている政党が組閣できるとは限らない。次に着目したい点は，政党内閣が成立したとして，その国政の運営にはどのような問題があったのかである。

以上の２点に着目しながら，政党政治発展の障害を考えてみよう。

▶内閣総理大臣の任命・選定と政党内閣

明治憲法において，内閣総理大臣（首相）を任命する権限は天皇が持っており，総理候補者の選定は，天皇の非公式の顧問で，藩閥勢力を代表する**元老**が行うという政治的な慣行がとられていた。つまり，現在の議院内閣制のように首相を国会が指名するシステムではないため，衆議院で多数を占め，国民の支持を得た政党の党首だとしても，天皇や元老の支持がなければ内閣は組織できなかった。さらに首相になったとしても，国務大臣の任命権は天皇が持っており，必ずしも閣僚を政党員で占めることができるとは限らなかった。第１次・第２次西園寺公望内閣は，西園寺が立憲政友会総裁であったが，閣僚は政友会員よりも官僚が多かった。

論述のポイント

□現在の議院内閣制との違いを念頭に置き，内閣総理大臣任命の規定から，政党内閣が成立するためには，天皇の支持が必要であったことが書ければよい。

□元老は憲法外の存在と考えれば，必ずしも記述しなくてもよい。

▶政党内閣の国政運営における問題点

政党内閣が成立しても，明治憲法の規定により，国政運営においてさまざまな困難があった。

まず，帝国議会では対等な権限を持つ**貴族院**と**衆議院**の二院制をとっていた。そのため，衆議院の立法権行使は皇族・華族や勅任議員からなる貴族院によって制限されていた。予算先議権が衆議院にあるとはいうものの，法律の制定については対等な権限を持っていたため，衆議院で可決しても貴族院で否決されれば成立しなかった。

次に行政権が内閣に集中していないという問題があった。天皇の諮問機関である**枢密院**や天皇が**統帥権**を持つ陸海軍など内閣から独立した国家機関があり，時に内閣の国政運営の障害となることもあった。そのため，それら諸国家機関の支持・協力がなければ内閣は存続できなかった。具体的な事例としては，憲政会の第１次若槻礼次郎内閣が金融恐慌の際，緊急勅令により台湾銀行を救済しようとしたが，枢密院の了承を得られずに辞職したこと，あるいは，立憲民政党の浜口雄幸内閣がロンドン海軍軍縮条約に調印した際，統帥権を持つ海軍軍令部と，条約批准の際に承認する立場の枢密院の２つの国家機関と対立したことがあげられる。

論述のポイント

□法律を制定する際に貴族院の存在が障害になったこと，さらに内閣以外にも天皇に直属する枢密院や陸海軍などの国家機関があり，内閣の国政運営に障害となったことなどが書けていればよい。

解答例　2明治憲法では，天皇が首相の任免権を持つことが規定されており，政党内閣が成立するためには，天皇や首相候補者を選定する元老の支持が必要だった。また，議会は対等な権限を持つ衆議院と貴族院で構成されており，衆議院を基盤に政党内閣を組織しても，華族や勅任議員からなる貴族院により衆議院の立法権行使は制限された。その上，内閣に国政運営の権限が集中していなかったため，天皇の諮問機関である枢密院や，天皇の統帥権を補佐する陸海軍などの国家機関に制約を受けた。（222字）

問3

幕末・明治　政治

内閣総理大臣の権限強化

設問の要求

〔主題〕明治憲法の制定後，総理大臣の権限を強化するために講じられた措置を具体的に説明。

論述の構成

難問である。高校教科書の内容で解答するのは不可能な問題といえる。

「明治憲法の制定後」とは，具体的な時期が明示されていないので不明確であるが，一応，憲法制定後間もなくと考えておきたい。

▶内閣総理大臣の権限強化

明治憲法では，第55条に「国務各大臣ハ天皇ヲ輔弼シ其ノ責ニ任ス」とあり，基本的に国務各大臣が天皇を直接補佐する方式がとられており，総理大臣には国務大臣を統率する強い権限がなかった。そのなかで，総理大臣の権限を強化したといえるのが，1907年に公布された勅令である公式令である。これは法律・勅令その他の詔勅などの公布の手続き・書式などについて規定を設けたものである。ここでは，法律や勅令などに必ず総理大臣が副署（天皇の署名に副えて署名すること）することになった。それまでは，各省の専任事項においては，国務大臣のみが副署することになっていたが，総理大臣の副署が必要になったことで，その統制力が強化されたといえる。

論述のポイント

□高校教科書の知識ではないため，解答できなくてもよい。

解答例　3明治末期に公式令が制定され，法律・勅令などには必ず首相が副署することになった。（40字）

答案例

1明治憲法では，天皇が統治権を持ち，議会が関与できない天皇大権が規定され，それを輔弼する内閣の権限が強かった。しかし，予算や法律の制定には議会の協賛が必要とされた。そのため，公選議員で構成される衆議院を基盤とする政党は，法案や予算案を否決することで政治的影響力を増していった。2明治憲法では，天皇が首相の任免権を持つことが規定されており，政党内閣が成立するためには，天皇や首相候補者を選定する元老の支持が必要だった。また，議会は対等な権限を持つ衆議院と貴族院で構成されており，衆議院を基盤に政党内閣を組織しても，華族や勅任議員からなる貴族院により衆議院の立法権行使は制限された。その上，内閣に国政運営の権限が集中していなかったため，天皇の諮問機関である枢密院や，天皇の統帥権を補佐する陸海軍などの国家機関に制約を受けた。3明治末期に公式令が制定され，法律・勅令などには必ず首相が副署することになった。

（400字以内）

56

(2006年度 第3問)

次の4つの文章を読んで下記の問いに答えなさい。(問1から問4まですべてで400字以内)

A 1939年，政府は重要時局産業に必要な労働力を確保するために，労働力の計画的な需給を図ることになり，39年7月以降労務動員計画（1942年度以降は国民動員計画）の策定をみることとなった。この労務（国民）動員計画は，企画院を中心にその基本方針ならびに需給数が決定され，これにもとづき厚生省において具体的な供給源別供給数の決定がおこなわれた。こうして小学校（国民学校）・中学校卒業者や中小商工業者など，国民諸階層からの労働力動員が遂行された。

B 戦争末期の1944年になると，労働力不足はますます深刻化し，航空機関係工場や陸海軍の諸工場など，もっとも緊急を要する工場へ国民が集中的に動員されることになった。

C 今や我国家は，その歴史的成長のために，国民に如何に行動すべきかを明かに示して，これに必要な国民の能力と資質の外に，その性格の形成せられることを要請しているのである。…（中略）…職業内（工場労働）において国家が（個々人に対して）国民的性格を育てあげることが職業の重要任務である。それ故に職業各部門の指導者達（経営者達）は，心理学者であると同時に教育家でなければならない。

（桐原葆見『戦時労務管理』1942年，51ページ），桐原は労働科学研究所所員。

D 一国の国力は，其の国を構成する民族の強弱によって決定する。強い民族の力，それは其の民族の優秀なる質と強大なる増殖力を以って計られる。…（中略）…体質と体格とを含めた立派な肉体と，知能と精神とを含めた優れた能力とを，兼ね備へた優秀な民族が，旺盛なる勢ひをもって其の人口を増殖しつつある時，その民族が構成する国の力は，兵力に於いても，生産力に於いても，また，文化の力に於いても，盤石の重きにある。

（牧賢一『勤労母性保護』1943年，67〜68ページ），牧は大政翼賛会厚生部幹部。

問1 Aの労務（国民）動員計画において，1942年以降，動員数が意識的に少なくされた国民階層（職業）は何か。また，その理由について述べなさい。

問2 Bの下線部「国民」とは具体的にどのような人々をさすか。また，それらの国民を急速に動員させることとなった法令（勅令）を1つ挙げなさい。

問3 Cの文章は，アジア太平洋戦争期の日本を，たんに戦時体制と呼ぶだけでは不十分なことをものがたっている。ここから読みとれる日本の戦時体制の特質をCの下線部分に留意しつつ述べなさい。

問4 Dの文章は日本の民族について述べたものである。アジア太平洋戦争の性格と内容を，この「日本民族観」と関連させて述べなさい。

解説 戦時体制の形成とアジア太平洋戦争の性格・内容 〈史料〉

日中戦争以降の戦時体制やアジア太平洋戦争の性格・内容について問う問題。問 1 は 70～80 字程度，問 2 は語句記述問題，問 3 は 100 字前後，問 4 は 200 字程度の字数で書ける。ただ，全体的に難問で，どの設問も高校教科書の記述を参考に書ける部分と書けない部分があるので，解答がわかるものに多くの字数を割けばよい。

問 1 昭和① 社会経済

戦時体制下の勤労動員

設問の要求

〔主題〕労務（国民）動員計画において，1942 年以降，動員数が意識的に少なくされた国民階層（職業）とその理由。

論述の構成

結論からいうと，動員数が意識的に少なくされた国民階層（職業）は農業に従事する人々（農家）である。戦時体制下の問題として，食糧問題が想起できれば解答できるだろう。設問文では食糧管理法が出された 1942 年以降となっているが，アジア太平洋戦争の勃発前から食糧難は深刻な問題となっていた。以上をふまえて考えてみよう。

▶戦時体制下の農業・食糧問題

日中戦争が進展するなか，国民は軍需工場で強制労働させられ，食糧危機の進行にともない，生活環境が悪化していった。そのため，食糧の増産は総力戦遂行のため，不可欠な課題となった。しかし，日中戦争以降の徴兵により，20 歳以上の多くの男性が農村から軍隊にとられ，また徴用などにより大量の農業労働者が工業に流出していた。農村は成人男性という中心的な働き手を失い，労働力の不足が深刻となっていた。

一方で政府は食糧を増産するため，1940 年から米の強制買い上げ制度である**供出制**を実施し，1942 年には**食糧管理法**に基づく米の全面国家管理を実施した。さらに政府は食糧の生産を奨励するため，地主の小作料引上げを抑え（小作料統制令，1939 年），生産者米価を優遇（奨励金の加算）するなど，地主の取り分を縮小させ，生産者を保護する政策をとった。しかし，そうした政策にもかかわらず，食糧生産は農業労働力や生産資材の不足などのため，減少化の傾向をたどった。

論述のポイント

□動員数が意識的に少なくされた国民階層（職業）として，農業，あるいは農家を指摘し，その理由として，農村の労働力不足を一因とする食糧生産の低下により食糧難が起こり，食糧の増産が必要だったことを説明すればよい。

解答例 1農業。戦争の進展にともなう徴兵・徴用により農村における労働力不足が進み，食糧の生産が低下していたため，農業労働者の確保による食糧生産の強化をはかった。（76字）

問2 昭和① 社会経済

アジア太平洋戦争下における国民の動員

語句記述問題

①Bの下線部「国民」とはどのような人々をさすか。
②それらの国民を急速に動員させることとなった法令（勅令）を1つあげる。

設問の意図が理解しにくかったかもしれないが，Bの文章は1944年の戦争末期における労働力不足の深刻化，軍需関連工場への「国民」の動員について説明しているので，ここでは戦争末期に軍需工場などに動員された「国民」を答えよう。そこで，1944年の段階で出征せずに国内に残っていた人々を考えればよい。

①の「国民」については，**学徒動員**や**女子挺身隊**が想起できれば，学生あるいは未婚の女性と解答できる。1つあげればよいのでどちらかでよい。

次に②である。①の「国民」を動員させることとなった法令（勅令）であるが，これは難問である。学徒動員令または女子挺身勤労令を①の解答にあわせて書けばよい。

解答例 2未婚女性。女子挺身勤労令。（14字）
別解 2学生・生徒。学徒動員令。（13字）

問3 昭和① 社会経済

日本の戦時体制の特質

設問の要求

〔主題〕Cの文章から読みとれる日本の戦時体制の特質。
〔条件〕Cの下線部分に留意しつつ。

論述の構成

文章Cの「職業内（工場労働）において国家が（個々人に対して）国民的性格を育てあげることが職業の重要任務」「職業各部門の指導者達（経営者達）は…」というあたりから，労資一体で国策に協力する産業報国会の結成（1938年）が想起できる。設問文では，「ここから読みとれる日本の戦時体制の特質」の説明が求められている。産業報国会を日本の戦時体制の一例と考えて説明すればよい。そのなかで，「性格の形成」「国民的性格」という下線部に留意することが求められていることと，設問文において「たんに戦時体制と呼ぶだけでは不十分」としていることに注意して答案を考えたい。

▶日本の戦時体制の特質

1938年，警察の指導で各職場ごとに労資一体の**産業報国会**が結成されるなど，その運動はしだいに拡大し，1940年には**新体制運動**に便乗する形ですべての労働組合が解散し，**大日本産業報国会**が創立された。その創立宣言には，一君万民論に基づく労資の平等と，階級闘争の否定，自由主義的・個人主義的な利潤追求の資本主義の克服を通じて戦争に協力することが唱えられている。

ここから日本の戦時体制の特質について考えると，天皇を中心とする国体観念のもと，個人の権利や利益，社会集団の自由な活動を認めず，国民を画一的に組織化して国家の統制下に置き，個人よりも国家の利益を優先させる全体主義的な国家体制の形成をめざしたといえる。新体制運動により成立した**大政翼賛会**は首相を総裁とする官製の上意下達機関で，大日本産業報国会・大日本婦人会・大日本青少年団などあらゆる組織を傘下におさめ，戦時の国民の動員・統制に役割を果たした。

論述のポイント

□高校教科書の記述を考慮すると，史料の内容をふまえて，労資一体で国策に協力する産業報国会についての説明をした上で，国民を画一的に組織化する全体主義的な国家体制であったことが説明できればよい。

解答例　3 労資一体の産業報国会にみられるように，天皇を中心とする国体観念のもと，階級闘争や自由主義的・個人主義的な利潤を追求する資本主義の考え方を抑制し，国民を画一的に組織化することにより全体主義的な性格を持った。（103字）

問4　　昭和①　外交

アジア太平洋戦争の性格と内容

設問の要求

〔主題〕アジア太平洋戦争の性格と内容について述べる。
〔条件〕Dの文章の「日本民族観」と関連させて。

論述の構成

文章Dに示される「日本民族観」は，「体質と体格とを含めた立派な肉体と，知能と精神とを含めた優れた能力とを，兼ね備へた優秀な民族が…」とあり，日本民族が優秀であるということを強調したものである。それを念頭に置きながら，アジア太平洋戦争の性格と内容を説明すればよいのだが，「性格」は建前としての戦争目的，「内容」はアジア占領地における政策と考えればよい。

▶アジア太平洋戦争の性格

アジア太平洋戦争の性格は，日本の戦争目的に表れている。政府は戦争目的をアメリカ・イギリスに対する自衛措置と規定していた。日本の南進政策が強まるに従い，英米との対立も厳しくなり，1941年の南部仏印進駐に対してアメリカが行った対日石油禁輸などの厳しい経済制裁を，政府は「ABCD包囲陣」などと誇大に宣伝していた。一方で戦争目的として，**「大東亜共栄圏」**建設が掲げられ，欧米の植民地支配からのアジア諸民族の解放と日本を盟主とした新秩序の建設が唱えられた。

「アジア諸民族の解放」というのは占領地域の戦争協力を確保するための口実であり，1943年には，中国の汪兆銘政権をはじめ，タイ・ビルマ・フィリピンなどの代表者を東京に集め，**大東亜会議**を開き，「大東亜共栄圏」の結束を誇示するなどしたが，実態とはかけはなれていた。

一方で，日本を盟主とした「新秩序の建設」というのは，「天皇を中心に結束した日本民族は優秀である」という観念を前提としたもので，アジアの諸民族を天皇のもとに統合するための戦争という性格があった。戦前の日本では「国体」という思想があり，それは万世一系の天皇統治を根拠にして，日本の伝統の特殊性と優越性を唱えるものである。戦前の日本では国体論を前提に，天皇を中心として強固に団結していることを日本民族・日本国の優越性の根拠としていた。

論述のポイント

□戦争の性格として，アメリカ・イギリスに対する自衛戦争と，欧米植民地からのアジア民族の解放を目標として掲げた上で，日本民族の優越性を唱える「日本民族観」を背景に日本を中心にアジア民族の統合をはかろうとしたことが説明できればよい。

▶アジア占領支配の実態

欧米に代わるアジア地域における日本の占領支配は，アジア諸民族の解放というには程遠いものであった。多くの占領地域では日本軍による軍政が敷かれ，戦争遂行のための資材や労働力の調達を最優先するもので，現地住民に対し，過酷な収奪・動員を行うものであった。そのためには現地住民に「大東亜共栄圏」の理念を浸透させ，戦争協力に動員することが必要であり，イデオロギー政策として朝鮮や台湾においてすでに行われていた日本語教育や神社参拝，天皇崇拝を強制する「皇民化」政策を実施した。

論述のポイント

□戦争の内容として，戦争目標と異なるアジア占領支配の実態を説明すればよい。アジア諸民族の解放という目標を掲げながら，実際は，資材や労働力の調達を目的として軍政を敷き，厳しい収奪・動員を行ったこと，天皇を中心に結束した日本民族が優秀であるという観念のもと，占領地域で「皇民化」政策を進めたことが説明できればよい。特に「日本民族観」と関連する内容として「皇民化」政策の説明は必要である。

解答例 4アジア太平洋戦争は，アメリカ・イギリスの脅威に対する自衛措置と規定される一方，欧米の植民地からのアジア諸民族の解放を唱える「大東亜共栄圏」建設が掲げられた。それは天皇を中心に結束した優秀な日本民族を盟主としてアジアを統合する新秩序の構築と考えられたため，日本が占領した東南アジアの多くの地域では軍政が敷かれ，過酷な収奪・動員が行われるとともに，「皇民化」政策が行われ，日本語教育や神社参拝，天皇崇拝が強制された。（207字）

答案例

1農業。戦争の進展にともなう徴兵・徴用により農村に
おける労働力不足が進み，食糧の生産が低下していたた
め，農業労働者の確保による食糧生産の強化をはかった
。2未婚女性。女子挺身勤労令。3労資一体の産業報国
会にみられるように，天皇を中心とする国体観念のもと
，階級闘争や自由主義的・個人主義的な利潤を追求する
資本主義の考え方を抑制し，国民を画一的に組織化する
ことにより全体主義的な性格を持った。4アジア太平洋
戦争は，アメリカ・イギリスの脅威に対する自衛措置と
規定される一方，欧米の植民地からのアジア諸民族の解
放を唱える「大東亜共栄圏」建設が掲げられた。それは
天皇を中心に結束した優秀な日本民族を盟主としてアジ
アを統合する新秩序の構築と考えられたため，日本が占
領した東南アジアの多くの地域では軍政が敷かれ，過酷
な収奪・動員が行われるとともに，「皇民化」政策が行
われ，日本語教育や神社参拝，天皇崇拝が強制された。

（400 字以内）

57

(2005年度 第2問)

次の文章を読んで下記の問いに答えよ。(問1から問4まですべてで400字以内)

第一次大戦は，日露戦後の貿易収支の悪化と外貨不足に苦しむ日本経済に，「大正新時代の天佑」といわれる空前の大戦ブームをもたらした。戦場となったヨーロッパへの軍需品輸出が急増し，民需でも a)欧米市場向けに国内生産が急拡大した。また戦争のためイギリスなどヨーロッパ列強がアジアから後退した間隙をぬって，日本はアジア市場へ綿糸・綿布輸出を伸ばした。とりわけ中国には b)帝国主義的な権益要求をつきつけ，大戦期から大戦後にかけて政府・民間ともに積極的に資本輸出を図った。こうして第一次大戦期に産業構造は転換しはじめ，大企業体制が形成されていったが，大戦ブームのなかで c)「成金」といわれる新興企業家が生まれた。だが，1920年3月の戦後恐慌（反動恐慌）を契機にして，多くの新興企業は没落し，また急成長した銀行も膨大な不良債権をかかえこみ，以後10数年におよぶ長期の不況に落ちこむこととなった。こうして日本経済は，1910年代の急成長から1920年代の慢性不況への社会的激変を経験し，民衆の社会的台頭のなかで， d)深刻な社会問題に直面することとなった。

問1　下線部a)の国内生産を拡大した産業諸部門を3つ挙げて，その拡大の理由を具体的に述べよ。

問2　下線部b)の中国への権益要求とは何か，また政府・民間による中国への資本輸出とは何か，それぞれ具体的に述べよ。

問3　下線部c)の「成金」について具体例をひとつ述べよ。また，大戦期に三井物産に匹敵するほど急成長し，その後経営危機に陥った商社は何か，さらにその経営危機は経済的大事件に発展するが，それは何かを述べよ。

問4　下線部d)の社会問題の発生に対応して，1920―1922年に結成された全国的な社会運動組織を3つ挙げて，それぞれの目的を具体的に述べよ。

解説 第一次世界大戦前後の社会・経済

第一次世界大戦前後の経済，中国進出，社会運動についての問題である。問1は70～80字程度，問2は130～140字程度，問3は80～90字程度，問4は110～120字程度でまとめられる。問1の設問が高校教科書の記述からはまとめにくいが，極端な難問はない。問2・問3あたりはある程度字数が伸ばせるだろう。

問1 大正 社会経済

大戦景気で国内生産を拡大した産業部門

設問の要求

〔主題〕欧米市場向けに国内生産を拡大した産業諸部門を3つあげて，その拡大の理由を具体的に説明。

論述の構成

下線部a)の前に「戦場となったヨーロッパへの軍需品輸出が急増し，民需でも」とあるので，軍需産業は除外される。その上で，生産が拡大した産業部門を，高校教科書の記述を参考にあげると，製糸業，綿紡績・綿織物業，海運業・造船業，鉄鋼業，化学工業，電力業などがある。アメリカ向けの輸出品であった製糸業は問題ないとして，船舶不足に対応した造船業もヨーロッパで民需があったと考えられるだろう。しかし，その他の産業部門は「欧米市場向け」に国内生産が拡大したとはいえず，高校教科書の記述から考えれば難問である。〔解答例〕では「国内生産が急拡大」という部分を考慮し，化学工業を3つ目としておいた。

▶大戦景気による国内生産の拡大

第一次世界大戦により，日本は，イギリス・ロシア・フランスなどの連合国には軍需品，ヨーロッパ列強が後退したアジア市場には綿織物など綿製品，好景気のアメリカには**生糸**を輸出し，大幅な輸出超過となった。

世界的な船舶不足と貿易の活性化により海運業が好況となり，続いて造船業も発展した。造船業の発達により鉄の需要が拡大したため，八幡製鉄所が拡張され，満鉄の**鞍山製鉄所**が設立されるなど鉄鋼業が発展した。さらにドイツから薬品や肥料などの輸入が途絶したことで化学工業が勃興した。一方で重化学工業の発展は電力の需要につながり電力業が成長した。これらの結果，工業生産額が農業生産額を上回った。

論述のポイント

- □「欧米市場向けに国内生産が急拡大した」産業部門として，製糸業と造船業をあげた上で，国内生産の観点から化学工業に触れておく。同様の観点ならば，鉄鋼業や電力業に触れるのも可といえる。

解答例 1製糸業はアメリカの好景気による生糸輸出の増加，造船業は海運業の活況や世界的な船舶の不足，化学工業はドイツからの輸入途絶から生産が拡大した。（70字）

問2 大正 外交

第一次世界大戦下における中国への権益要求・資本輸出

設問の要求

〔主題〕下線部ｂ）の中国への権益要求，政府・民間による中国への資本輸出について，それぞれ具体的に説明。

論述の構成

下線部ｂ）より，第一次世界大戦下の中国に対する帝国主義的な権益要求と大戦期から大戦後にかけての政府・民間の資本輸出についての説明が求められている。帝国主義的な権益要求として二十一カ条の要求，政府・民間の資本輸出として西原借款，在華紡について，それぞれ説明すればよい。

▶帝国主義的な権益要求――二十一カ条の要求

日露戦争後，南満州などの中国権益をどのように確保するかは政府の懸案事項の一つであった。**第2次大隈重信内閣**（加藤高明外相）は，第一次世界大戦に参戦し，ドイツの根拠地であった**青島**と**山東省**の権益を接収した上で，それ以前からの懸案であった南満州などの権益期限の延長を含め，**袁世凱**政権に対して**二十一カ条の要求**を突きつけた。要求内容は，山東省のドイツ権益の継承（第1号），旅順・大連租借期限と南満州鉄道の権益期限を99カ年延長など（第2号），漢冶萍公司の日中共同経営（第3号），中国沿岸島嶼の不割譲（第4号），日本人の中国政府顧問設置など（第5号）であった。

これらの要求について日本政府は最後通牒を発して，撤回した第5号を除き，大部分を承認させた。中国の国民はこれに反発し，受諾した5月9日を国恥記念日とした。

論述のポイント

□二十一カ条の要求の名称をあげつつ，字数に応じて，簡潔に要求の内容を説明すればよい。

▶政府・民間による資本輸出――西原借款・在華紡

中国では，袁世凱の北京政府に対し，軍閥が割拠し，南方の革命勢力が対抗するなど政治的混乱が続いていた。**寺内正毅**内閣は，袁世凱の死後，その後を継いだ**段祺瑞**政権を支援する政策に転換した。そのため，寺内は個人的なブレーンの1人であった西原亀三を通して，段祺瑞政権に巨額の借款を与え，同政権を通じた日本の権益確保を意図した。この**西原借款**は，無担保の政治借款であったため，段の失脚により回収不能となった。

一方，民間では，第一次世界大戦以降，巨大紡績会社が，**在華紡**と呼ばれる紡績工場を中国各地に建設したが，本格的に展開するのは1920年代であった。日本国内では，賃金上昇や女子と少年の深夜業禁止などにより綿糸の輸出価格が騰貴し始め，1920年代になると，紡績企業は輸出から現地生産への転換をはかり，上海や青島に相次いで紡績工場を設立した。在華紡は，中国の豊富な低賃金労働力と原料綿花や消費市場へのアクセスの容易さゆえに低価格での生産が可能であった。

論述のポイント

□政府の資本輸出として西原借款，民間の資本輸出として在華紡を説明すればよい。

解答例 2第2次大隈内閣は袁世凱政権に対して二十一カ条の要求を突きつけ，山東省の旧ドイツ権益の継承，南満州及び東部内蒙古の権益の強化，日中合弁事業の承認などを要求した。寺内正毅内閣は段祺瑞政権に巨額の資金を貸与した。民間では中国各地に在華紡と呼ばれる紡績工場を建設した。（131字）

問3 大正 社会経済

「成金」とその後の動向

設問の要求

〔主題〕「成金」について具体例をひとつ述べる。
大戦期に急成長し，その後経営危機に陥った商社と，その経営危機が影響を与えた経済的大事件。

論述の構成

「成金」の具体例として，戦争成金の一例として船成金をあげ，簡潔に説明すればよい。「大戦期に急成長した商社」は鈴木商店だとわかるので，その経営危機による「経済的大事件」は金融恐慌のことだと判断できる。金融恐慌について鈴木商店と関連させて簡潔に説明すればよい。

▶戦争「成金」の出現

大戦景気において，綿紡績業・綿織物業や製糸業の繊維産業も発達したが，貿易の拡大や世界的な船舶不足から海運業・造船業の活況を呈し，さらに輸入品の圧力が消滅した重化学工業も著しく発展し，化学・鉄鋼・機械で工業生産額を占めるに至った。こうしたなかで，「**船成金**」や「鉄成金」などと呼ばれる，巨万の富を短期で得る戦争成金が出現した。海運業で成長した内田汽船会社の**内田信也**は「船成金」の代表である。

論述のポイント

□具体的な人物として，海運業の内田信也を知らなかった場合，海運業・造船業で富を得た「船成金」を具体的な例として説明すればよい。戦争成金は海運・造船業だけではない。

▶鈴木商店と金融恐慌

鈴木商店は明治前期に貿易商として出発し，その後，経営規模を拡大した。第一次世界大戦中に台湾銀行の融資を受けて各種の部門に進出し，総合商社として三井・三菱に迫る急成長を示した。しかし，米騒動の際に神戸の本店が焼打ちにあい，戦後恐慌・関東大震災で経営は悪化し，金融恐慌の最中，台湾銀行から融資を打ち切られ，1927年に倒産した。

金融恐慌は1927年，**憲政会**の**第1次若槻礼次郎内閣**の時に発生した。若槻内閣が進めていた震災手形処理法案の審議中，片岡直温蔵相の失言があり，銀行への取付騒ぎが起こり，金融恐慌が始まった。その後，**鈴木商店**の倒産により，その不良債権を大量に抱えた**台湾銀行**が経営危機に陥って休業した。そのため，若槻内閣は台湾銀行の救済をはかるため，緊急勅令を発布しようとしたが，枢密院で否決され，総辞職した。その後を受けた**立憲政友会**の**田中義一**内閣は，高橋是清蔵相のもとで，3週間の**モラトリアム**（支払猶予令）を発令し，日銀から救済融資を行って恐慌を鎮めた。

論述のポイント

□経営危機に陥った商社として鈴木商店を解答し，鈴木商店の経営危機により，台湾銀行が休業し，金融恐慌が深刻化したことを説明すればよい。鈴木商店の破綻は，金融恐慌の発端ではないので解答を作成する際には注意が必要である。

解答例 3 海運業や造船業の活況により，海運業で成長した内田信也など船成金が続々と生まれた。鈴木商店。この商社の経営破綻により，台湾銀行が経営危機に陥り，金融恐慌による混乱が拡大した。（87字）

問4

大正 社会経済

大正後期に結成された全国的な社会運動組織

設問の要求

〔主題〕社会問題の発生に対応して，1920～22年に結成された全国的な社会運動組織を3つあげて，それぞれの目的を具体的に述べる。

論述の構成

1920～22年に結成された代表的な組織として，日本社会主義同盟（1920年），日本共産党（1922年），新婦人協会（1920年），全国水平社（1922年），日本農民組合（1922年）があげられる。労働運動の中心となった日本労働総同盟（1921年）は友愛会（1912年）・大日本労働総同盟友愛会（1919年）と発展・改称した団体なので，新たに結成された組織ではないと考える。日本労働総同盟を除き，3つの組織を選んで解答すればよいが，日本社会主義同盟，日本共産党を「全国的な」組織というのには疑問が残るため，〔解答例〕では新婦人協会・日本農民組合・全国水平社をあげた。

▶婦人運動・農民運動・部落解放運動

•婦人運動

社会的に差別されていた女性を解放する運動は，1911年，平塚雷鳥らによる女性の文学団体である**青鞜社**から始まった。1920年には平塚と市川房枝らにより，**新婦人協会**が設立され，参政権の要求など女性の地位を高める運動を進めた。その結果，1922年には女性の政治活動を禁止していた治安警察法第5条が改正され，女性の政治集会参加が認められた。新婦人協会は，1924年に**婦人参政権獲得期成同盟会**に発展した。

•農民運動

農村では，小作料の引き下げを求める小作争議が頻発した。そこから小作人が小作人組合を結成し，小作料減免や小作権確立などの要求を中心とする農民運動に発展していった。1922年には，賀川豊彦・杉山元治郎らによって**日本農民組合**が結成され，農民運動に指導的役割を果たした。政府も小作農の保護・維持対策をはかり，政府資金を農村に貸し付け，1924年には小作争議調停法が制定され，当事者の申し立てにより，裁判所で争議の調停ができるようになった。

•部落解放運動

大正後期には，被差別部落の住民に対する社会的差別を自主的に撤廃しようとする部落解放運動も西光万吉らを中心として本格的に展開されるようになり，1922年に結成された**全国水平社**を中心に運動が推進された。全国水平社は，第二次世界大戦後，部落解放同盟へと発展した。

論述のポイント

□新婦人協会・日本農民組合・全国水平社の名称をあげ，婦人運動は女性の地位向上，日本農民組合は小作人の地位向上，全国水平社は社会的な差別撤廃をそれぞれの目的としたことを，具体的かつ簡潔に説明すればよい。

解答例　4新婦人協会は治安警察法改正による女性の政治参加の自由を求め，女性の地位向上をめざした。日本農民組合は小作争議を指導し，小作人の地位向上をめざした。全国水平社は被差別部落住民の自主的な運動により，社会的差別の撤廃をめざした。（112字）

答案例

1製糸業はアメリカの好景気による生糸輸出の増加，造
船業は海運業の活況や世界的な船舶の不足，化学工業は
ドイツからの輸入途絶から生産が拡大した。2第2次大
隈内閣は袁世凱政権に対して二十一カ条の要求を突きつ
け，山東省の旧ドイツ権益の継承，南満州及び東部内蒙
古の権益の強化，日中合弁事業の承認などを要求した。
寺内正毅内閣は段祺瑞政権に巨額の資金を貸与した。民
間では中国各地に在華紡と呼ばれる紡績工場を建設した
。3海運業や造船業の活況により，海運業で成長した内
田信也など船成金が続々と生まれた。鈴木商店。この商
社の経営破綻により，台湾銀行が経営危機に陥り，金融
恐慌による混乱が拡大した。4新婦人協会は治安警察法
改正による女性の政治参加の自由を求め，女性の地位向
上をめざした。日本農民組合は小作争議を指導し，小作
人の地位向上をめざした。全国水平社は被差別部落住民
の自主的な運動により，社会的差別の撤廃をめざした。

（400字以内）

58 (2005年度　第3問)

次の文章は，1945年12月1日の「戦争責任ニ関スル決議」の一節である。これを読んで，下記の問いに答えよ。(問1から問4まですべてで400字以内)

惟(オモ)フニ戦争責任ナルモノハ，コレヲ国際的ニ稽(カンガ)フレバ a)世界平和ヲ攪乱スル無謀ノ師ヲ起コサシメタル開戦責任ト，b)開戦後ニ於テ国際条規ニ背反スル惨虐行為ヲ行ヒタル刑事犯罪トニ止ル。宣戦以後国家ノ命令ニ奨順シテ合法的ニ戦争遂行ノ為職域ニ挺身シタル一般国民ニ及ブベキモノニアラズ。

翻(ヒルガエツ)テ今次敗戦ノ因ツテ来ルトコロヲ観ズルニ，軍閥官僚ノ専恣ニ基クコト素(モト)ヨリ論ナシト雖，彼等ニ阿附策応シ遂ニ国家国民ヲ戦争強行ニ駆リタル政界財界思想界ノ一部人士ノ責任モ亦免ルベカラザルトコロナリ。

c)我等職ニ立法ノ府ニ列(ツラナ)ル者亦静カニ過去ノ行蔵ヲ反省シ深ク自粛自戒シ新日本建設ニ邁進セザルベカラズ。

問1　下線部a)の「開戦責任」を追及するために，どのような措置がとられたか，具体的に説明せよ。また，「開戦責任」を追及する際の根拠とされた条約を一つあげよ。

問2　下線部b)の「刑事犯罪」を追及するために，どのような措置がとられたか，主たる犯罪を一つ例示しながら，具体的に説明せよ。

問3　戦時体制が強化される中で，下線部c)の「立法ノ府ニ列ル者」も，しだいに議会政治の空洞化に同調していった。日中全面戦争以降の議会政治の歴史の中から，こうした事例を二つあげ，その各々がどのような意味で議会政治の空洞化につながったのか，具体的に説明せよ。

問4　「立法ノ府ニ列ル者」は，その後どのような形でその責任を追及されることになったのか，講和条約発効前後の時期における変化にも言及しながら，具体的に説明せよ。

解説 アジア太平洋戦争の責任追及 〈史料〉

アジア太平洋戦争の「開戦責任」「刑事犯罪」に対する連合国の措置，戦時中の議会政治の空洞化などについて問う。問 1 は 80〜90 字程度，問 2 は 50 字前後，問 3 は 170〜180 字程度，問 4 は 90〜100 字程度でまとめられる。

問 1 昭和② 外交

A級戦犯に対する戦争責任の追及

設問の要求

〔主題〕下線部 a）の「開戦責任」を追及するためにとられた措置を具体的に説明。
「開戦責任」を追及する際に根拠とされた条約を一つあげる。

論述の構成

下線部 a）に「世界平和ヲ攪乱スル無謀ノ師ヲ起コサシメタル開戦責任」とあり，ここで問題となっている「開戦責任」とは「平和に対する罪」だとわかるので，戦争指導者をA級戦犯容疑者として裁いた極東国際軍事裁判（東京裁判）が想起できればよい。「開戦責任」の根拠とされた条約は，（パリ）不戦条約があげられればよい。

▶ A級戦犯容疑者の戦争責任の追及——極東国際軍事裁判（東京裁判）

ポツダム宣言では戦争犯罪人の厳重なる処罰を明記していたが，GHQ は国際条約に違反して侵略戦争を計画・実行して，「平和に対する罪」をおかしたとして，多くの戦争指導者を敗戦直後から逮捕した。このうち，28 名が，東京に設置された**極東国際軍事裁判所**に**A級戦犯容疑者**として起訴された。1946 年に開廷した裁判は，1948 年まで続き，死去した松岡洋右ら 3 名が免訴となったが，残り 25 名は有罪となり，**東条英機**・**広田弘毅**ら 7 名は絞首刑とされた。

なお，国内外で昭和天皇に対する戦争責任問題も取り沙汰されたが，GHQ が混乱を避け，天皇制を占領政策に利用しようとしたため，戦犯とはされなかった。

論述のポイント

□極東国際軍事裁判で戦争指導者がA級戦犯容疑者として起訴され，有罪判決を受けたことが説明できていればよい。

解答例 1 連合国は戦争を計画・実行した者の「平和に対する罪」を問い，A級戦犯容疑者として極東国際軍事裁判所で起訴した。その結果，全員を有罪とし，東条英機ら一部を死刑とした。不戦条約。（87字）

問2 昭和② 外交

B・C級戦犯に対する戦争責任の追及

設問の要求

〔主題〕下線部b)の「刑事犯罪」を追及するためにとられた措置を具体的に説明。
〔条件〕主たる犯罪を一つ例示しながら。

論述の構成

下線部b)に「開戦後ニ於テ国際条規ニ背反スル惨虐行為ヲ行ヒタル刑事犯罪」とあり，A級戦犯以外に，通常の戦犯としてB・C級戦犯を裁いたことを説明すればよい。

▶B・C級戦犯に対する措置

A級戦犯以外に，捕虜や住民を虐待・殺害するなど戦時国際法を犯した者が通常の戦争犯罪人（B・C級戦犯）として裁かれた。アメリカ・イギリスなどの関係国により，アジア・太平洋各地に裁判所が設置されて5700人余りが起訴され，984人が死刑，475人が終身刑の判決を受けた。

論述のポイント

□捕虜や住民の虐待・殺害などを指摘し，アジア・太平洋各地で通常の戦争犯罪人の裁判が行われたことを説明すればよい。

解答例 2戦時中に捕虜や住民を虐待・殺害した者をB・C級戦犯とし，各地の裁判所で起訴して死刑・終身刑とした。（50字）

問3 昭和① 政治

日中戦争以降の議会政治の空洞化

設問の要求

〔主題〕下線部c)の「立法ノ府ニ列ル者」が議会政治の空洞化に同調していった事例を，日中全面戦争以降の議会政治の歴史の中から二つあげ，どのような意味で議会政治の空洞化につながったのか，具体的に説明。

論述の構成

下線部c)の「立法ノ府ニ列ル者」とは，この場合，衆議院議員と考えればよい。要は，日中戦争以降で，議会政治の空洞化，つまり議会の無力化につながった事例を二つあげ，具体的に説明すればよい。議会政治の空洞化につながった事例として，①国家総動員法の制定，②大政翼賛会の結成，③翼賛選挙の3つが想起される。このうち2つを説明すればよい。〔解答例〕は①・②で書いたが，②・③の〔別解〕も用意した。

▶国家総動員法の制定と議会

日中戦争が長期化するなか，当時の第１次近衛文麿内閣では，企画院が中心となり立案した**国家総動員法**が制定された（1938年）。この法で政府は議会の承認を経ることなく，勅令で戦争遂行に必要な物資や労働力を動員する権限を与えられ，国民生活を統制下に置いた。

立法の過程で既成政党（立憲政友会・立憲民政党）の間からは，議会の立法機能を妨げるもので，憲法の精神に反するとして強い反対が起こった。しかし，陸軍の強い圧力のもとで既成政党も最終的には賛成にまわり，濫用を抑える付帯決議付きで国家総動員法は成立し，次々と勅令は発動された。この結果，帝国議会の立法の機能は大きな制約を受けることとなった。

論述のポイント

□国家総動員法の制定をあげ，政府が議会の承認なく経済統制を行えるようになり，議会の立法権が制約を受けたことを，議会政治の空洞化として説明すればよい。

▶新体制運動と議会

1930年代後半，軍部の政治的発言力の高まりと反比例して，政党の発言力は弱まり，政党の間からは軍部と協力して影響力を取り戻そうとする動きも起こった。1940年６月ごろから指導力を失った既成政党に代わって，**近衛文麿**を押し立て，ナチスのような一国一党の強力な全体主義的国民組織をつくり上げようとする**新体制運動**が活発化し，陸軍もこの運動を支援した。これに対し，社会大衆党が最初に解党してこの運動に加わり，立憲政友会，立憲民政党などの既成政党や諸団体も次々に解散した。1940年10月には，これらの諸勢力を集めて近衛文麿首相を総裁とする**大政翼賛会**が発足した。この組織は，当初意図したような一国一党の政治組織とはならず，支部長を都道府県知事などとし，部落会・町内会・隣組を下部組織とする官製の上意下達機関となり，大日本産業報国会・大日本婦人会など諸団体を傘下におさめ，戦時動員に役割を果たした。こうして複数政党のもとで，政府に反対する政党（野党）の存在を認めることを前提とした自由主義的な議会制度は形骸化し，議会は無力化した。

論述のポイント

□新体制運動の過程で既成政党が解散し，大政翼賛会の結成に参加したことをあげ，政府に反対する政党（野党）が存在しなくなり，議会政治の空洞化が進んだことを説明すればよい。

▶翼賛選挙と議会

1941年，アジア太平洋戦争が始まると，戦争初期の勝利により，政府・軍部に対する国民の支持が高まった。**東条英機内閣**は，この機会をとらえて，1942年に総選挙を実施した。この時の選挙は，政府援助を受けた団体が定員一杯の候補者を推薦するという**翼賛選挙**で，自由立候補も認められていたが，当選者の内訳は推薦候補381人，非推薦候補85人であった。非推薦の当選者のなかには，尾崎行雄・鳩山一郎・芦田均らがいた。当選者は挙国一致的政治結社である**翼賛政治会**に組織され，議会は政府の提案を承認するだけの機関となり，議会政治の空洞化は進んだ。しかし，形式的には，憲法や議会活動が停止されることはなかった。

論述のポイント

□東条内閣の翼賛選挙については〔別解〕としてあげておいた。翼賛政治会の結成により，議会が政府に賛成するだけの機関となったことを簡潔に説明すればよい。

解答例

3 日中戦争下，国家総動員法が制定され，政府は戦時に際して議会の承認なく戦争遂行に必要な物資や労働力を勅令によって動員する権限が与えられ，議会の立法権が空洞化した。さらに新体制運動が活発化するなかで，立憲政友会や立憲民政党の既成政党などが解散し，大政翼賛会の結成に参加した。それにより，政府に反対する野党の存在を前提とした議会政治は空洞化した。（171字）

別解

3 新体制運動が活発化するなかで，立憲政友会や立憲民政党などの既成政党が解散し，大政翼賛会結成に参加した。それにより，政府に反対する野党の存在を前提とした議会政治は空洞化した。東条英機内閣のもと，政府の援助を受けた推薦候補が多数当選する翼賛選挙が行われ，選挙後，当選者は翼賛政治会に組織された。その結果，議会は政府の提案を承認するだけの組織となり，さらに空洞化は進んだ。（184字）

問4 昭和② 政治

公職追放と講和条約発効前後の変化

設問の要求

〔主題〕「立法ノ府ニ列ル者」がどのような形で責任を追及されたか，具体的に説明。
〔条件〕講和条約発効前後の時期における変化にも言及しながら。

論述の構成

結論からいうと，公職追放について説明すればよいのだが，「立法ノ府ニ列ル者」，つまり国会議員のことが問われているので，1946 年の戦後初の総選挙の際の処分について説明し，講和条約発効前後にどうなったかを説明すればよい。

▶議会政治家の公職追放

1945 年 12 月には衆議院議員選挙法が大幅に改正されて，満 20 歳以上の男女に選挙権が与えられ**女性の参政権**が初めて認められた。衆議院は同月に解散されて，各政党は 1946 年に行われる総選挙をめざして活動を開始した。ここで GHQ は 1946 年 1 月，**公職追放令**を出し，1942 年の東条内閣の推薦を受けて当選した者，つまり翼賛選挙の推薦議員をすべて失格としたため，政界は混乱した。その後に行われた総選挙では日本自由党が第 1 党となり，公職追放された鳩山一郎に代わって吉田茂が総裁となり，日本進歩党との連立で内閣を組織した。ちなみに鳩山一郎は翼賛議員ではなかったが，反共連盟結成を提唱したことが問題視され，この総選挙後に自由党幹部らとともに追放指定を受けた。

公職追放は，政界のみならず，財・官界から言論界に至る各界指導者におよび，21 万人が戦時中の責任を問われて職を追われた。1948 年以降，アメリカの対日占領政策が転換され，翌年以降，講和条約発効前後にかけて，公職追放の解除が進められ，鳩山一郎・石橋湛山・岸信介などの政治家が続々と政界復帰した。

論述のポイント

□戦後初の総選挙に際し，翼賛議員などが公職追放されたこと，講和条約発効前後に公職追放が解除され，追放者が政界に復帰したことを説明すればよい。

解答例

4 GHQは戦争協力者が立候補するのを嫌い，戦後初の総選挙の際，公職追放指令によって，翼賛選挙の推薦議員をすべて失格とした。しかし，講和条約発効前後には公職追放の解除が進み政界に復帰した。（92字）

答案例

1連合国は戦争を計画・実行した者の「平和に対する罪」を問い，A級戦犯容疑者として極東国際軍事裁判所で起訴した。その結果，全員を有罪とし，東条英機ら一部を死刑とした。不戦条約。2戦時中に捕虜や住民を虐待・殺害した者をB・C級戦犯とし，各地の裁判所で起訴して死刑・終身刑とした。3日中戦争下，国家総動員法が制定され，政府は戦時に際して議会の承認なく戦争遂行に必要な物資や労働力を勅令によって動員する権限が与えられ，議会の立法権が空洞化した。さらに新体制運動が活発化するなかで，立憲政友会や立憲民政党の既成政党などが解散し，大政翼賛会の結成に参加した。それにより，政府に反対する野党の存在を前提とした議会政治は空洞化した。4GHQは戦争協力者が立候補するのを嫌い，戦後初の総選挙の際，公職追放指令によって，翼賛選挙の推薦議員をすべて失格とした。しかし，講和条約発効前後には公職追放の解除が進み政界に復帰した。

（400字以内）

59

(2004年度 第2問)

次の文章を読んで下記の問いに答えよ。(問1から問4まですべてで400字以内)

日本の産業革命は1886年ころから1907年前後にかけて進行した。大阪紡績会社など関西地方を中心に発達した綿糸紡績業や，長野県を中心に発達した製糸業は，その(1)特徴的な技術変革や過酷な労働条件，(2)安定した市場条件などによって急成長をとげ産業革命をリードした。また，重工業部門では，1901年に(3)官営八幡製鉄所が建設され，1896年に成立した造船奨励法によって，三菱長崎造船所や川崎造船所などの造船業も発達した。いっぽう，交通部門では，1889年に官営の東海道線が全通し，1891年には(4)民間会社によって上野一青森間が開通するなど，鉄道網がしだいに拡大していった。1906年の鉄道国有法の成立は，民間鉄道会社の簇生にたいして，政府の幹線国有原則の確立を示すものであった。

問1　下線部(1)の具体的な内容を製糸業，綿糸紡績業それぞれについて述べよ。

問2　下線部(2)を，製糸業については輸出市場，綿糸紡績業については輸入市場に即して述べよ。

問3　本文で記したように，特定の産業の発達と地域との関連は重要な問題である。下線部(3)の官営八幡製鉄所が，福岡県八幡村に設立された理由を述べよ。

問4　下線部(4)の民間会社の会社名を記せ。また，東北から関東を縦断するこの巨大な幹線鉄道を建設するためには，莫大な資金を必要とした。この民間会社は，その資金をどのように調達したかを述べよ。

解説 産業革命

製糸業・綿糸紡績業の技術変革・貿易，官営八幡製鉄所と地域との関連，鉄道業など産業革命全般について問う。問1は160〜170字，問2は120〜130字，問3は70〜80字，問4は30字程度で説明できる。高校教科書の範囲で答案作成は可能で，難問はないと考えてよい。

問1 幕末・明治 社会経済

製糸業・綿糸紡績業の技術変革

設問の要求

〔主題〕製糸業・綿糸紡績業それぞれの「特徴的な技術変革」の具体的な内容。

論述の構成

産業革命期における製糸業・綿糸紡績業の技術発達についてそれぞれ説明すればよい。産業革命では機械制生産が家内工業・手工業生産を圧倒して工業生産力が飛躍的に増大した。日本における産業革命期はリード文で「1886年ころから1907年前後にかけて進行した」とある。「技術変革」（＝変化）が問われているので，それ以前の状況をふまえて説明する必要がある。

▶製糸業における技術変革

製糸業とは，**繭**から**生糸**を生産する産業である。幕末以来，生糸は最大の輸出品であった。当初は簡単な手動装置による**座繰製糸**が普及した。その後，フランスやイタリアの機械に学んで在来技術を改良した**器械製糸**を導入した小工場が長野・山梨などの農村地帯に続々と生まれ，日清戦争前後には器械製糸の生産量が座繰製糸の生産量を上回った。

論述のポイント

□製糸業では，座繰製糸から器械製糸へと変化していったことが説明できていればよい。ただし，器械製糸は輸入したものではなく，西洋の技術を学んで改良したものなので注意が必要である。

▶綿糸紡績業における技術変革

綿糸紡績業は，**綿花**から**綿糸**を生産する産業である。綿製品は幕末にイギリスから大量に輸入され，綿糸・綿織物の生産も一時衰えた。しかし，明治初期以降，綿織物の生産は輸入綿糸を用いてしだいに上向き，原材料となる綿糸を供給する綿糸紡績業が勃興する前提となった。1870年代後半には，水力を動力とする紡績機である**ガラ**

紡が臥雲辰致によって発明された。1883年に操業を開始した**大阪紡績会社**は，欧米から輸入した**蒸気機関**による紡績機械を使用して大規模な生産に成功した。これを契機に大阪などを中心に大規模工場を備えた紡績会社を設立され，手紡やガラ紡による生産を圧迫しながら**機械制生産**が急増した。

論述のポイント

□綿糸紡績業については，従来からの手紡，1870年代後半に登場するガラ紡に代わり，欧米から輸入した蒸気機関が導入されたことが説明できればよい。その際に「技術変革」として水力から蒸気力への変化を説明しておきたい。

解答例　1製糸業では，当初，座繰製糸による生産が進んでいたが，1890年代にはフランスなどの技術を参考に在来技術を改良した器械製糸が普及していった。綿糸紡績業では，1870年代後半，臥雲辰致により水力を動力とするガラ紡が発明されたが，1880年代になると，大阪紡績会社の成功を契機に，蒸気力を用いた欧米の紡績機械の導入が進み，機械制生産が広がった。（164字）

問2　幕末・明治　社会経済

製糸業・綿糸紡績業の安定した市場条件

設問の要求

〔主題〕「安定した市場条件」について，製糸業は輸出市場，綿糸紡績業は輸入市場に即して述べる。

論述の構成

「安定した市場条件」の内容を説明するのは難しいが，要するに製糸業は輸出先について，綿糸紡績業は輸入先について，それぞれ説明できればよい。

▶製糸業と輸出市場

幕末の開港後，イギリスへの**生糸**輸出により，**製糸業**は日本最大の貿易産業となった。製糸業では，国産の繭や国産の機械（**座繰製糸・器械製糸**）を使用して生産していたため，外貨を獲得する産業として重要であった。当初ヨーロッパ向けに輸出されていた生糸は，1870年代末からアメリカの絹織物業が急成長し始めると，太平洋航路とアメリカ大陸横断鉄道の輸送路開設もあって，主要な輸出先をアメリカに転じ，1884年以降は生糸輸出の50％を占めるに至り，アメリカ市場の拡大とともに生糸輸出は拡大した。1909年には清国を追い越して世界最大の生糸輸出国となった。

論述のポイント

□少なくとも，産業革命期以降，生糸はアメリカ市場への輸出が中心だったことが説明できていればよい。アメリカの絹織物業の成長に触れるのは難しいだろう。

▶綿糸紡績業と輸入市場

幕末の開港後，イギリスから大量に綿織物が輸入され，国内の綿糸・綿織物の生産は一時衰退した。しかし，1870年代以降の輸入綿糸による綿織物生産の回復を背景に，綿糸の国産化も進んでいった。その画期となったのが，1883年に操業を開始した**大阪紡績会社**の成功である。大阪紡績会社は第一国立銀行頭取の**渋沢栄一**が中心となって設立した。この成功により，大阪を中心に大規模な紡績会社の設立が進んだ。

綿糸紡績業では，欧米から輸入した蒸気機関を用いて機械制生産を進め，原料の綿花は中国・インドなどから輸入した。1893年には日本郵船会社（1885年設立）がインドのボンベイ航路を開拓し，インド産綿花の輸入が拡大した。さらに1896年には綿花輸入税を撤廃するなど政府の保護政策もあり，安定した原料の入手が可能となり，生産を拡大した。それにより，綿糸紡績業は国内市場をおさえ，輸出産業へと発展した。

論述のポイント

□綿糸の原料である綿花が輸入に依存していたこと，日本郵船会社のボンベイ航路開拓により，より安価な原料の入手が可能となったことが説明できていればよい。

□欧米からの機械の輸入に触れてもよいが，問1で技術変革が問われているので，〔解答例〕には含めていない。

解答例　**2 製糸業は幕末以来，ヨーロッパ向けの輸出で発展していたが，明治中期以降，アメリカの絹織物業の成長によりアメリカ向けの輸出が拡大した。綿糸紡績業は，原料の綿花を主にアジアから輸入していたが，日本郵船会社によるボンベイ航路の開拓により，インドの綿花を安価に入手できた。（132字）**

問3 幕末・明治 社会経済

官営八幡製鉄所と設立された地域の関連

設問の要求

〔主題〕官営八幡製鉄所が，福岡県八幡村に設立された理由。

論述の構成

鉄を生産するための原料と燃料の調達をどうしていたかについて考えれば説明できる。

▶官営八幡製鉄所の設立・操業

日清戦争後，軍備拡張を急ぐ政府は重工業の基礎として鉄鋼を重視し，輸入に頼っていた鉄鋼の国産化をめざして，1897年，**官営八幡製鉄所**を設立した。この製鉄所は，ドイツの技術を導入し，1901年に操業を開始した。

原料の鉄鉱石は，中国の製鉄会社である漢冶萍公司に日本政府が借款を与えた見返りとして，大冶鉄山から安価に入手した。燃料の石炭は，技術の発達を背景に炭鉱開発が進み，日清戦争後には国内最大の炭鉱地となった北九州の筑豊炭田から調達した。そのため，中国からの鉄鉱石の輸入，筑豊炭田の石炭の調達に便利な福岡県に官営八幡製鉄所を設立した。

論述のポイント

□原料の鉄鉱石，燃料の石炭の入手に利便性のある北九州に，官営八幡製鉄所を設立したことを説明すればよい。

解答例

3 官営八幡製鉄所は，中国の大冶鉄山から鉄鉱石を輸入し，北九州の筑豊炭田から燃料である石炭を調達していたため，その確保に利便性の高い地域に設置された。（74字）

問4 幕末・明治 社会経済

日本鉄道会社の資金調達

設問の要求

〔主題〕1891年に上野—青森間の鉄道を開通させた民間会社の名称。
この民間会社の資金調達の方法。

論述の構成

「民間会社」は日本鉄道会社である。その資金調達の方法について説明すればよい。

▶日本鉄道会社と資金調達の方法

1881 年に設立された日本鉄道会社は，華族の出資を軸に誕生した最初の民間鉄道会社であった。華族は主に金禄公債を利用して資金を調達した。

日本鉄道会社が政府の保護を受けて成功したため，1880 年代には鉄道会社設立ブームとなった。その結果，1889 年には営業キロ数では民営鉄道が官営鉄道を上回った。しかし，日露戦争後の 1906 年，第 1 次西園寺公望内閣は，軍事的な配慮もあり，鉄道国有法を公布して主要な民営鉄道 17 社を買収して国有化した。

論述のポイント

□日本鉄道会社の会社名と，華族が出資したことが説明できていればよい。

解答例 4 日本鉄道会社。華族らの金禄公債を担保として資金を調達した。（30字）

答案例

1製糸業では，当初，座繰製糸による生産が進んでいた
が，1890年代にはフランスなどの技術を参考に在来技術
を改良した器械製糸が普及していった。綿糸紡績業では
，1870年代後半，臥雲辰致により水力を動力とするガラ
紡が発明されたが，1880年代になると，大阪紡績会社の
成功を契機に，蒸気力を用いた欧米の紡績機械の導入が
進み，機械制生産が広がった。2製糸業は幕末以来，ヨ
ーロッパ向けの輸出で発展していたが，明治中期以降，
アメリカの絹織物業の成長によりアメリカ向けの輸出が
拡大した。綿糸紡績業は，原料の綿花を主にアジアから
輸入していたが，日本郵船会社によるボンベイ航路の開
拓により，インドの綿花を安価に入手できた。3官営八
幡製鉄所は，中国の大冶鉄山から鉄鉱石を輸入し，北九
州の筑豊炭田から燃料である石炭を調達していたため，
その確保に利便性の高い地域に設置された。4日本鉄道
会社。華族らの金禄公債を担保として資金を調達した。

（400 字以内）

60

（2004年度　第3問）

次の文章は，1969年11月に出された佐藤内閣総理大臣とニクソンアメリカ大統領との間でなされた共同声明の一部である。これを読んで，下記の問いに答えよ。（問1から問4まですべてで400字以内）

(1)〜(5)まで略

(6)　総理大臣は，日米友好関係の基礎に立って沖縄の施政権を日本に返還し，沖縄を正常な姿に復するようにとの日本本土及び沖縄の日本国民の強い願望にこたえるべき時期が到来したとの見解を説いた。大統領は，総理大臣の見解に対する理解を示した。総理大臣と大統領は，また，(1)現在のような極東情勢の下において，沖縄にある米軍が重要な役割を果たしていることを認めた。討議の結果，両者は，日米両国共通の安全保障上の利益は，沖縄の施政権を日本に返還するための取決めにおいて満たしうることに意見が一致した。よって，両者は，日本を含む極東の安全をそこなうことなく沖縄の日本への早期復帰を達成するための具体的な取決めに関し，両国政府が直ちに協議に入ることに合意した。（以下略）

(7)　総理大臣と大統領は，施政権返還にあたっては，日米安保条約及びこれに関連する諸取決めが変更なしに沖縄に適用されることに意見の一致をみた。（以下略）

(8)　総理大臣は，(2)核兵器に対する日本国民の特殊な感情及びこれを背景とする日本政府の政策について詳細に説明した。これに対し，大統領は，深い理解を示し，日米安保条約の事前協議制度に関する米国政府の立場を害することなく，沖縄の返還を，右の日本政府の政策に背馳しないよう実施する旨を総理大臣に確約した。

(9)以下，略

問1　この共同声明ではなにが合意されたのか，そしてその結果はどうなったのか，簡潔に述べよ。

問2　沖縄施政権返還については，沖縄県民の長年にわたる祖国復帰運動の圧力があったことはよく知られているが，とくにこの時期には，沖縄県民の復帰運動が激しく大規模になった，ある事情があった。また，アメリカ側も，返還に同意することで事態を打開しようとした。沖縄返還の実現を促進することになったある事情とは何か，またアメリカは，なぜ施政権返還によって事態の打開を図ろうとしたのか，下線部(1)の「現在のような極東情勢」という言葉をヒントにして，具体的に記せ。

問3 沖縄返還をめぐっては，二つの問題が大きな争点となった。声明の(7)(8)を読みながら，その二つの争点とは何であり，いかなる形で日米間で合意されたか，また返還後はその問題はどうなったかを具体的に説明せよ。

問4 佐藤内閣は，沖縄，小笠原の返還にかかわって，下線部(2)にあるように，ある「日本政府の政策」を打ち出していた。それは，どんな政策かを述べよ。

解説 沖縄の返還 〈史料〉

沖縄返還とそれをめぐる日米関係や核兵器について扱った問題である。問1は40字程度，問2は170〜190字程度，問3は130〜150字程度，問4は40字程度でまとめられる。太平洋戦争後の日米関係について理解できていないと，問3・問4は十分に説明できない。

問1 昭和③ 外交

日米共同声明における合意内容とその結果

設問の要求

〔主題〕この共同声明で合意された内容と，その結果を簡潔に述べる。

論述の構成

問題の前提にあるように，「この共同声明」とは佐藤首相とニクソン大統領との間でなされたものである。声明の(6)に「沖縄の施政権を日本に返還し…」とあるので，沖縄返還についての合意だとわかる。

▶沖縄返還の合意

沖縄は1945年の太平洋戦争の終盤において，アメリカ軍との本格的な地上戦が行われた地域であり，戦争終結後，米軍の直接軍政下に置かれた。サンフランシスコ平和条約による日本の独立回復後もアメリカによる占領継続が認められ，沖縄はアメリカの施政権下に置かれた。

1964年に就任した**佐藤栄作**首相は沖縄の返還交渉に取り組み，1965年に戦後の首相として初めて沖縄を訪問し，「沖縄の本土復帰なくして戦後はおわらない」と表明した。佐藤首相は1967年の2回目のジョンソン大統領との会談で，「両3年内」に沖縄返還の目途を立てるとの言質を引き出した。その後，1969年11月のニクソン大統領との日米首脳会談で，3年後の沖縄施政権返還の基本的合意がつくられ，**日米共同声明**の形で発表された。そして，1971年，**沖縄返還協定**が調印され，翌年の協定発効をもって沖縄の日本復帰が実現し，沖縄県が復活した。

論述のポイント

□合意された内容として沖縄の施政権返還，その結果として沖縄返還協定が締結されて返還されたことが説明できればよい。

解答例 1 沖縄の施政権返還が合意され，その後，沖縄返還協定が締結されて返還された。（37字）

問2

昭和③ 外交

沖縄返還を促進することになった事情

設問の要求

〔主題〕①祖国復帰運動が激化し，沖縄返還の実現を促進することになったある事情。
②アメリカが沖縄返還により事態の打開を図ろうとした理由。
〔条件〕下線部⑴「現在のような極東情勢」という言葉をヒントにして，具体的に。

論述の構成

祖国復帰運動が激化した①の「ある事情」とは，ベトナム戦争である。ベトナム戦争において，アメリカの統治下にあった沖縄は，日本本土の米軍基地以上に，より直接的な役割を持っていた。そこから，②の問題についても考えることができる。

▶ベトナム戦争と祖国復帰運動の激化

ベトナムでは，植民地支配をしていたフランスが撤退した1950年代以降も，南北分断のもとで内戦が続き，1965年からは，南ベトナム政府を支援するアメリカが北ベトナムへの爆撃（北爆）を含む大規模な軍事介入を始め，北ベトナムと南ベトナム解放民族戦線は中・ソの援助を得て抗戦した。これが**ベトナム戦争**である。

アメリカがベトナムへの介入を本格化させたことにより，沖縄や日本本土の米軍基地は前線基地となり，対ベトナム戦争にとって不可欠なものとなった。それに対し，沖縄では反戦運動が高まったが，同時に沖縄では米軍基地のおかげで経済的繁栄を享受するという複雑な状況であった。そのなかで，米軍による基地用の接収とアメリカ兵の犯罪増加が問題となり，祖国復帰を求める住民の運動が本格化した。

論述のポイント

□「ある事情」としてベトナム戦争をあげ，沖縄がその前線基地となり，祖国復帰運動が本格化したことが説明できればよい。

▶アメリカが沖縄返還により事態の打開をはかった理由

ベトナム戦争の本格化による沖縄の前線基地化で，沖縄では祖国復帰運動が高揚して反米感情が高まった。それにより，アメリカによる沖縄の統治は行きづまっていった。1968年には，住民への妥協から沖縄返還を視野に入れた初の琉球主席の公選を行ったが，米軍基地に反対する革新統一候補の屋良朝苗が当選した。そのため，アメリカ政府は沖縄の施政権を返還することで，住民の反米感情を和らげ，日本政府と協調しながら米軍基地を安定的に運用する必要があった。一方で，アメリカはベトナム戦争で劣勢となり，軍事費も莫大なものとなっていたため，戦争縮小へ政策転換をはかった。1969年，ニクソンが大統領に就任すると，アジアにおけるアメリカの軍事的役割の縮小が政権の方針となった。そのため，沖縄を日本に返還して日米安保体制に組み込むことで，アメリカの経済的な負担を減らし，日本の軍事的・経済的な分担の拡大をはかった。

論述のポイント

□アメリカが沖縄返還で状況の打開をはかった理由として，一つは，ベトナム戦争で沖縄が前線基地となったことによる住民の反米感情を緩和すること，もう一つは，日本に沖縄を返還することで安保体制の中で日本の役割分担を拡大しようとしたことを説明できればよい。

解答例 2ベトナム戦争において米軍の前線基地であった沖縄では，祖国復帰運動が本格化するとともに住民の反米感情が高まっていた。そのため，アメリカ政府は沖縄の施政権を日本に返還することで住民の反米感情を緩和することをねらった。一方でベトナム戦争が劣勢となり，アジアでの米軍の役割を縮小する方針のなか，沖縄返還により安保体制における日本の軍事的・経済的分担の拡大をはかった。（180字）

問3 昭和③ 外交

沖縄返還における二つの争点

設問の要求

〔主題〕沖縄返還をめぐり争点となった二つの問題とは何か。
いかなる形で日米間で合意されたか，返還後どうなったかを具体的に説明。
〔条件〕声明の(7)(8)を読みながら。

論述の構成

声明の(7)では，「日米安保条約及びこれに関連する諸取決めが変更なしに沖縄に適用される」とあり，声明の(8)では，「核兵器に対する日本国民の特殊な感情及びこれを背景とする日本政府の政策」に「大統領は，深い理解を示し」，「日本政府の政策に背馳しないよう実施する旨を総理大臣に確約」とあり，二つの争点とは，(7)から米軍基地の存続，(8)から核兵器の持ち込みであることがわかる。それらについての合意，返還後の説明をすればよい。

▶沖縄返還をめぐる二つの争点

沖縄返還をめぐって，沖縄の米軍基地の存続と核兵器の配備が問題になった。これらについては，1969年の日米共同声明で，返還後の沖縄には日米安全保障条約およびその関連の取り決めが日本本土と同様に適用されるとして米軍基地は存続し，核兵器の配備・持ち込みも認めないという，「核抜き・本土なみ」での返還が合意された。ただし，核兵器の持ち込みとそれに対する日本政府との事前協議には，(8)の「事前協議制度に関する米国政府の立場を害することなく」という文言を入れることで，将来核持ち込みについて日本政府と協議できる余地を残した。

ちなみに緊急時の核兵器の持ち込みと貯蔵については，佐藤首相とニクソン大統領の２人だけの密約書が取りかわされたことが明らかになっている。

論述のポイント

□最低限，米軍基地問題と核兵器問題を指摘し，「核抜き・本土なみ」での返還が合意されたことが説明できればよい。

解答例　3 米軍基地の存続と核兵器の配備が問題となっていたが，「核抜き・本土なみ」での返還が合意された。日米安全保障条約が日本本土と同様に適用されることとされ，米軍基地は存続した。一方，核兵器は配備しないことが合意されたが，核兵器持ち込みについては将来的に日本政府と協議する余地を残した。（139字）

問4　昭和③　外交

非核三原則

設問の要求

〔主題〕沖縄，小笠原の返還にかかわって，佐藤内閣が打ち出していた「日本政府の政策」。

論述の構成

下線部(2)には「核兵器に対する日本国民の特殊な感情及びこれを背景とする日本政府の政策」とあり，核兵器に関する政策を説明すればよい。

▶「非核三原則」の表明

1967年，佐藤首相は，衆議院の予算委員会で核兵器について，「持たず，作らず，持ち込ませず」と表明した。これが**非核三原則**である。しかし，なかなか説得力を持ち得ず，翌年には核兵器を積んでいると思われた米空母エンタープライズの佐世保入港反対闘争が行われた。

論述のポイント

□「非核三原則」の「持たず，作らず，持ち込ませず」があげられればよい。

解答例 4佐藤内閣は核兵器について，「持たず，作らず，持ち込ませず」の非核三原則を表明していた。（44字）

答案例

1沖縄の施政権返還が合意され，その後，沖縄返還協定が締結されて返還された。2ベトナム戦争において米軍の前線基地であった沖縄では，祖国復帰運動が本格化するとともに住民の反米感情が高まっていた。そのため，アメリカ政府は沖縄の施政権を日本に返還することで住民の反米感情を緩和することをねらった。一方でベトナム戦争が劣勢となり，アジアでの米軍の役割を縮小する方針のなか，沖縄返還により安保体制における日本の軍事的・経済的分担の拡大をはかった。3米軍基地の存続と核兵器の配備が問題となっていたが，「核抜き・本土なみ」での返還が合意された。日米安全保障条約が日本本土と同様に適用されることとされ，米軍基地は存続した。一方，核兵器は配備しないことが合意されたが，核兵器持ち込みについては将来的に日本政府と協議する余地を残した。4佐藤内閣は核兵器について，「持たず，作らず，持ち込ませず」の非核三原則を表明していた。

（400字以内）

MEMO